FSC
www.fsc.org
MIX
Papier aus ver-
antwortungsvollen
Quellen
Paper from
responsible sources
FSC® C105338

Bibliografische Information der Deutschen Nationalbibliothek: Die Deutsche Nationalbibliothek verzeichnet diese Publikation in der Deutschen Nationalbibliografie; detaillierte bibliografische Daten sind im Internet über dnb.dnb.de abrufbar.

Die automatisierte Analyse des Werkes, um daraus Informationen insbesondere über Muster, Trends und Korrelationen gemäß §44b UrhG (›Text und Data Mining‹) zu gewinnen, ist untersagt.

ISBN: 978-3-7693-0043-7
Copyright: © 2025 Giso Weyand

Redaktionelle Mitarbeit: Christian Deutsch, Heidelberg
Umschlaggestaltung und Satz: Haus am Meer Werbeagentur
Gesetzt in der NB Akademie und GT Sectra

Verlag:

BoD · Books on Demand GmbH,
Überseering 33,
22297 Hamburg,
bod@bod.de
Druck: Libri Plureos GmbH, Friedensallee 273, 22763 Hamburg

Giso Weyand

Das (ganz) neue Sog-Prinzip

Wie Beratungen heute auffallen, Kunden gewinnen und erfolgreich bleiben

2. (ergänzte) Auflage

Für Lotte Marianne und Leonard

Inhalt

Einleitung

Wie kann ein Marketingkonzept für Menschen aussehen, die nur ungern zum Hörer greifen, um mögliche Kunden anzurufen – die sich nicht anbiedern wollen, sondern auf der mentalen Shortlist sein wollen, wenn echter Bedarf besteht? Es ist fast 30 Jahre her, dass ich mir diese Frage stellte. Die Antwort lag auf der Hand: Wer auf seine Kunden nicht zugehen möchte, muss sie anlocken. Er muss dafür sorgen, dass sie von selbst kommen.

Aus dieser Überlegung entwickelte ich das Konzept des ›Sogmarketings‹. Es setzt auf Marketingmaßnahmen, die einen Sog erzeugen — sprich: einen Anbieter so attraktiv darstellen und so bekannt machen, dass sich Interessenten von selbst melden. Der Begriff ›Sogmarketing‹ entstand dann im Zusammenhang mit dem Titel meines Buchs ›Sog-Marketing für Coaches‹ (2006). Seitdem ist dieser Begriff vielfach aufgegriffen worden. Das grundlegende Konzept durfte ich in den folgenden gut 20 Jahren immer wieder in der Praxis erproben, verbessern und erweitern. Daraus entstanden ist ›Das neue Sog-Prinzip‹.

Seit vor sieben Jahren die erste Auflage dieses Buchs erschien, hat sich die Welt für Beratung stark verändert. Die Märkte sind volatiler geworden, die Unsicherheiten nehmen zu. Künstliche Intelligenz schickt sich an, Beratungsaufgaben zu übernehmen — der Wettbewerb bei klassischen Beratungsleistungen nimmt zu.

Düstere Aussichten also? Denkbar ist auch das Gegenteil. Und ich bin geneigt, von diesem auszugehen. In einem Umfeld, das von schnellen und tiefgreifenden Veränderungen geprägt ist, erwacht der Wunsch nach Klarheit und Orientierung. Daraus ergibt sich ein wachsender Bedarf an Unterstützung, der interessante Perspektiven für Beraterinnen und Berater eröffnet.

Die Voraussetzung dafür ist, sich mit seinem Beratungsunternehmen richtig aufzustellen — sich erfolgreich zu positionieren und zu einer starken Marke zu werden. Nur so kann es gelingen, sich klar vom Wettbewerb abzuheben, Vertrauen aufzubauen und in schwierigen Märkten Verlässlichkeit und Kompetenz zu signalisieren. Wie Sie Ihre Markenemotion aufspüren und zu einer starken Marke werden, wie Sie den Kernnutzen Ihres Beratungsunternehmens erarbeiten, wie Sie Ihre Positionierung in einem einzigen Satz formulieren und wie Sie mit Ihrem Angebot die Köpfe Ihrer Kunden erobern — das alles sind Kernthemen dieses Buchs.

Künstliche Intelligenz, Social Media, Corona-Pandemie — ein zunehmend unsicheres Umfeld stellt klassische Beratungsmodelle in Frage und verlangt nach neuen Wegen. Vor diesem Hintergrund ist dieses Buch aktueller denn je: Es zeigt Ihnen Wege auf, wie Sie mit Ihrer Beratungsboutique in unsicheren Zeiten nicht nur überleben, sondern Wachstum und Erfüllung finden können. Es gibt Ihnen das Rüstzeug an die Hand, um erfolgreich in einem Umfeld zu navigieren, das von den Folgen einer vierfachen Zeitenwende geprägt ist.

Die erste Zeitenwende: VUCA

Um die Jahrtausendwende hat sich die Geschäftswelt verändert. Konnten Unternehmen bislang mit weitgehend stabilen Märkten planen, sahen sie sich immer mehr mit unvorhersehbaren Schwankungen konfrontiert. Dieser Wandel, für den das Akronym VUCA — Volatility, Uncertainty, Complexity and Ambiguity — steht, markiert die erste von vier Zeitenwenden der jüngeren Wirtschaftsgeschichte.

Der Begriff VUCA wurde zunächst in den späten 1980er- und frühen 1990er-Jahren vom US-Militär verwendet, um die Unsicherheiten der Nachkriegswelt nach dem Ende des Kalten Krieges zu beschreiben. Anfang der 2000er-Jahre fand der Begriff Eingang in die Unternehmenswelt, als das bis dahin eher stabile Geschäftsumfeld zunehmend unberechenbar wurde.

Die Unternehmen sahen sich mit Herausforderungen konfrontiert, die sie zuvor so nicht gekannt hatten:

Nach Jahren der Euphorie brach im Frühjahr 2000 die New Economy zusammen. Träume platzten, Milliarden lösten sich in Luft auf. Erreichten am ›Neuen Markt‹ der Deutschen Börse im März 2000 fast 300 Firmen einen Börsenwert von 235 Milliarden Euro, blieben davon im September 2002 weniger als 30 Milliarden Euro übrig. Ähnlich wirkte sich die Dotcom-Krise in den USA aus: Zwischen März 2000 und Oktober 2002 brach der NASDAQ Composite Index um mehr als 75 Prozent ein und ein Marktwert von mehr als fünf Billionen Dollar wurde vernichtet. Investoren verloren ihr Geld, Start-ups gingen bankrott.

Dennoch gelang einigen Unternehmen wie Amazon und Apple ein atemberaubender Aufstieg, angetrieben von technologischen Innovationen und der Fähigkeit, die neuen Möglichkeiten des Internets wirklich zu nutzen. So überlebte Amazon die Dotcom-Krise und steigerte seinen Umsatz von sieben Milliarden US-Dollar im Jahr 2004 auf 575 Milliarden US-Dollar im Jahr 2023. Die großen IT-Unternehmen machten vor, wie man in der VUCA-Welt erfolgreich sein kann. Sie verstanden es, auf disruptive Veränderungen wie die aufkommende Plattformökonomie mit neuen Geschäftsmodellen zu reagieren.

Dann die Finanzkrise: Im Herbst 2008 führte eine Kettenreaktion von Bankpleiten zu einem weltweiten wirtschaftlichen Abschwung. Die Industrieproduktion in der Eurozone brach um mehr als 20 Prozent ein. Die Krise hat gezeigt, wie stark die globalen Märkte miteinander verflochten sind, wie schnell sich die wirtschaftliche Landschaft ändern kann und wie unvorhersehbar die Märkte geworden sind.

Dotcom-Blase, Finanzkrise, Eurokrise, Digitalisierung, aber auch Katastrophen wie der Super-GAU im japanischen Kernkraftwerk Fukushima im März 2011, der in Deutschland zum Ausstieg aus der Atomenergie führte: All das sind Beispiele, die den Übergang in die neue VUCA-Realität illustrieren.

Die Verantwortlichen in den Unternehmen mussten sich auf das neue, unsicher gewordene Umfeld einstellen. Der Organisationsberater Olaf Hinz (der als Gastautor auch Kapitel 9 dieses Buchs verfasst hat) brachte die Veränderungen für Unternehmen und Führungskräfte treffend auf den Punkt (›Segeln auf Sicht‹, 2017):

→ Wenn das Umfeld **volatil** ist, ist Pragmatismus sinnvoller als Prinzipientreue: »Segeln auf Sicht ist die angemessene Reaktion auf die zunehmende Veränderungsgeschwindigkeit und wechselnde Winde.«

→ Bei hoher **Unsicherheit** sind ausgefeilte Pläne oft nur noch Zeitverschwendung. Dennoch ist Planung nicht obsolet, denn Ziele und Pläne bilden die notwendige Struktur für Kooperation: »Pläne erhalten im Führungsteam eine neue Funktion. Sie werden nicht erarbeitet, um sie sklavisch umzusetzen, sondern vielmehr, damit man sie diskutieren, zu ihnen Position beziehen und Alternativen und Szenarien entwickeln kann.« Die Zukunft liegt im flexiblen Handeln auf der Grundlage einer soliden Planung.

→ Hohe **Komplexität** bedeutet, dass immer noch etwas nachkommt. Führungskräfte sollten sich daher von der Illusion verabschieden, dass eine Transformation wirklich plan- und steuerbar ist. Stattdessen kommt es darauf an, sich gut auf neue Situationen einstellen zu können.

→ Immer öfter gibt es Situationen, in denen Toleranz gegenüber **Ambiguität** gefragt ist. Ambiguitätstoleranz ist die Fähigkeit, Mehrdeutigkeiten, Widersprüche und Ungewissheit in einer Situation zu akzeptieren. Je höher die Ambiguitätstoleranz ausgeprägt ist, desto eher ist man in der Lage, etwas auszuhalten, was einem auf den ersten Blick schwer verständlich oder sogar inakzeptabel erscheint.

Aus seiner Analyse leitet Olaf Hinz eine ›3i-Regel‹ ab: Führung unter Ungewissheit ist demnach *inkrementell*, weil große Pläne schon veraltet sind, bevor sie erscheinen; *interaktiv*, weil einsame Helden mit ihrem Latein im VUCA-Wetter am Ende sind; *iterativ*, weil Komplexität nicht in einem Zug bewältigt werden kann.

Diese Führungsweise verlangt eine starke innere Haltung und die Bereitschaft, in unklaren Situationen Verantwortung zu übernehmen. Der Hanseat Olaf Hinz nennt das ›seemännische Gelassenheit‹. Entscheider müssten lernen, mit Unsicherheit gelassen umzugehen: »Ein erfahrener Kapitän redet seiner Mannschaft niemals einen aufziehenden Sturm schön, beordert aber auch nicht alle Mann an Deck und verteilt Schwimmwesten.« Vielmehr handelt er »hellwach, konzentriert, gut vorbereitet und unter Einsatz all seines Erfahrungs- und Methodenwissens — aber stets in der Führungsrolle und nicht als Funktionär irgendeiner Managementschule«.

Und was bedeutet all das für Beratungsunternehmen?

Vor allem eines: In einem komplexen und unsicheren Umfeld suchen Unternehmen nach Partnern, die ihnen neben fachlicher Expertise auch Orientierung und Sicherheit in stürmischen Zeiten bieten. Es zeichnet sich ein Trend ab, der sich mit den drei folgenden Zeitwenden noch verstärken wird: Die Rolle von Beratung verschiebt sich vom bloßen Dienstleister und Experten hin zu einem verlässlichen Partner, der in der Lage ist, seine Kunden durch unsichere Gewässer zu navigieren.

Die zweite Zeitenwende: Social Media

Die zweite Zeitenwende hat das Aufkommen der sozialen Medien eingeleitet. Sie veränderte grundlegend die Art und Weise, wie Unternehmen und Konsument:innen miteinander kommunizieren. Hatten Unternehmen bislang ihre Botschaften vorwiegend über Fernsehen, Radio, Print und andere traditionelle Kanäle an ein passives Publikum gesendet, ermöglichte Social Media nun einen Dialog. Kundinnen und Kunden fingen an, durch Likes, Shares oder Kommentare direkten Einfluss auf die Entwicklung von Produkten und Marken zu nehmen.

Damit verschoben sich die Machtverhältnisse, zum einen zwischen Anbietern und Nachfragern: Konsument:innen waren nicht mehr nur passive Empfänger von Botschaften, sondern bekamen eine Stimme. Sie fingen an, Produkte und Unternehmen öffentlich zu loben oder zu kritisieren. Zum anderen veränderten sich die Machtverhältnisse auf Seiten der Anbieter selbst: Während früher große Marken und Unternehmen mit hohen Budgets den Markt dominierten, gewannen nun auch kleine Unternehmen und sogar Einzelpersonen mit kreativen Inhalten an Reichweite und Einfluss.

Gleichzeitig haben Schnelligkeit und Kürze, mit der sich Informationen über Social Media verbreiten, die Art und Weise verändert, wie Inhalte rezipiert werden. Anstatt sich über einen längeren Zeitraum ohne Ablenkung auf ein Thema zu konzentrieren, bevorzugen viele Menschen heute kurze, leicht verdauliche ›Informationshäppchen‹. Dieser Trend setzte bereits Anfang der 2000er-Jahre ein, als Inhalte zunehmend über das Internet verbreitet wurden. Anders als bei gedruckten Texten neigen viele Menschen dazu, Online-Texte eher flüchtig zu ›scannen‹. Wie eine Studie der Nielsen Norman Group aus dem Jahr 2011 feststellte, verlassen Besucher:innen eine Webseite nach 10 bis 20 Sekunden, wenn es nicht gelingt, ihre Aufmerksamkeit durch ein klares Nutzenversprechen zu fesseln.

Mit der Einführung des iPhones im Jahr 2007 und der anschließenden Verbreitung von Smartphones wurde der Zugang zum Internet allgegenwärtig und mobil. Menschen begannen, Inhalte unterwegs und in kurzen Zeiträumen zu konsumieren, was das Bedürfnis nach sofortigen und schnellen Informationen verstärkte. In den Newsfeeds der sozialen Medien etablierten sich Formate, die sofort Aufmerksamkeit erregen: kurze Videos, visuell ansprechende Grafiken, prägnante Botschaften.

»Im mobilen Feed sehen Personen sich einen bestimmten Inhalt im Schnitt 1,7 Sekunden lang an«, beobachtete Facebook unter Bezug auf eigene Daten (Facebook IQ vom 20.6.2017). Mit anderen Worten: Findet ein Text oder ein Video nicht binnen weniger Sekunden die Aufmerksamkeit des Nutzers, scrollt er weiter. Die Social-Media-Anbieter reagierten auf die kurzen Aufmerksamkeitsspannen mit immer ausgefeilteren Algorithmen und noch kürzeren Formaten, um die Nutzer:innen auf ihren Plattformen zu halten. So führte TikTok ultrakurze Videoformate mit einer Länge von 15 Sekunden ein, die darauf ausgelegt sind, sofort zu gefallen und schnell konsumiert zu werden. Andere Plattformen zogen nach und entwickelten ähnliche Formate wie etwa die Instagram-Reels oder YouTube-Shorts.

Der Wandel erfasste auch die klassischen Medien. Einige verloren den Anschluss, wie die Frankfurter Rundschau, die 2012 Insolvenz anmeldete, oder die Financial Times Deutschland (FTD), die im selben Jahr ihr Erscheinen einstellte. Andere konnten sich an das veränderte Mediennutzungsverhalten anpassen. Fast alle großen Zeitungen, Fernseh- und Radiosender bieten inzwischen digitale Versionen ihrer Inhalte an und setzen ebenfalls vermehrt auf kurze Formate, die sie über Websites, Apps und soziale Medien verbreiten.

Es bleibt festzuhalten: Die Art und Weise, wie Menschen kommunizieren, hat sich durch die sozialen Medien grundlegend verändert. So verweist eine Metastudie 2022 des E-Learning-Innovationszentrums an der Universitat Oberta de Catalunya in Zusammenarbeit mit Accenture auf eine Untersuchung, wonach die durchschnittliche Aufmerksamkeitsspanne zwischen 2000 und 2015 über alle Alters- und Bevölkerungsgruppen hinweg von 12 auf 8,2 Sekunden gesunken ist.

Wissenschaftlich sind diese Zahlen umstritten, hier lohnt ein differenzierter Blick. Wie Studien nahelegen, scheint sich die Fähigkeit, zwischen Aufgaben zu wechseln, verbessert zu haben. Unbestritten ist auch, dass sich viele Menschen trotz Social Media nach wie vor intensiv und lange auf anspruchsvolle Aufgaben konzentrieren können. Nicht zuletzt bieten die neuen Formate durchaus die Möglichkeit, sich schnell und zuverlässig zu informieren und bei wichtigen Themen auf dem Laufenden zu bleiben.

Dennoch lässt sich festhalten: Viele Menschen nehmen Informationen eher bruchstückhaft auf, sie springen schnell von Thema zu Thema — und die Aufmerksamkeitsspanne im Marketing nimmt tendenziell ab. Die Folgen für Unternehmensberatungen sind weitreichend. Zwar hatten Entscheiderinnen und Entscheider in potenziellen Kundenunternehmen schon immer wenig Zeit und es bedurfte einer gut durchdachten Kommunikation, um ihr Interesse an Beratungsthemen zu wecken. Angesichts von Social Media, Informationsflut und sinkender Aufmerksamkeitsspanne wird es jedoch noch schwieriger, zu ihnen durchzudringen. Es reicht nicht mehr aus, nach dem Sog-Prinzip zu agieren und darauf zu hoffen, dass die Kunden von selbst anfragen.

Auch versagen immer öfter klassische Marketingkanäle wie Branchenzeitschriften oder Fachmagazine. Meist erreichen diese Medien die relevanten Zielgruppen nur noch unzureichend, weil in den Unternehmen Führungskräfte nachrücken, die mit Internet und Social Media aufgewachsen sind. Konzerne und große, international tätige Mittelständler sind heute hochgradig vernetzt und modern aufgestellt. Ein Fachtext in einem traditionellen Branchenblatt findet dort nur noch bedingt Beachtung.

Auf den Sog, auf die Anziehungskraft von Pull-Marketing zu setzen, reicht deshalb nicht mehr aus. Es braucht eine aktivere Herangehensweise: Um sich im Gedächtnis der Zielgruppe zu verankern, müssen Beratungen ihre Botschaft über unterschiedliche Kanäle konstant und konsistent vermitteln. Die Kunst besteht darin, auch über Social Media und andere kurze oder fragmentierte Medienformate effektiv zu kommunizieren. Hilfreich kann dabei das ›Botschaftsdreieck‹ sein, ein Konzept aus der politischen Kommunikation. Dahinter steht die Idee, auf jede Frage eines Journalisten so zu antworten, dass die eigene Botschaft auf subtile Weise immer in der Antwort enthalten ist. Die Metapher des Dreiecks soll verdeutlichen, dass die Botschaft immer das zentrale und übergeordnete Element ist, während Frage und Antwort als gleichwertige Eckpunkte fungieren, die den Weg zur Botschaft ebnen.

Wer gehört werden will, braucht eine relevante Markenbotschaft, die er strategisch klug, konstant und konsistent über die richtigen Kanäle kommuniziert. Ein Kernthema dieses Buchs!

Die dritte Zeitenwende: Corona

Die Corona-Pandemie traf die Wirtschaft völlig unvorbereitet — ein typisches VUCA-Ereignis. Viele Unternehmen mussten ihren Betrieb aufgrund von Lockdowns und strengen Gesundheitsvorschriften zeitweise einstellen oder stark einschränken. Globale Lieferketten wurden unterbrochen, Transportprobleme und Produktionsverzögerungen führten zu Engpässen. Gleichzeitig änderten Verbraucher:innen ihr Verhalten: Statt stationäre Geschäfte aufzusuchen, kauften sie vermehrt über das Internet ein.

Unter dem akuten Eindruck der Pandemie zögerten Unternehmen, neue Beratungsprojekte zu starten oder laufende Projekte fortzusetzen. Als Folge brach die Nachfrage bei vielen Beratungsunternehmen ein, Umsätze gingen zurück. Der BDU-Geschäftsklimaindex fiel 2020 im Vergleich zur Vorjahresumfrage um 29,9 Punkte auf einen Indexwert von 70,4 — den niedrigsten Wert seit Beginn der Erhebung.

Die entscheidende Folge von Corona war jedoch nicht der vorübergehende Umsatzrückgang, sondern die Reaktion auf die Ausnahmesituation. Um wettbewerbsfähig zu bleiben, investierten Unternehmen verstärkt in E-Commerce, Automatisierung und Kommunikationstools. Eine Studie des Branchenverbands Bitkom vom November 2021 belegt den Digitalisierungsschub: 92 Prozent der befragten Unternehmen führten Videokonferenzen als Ersatz für persönliche Treffen ein oder bauten sie aus. Drei Viertel der Unternehmen setzten neue Tools für die digitale Zusammenarbeit ein und rund zwei Drittel schafften sich zusätzliche Hardware an.

Galt es zunächst, schnell in die digitale Infrastruktur zu investieren, um den Betrieb überhaupt aufrechtzuerhalten, erkannte man bald die Vorteile der neuen Kommunikationsformen. Man stellte fest, dass viele Aufgaben auch von zu Hause aus effizient erledigt werden können. Unter dem Begriff ›New Work‹

wurden flexible Arbeitsmodelle entwickelt, bei denen die Beschäftigten selbst entscheiden können, wann und wo sie arbeiten. Arbeit sollte mehr sein als nur ein Mittel zum Zweck — sie sollte als sinnstiftend erlebt werden.

Auch die Beratungsbranche musste sich umstellen. Da physische Meetings und Reisen kaum noch möglich waren, wurde der Austausch über digitale Tools und Plattformen zur Norm. Beratungen lernten, digitale Werkzeuge effektiv zu nutzen, virtuelle Projekte zu managen und ihre Kunden aus der Ferne zu betreuen. Zugleich stiegen die Anforderungen der Kunden an die digitale Kompetenz der Beratenden, etwa in den Bereichen IT-Infrastruktur, Cloud Computing, Cybersecurity und digitale Geschäftsmodelle.

Nicht zuletzt hat die Corona-Pandemie die Art und Weise verändert, wie Berater Beziehungen zu ihren Kunden aufbauen. Während früher persönliche Treffen, gemeinsame Mittagessen oder Besuche vor Ort eine wichtige Rolle spielten, hat sich die Kommunikation nun weitgehend in den digitalen Raum verlagert. Viele informelle Gelegenheiten, die für den Aufbau von Vertrauen und langfristigen Beziehungen entscheidend waren, sind weggefallen. Online-Meetings sind in der Regel kürzer und zielgerichteter, wodurch es schwieriger wird, eine persönliche Ebene aufzubauen oder spontane Gespräche zu führen.

Umso wichtiger ist eine starke Markenpräsenz. Wenn persönliche Interaktionen seltener werden, kommt es umso mehr darauf an, der Marke des Beratungsunternehmens vertrauen zu können. Eine starke Marke signalisiert Professionalität, Verlässlichkeit und Kompetenz und kann so die Folgen seltenerer persönlicher Begegnungen bis zu einem gewissen Grad ausgleichen.

Die vierte Zeitenwende: Künstliche Intelligenz

Die jüngste Zeitenwende hat sich seit vielen Jahren angebahnt und erfasst uns jetzt mit voller Wucht: der Durchbruch der Künstlichen Intelligenz (KI). Seit der Veröffentlichung von ChatGPT im November 2022 ist sie allgegenwärtig. Auch kleine Unternehmen können nun KI-basierte Tools implementieren, die früher nur großen Konzernen mit hohen Investitionskapazitäten zur Verfügung standen. Es entstehen neue Geschäftsmodelle, Arbeitsweisen, Vermarktungswege.

In der Vergangenheit hatte die IT vor allem eine unterstützende Funktion. Die Fachabteilungen entwickelten ihre Geschäftsstrategien und Geschäftsprozesse weitgehend eigenständig und gaben ihre Anforderungen zur technischen Umsetzung an die IT-Abteilung weiter. Spätestens mit dem Einzug von künstlicher Intelligenz funktioniert dieser Ansatz nicht mehr: Geschäftsentscheidungen und strategische Planung gehen Hand in Hand mit dem Einsatz von KI. Die Rolle der IT wandelt sich von der Service-Einheit zum strategischen Partner — was wiederum bedeutet, dass Führungskräfte effektiv mit den technischen Teams kommunizieren müssen. Als ›Digital Leader‹ benötigen sie selbst ein grundlegendes Verständnis für die Potenziale und Grenzen der neuen Technologien. Die Konsequenz für Beratungsunternehmen liegt auf der Hand: Um diesen ›Digital Leaders‹ auf Augenhöhe begegnen zu können, müssen auch sie sich mit den neuen Technologien vertraut machen.

Mit der Verbreitung der generativen KI stehen Beratungen zudem vor der Notwendigkeit, ihr Marketing anzupassen. Seit Tools wie ChatGPT in der Lage sind, handwerklich solide Texte nahezu automatisch zu erstellen, entsteht eine wahre Flut an Inhalten. Immer mehr Texte, Bilder und Videos werden automatisiert erstellt und auf verschiedenen Plattformen verbreitet. Das macht es noch schwieriger, aus der Masse herauszustechen. Auch hier liegt die Antwort in einer wirklich starken Marke, in einer konstanten und konsistenten Kommunikation, um in diesem überfüllten Markt sichtbar zu bleiben.

Vielleicht noch gravierender ist ein weiterer Effekt: Künstliche Intelligenz kann Dienstleistungen übernehmen, die bisher von Beratungen erbracht wurden. So können KI-gestützte Tools Recherchen durchführen, Berichte generieren und relevante Informationen aus verschiedenen Quellen extrahieren. Die Folge: Manche Brot-und-Butter-Aufgabe, die früher selbstverständlich von Beratungen erledigt wurde, kann nicht mehr abgerechnet werden.

Doch damit nicht genug: Auch bei anspruchsvollen Aufgaben wird KI zur Konkurrenz. Schon heute können KI-Tools komplexe Probleme analysieren und mit Hilfe von Machine-Learning-Algorithmen Lösungen vorschlagen — etwa in Bereichen wie Supply-Chain-Management, Preisstrategien, Marketingkampagnen oder Personalplanung. Eine Studie der Boston Consulting Group untersuchte 2023 den Einsatz von generativer KI bei den eigenen Beraterinnen und Beratern: Demnach verbesserten rund 90 Prozent der Teilnehmenden ihre Leistung. Sie erreichten ein um 40 Prozent höheres Leistungsniveau als die Vergleichsgruppe, die ohne KI arbeitete.

Um die Ergebnisse der KI zu bewerten und in den Unternehmenskontext einzuordnen, bedarf es zwar nach wie vor erfahrener Menschen. Es gilt das Prinzip des >Armchair Criticism<: Man sitzt in seinem bequemen Sessel und kritisiert von dort aus die Aussagen der KI, die dadurch stetig verbessert werden. Aber warum sollte dieser Sessel einer Beraterin oder einem Berater vorbehalten sein? Der Kunde, der sein eigenes Unternehmen am besten kennt, könnte ebenso gut in der Lage sein, die KI-Vorschläge zu bewerten und anzupassen.

Natürlich stimmt es, KI kann viele Aufgaben übernehmen. Gleichzeitig bieten die aktuellen Entwicklungen aber auch die Chance für einen Befreiungsschlag. Beratende können nun endlich das tun, wofür sie einmal angetreten sind: wirksam sein, echte Probleme lösen. In den Vordergrund rücken Erfahrungswissen, Gesprächskompetenz, Kreativität und die Fähigkeit, komplexe Probleme zu lösen. Künstliche Intelligenz schafft Raum für die Rückbesinnung auf das Wesentliche — auf menschliche Begegnungen, die echten Wert schaffen, auf freudvolle Zusammenarbeit in Teams, die sinnerfüllt arbeiten, ganz ohne hochtrabende Purpose-Deklaration.

Sehnsucht nach einer starken Schulter

Wenn ein Sturm aufzieht, läuft ein erfahrener Kapitän nicht hektisch auf dem Schiff hin und her und greift ständig in den Maschinenraum ein. Stattdessen ruft er seine Mannschaft zusammen, bespricht die Situation und steuert mit großer Erfahrung durch den Sturm. Er bleibt ruhig, hellwach und konzentriert — seemännische Gelassenheit nennt Olaf Hinz das.

Damit vergleichbar sind heute die Anforderungen an Führungskräfte in einem unsicheren, von der vierfachen Zeitenwende geprägten Umfeld. Es gilt in kritischen Situationen die richtigen Entscheidungen zu treffen, Signale richtig zu deuten oder flexibel auf neue Situationen zu reagieren. Fachwissen allein genügt hierfür nicht, ebenso entscheidend sind Praxis, Erfahrung und Intuition — alles Fähigkeiten, die keine KI ersetzen kann.

In solch stürmischen Zeiten suchen Unternehmen nach Beraterinnen und Beratern, die selbst über >seemännische Gelassenheit< und fundiertes Erfahrungswissen verfügen. Entscheidungsträger in den Unternehmen sehnen sich nach einer ›starken Schulter‹ — nach einer vertrauenswürdigen Instanz, auf die sie sich in unsicheren Zeiten verlassen können.

Indem Sie sich mit Ihrem Beratungsunternehmen zum Trusted Advisor entwickeln, können Sie genau diese starke Schulter sein. Statt Standardleistungen anzubieten, bauen Sie langfristige, vertrauensvolle Beziehungen zu Ihren Kund:innen auf, stehen ihnen bei jedem Wetter zur Seite und helfen, die gemeinsam festgelegten Ziele zu erreichen. Das kann nicht nur eine sehr erfüllende Aufgabe sein, sondern auch eine Überlebensstrategie: Künstliche Intelligenz mag viele Beratungsaufgaben übernehmen, die starke Schulter eines Trusted Advisors kann sie nicht ersetzen. Die Entwicklung zum Trusted Advisor bietet eine gute Möglichkeit, sich dem Preiskampf bei klassischen Beratungsleistungen zu entziehen.

Den eigentlichen Schatz heben

Was braucht es nun, um für die Kundin oder den Kunden eine starke Schulter zu sein? Was macht diese starke Schulter aus, worauf gründet sie sich? Die Antwort liegt im eigentlichen Schatz Ihres Beratungsunternehmens: der Wertschöpfung, die aus den Köpfen der Mitarbeitenden resultiert — aus ihrer Fähigkeit, hochkomplexe Probleme zu lösen oder gemeinsam mit Kund:innen Ziele zu definieren und zu erreichen. Es geht um Dinge wie Erfahrungswissen, Kreativität, Gesprächskompetenz, Haltung und Wahrhaftigkeit.

Diese Ressourcen lassen sich in vier Hauptkategorien unterteilen:

→ das intellektuelle Kapital (»was wir wissen und wie wir das Wissen anwenden«),

→ das emotionale Kapital (»wie wir uns einfühlen können und was das in Projekten verändert«),

→ das soziale Kapital (»welcher Wind weht, wenn man mit uns arbeitet«),

→ das Kundenwissen (»was wir über unseren Kunden wissen und in keinem Handbuch steht«).

Was bedeutet das konkret?

Das **intellektuelle Kapital** eines Beratungsunternehmens zeigt sich in der Fähigkeit, Wissen und Erfahrung in überlegener Weise einzusetzen, um beim Kunden komplexe Probleme zu lösen und Ziele zu erreichen. Gelerntes Wissen oder das Fortschreiben von Bestehendem reichen dazu nicht aus. Zum intellektuellen Kapitel gehören auch einschlägige Erfahrung und tägliche Kreativität — Letzteres eine Fähigkeit, deren Wert von vielen Beratungen noch unterschätzt wird.

Das **emotionale Kapital** spiegelt sich in der Fähigkeit wider, empathisch mit der Kundenorganisation zusammenzuarbeiten. Sind Sie und Ihre Mitarbeitenden in der Lage, sich auf die Denkweise, das Tempo und den Rhythmus der Kund:innen einzustellen? Diese Schwingungsfähigkeit, die Fähigkeit, die Atmosphäre und Dynamik des Gegenübers zu spüren und darauf einzugehen, zählt zu den wesentlichen emotionalen Kompetenzen, die eine erfolgreiche Beratung ausmachen.

Das **soziale Kapital** bezieht sich auf die Mitarbeitenden des Beratungsunternehmens und ihre Kompetenz, Veränderungsprozesse erfolgreich zu gestalten — sowohl beim Kunden als auch im eigenen Projekt. Es geht darum, Veränderungen zu initiieren, aber auch flexibel genug zu sein, sich selbst im Projekt anzupassen und weiterzuentwickeln.

Das **Kundenwissen** umfasst ein tiefes Verständnis der Strukturen, Prozesse und Menschen innerhalb der Kundenorganisation. Es geht weit über das formale Wissen hinaus, das in Handbüchern oder anderen Dokumenten festgehalten ist. Vielmehr handelt es sich um informelles, oft implizites Wissen, das sich in langjähriger Zusammenarbeit entwickelt hat. Es ermöglicht nicht nur zusätzliches Wachstum und erhebliche Ressourcen-Einsparungen, sondern bildet auch die Basis für lebenslange Kundenbeziehungen.

Dieser besondere Schatz, das intellektuelle, emotionale und soziale Kapital und das Kundenwissen, ist einer der wenigen echten Differenzierungsfaktoren, die Beratungsunternehmen heute noch haben. Indem Sie sich mit diesem Kapital am Markt positionieren, werden Sie unverwechselbar – und indem Sie es bei Ihren Kunden einbringen, machen Sie sich unentbehrlich.

Vertrauen aufbauen

Um die ›starke Schulter‹ des Kunden sein zu können, bedarf es neben fachlicher Kompetenz vor allem einer vertrauensvollen Beziehung. Ein anspruchsvolles Unterfangen: Zunächst ist es wichtig, echtes Interesse am Kunden zu zeigen. Das bedeutet, aufmerksam zuzuhören, nachzufragen und den Kunden verstehen zu wollen, ohne sofort eigene Lösungen oder Angebote in den Vordergrund zu stellen. Es bedeutet aber auch, sich selbst zurückzunehmen: Anstatt vorzupreschen und eine voreilige Lösung zu präsentieren, nehmen Sie sich die Zeit, das Problem Ihres Gegenübers zu verstehen. Sie hören zu, ohne sich ablenken zu lassen, und fassen das Gehörte zusammen, um sicherzustellen, dass Sie alles richtig verstanden haben.

Drei Schlüsselfaktoren für den Aufbau von Vertrauen sind Glaubwürdigkeit, Verlässlichkeit und Vertrautheit:

Glaubwürdigkeit bedeutet vor allem, dass Sie ehrlich sind und Ihr Wissen und Ihre Erfahrung strikt im Interesse des Kunden einsetzen. Sie stehen ihm uneigennützig zur Seite. Mit Ihrer Art der Kommunikation machen Sie deutlich, dass es Ihnen ein ehrliches Anliegen ist, seine Problemwolke zu durchdringen, die wahren Ziele hinter seinem Anliegen aufzuspüren und diese gemeinsam mit ihm zu erreichen.

Verlässlichkeit heißt, Zusagen einzuhalten, pünktlich zu sein und konstant gute Arbeit zu leisten. Ihr Gegenüber muss immer wieder bestätigt bekommen, dass Sie zuverlässig und transparent handeln und auch bei kleinen Versprechungen zu Ihrem Wort stehen.

Vertrautheit entsteht, wenn Sie über längere Zeit eine enge und partnerschaftliche Beziehung aufbauen. Diese Beziehung geht über das rein Geschäftliche hinaus und basiert auf gegenseitigem Respekt und Verständnis. Indem Sie nicht nur die geschäftlichen Ziele, sondern auch die persönliche Situation Ihres Gegenübers im Blick haben, entsteht eine tiefere, vertraute Bindung.

Der Aufbau einer Trust Brand

Es geht also darum, sich auf den eigenen Schatz zu besinnen, ihn zu heben, ihn zu verkaufen — und die dafür notwendige Vertrauensbasis zum Kunden zu schaffen. Eines der wichtigsten ›Werkzeuge‹ dafür ist eine starke Marke. Sie macht die Positionierung sichtbar und ermöglicht eine klare Abgrenzung zum Wettbewerb. Sie ist es, die den Schatz des Unternehmens — das intellektuelle, emotionale und soziale Kapital sowie das Kundenwissen — zum Strahlen bringt. Doch hat die Marke neben dieser Differenzierungsfunktion noch eine weitere wichtige Aufgabe: Sie schafft Vertrauen.

In den letzten beiden Jahrzehnten konzentrierten sich Marketingstrategien vorwiegend darauf, ›Loved Brands‹ zu schaffen — Marken, die geliebt werden und um die sich eine treue Fangemeinde bildet. In jüngerer Zeit verschiebt sich das Augenmerk hin zu ›Trust Brands‹: Marken sollen vor allem Vertrauen schaffen.

In der Beratungsbranche, wo Vertrauen für langfristige Beziehungen unerlässlich ist, wird das Konzept der Trust Brand zur Überlebensfrage. War eine Marke für Beratungen früher vielleicht noch ›nice to have‹, bildet sie jetzt die Basis für den Aufbau von Vertrauen. Sie gibt bestehenden Kund:innen Sicherheit und überzeugt potenzielle Kund:innen oft schon lange vor dem ersten persönlichen Kontakt.

Um als Trust Brand wahrgenommen zu werden, reicht es heute nicht mehr aus, nur auf Bekanntheit und Kundeninteresse zu setzen. Vielmehr bedarf es einer Mischung aus Push- und Pull-Marketing — eine Strategie, die ich gerne als ›gepushtes Pull-Marketing‹ bezeichne. Dabei geht es darum, seiner Zielgruppe relevante und damit attraktive Inhalte bereitzustellen (Pull) und gleichzeitig potenzielle Kund:innen direkt anzusprechen (Push).

Genau das ist das zentrale Thema dieses Buchs: Sie erfahren, wie Sie den Schatz heben, Ihr Beratungsunternehmen mit einer unverwechselbaren Botschaft positionieren, eine starke Marke aufbauen — und mit geeigneten Maßnahmen die gewünschte Sogwirkung im Markt erzeugen.

Was Sie in den folgenden Kapiteln erwartet

Wer seinen eigenen Schatz heben will, beginnt mit der Selbstreflexion, indem er sich Klarheit über sein ›wahres Selbst-Bewusstsein‹ verschafft (Kapitel 1). Welche Werte und Motivationen sind für Sie und Ihre Mitarbeitenden bestimmend? Ziel des Kapitels ist es, die inneren Hauptantriebskräfte Ihrer Beratungsboutique zu erkennen.

Im nächsten Schritt geht es darum, sich von Glaubenssätzen zu verabschieden, die dem Erfolg oft im Wege stehen (Kapitel 2). Ein Paradebeispiel ist der Satz: ›Der Kunde ist König‹. Genau das kann er nicht sein, wenn er sich nach einer starken Schulter sehnt! Wer den Kunden zum König macht, begibt sich in die Rolle eines Erfüllungsgehilfen, statt als Partner auf Augenhöhe wahrgenommen zu werden.

Weit verbreitet ist auch der Glaube, man müsse unbedingt wachsen, ein großes Unternehmen werden und viele Angestellte haben. Die unsicheren VUCA-Zeiten legen es jedoch nahe, eher auf ein kleines, wendiges Unternehmen zu setzen. Die Fixierung auf Wachstum birgt heute mehr denn je Risiken und kann innovative Ansätze zur Effizienzsteigerung oder zur Schaffung neuer Geschäftsmodelle behindern.

Diese Risiken treffen auch für die Überzeugung zu, dass Perfektion wichtig sei. Das Streben nach Perfektion kann einen Beratungsprozess unnötig in die Länge ziehen, während Kunden oft eine praktikable und schnelle Umsetzung einer perfekten Lösung vorziehen. Das gilt umso mehr in unserer schnelllebigen Zeit: Bis ein Konzept perfekt ausgearbeitet und umgesetzt ist, läuft es Gefahr, schon wieder überholt zu sein.

Aufbauend auf den definierten Werten und Antriebskräften geht es in Kapitel 3 um die Unternehmensziele — denn ohne präzise formulierte Ziele lässt sich der Erfolg einer Beratung kaum messen. Ein ›Ziele-Cockpit‹ unterscheidet sieben Zielfelder und hilft dabei, Kurs zu halten und die Zielerreichung kontinuierlich zu überwachen.

In einer Zeit, in der KI viele Leistungen übernimmt, ist ein solides Geschäftsmodell (Kapitel 4) wichtiger denn je: Mit wem verdienen wir wie und womit unser Geld? Es geht um eine klare Zielgruppenbestimmung und um die Entscheidung, in welcher Rolle Sie mit Ihrem Unternehmen auftreten wollen: als herausragender Experte oder als Trusted Advisor?

Wer sein intellektuelles, emotionales und soziales Kapital verkaufen möchte, steht vor der Frage nach dem richtigen Honorarmodell. Kapitel 5 beleuchtet die Vor- und Nachteile der verschiedenen Modelle und macht deutlich: Das traditionelle Prinzip ›Zeit gegen Geld‹ hat oft ausgedient. Stattdessen ist ein Modell gefragt, das die Werte honoriert, die Sie mit Ihrem Unternehmen über die Jahre aufgebaut haben — Wissen, Erfahrung, Kreativität, fantastische Mitarbeitende.

Der Schatz des Unternehmens, das intellektuelle, emotionale und soziale Kapital und das Kundenwissen, bildet den Kern der Positionierung (Kapitel 6). Ziel ist es, mit dem Angebot beim Kunden aufzufallen — eine echte Herausforderung im hart umkämpften Beratungsmarkt. Bewährt hat sich hier der ›Lkw-Satz‹, um den Kernnutzen auf den Punkt zu bringen.

Mit der klaren Positionierung ist die Voraussetzung geschaffen, mit Ihrem Unternehmen zur Marke zu werden (Kapitel 7) und durch Marketing, PR und Vertrieb die Brücke zum Kunden zu schlagen (Kapitel 8). Die Marke repräsentiert den Schatz und damit das besondere Angebot Ihres Unternehmens – und sie schafft als Trust Brand das Vertrauen, ohne das die Rolle als starke Schulter undenkbar ist.

Ein wichtiger Aspekt wurde bisher nur gestreift: Wie nehmen Sie die Mitarbeitenden auf die Reise mit? Wie beziehen Sie sie in die Entwicklung von Zielen, in Positionierung und Markenaufbau ein? Gastautor Olaf Hinz erläutert verschiedene Stufen der Einbindung und plädiert dafür, Widerstände als positive Energiequelle zu nutzen (Kapitel 9).

Der Umgang mit Entscheidenden (Kapitel 10) stellt eine der wichtigsten Fähigkeiten im Beratungsgeschäft dar — es ist die Königsdisziplin des Sogs. Mit der Entwicklung zum Trusted Advisor gewinnt sie zusätzlich an Bedeutung: Von der ersten Begegnung an geht es darum, Vertrauen aufzubauen und die Beziehung zu den Entscheidenden zu pflegen. Von Anfang an arbeiten Sie auf eine langfristige Beziehung hin und stellen dabei den Nutzen für Ihr Gegenüber in den Mittelpunkt.

Wenn Ihre Kunden eine starke Schulter suchen, liegt es nahe, eine langfristige Partnerschaft anzustreben. Theresa Gondorf widmet sich in Kapitel 11 ausführlich dem Aufbau lebenslanger Kundenbeziehungen. Sie beschreibt, wie neben dem intellektuellen, emotionalen und sozialen Kapital auch das Wissen über Kunden entscheidend ist. Um dieses ›vierte Kapital‹ erfolgreich zu nutzen und lebenslange Kundenbeziehungen aufzubauen, kommt es auf drei strategische Elemente an: die Messung der Kundenzufriedenheit, Customer Excellence und ein schlankes (Key)-Account-Management. Diese drei Elemente greifen ineinander und führen zu einem systematischen Ansatz, der es Ihnen ermöglicht, langfristige und erfüllende Partnerschaften aufzubauen.

Kapitel 1

Wahres Selbst-Bewusstsein erarbeiten

Wahres Selbst-Bewusstsein erarbeiten

Etwas stimmt da nicht. Drei Berater, eigentlich erfolgreich — und doch unzufrieden.

Der erste ist Hans H., Inhaber eines neunköpfigen Beratungsunternehmens. Der heute 45-Jährige hatte acht Jahre lang bei einer Strategieberatung gearbeitet und sich selbstständig gemacht. Zunächst beschränkte er sich auf sein vertrautes Geschäft, die Strategieberatung. Dann fragte ihn ein Kunde, ob er auch Prozesse optimieren könne. »Klar«, dachte er, »das bekommen wir irgendwie hin.« Er holte sich einen ersten Mitarbeiter, zunächst freiberuflich, später stellte er ihn an.

Eins ergab das andere. Das Unternehmen expandierte, weitere Berater kamen hinzu. Mit ihnen stieg der Druck, neue Aufträge zu akquirieren. Heute verbringt Hans H. einen Großteil seiner Zeit damit, Projekte an Land zu ziehen und Beratertage zu verkaufen. Nach wie vor ist er auch operativ tätig: Mal sind es Feuerwehreinsätze, mal besteht ein Kunde darauf, mit ihm persönlich zusammenzuarbeiten.

Hans H. arbeitet abends, auch am Wochenende. Abschalten fällt ihm schwer. Für Familie, Freunde oder persönliche Interessen hat er kaum

Zeit. Oft wirkt er hektisch, getrieben vom aktuellen Geschehen. Ihm ist bewusst, dass er sich eigentlich um die Weiterentwicklung des Unternehmens kümmern sollte. Doch dazu kommt er nicht. Typisch für ihn ist der Satz: »Man müsste mal ...«

Man müsste mal das Marketing systematisieren. Man müsste mal das Thema Digitalisierung ganz neu aufbereiten. Ideen für neue Produkte schießen ihm durch den Kopf, aus denen nichts wird, weil der Alltag dazwischenkommt. Und so geht es weiter: Hans H. müsste das Wochenende endlich einmal mit der Familie verbringen, er müsste seinen Freundeskreis pflegen, er müsste etwas mehr für seine Gesundheit tun. Doch das Geschäft hält ihn gefangen. Er hat seine Lebensziele aus den Augen verloren sowie das Bewusstsein dafür, was ihn glücklich macht.. Er befindet sich im Hamsterrad, wird immer müder und stöhnt: »Man müsste mal ...«

Der zweite Fall handelt von Werner S., Organisationsberater und Führungscoach. In seinem früheren Leben war er Führungskraft in einem Konzern. Dort fühlte er sich zunehmend unwohl. Abläufe und Führungskultur empfand er als »geradezu unterirdisch«. Getrieben von der Idee, es besser zu machen und eigene Konzepte zu entwickeln, machte er sich selbstständig. Heute ist er als Einzelkämpfer unterwegs, der sich gelegentlich Unterstützung aus seinem Netzwerk holt.

Werner S. geht es um die Sache. Seinen Kunden möchte er stets die beste Lösung bieten. Ständig tüftelt er an neuen Ideen, entwirft Konzepte und entwickelt Methoden. Er trifft sich regelmäßig mit Kollegen und Experten, um noch besser zu werden und noch mehr Tiefgang zu bekommen. Die Arbeit motiviert und erfüllt ihn. Zugleich achtet er auf ein gelingendes Privatleben, für das er sich ausreichend Zeit nimmt.

Das Problem ist nur: Als Unternehmer versagt er. Konkurrenten, die inhaltlich weit weniger beschlagen sind, nehmen höhere Tagessätze und sind geschäftlich erfolgreicher. Bitter stößt ihm auf, dass ein Kollege im Handelsblatt zitiert wird und Bücher veröffentlicht, obwohl dieser aus seiner Sicht viel weniger zu sagen hat als er. »Wie kann ich«, so fragt er sich, »bleiben wie ich bin, aber gleichzeitig mehr Ertrag erwirtschaften?«

Ganz anders Fall drei: Eckart W. ist unternehmerisch sehr erfolgreich. Er hat ein Beratungsunternehmen mit vierzig Mitarbeitern aufgebaut und sich aus dem operativen Kundengeschäft weitgehend herausgezogen. Er führt die Mitarbeiter, kümmert sich um Aufträge und treibt Innovationen voran. Kurzum:

Er ist nicht mehr Berater, sondern Unternehmer. Ein guter Unternehmer. Und doch hat er das Gefühl, langsam auszubrennen.

Sein Denken kreist immer um das Unternehmen. Zwar unterhält er sich ab und zu mit Kollegen, geht gelegentlich zu einer Fortbildung, liest auch einmal ein Buch. Aber im Grunde dreht sich alles nur darum, das operative Rad am Laufen zu halten. Immer das Gleiche, immer noch mehr vom Gleichen. Er praktiziert ein Zeit-gegen-Geld-Modell, bei dem alles linear steigt: mehr Projekte, mehr Mitarbeiter, mehr verkaufte Zeit, mehr Umsätze, mehr Gesamtgewinn. Die Zahl der Mitarbeiter steigt proportional zum Umsatz — drei weitere Mitarbeiter bringen eine weitere Million Euro Umsatz. Und so weiter.

Mit dem Projektvolumen, das ist Eckart W. durchaus bewusst, steigen auch die Risiken — zumal das Projektgeschäft generell volatiler wird, die Kunden sich immer öfter zurückhalten und die Unsicherheiten zunehmen. Auf der einen Seite steigt die Gefahr, dass erwartete Aufträge ausfallen, Umsätze einbrechen und Kapazitäten nicht ausgelastet werden können. Auf der anderen Seite stellt sich permanent das Problem, die Personallücke schließen zu müssen, die durch das steigende Projektvolumen immer wieder neu entsteht.

Wo soll das hinführen? Noch sechs Mitarbeiter mehr, noch zwei Millionen mehr an Umsatz? Ein noch größeres Rad mit noch größerem Risiko drehen? Eckart W. zweifelt am Sinn seines Unternehmens. Er hat das Gefühl, einer Tätigkeit nachzugehen, die ihn ausfüllt, aber nicht erfüllt.

Drei Beispiele, die für eine ernüchternde Beobachtung stehen: Die meisten Beratungsunternehmen verfehlen ihr eigentliches Ziel — das Ziel nämlich, ihre Inhaber glücklich zu machen.

Die Droge Erfolg

Ein funktionierendes Unternehmen kann für seinen Inhaber wie eine Droge wirken. Die Aufträge kommen, die Geschäfte laufen, der Alltag nimmt ihn in Beschlag. Der Erfolg betäubt ein latentes Unwohlsein, das zurückgedrängt wird, im Hintergrund aber weiter schwelt und latent unzufrieden macht. Vor allem aber lenkt der Erfolg davon ab, das bestehende Geschäftsmodell infrage zu stellen.

Typisch für viele Berater ist eine Erfolgskurve in Form eines umgedrehten »U« (siehe Abbildung 1.1). Nach einer gewissen Anlaufphase fängt die Strategie an zu greifen und der Erfolg steigt exponentiell an, bis er schließlich ein bestimmtes Niveau erreicht. Nun schwimmt der Berater auf der Erfolgswelle; er bewegt sich auf einem »Erfolgsplateau«, auf dem der Erfolg ziemlich gleichbleibt. Ich kenne zahlreiche Beratungsunternehmer, die in dieser Phase sind: Gewinne und persönliches Auskommen bleiben über Jahre hinweg weitgehend gleich. Der Berater findet viel Anerkennung in seinem Umfeld, die Geschäfte laufen konstant und gut. Zweifel werden verdrängt.

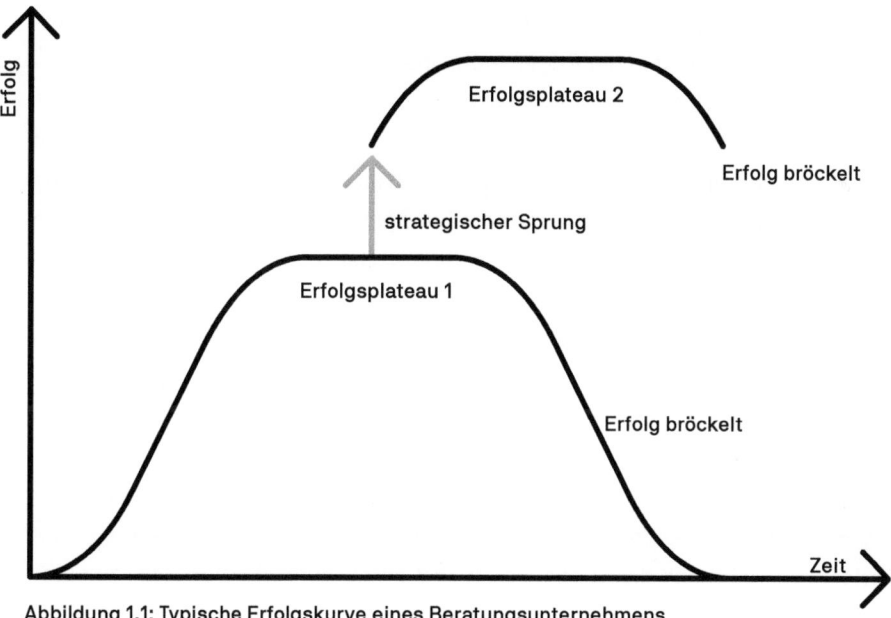

Abbildung 1.1: Typische Erfolgskurve eines Beratungsunternehmens

Übersehen wird, wie stark in dieser Phase die »Droge Erfolg« Einfluss nimmt. Der permanente Erfolg macht bequem und hindert daran, das eigene Geschäftsmodell zu hinterfragen. Er betäubt die Innovationskraft. »Never change a runnig system«, lautet die Devise, der man sich in dieser Phase nur zu gerne hingibt. Nur nichts verändern, es läuft ja!

Auf dem Erfolgsplateau ist es bequem und man hat wahrlich genug zu tun. »Man müsste mal« lautet ein häufiger Satz. Man müsste mal die bestehenden Kontakte besser pflegen — aber wann, bei den ständigen Projekteinsätzen? Man müsste das Risiko auf mehr Kunden verteilen — aber mit dem einen Kunden läuft es gerade so gut, und überhaupt, so einfach finden sich keine Mitarbeiter für andere Projekte. Man müsste sich eigentlich stärker spezialisieren, um nicht mehr als Feld-Wald-Wiesen-Beratung wahrgenommen zu werden — na ja, aber bisher läuft es ja ganz okay. So richtig zufrieden ist man nicht mit Projekten, Kunden, Honoraren oder dem Umgang der Kunden mit einem — aber so richtig unzufrieden eben auch nicht.

Dieser Zustand kann Jahre dauern, doch irgendwann beginnt der Erfolg zu bröckeln. Das kann abrupt geschehen, weil zum Beispiel ein Großkunde abspringt, oder sich langsam abzeichnen, weil die Zahl der Kunden sinkt oder die Stammkunden weniger buchen. Meist versucht das Unternehmen jetzt, mit Vertriebsmaßnahmen oder verstärktem Marketing dem Verfall entgegenzuwirken. Das gelingt in der Regel auch eine Zeit lang, kann aber nicht verhindern, dass die Erfolgskurve am Ende endgültig abbricht.

Die Alternative liegt darin, die Erfolgsbetäubung zu überwinden und mit einem Sprung eine neue Qualitätsstufe zu erreichen. Machen Sie, ausgehend vom Erfolgsplateau, strategisch den nächsten Sprung: Hinterfragen Sie Ihre persönlichen Ziele und Motive, die bestehenden Geschäftsfelder und Zielgruppen — entwickeln Sie Ihr Geschäftsmodell systematisch und mutig weiter. Entwickeln Sie Themen, in denen Sie die Meinungsführerschaft erlangen können. Richten Sie Ihr Unternehmen konsequent nach einem neuen und klaren Zielbild aus. Das kann zum Beispiel auch bedeuten, auf Teile des bisherigen Geschäfts zu verzichten, um so Raum für Neues zu schaffen.

Die Belohnung ist schnell beschrieben: echter geschäftlicher Erfolg, mehr Zufriedenheit und Sinnerfüllung, mehr Spannung mit neuen Wegen, ein motivierteres Team und die Chance, auch in Zukunft eine wichtige Rolle zu spielen.

Geht die neue Strategie auf, beginnt der Prozess von vorne. Wieder steigt die Erfolgskurve steil an, wieder erreicht sie ein Plateau — und wieder wird es Zeit, den Sprung auf die nächste Ebene zu wagen.

Kompass und Wertemagnet

Die Botschaft lautet also: Wachen Sie aus der Erfolgsbetäubung auf und geben Sie Ihrem Unternehmen einen tieferen Sinn. Das setzt natürlich voraus, die eigenen Ziele und Werte zu kennen. Wer sein Unternehmen sinn-voll gestalten möchte, benötigt Klarheit über sich selbst. Und genau darum geht es in diesem Kapitel: Sie legen Ihre persönlichen Ziele fest und spüren Ihre Werte und inneren Antreiber auf. Konkret erreichen Sie damit zwei Ergebnisse: Sie verfügen über einen Kompass und einen Magneten.

Einen *Kompass* erhalten Sie, weil die persönlichen Ziele und Werte anzeigen, wohin Sie wollen und was Ihnen wichtig ist. Sie können Ihre Entscheidungen hieran ausrichten und das Unternehmen so gestalten, wie es Ihnen wirklich entspricht.

Zugleich lässt das Bewusstsein um die eigenen Ziele und Werte einen *Magneten* entstehen, der Menschen mit ähnlichen Werten und »Sinnkonstruktionen« anzieht. Der Anziehungseffekt lässt sich zum Beispiel bei einem Pitch beobachten: Am Ende wählt ein Auftraggeber in der Regel den Bewerber aus, dessen Werte zu ihm passen.

Warum wirkt dieser »Wertemagnet« bei Beratern so stark? Nehmen wir das Beispiel des Pitchs: Dem Auftraggeber fällt es schwer, die Qualität eines Beraters zu beurteilen. Während der Präsentation erkennt er bestenfalls 60 Prozent der Qualität. Die infrage kommenden Berater haben in seinen Augen alle ein ähnliches Qualitätsniveau. Der Auftraggeber sucht daher nach Qualitätssurrogaten, um herausfinden, welcher Berater für sein Problem der richtige ist. Er beobachtet das Verhalten, liest zwischen den Zeilen und trifft am Ende intuitiv seine Wahl. Mit anderen Worten: Er lässt seinen Wertemagneten entscheiden.

Wenn Ihnen die eigenen Werte bewusst sind und Sie diese Werte ausstrahlen, werden Sie für Kunden attraktiv, die ähnlich wie Sie denken und fühlen. Sog entsteht erst, wenn wir uns unserer Ziele und Werte bewusst sind. Sog braucht Selbst-Bewusstsein.

Die persönlichen Ziele

In Einzelberatungen oder Workshops durfte ich bislang über zehntausend Berater nach ihren Zielen fragen. Die Antworten gleichen sich: Gewinn oder Umsatz steigern, unabhängiger von Großkunden werden, Tätigkeiten, die dem Beratungsunternehmer mehr Freude machen, mehr Bekanntheit, mehr Augenhöhe. Wenn ich nachfrage, wie lange sie diese Ziele schon haben, lautet die Antwort: »Seit vielen Jahren.« Etwas unternommen haben nur wenige.

Diese Erfahrung ist so durchgängig, dass sie einen Schluss nahelegt: Die meisten Berater haben zwar Wünsche, aber keine Ziele, die sie konkret und messbar verfolgen. Wenige haben definiert, wann ihr Unternehmen sie glücklich macht und daran die Ziele ihres Unternehmens ausgerichtet. Kaum ein Berater hat aus seinen Wünschen persönliche Ziele abgeleitet, nach denen er konsequent seine Entscheidungen trifft. Es bleibt bei diffusen Wünschen.

Der Befund stimmt nachdenklich. Haben wir Berater uns nicht genau deshalb selbstständig gemacht, dass wir am Ende glücklicher, erfüllter sind? Und weil wir als Unternehmer ehrgeizige geschäftliche Ziele verfolgen?

Bevor wir uns mit den geschäftlichen Zielen und Geschäftsmodellen auseinandersetzen, sollten wir nach innen blicken: auf unsere persönlichen Wünsche und Motive. Wir sollten diese inneren Antreiber konkretisieren, in messbare Ziele fassen und in unser Geschäftsmodell integrieren. Diese Strategie hätte zwei positive Effekte: Zum einen können wir in unserer Arbeit Erfüllung finden, weil unsere persönlichen Ziele in das Unternehmen eingebunden sind. Zum anderen gewinnt das Unternehmen an Attraktivität, weil nach außen ein klares Werteprofil spürbar wird. Der Wertemagnet beginnt zu wirken.

Verlassen wir also die diffuse Wolke unserer Wünsche und begeben uns stattdessen in einen konkreten Zielkreislauf (siehe Abbildung 1.2).

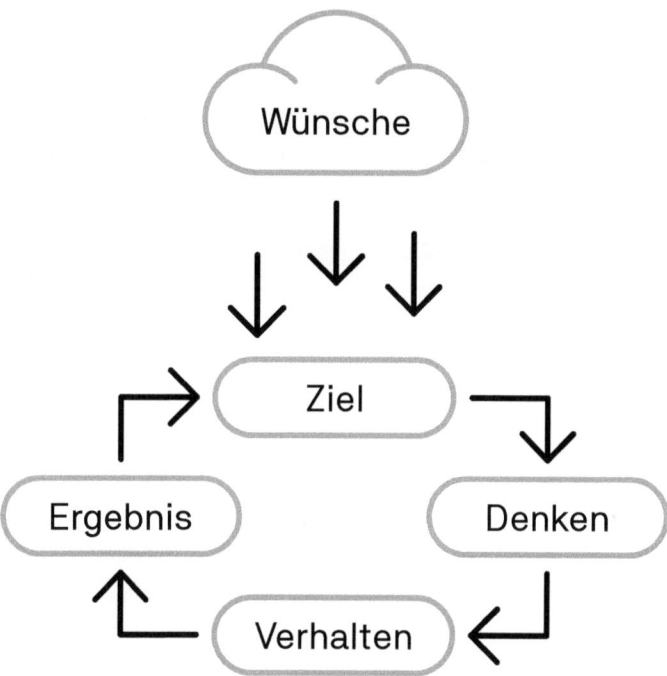

Abbildung 1.2: Abstieg aus der diffusen Wünsche-Wolke in den konkreten Zielkreislauf

Anders als das Stochern in der Wünsche-Wolke bringt uns der Zielkreislauf unseren persönlichen Zielen tatsächlich näher. Er beginnt mit einem konkreten Ziel, das Einfluss auf unser Denken nimmt — etwa indem wir Maßnahmen überlegen, wie wir das Ziel erreichen. Das sind etwa eine Marketingstrategie, ein anderes Honorarmodell oder ein anderer Kundentyp, der künftig angesprochen wird. Das veränderte Denken führt zu einem anderen Verhalten, was wiederum das Ergebnis verändert. Meist ist das neue Ergebnis Anlass, das Ziel zu überdenken und anzupassen. Der Zielkreislauf geht in die nächste Runde.

Beginnen wir unsere »Reise nach innen«, indem wir die persönlichen Ziele finden. Es empfiehlt sich, entspannt an diese Aufgabe heranzugehen — und sich dann einige Stunden Zeit zu nehmen. Ganz ohne Stress.

Um die persönlichen Ziele zu erarbeiten, hat sich ein Tool bewährt, das zwischen geschäftlichem Erfolg und persönlicher Erfüllung unterscheidet. Es besteht aus einem Koordinatensystem mit zwei Achsen (Abbildung 1.3):

→ Die senkrechte Achse steht für den »geschäftlichen Erfolg«. Am oberen Ende der Achse liegt der Punkt, der den maximalen geschäftlichen Erfolg markiert, den Sie nach Ihrer Einschätzung erreichen können.

→ Die waagrechte Achse steht für »persönlichen Sinn«. Oder für persönliches Glück, Glückerfüllung, Sinnerfüllung, Flow, Zufriedenheit. Nehmen Sie den Begriff, der Ihnen zusagt. Ganz rechts auf der Achse liegt der Punkt, der den maximal erreichbaren persönlichen Sinn darstellt.

Anhand dieses Koordinatensystems lassen sich die persönlichen Ziele in vier Schritten erarbeiten.

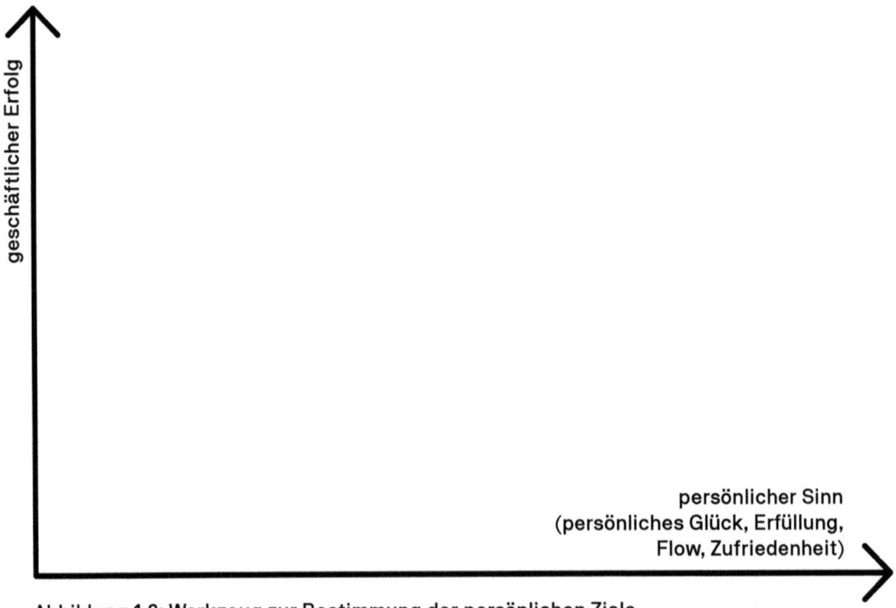

geschäftlicher Erfolg

persönlicher Sinn
(persönliches Glück, Erfüllung,
Flow, Zufriedenheit)

Abbildung 1.3: Werkzeug zur Bestimmung der persönlichen Ziele

Schritt 1:

Standpunkt heute festlegen

Überlegen Sie, wo Sie mit Blick auf den geschäftlichen Erfolg und die persönliche Sinnerfüllung heute stehen — und tragen Sie den Punkt in das System ein. Versuchen Sie eine ehrliche, selbstkritische Antwort zu finden, ohne aber erst lange nachzudenken:

→ »Wo stehe ich heute mit meinem geschäftlichen Erfolg?« Denken Sie sich kurz in Ihre Lage hinein — und setzen Sie spontan einen Punkt auf der senkrechten Achse. Überlegen Sie dann noch einmal, ob der Punkt in etwa passt.

→ »Wo stehe ich bei der Erfüllung meines persönlichen Sinns?« Hören Sie kurz in sich hinein — und markieren Sie einen Punkt auf der waagrechten Achse. Reflektieren Sie dann noch einmal, ob der Punkt passt.

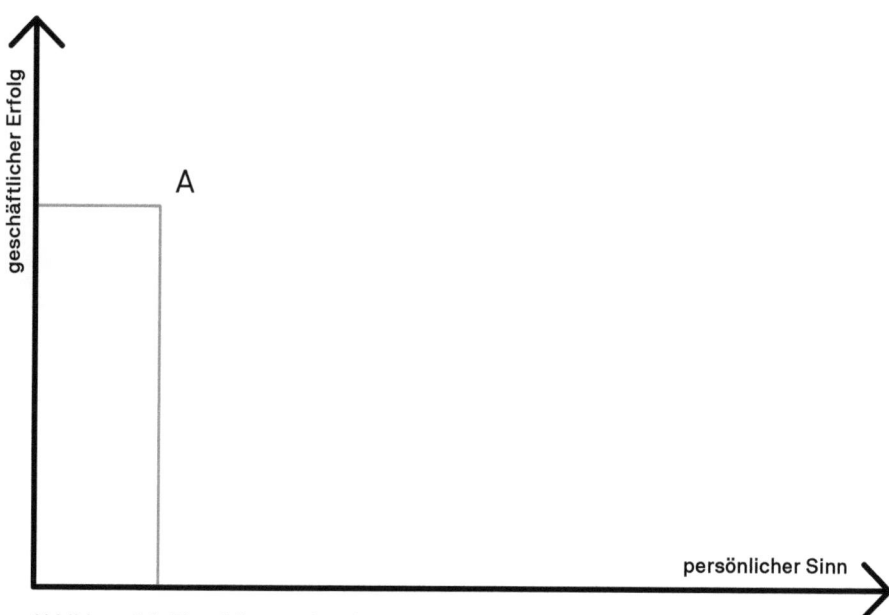

Abbildung 1.4: Einschätzung der aktuellen Situation

Ein Beispiel. Der Inhaber eines kleinen Beratungsunternehmens ist geschäftlich recht zufrieden. Es könnte zwar noch etwas mehr sein, aber die Auftragslage ist stabil und ausreichend. Anders bei der Sinnerfüllung. Nach seinem Empfinden hält ihn die Routine gefangen und das Leben geht an ihm vorbei. Also positioniert er sich im Punkt A (Abbildung 1.4): relativ hoher Erfüllungsgrad beim »geschäftlichen Erfolg«, niedriger Erfüllungsgrad auf der SinnAchse.

Schritt 2:

Standpunkt in drei Jahren festlegen

Überlegen Sie nun, wo Sie in drei Jahren stehen möchten. Legen Sie also fest:

→ »Wo möchte ich in drei Jahren mit meinem geschäftlichen Erfolg stehen?« Schätzen Sie diesen ein und tragen Sie den entsprechenden Punkt auf der senkrechten Achse ein.

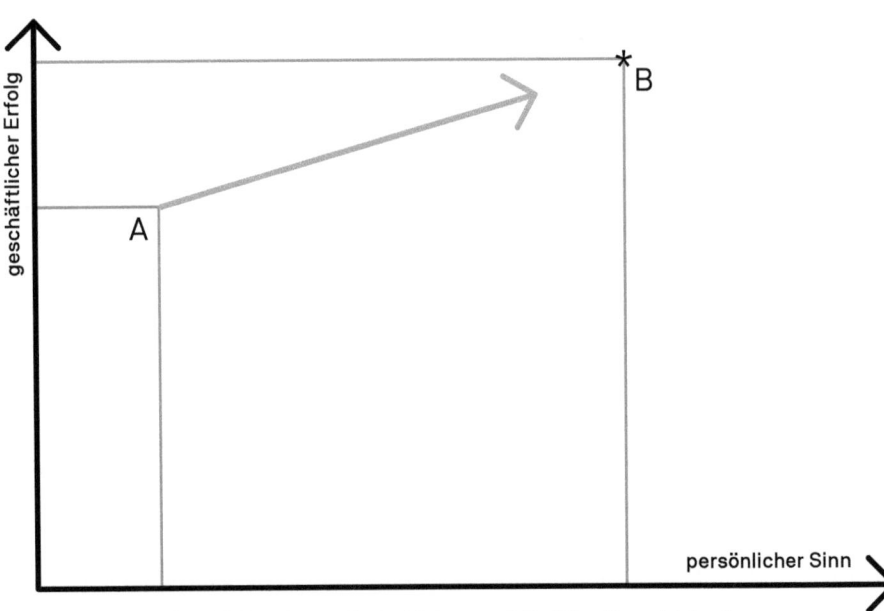

Abbildung 1.5: Das Ziel festlegen: In drei Jahren soll Position B erreicht sein

→ »Wo möchte ich in drei Jahren in Bezug auf meine persönliche Sinnerfüllung stehen?« Machen Sie auch hier eine Abschätzung und tragen Sie den entsprechenden Punkt auf der waagrechten Achse ein.

Der Berater, der sich in Schritt 1 bei A positioniert hat, fragt sich nun, wo er sich in drei Jahren sieht. »Na ja«, denkt er mit Blick auf den geschäftlichen Erfolg, »da gibt es gegenüber heute keine große Differenz. Wenn ich 60.000 Euro mehr an Ertrag pro Jahr mache, ist das okay.« Anders bei der persönlichen Erfüllung, da empfindet er große Defizite und möchte ein gutes Stück weiterkommen. »Ich würde mich gerne mal mit etwas Neuem beschäftigen«, denkt er, »nicht immer nur Aufträge abarbeiten. Ich hätte gerne Kunden, die mich stärker herausfordern.«

Aufgrund dieser Überlegungen setzt er Punkt B nur wenig höher an als A, aber doch beträchtlich weiter rechts (siehe Abbildung 1.5). Der Pfeil in der Abbildung zeigt den Pfad, den er bis in drei Jahren zurücklegen möchte.

Schritt 3:
Kriterien definieren

Nun geht es darum, die Ziele präziser zu erfassen. Die Leitfragen lauten:

→ Woran merke ich, dass ich den Zielpunkt auf der Achse »geschäftlicher Erfolg« erreicht habe?

→ Woran merke ich, dass ich den Zielpunkt auf der »Sinn-Achse« erreicht habe?

Suchen Sie nach Kriterien, anhand derer Sie feststellen können, ob sie in drei Jahren am gewünschten Punkt angekommen sind. Was wäre dann anders als heute? Im Zielkorridor »geschäftlicher Erfolg« kann das der Ertrag oder die Bekanntheit im Markt sein. Mit Blick auf die Sinn-Ziele können die Kriterien mehr Zeit mit der Familie sein, ein neues Thema, das Sie erarbeitet haben, oder anspruchsvollere Kunden, die für Sie eine echte Herausforderung darstellen.

Welche Kriterien notiert unser Beispiel-Berater? Im Feld »geschäftlicher Erfolg« legt er als Kriterium einen um 60.000 Euro höheren Ertrag fest.

Schwieriger fällt es ihm, den Sinnzuwachs zu erfassen. Seine Erfüllung sieht er darin, aus der Routine auszubrechen und Neues zu entwickeln. Also fragt er sich: »Woran merke ich, dass sich etwas geändert hat und ich tatsächlich Neues mache?« Nach einigem Nachdenken hält er folgende Kriterien fest:

→ Ich verbringe mehr Zeit mit Lernen.

→ Ich habe es mit herausfordernden Kunden zu tun.

→ Ich erhalte Aufträge, bei denen ich mich so richtig ins Thema einarbeiten muss.

→ Ich befasse mich mit spannenden Fragen, über die ich mich mit den führenden Experten meiner Branche unterhalte.

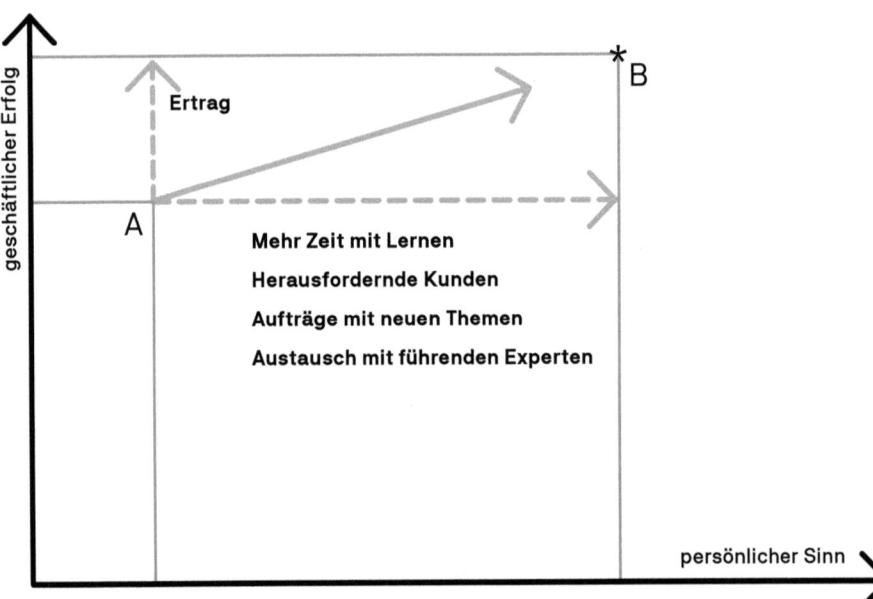

Abbildung 1.6: Kriterien für das Erreichen der Ziele

Schritt 4:
Messgrößen festlegen

Schließlich legen Sie für jedes Kriterium eine Messgröße fest. Beim geschäftlichen Erfolg lässt sich das Ziel ganz einfach in Euro messen — zum Beispiel

»eine Million Euro Jahresertrag«. Auch ein Sinnkriterium wie »mehr Zeit mit der Familie« lässt sich leicht messen, etwa indem man festlegt, jede Woche einen Tag mehr mit der Familie zu verbringen.

Etwas anders gelagert sind »weiche« Kriterien wie etwa das Ziel »Ich fühle mich mehr auf Augenhöhe mit dem Kunden.« Solche Kriterien lassen sich mithilfe einer Skala einschätzen und damit auch messen: Wo stehe ich auf einer Skala von 0 bis 10 heute (zum Beispiel auf 2), wo möchte ich in drei Jahren stehen (zum Beispiel auf 8).

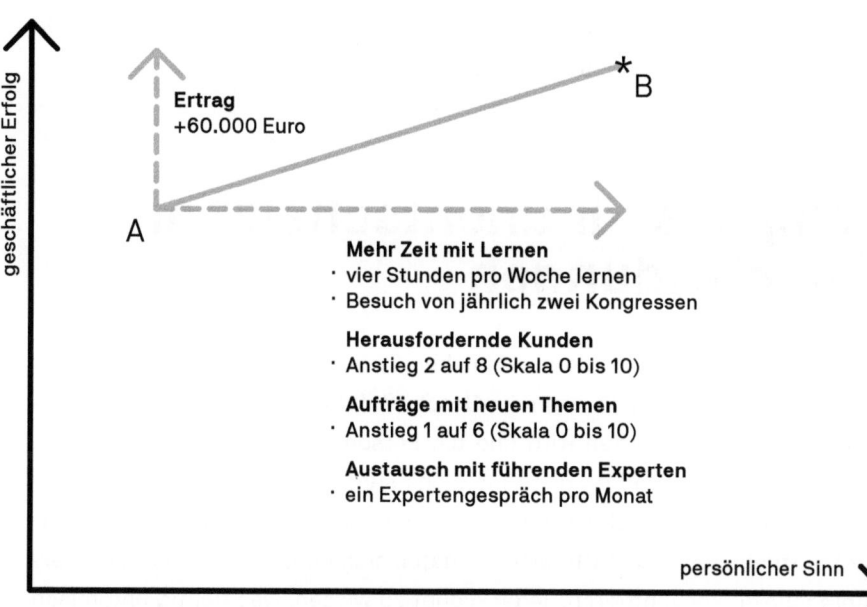

Abbildung 1.7: Kriterien und Messgrößen für das Erreichen der Ziele

Im Beispielfall (siehe Abbildung 1.7) nimmt der Berater den Jahresertrag als Messgröße für den geschäftlichen Erfolg. In drei Jahren, so definiert er, soll der Ertrag um circa 60.000 Euro höher liegen als heute. Die Sinnziele präzisiert er anhand folgender Messgrößen:

→ Ich verbringe mehr Zeit mit Lernen: vier Stunden pro Woche lernen, Besuch von jährlich zwei Kongressen.

→ Ich habe es mit herausfordernden Kunden zu tun: Anstieg von 2 auf 8 auf einer Skala von 0 (»beim Kunden eingeschlafen«) bis 10 (»hellwach«).

→ Ich erhalte Aufträge, bei denen ich mich so richtig ins Thema einarbeiten muss: Anstieg von 1 auf 6 auf einer Skala von 0 (»alles nur Routineprojekte«) bis 10 (»durchweg Projekte mit neuen spannenden Aspekten«).

→ Ich befasse mich mit spannenden Fragen, über die ich mich mit den führenden Experten meiner Branche unterhalte: ein Expertengespräch pro Monat.

Eine gute Wegstrecke ist nun zurückgelegt. Sie haben Ihren persönlichen Zielkorridor festgelegt — und kennen damit zumindest grob die Richtung, in die es gehen sollte. Sie verfügen über eine klare Erkenntnis, welche Ziele Sie anpeilen müssen, um erfüllter und glücklicher zu sein.

Kompass für unentscheidbare Entscheidungen

Warum ist es so nützlich, die persönlichen Ziele zu erarbeiten und festzulegen? Oft wird das deutlich, wenn im Geschäftsführerkreis über den Kurs des Unternehmens gesprochen wird und die persönlichen Ziele nicht klar sind. Die Diskussionen verlaufen dann meistens sehr dogmatisch. Der eine sagt, »Social Media bringt nichts«, der andere verlangt, stärker ins Premiumsegment einzusteigen, der Dritte plädiert dafür, sich künftig allein auf die Pharmabranche zu konzentrieren. Jeder glaubt zu wissen, was richtig und falsch ist. Dabei verkennt man einen entscheidenden Aspekt: Bei strategischen und Marketing-Themen gibt es kein richtig oder falsch.

Wenn über das Geschäftsmodell oder die Strategie entschieden wird, existieren keine eindeutigen Antworten. Vielmehr stehen wir vor »unentscheidbaren Fragen«, wie es der Kybernetiker Heinz von Foerster ausgedrückt hat. Auf eine unentscheidbare Frage gibt es keine eindeutige, etwa anhand einer mathematischen Formel ausrechenbare Antwort. Stattdessen liegen unterschiedliche Möglichkeiten vor, für die jeweils gute Gründe sprechen; jeder Vorschlag ist nachvollziehbar und leuchtet ein. Dem Unternehmer kommt die Aufgabe zu, sich für eine der möglichen Alternativen zu entscheiden — mithin eine »unentscheidbare Entscheidung« zu treffen, deren Ausgang unsicher ist und für die er das Risiko trägt. Man könnte auch sagen: Er trifft eine echte Entscheidung. »Nur prinzipiell unentscheidbare Fragen kann man entscheiden«, folgert Heinz von Foerster.[1]

Als Beratungsunternehmer haben Sie es mit solchen unentscheidbaren Entscheidungen zu tun, die Sie alleine oder im Geschäftsführerkreis treffen müssen. Da ist es sehr hilfreich, über einen Kompass zu verfügen, der Orientierung gibt und zum Beispiel hilft, im vielstimmigen Chor der Mitgeschäftsführer die Richtung zu bestimmen. Aus meiner Sicht können nur die persönlichen Ziele oder gegebenenfalls die im Geschäftsführerkreis abgestimmten Ziele dieser Kompass sein. Indem Sie Ihre Wünsche konkretisieren und in messbare Ziele fassen, erhalten Sie ein konkretes Leitbild, an dem Sie die unentscheidbaren Entscheidungen ausrichten und immer wieder überprüfen können. Aus diffusen Wünschen ist ein Kompass geworden, der die Richtung weist.

Viele Berater sind überrascht, wie klar Sie nun entscheiden können. Ich erinnere mich an einen Fall, bei dem die persönliche Sinnsuche zu einem klaren Ergebnis führte: Wirklich glücklich und zufrieden mit seiner Tätigkeit war dieser Berater immer dann, wenn er für seine Kunden herausragende Ergebnisse erzielte. Er wollte seine Kunden nicht einfach nur zufriedenstellen, sondern wirklich exzellente Leistungen bieten. Als nun die Frage anstand, ob er mit seinem Unternehmen expandieren sollte, entschied er sich erst einmal dagegen. Ihm war es wichtiger, für seine Kunden hervorragende Ergebnisse zu erzielen. »Lasst uns die Priorität lieber auf die Qualität setzen«, wies ihm sein innerer Kompass den Weg.

Ein anderes Beispiel: Einem Berater ist es persönlich wichtig, Bekanntheit und Image zu erlangen; er möchte sich mit einem inhaltlichen Thema als Meinungsführer positionieren. Abgeleitet aus diesen persönlichen Zielen investierte er erhebliche Mittel in eine professionelle PR-Strategie. Als die Entscheidung anstand, sein erstes eigenes Buch selbst zu publizieren oder einen Verlag zu suchen, war auch hier die Antwort klar: Für das Renommee, bei einem namhaften Verlag zu erscheinen, scheute er keine Mühe.

Oder der Fall einer kleinen Beratungs-AG mit drei Vorständen, die mich zunächst beauftragte »starkes Umsatzwachstum um den Faktor 2 bis 3 zu erreichen«. Genauer analysiert, warum man sich dieses Wachstum wünschte, stellte sich heraus: Alle drei Entscheider versprachen sich vor allem eine

---

[1] Foerster, Heinz von: KybernEthik. Merve, 1993.

bessere Work-Life-Balance, weil neue Mitarbeiter und ein angestellter COO sie entlasten würden. Ich brauche Ihnen nicht zu sagen, wie unwahrscheinlich diese Prämisse in Erfüllung gegangen wäre. Der tatsächliche Kurs sah dann ganz anders aus — man erreichte mehr persönliche Balance und höhere Erträge durch einen neuen Weg an den Markt und durch einen Wechsel im Honorarmodell. Dazu später mehr.

Die persönlichen Ziele, das zeigen solche Beispiele, können ein ausgesprochen nützlicher Kompass sein. Sie helfen, die Diskussion im Geschäftsführerkreis zu lenken, die richtigen Dienstleister auszuwählen oder zum Beispiel einer PR-Agentur ein präzises Briefing mit auf den Weg zu geben. Vor allen aber bieten sie eine wertvolle Hilfestellung, wenn wieder einmal eine unentscheidbare Entscheidung ansteht.

Die persönlichen Motive

Sobald wir unseren persönlichen Zielkorridor festlegen, machen wir uns auch schon Gedanken darüber, was uns wichtig ist. Insofern haben wir die Frage nach unseren Motiven, nach dem, was uns im Leben antreibt, bereits ein Stück mitbeantwortet. Nun gehen wir an dieser Stelle tiefer und fragen: Was genau sind die Dinge, die mich zufrieden machen? Worin liegt meine ureigene Motivation?

Es geht also darum, den eigenen Motiven und Werten auf die Spur zu kommen. Das bringt große Vorteile: Wenn wir die inneren Antreiber kennen, können wir unsere Ziele, Entscheidungen und Tätigkeiten mit ihnen in Einklang bringen. Je mehr das gelingt, desto motivierter und zufriedener sind wir.

Auch können wir, wenn persönliche Motive und Werte bekannt sind, die Rollen im Unternehmen richtig verteilen. Wenn zum Beispiel der Inhaber eines Beratungsunternehmens von der Motivation »Erfindergeist« beseelt ist, liegt es nahe, ihm die Verantwortung für die Produktentwicklung zu überlassen. Sein Mitgeschäftsführer hingegen, der sich durch starkes Status-Streben auszeichnet, könnte mit Imagearbeit und PR betraut werden. Der Grundgedanke lautet: Jeder übernimmt die Rollen, die seinen Motiven entsprechen.

Eigentlich leuchtet das Prinzip, jedem die ihm entsprechende Rolle zu geben, unmittelbar ein. Ist in der Praxis nicht der folgende Fall jedoch häufiger? In den ersten Jahren ist ein Berater vorwiegend beratend tätig, das heißt, er setzt die Projekte selbst um. Nur langsam wächst er in die Rolle des Unternehmers hinein und fängt an, Mitarbeiter einzustellen und die Projektarbeit zu delegieren. Als Beratungsunternehmer entwickelt er sich zum Botschafter seines Unternehmens, kümmert sich also um Markenführung, Marketing und Vertrieb, bleibt aber zunächst weiterhin auch in der Projektarbeit tätig.

Wenn die Geschäfte weiter expandieren und die Geschäftsführung dann oft aus zwei oder mehr Partnern besteht, geschieht etwas Interessantes: Fast immer nimmt man sich die Großen der Branche zum Vorbild und erklärt den Umsatz zum Maßstab für den Erfolg. Bei McKinsey und Co. steigen meist die umsatzstärksten Berater zu Partnern auf, also letztlich diejenigen, die über ihr Netzwerk die meisten Aufträge heranholen. Kleine Beratungsunternehmen glauben häufig, sie müssten es den Großen gleichtun und den Erfolg der Partner ebenfalls am Umsatz messen — was große Nachteile mit sich bringen kann.

Nach meiner Erfahrung führt der Umsatz als Maßstab häufig zu Streitigkeiten, weil nicht jeder Geschäftsführer in gleichem Maße Aufträge heranschafft. Ich denke da zum Beispiel an ein Beratungsunternehmen aus der Schweiz, zu dem sich vier Berater mit ganz unterschiedlichen Kompetenzen zusammengefunden hatten. Sie suchten nach einer Strategie, um weiter zu wachsen, und hatten hierzu einen Beratungstermin gebucht. Während wir die persönlichen Motive und Drei-Jahres-Ziele erarbeiteten, wurde immer deutlicher: Zwischen den Partnern schwelte ein Konflikt. Alle vier Geschäftsführer hatten bei der Definition der persönlichen Ziele angegeben, die Stimmung im Partnerkreis sollte besser werden. Ein klares Indiz dafür, dass etwas nicht stimmte.

Im weiteren Verlauf des Workshops kamen wir der Ursache auf die Spur. Die vier Geschäftsführer hatten eine minutiöse Methode entwickelt, um Umsätze und Gewinne zu messen und dem jeweiligen Partner zuzuordnen. In den ersten Jahren nach Einführung dieser Regel holten drei Partner sehr hohe Umsätze ins Unternehmen, während der vierte vergleichsweise weit zurücklag. Er hatte andere Stärken, die er in das Unternehmen einbrachte, und vernachlässigte daher die Akquise. Da an den Umsatz hohe Tantiemen gekoppelt waren, führte das System zu großen Einkommensunterschieden; die drei umsatzstarken

Geschäftsführer verdienten im Schnitt jedes Jahr rund 200.000 Schweizer Franken mehr als der vierte Kollege. Dieser nahm das hin, schließlich hatte man das System ja gemeinsam so beschlossen.

Nach einigen Jahren schaffte man die Tantiemenvergütung ab, behielt aber die Messung der Umsätze bei. Wie es der Zufall wollte, kehrten sich die Verhältnisse ins Gegenteil: Der vierte Partner, der früher wenig Umsatz einbrachte, zog eine Reihe lukrativer Aufträge an Land, während die anderen drei Partner mit Blick auf den Umsatz weniger glücklich agierten. Da die ergebnisabhängige Vergütung inzwischen jedoch abgeschafft war, konnte der vierte Geschäftsführer von seinem Erfolg finanziell nicht profitieren.

Der Fall zeigt, wie fragwürdig es sein kann, den Umsatz zum alleinigen Maßstab zu erheben. Das Vorgehen birgt nicht nur ein hohes Konfliktpotenzial, sondern missachtet auch die unterschiedlichen Qualitäten im Partnerkreis.

Anstatt sich an den Gepflogenheiten von McKinsey und Co. zu orientieren, könnten die Managementteams von Start-ups als Vorbild dienen: Dort werden die Rollen in der Regel nach Neigung und Kompetenz verteilt. Der eine übernimmt zum Beispiel den kaufmännischen Part, der andere kümmert sich um Marketing und Vertrieb, der dritte ist für Qualität und Produktentwicklung zuständig. Für jede Rolle sind Ziele definiert, an denen sich der Erfolg bemisst. Gemeint ist damit nicht ein halbherziges »Wir setzen uns unterschiedliche Hüte auf«. Gemeint ist ein konsequentes Ausrichten des Managementteams nach persönlichen Qualitäten.

Es gibt also gute Gründe, sich über die persönlichen Motive, Werte und Antreiber Klarheit zu verschaffen. Zum einen erhalten wir einen Kompass, der uns für unsere eigenen Entscheidungen den Weg weist. Zum anderen können wir die Rollen im Geschäftsführerkreis erst dann richtig verteilen, wenn wir die eigenen Motive und die unserer Partner kennen und gemeinsam ausdiskutieren. Und nicht zuletzt: Erst wenn wir die eigenen Werte definieren und zum Ausdruck bringen, entsteht jener Wertemagnet, der Menschen mit ähnlich gelagerten Werten und Sinnkonstruktionen zueinander führt.

Der Berater-Selbsterfahrungszyklus
(Ja, ich habe ihn absichtlich so genannt. Tief durchatmen.)

Eine gute Möglichkeit, den eigenen Werten auf die Spur zu kommen, bietet der Berater-Selbsterfahrungszyklus. Es geht nicht darum, im Folgenden ein wissenschaftlich bis ins letzte Detail durchdekliniertes Verfahren zu zeigen. Vielmehr handelt es sich um ein pragmatisches Vorgehen, das sich in der Praxis bewährt hat. Anhand einer Reihe von Übungen erhält man ein gutes Gefühl für die eigenen Antreiber. Der Einfachheit halber — und für unsere Zielsetzung absolut ausreichend — verwenden wir die Begriffe Motive, Werte und Antreiber synonym.

Es stimmt schon: Übungen zur Selbsterfahrung sind eher eine Angelegenheit von Therapeuten, Hippies und Erziehern. An dieser Stelle können sie aber auch einmal uns Beratern nützlich sein. Am Ende der fünf Übungen dieses Selbsterfahrungszyklus dürften Sie die Hauptantriebskraft sowie zwei oder drei weitere Hauptmotive, die Ihr Leben prägen, kennen.

Übung 1: **Ärgernisse**

Lassen Sie die letzten Tage, Wochen und Monate Revue passieren: Was hat Sie frustriert, worüber haben Sie sich geärgert? Erstellen Sie daraus eine Liste der Dinge, über die Sie sich ärgern. Auf dieser Liste stehen zum Beispiel folgende Punkte:

→ Ich ärgere mich, wenn ein Konkurrent mehr Honorar bekommt. Berater Müller, der das Gleiche wie wir macht, bekommt 1.800 Euro, wir bekommen 1.500 Euro.

→ Ich ärgere mich darüber, dass Berater Maier in der FAZ und der Wirtschafts-Woche erwähnt wird. Dabei sind wir doch viel besser als er.

→ Ich ärgere mich darüber, dass Kunden mich herablassend behandeln — dass sie mich antanzen lassen und nervige Fragen stellen.

→ Mich frustrieren langweilige Projekte.

→ Mich ärgert Mitarbeiter Schmitt, weil er immer mit Forderungen kommt, anstatt erst einmal etwas zu leisten.

Ein Mensch ärgert sich, wenn ein für ihn wichtiger Wert verletzt wird. Gehen Sie deshalb die Liste durch, und fragen Sie sich bei den einzelnen Punkten, warum Sie sich darüber ärgern: »Was in mir greift das an? Welcher mir wichtige Wert ist verletzt?« Diese Ergebnisse sind denkbar:

→ Das geht gegen mein Statusgefühl, ich fühle mich eigentlich mehr wert.

→ Das widerspricht meinem Gefühl von Fairness.

→ Das erstickt meine natürliche Neugierde.

→ Das schränkt meine Freiheit ein.

Die Antworten geben erste Hinweise auf Werte, die Ihnen wichtig sind.

Übung 2: **Lebensweg**

Malen Sie einen großen Zeitstrahl auf, der Ihr Leben von der Geburt bis heute anzeigt. Zeichnen Sie die wichtigsten Stationen, Entscheidungen sowie die kleinen und großen Wendepunkte Ihres Lebens ein — Abitur, Studium, Abbruch des Studiums, erste Stelle, Heirat, Beförderung, Kündigung, neuer Job, Beginn der Selbstständigkeit, Sekretärin eingestellt, Berater eingestellt, Berater nach Probezeit entlassen, neuer Marketingauftritt, Buchprojekt begonnen ...

Gehen Sie die einzelnen Stationen durch: Wie kam es zu diesen Ereignissen? Warum haben Sie so entschieden? Überlegen Sie sich beispielsweise, warum Sie das Studium abgebrochen haben, wie es zum ersten Job oder zur Beförderung kam, warum Sie sich selbstständig gemacht haben. Auf diese Weise kommen Sie recht gut den Motiven auf die Spur, die für Sie besonders wichtig sind.

Zum Beispiel denkt Berater Y darüber nach, warum er den Job gewechselt hat. »Wohl deshalb«, überlegt er, »weil es mir langweilig geworden ist. Ich fand die Tätigkeit einer meiner Kunden viel interessanter. Deshalb habe ich eine Stelle bei diesem Kundenunternehmen angenommen.« Weiter fragt er sich, ob er diesen Wechsel vornahm, weil er auf Abwechslung aus war oder weil er die Materie so interessant fand. Nun nimmt er sich eine andere Station auf dem Zeitstrahl vor, seine Promotion: »Warum habe ich nach meinem Studium eine Dissertation geschrieben? War mir das Prestige wichtig? Oder hat mich das Thema interessiert? Klar, es war das Thema, das mich fasziniert hat.«

Die Indizien verdichten sich. Neugier, Interesse an einem neuen Thema — das scheint für Berater Y ein starkes Motiv zu sein. Deshalb hat er den Job gewechselt, deshalb hat er seine Dissertation geschrieben.

Gehen Sie nach diesem Muster die Ereignisse auf dem Zeitstrahl durch. Rekonstruieren Sie, wie es dazu kam: Warum haben Sie eine Familie gegründet, warum sich gegen einen bestimmten Kunden entschieden, warum für ein bestimmtes Geschäftsfeld? Suchen Sie nach der ehrlichen Antwort — und überlegen Sie, welcher Wert oder Antreiber vermutlich hinter dieser Entscheidung steht.

Führen Sie diese Arbeit in Ruhe durch. Sie können die Ergebnisse in Tabellenform festhalten (Abbildung 1.8).

Ereignis	Wie kam es dazu? Warum habe ich so entschieden?	Mutmaßlicher Wert oder Antreiber
Dissertation	Interesse am Thema	Neugier, Wissensdurst, etwas Eigenes schaffen
Jobwechsel	Alte Tätigkeit hat mich gelangweilt, Angebot fand ich inhaltlich spannend	Interesse am neuen Thema, Neugier
Wechsel in die Selbstständigkeit	Fühlte mich in den Strukturen gefangen, kein Ausbrechen möglich	Unabhängigkeit, mein eigener Unternehmer sein
...	...	...

Abbildung 1.8: Analyse des Lebenswegs

Übung 3: **Lieblingskunden-Treffen**

Nun blicken wir in die Zukunft. Ein Tag in fünf Jahren. Als Geschäftsführer Ihres Beratungsunternehmens haben Sie zur Feier des zehnten Firmenjubiläums geladen. Sie erwarten zehn Gäste, Ihre fünf Lieblingskunden, Ihre beiden Mit-Berater und drei Partner aus Ihrem Netzwerk. Ein Kreis von Leuten, die Sie sehr schätzen. Beschreiben Sie dieses Treffen in allen Details.

Die Idee dieser Übung basiert auf einer einfachen Erkenntnis: In Ihren Gästen spiegeln sich auch Ihre eigenen Werte wider — denn, wie gesagt, Menschen mit gleichen Motiven und Werten ziehen einander an.

→ Überlegen Sie zunächst, an welchem Ort und in welcher Atmosphäre die Feier stattfindet. Wie sieht das Rahmenprogramm aus, was wird gegessen, worüber redet man?

→ Schildern Sie dann, mit welchen Menschen Sie sich umgeben. Beschreiben Sie jede einzelne Person: Was macht sie, wie tickt sie, was hat sie an, wie verhält sie sich, worüber redet sie, was ist ihr wichtig?

→ Überlegen Sie nun, welche Werte und Motive dominieren. Was treibt diese Menschen? Ist es zum Beispiel Unabhängigkeit, Neugierde, Status, Geld, Kontaktfreude, der Wunsch zu helfen, das Streben nach Macht?

Die Bilder, die von der Feier gezeichnet werden, fallen je nach Wertekonstellation völlig unterschiedlich aus. Da ist zum Beispiel Berater A: Er beschreibt eine schillernde, bunt zusammengewürfelte Gruppe. Offensichtlich ist für ihn Abwechslung, das Streben nach immer neuen Erfahrungen ein wichtiges Motiv.

Ganz anders Berater B: Sein Treffen beherrschen fünf DAX-Vorstände, die sich angeregt mit ihm und seinen beiden Mitberatern unterhalten. Das Treffen spiegelt das Streben nach Status, auch nach Macht wider. Bei Berater C hingegen haben sich fünf Unternehmer eingefunden, die alle eine schwierige Zeit durchlebt haben. Die Beratung hat ihnen wirklich geholfen, wofür sie sehr dankbar sind. Eine solche Konstellation lässt vermuten, dass für Berater C das Motiv Unterstützung, also das Streben danach, für andere von Nutzen zu sein, eine wichtige Rolle spielt.

Übung 4: **Sarggeflüster**

Suchen Sie sich Ihren Todestag aus. Schreiben Sie also auf: 28. März 2046. Und stellen Sie sich vor: Sie sind tot, gerade gestorben. Sie liegen im Sarg, der Deckel ist noch geöffnet. Menschen, die Ihnen in Ihrem Leben wichtig waren, erweisen Ihnen die letzte Ehre. Ehepartner, Kinder, Geschwister. Arbeitskollegen, Mitarbeiter, Kunden. Einige schluchzen ein wenig, andere unterhalten sich flüsternd. Sie sprechen über Sie ...

Auch wenn es etwas merkwürdig anmutet: Legen Sie sich aufs Bett oder auf den Boden, schließen Sie die Augen und lassen Sie die Situation auf sich wirken. Was sagen diese Menschen, die da an Ihrem Sarg stehen? Wie sprechen sie über Sie? Öffnen Sie nun die Augen und schreiben Sie auf, was Sie gehört haben. Die Antworten weisen darauf hin, was Ihnen wirklich wichtig ist.

Zweiter Durchgang. Wieder sind Sie tot, wieder liegen Sie im offenen Sarg, wieder hören Sie die Menschen flüstern. Der einzige Unterschied: Die Szene spielt sich nicht am 28. März 2046 ab, sondern heute. Was sagen die Leute über Sie? Notieren und vergleichen Sie. Was wurde 2046, was heute über Sie gesagt? Wenn es viele Übereinstimmungen gibt, umso besser. Große Unterschiede weisen hingegen auf Handlungsbedarf hin. Vieles von dem, was Ihnen wichtig ist, scheint noch in weiter Ferne zu liegen.

Ein Beispiel, wie dieser Vergleich aussehen kann: Im ersten Durchgang, an Ihrem Todestag am 28. März 2046, zeichnen die Dialoge der Trauernden ein Bild, das Sie stolz macht. Viel wird darüber gesprochen, wie Sie das Unternehmen aufgebaut haben, auch wie Sie die Mitarbeiter gefördert und ihnen immer verantwortungsvollere Projekte anvertraut haben. Die Gespräche machen vor allem eines deutlich: Über die Jahre haben Sie ein motiviertes und hochkompetentes Beraterteam geschaffen, das nicht nur willens, sondern auch in der Lage ist, das Unternehmen in Ihrem Sinne fortzuführen.

Ganz anders der Dialog, den Sie im zweiten Durchgang, Todestag heute, verfolgen. »Bin ja gespannt, wie es jetzt weitergeht«, flüstert einer Ihrer Mitarbeiter. »Eigentlich kann ihn ja keiner von uns ersetzen.« — »Da hast du recht«, pflichtet ihm der andere bei. »Er hatte den Laden gut im Griff, musste aber doch immer die erste Geige spielen. Wir waren eher die Hilfsberater.« — »Stimmt, so war er!«, entgegnet der Erste. »Er hat immer dafür gesorgt, dass die Kunden ihn persönlich wollten. Immerhin hat er uns gut bezahlt, das muss man ihm lassen ...«

Wenig schmeichelhaft — jedenfalls im Vergleich zu dem Bild aus dem ersten Durchgang, das Ihren Werten und Motiven vermutlich eher entspricht. Die Diskrepanz gibt Ihnen einen Hinweis darauf, in welche Richtung Sie Ihr Unternehmen entwickeln sollten, um auch persönlich zufrieden und glücklich zu sein.

Übung 5: **Verortungen**

Die letzte Übung vermittelt ein gutes Gefühl, wie stark bestimmte Werte und Motive ausgeprägt sind. Hierzu verorten wir uns in verschiedenen Koordinatensystemen, in die wir die Position zwischen jeweils gegensätzlichen Werten eintragen:

→ Freiheit/Unabhängigkeit versus Sicherheit: Wie viel Sicherheit brauchen Sie, wie viel Freiheit?

→ Status über Äußeres versus Status über Inhalte: Wie wichtig sind Ihnen Statussymbole wie Uhr und Auto — wie wichtig ist es Ihnen, Anerkennung für gute Qualität oder eine tolle neue Idee zu erhalten?

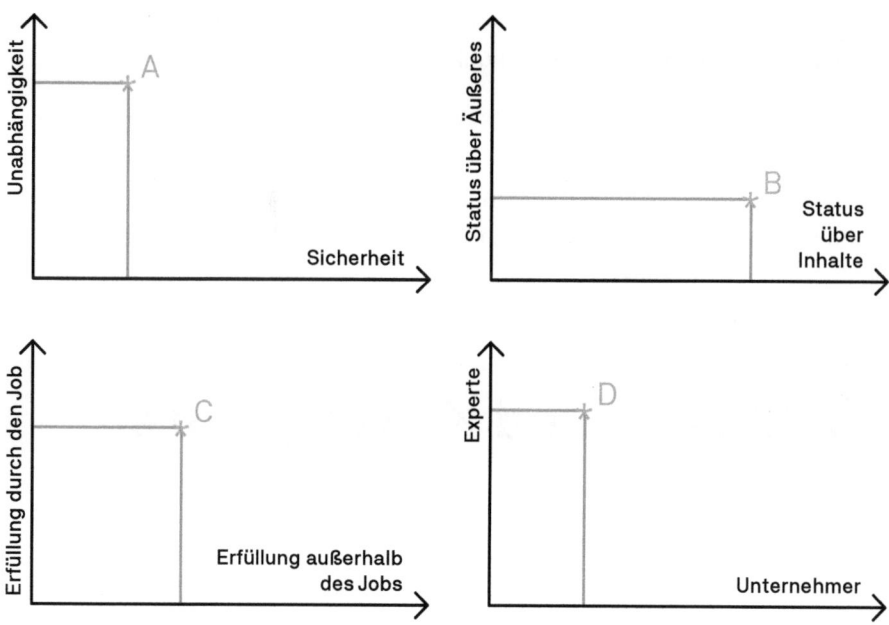

Abbildung 1.9: Verortungen: Den eigenen Werten auf der Spur

→ Erfüllung durch den Job versus Erfüllung außerhalb des Jobs: Wie wichtig ist Ihnen, Erfüllung in Ihrer Arbeit zu finden — wie sehr finden Sie Erfüllung durch private Aktivitäten?

→ Berater versus Unternehmer: Wie wichtig ist es Ihnen, inhaltlich als Berater zu arbeiten — und wie wichtig ist es Ihnen, Unternehmen und Mitarbeiter zu führen?

Die Abbildung 1.9 zeigt ein Beispiel. Der Berater, der diese Punkte eingezeichnet hat, stellt fest:

→ »Ich brauche viel Unabhängigkeit, auch wenn das auf Kosten der Sicherheit geht.« Er verortete sich in Punkt A.

→ »Mir ist es wichtig, über Inhalte Anerkennung zu gewinnen, Status über Äußeres ist mir hingegen ziemlich gleichgültig.« Er zeichnete Punkt B ein.

→ »Erfüllung finde ich sowohl im Job als auch außerhalb des Jobs — wobei die Grenzen ohnehin fließend sind.« So kam er auf Punkt C.

→ »Mir ist es wichtig, als Experte zu arbeiten, also die Kunden professionell zu beraten.« Daraus ergab sich Punkt D.

Schätzen Sie ab, wo Sie bei den einzelnen Werte-Paaren stehen, und zeichnen Sie den entsprechenden Punkt in die Koordinatensysteme ein. Besonders aufschlussreich ist diese Übung, wenn auch Partner und Mitberater sich positionieren. Sie erkennen dann auf einen Blick, wie anders Ihre Mitstreiter möglicherweise »ticken«.

Konklusion und Konsequenzen

Den Selbsterfahrungszyklus haben Sie absolviert. Betrachten Sie nun Ihre Aufzeichnungen und fassen Sie zusammen: Was wiederholt sich, welcher rote Faden ist erkennbar? Welche Werte kehren wieder? Was sind somit Ihre Hauptantreiber?

Die Frage nach den Hauptantreibern müssen Sie nicht sofort beantworten. Es können auch ein oder zwei Wochen vergehen, in denen Sie das Thema mit sich tragen und immer wieder darüber nachdenken. Es geht auch nicht darum, anhand der Unterlagen eine Statistik aufzustellen oder etwas quantitativ ausrechnen zu wollen. Lassen Sie stattdessen Ihr Bauchgefühl sprechen.

Was entsteht, ist ein erstes Bild Ihrer wichtigsten Antriebskräfte. Doch wie erreichen Sie, dass daraus tatsächlich ein Wertemagnet entsteht, der Ihr Unternehmen attraktiv macht und die richtigen Menschen anzieht? Entscheidend ist, dass die persönlichen Werte und Antreiber tatsächlich Eingang in das Unternehmen finden. Das kann zu weitreichenden Konsequenzen führen — sowohl für die Ausrichtung des Unternehmens als auch für den betrieblichen Alltag.

Das folgende Raster (Abbildung 1.10) hilft, diese Konsequenzen genauer zu fassen. Beantworten Sie die Fragen in der Tabelle vor dem Hintergrund der zentralen Werte, die Sie identifiziert haben.

Bereich	Was zu meinen Werten passt	Was nicht passt
Rolle	Welche Rollen übernehme ich in meinem Beratungsunternehmen?	Welche Rollen lehne ich ab?
Kunden	Welche Kunden möchte ich haben?	Welche Kunden lehne ich ab?
Aufgaben	Welche Aufgaben, Projekte oder Jobs möchte ich haben?	Welche Aufgaben, Projekte oder Jobs lehne ich ab?
Themen	Zu welchen Themen möchte ich mich äußern?	Zu welchen Themen äußere ich mich nicht?
Mitarbeiter	Mit welchen Mitarbeitern arbeite ich gerne zusammen?	Mit welchen Mitarbeitern fühle ich mich unwohl?

Abbildung 1.10: Ausrichtung des Unternehmens an den persönlichen Werten

Das Ergebnis kann sehr erhellend sein. Wenn zum Beispiel Ihr Hauptantreiber »Erfindergeist« ist, könnte das für Ihre *Rolle* bedeuten: Sie übernehmen in Ihrem Unternehmen die Produktentwicklung und sorgen insgesamt für einen innovativen Geist. Dementsprechend benötigt Ihr Unternehmen *Kunden* ebenso wie *Mitarbeiter,* die innovativ und für neue Ideen aufgeschlossen sind. Dazu passen anspruchsvolle *Aufgaben,* also Projekte, in denen die neu entwickelten Lösungen umgesetzt werden. Routineaufträge hingegen fänden Sie langweilig, damit möchten Sie sich nicht weiter befassen. Bei den *Themen* liegt es auf der Hand: Sie freuen sich darauf, über die Themen zu berichten und zu diskutieren, die mit Ihren neu entwickelten Produkten zusammenhängen.

Vorgehen bei zwei oder mehr Inhabern

Wenn ein Beratungsunternehmen aus zwei oder mehr Geschäftsführern besteht, gilt es die Ziele und Werte aller Beteiligten zu berücksichtigen. Wie lässt sich das erreichen? Die vorangehenden Erläuterungen verdeutlichen: Die Herausforderung liegt darin, sich der unterschiedlichen Wertvorstellungen bewusst zu sein und die Rollen dementsprechend richtig zu verteilen.

Das bedeutet im ersten Schritt: Jeder Geschäftsführer oder Inhaber durchläuft für sich den beschriebenen Selbstfindungsprozess und identifiziert seine persönlichen Antreiber. Im zweiten Schritt gehen alle gemeinsam in Klausur und diskutieren einen Tag lang die Ergebnisse. Ein Aufwand, der sich erfahrungsgemäß enorm lohnt: Oft können die Beteiligten zum ersten Mal nachvollziehen, warum der eine oder andere Kollege an bestimmten Punkten so erbittert Widerstand leistet oder warum man sich über bestimmte Ziele partout nicht einigen kann.

Kollege A, so stellt sich zum Beispiel heraus, legt großen Wert auf äußeren Status. Deshalb möchte er das Unternehmen (und damit auch sich selbst) bekannt machen. Er träumt von Redakteuren aus Handelsblatt oder Wirtschaftswoche, die ihn anrufen und zitieren. Kollege B hingegen hält das für überflüssiges Gehabe. Ihm ist es wichtig, mehr Zeit für die Familie zu finden. Zugleich fühlt er sich vom Kollegen A unter Druck gesetzt, zu wenig für das Image des Unternehmens zu tun. Dieser wiederum hält seinen Kollegen B für faul und desinteressiert am Renommee des Unternehmens.

Eine gemeinsame Klausur, in der die Wertvorstellungen der Inhaber auf den Tisch kommen, wirkt wie ein Brennglas: Es entsteht Klarheit. Wenn die Diskussion offen geführt und von gegenseitiger Wertschätzung geprägt ist, lassen sich viele Konflikte klären und beilegen.

So wie das auch im Beispiel der Schweizer Unternehmensberatung gelungen ist: Die vier Geschäftsführer befassten sich zunächst eingehend mit ihren persönlichen Zielen. Jeder durchlief für sich den Selbsterfahrungszyklus und berichtete dann in gemeinsamer Runde über seine Ergebnisse und legte seine persönlichen Ziele, Kriterien und Messgrößen dar. Die anderen durften Rückfragen stellen, jedoch nichts kommentieren.

Im nächsten Schritt diskutierten die Geschäftsführer die Konsequenzen, die sich daraus für ihre jeweilige Rolle sowie für die Kunden, Aufgaben, Themen und Mitarbeiter ergaben (siehe Tabelle im Abschnitt »Konklusion und Konsequenzen«). Die Diskussion war hart. Intensiv wurde um die beste Lösung gerungen. Doch am Ende des Prozesses einigte man sich auf gemeinsame Unternehmensziele, hinter denen alle Beteiligten stehen konnten. Vor allem aber ergab sich Klarheit über die richtige Rollenverteilung: Jeder der vier Geschäftsführer übernahm die Aufgaben, die seinen persönlichen Zielen sowie seinen Motiven und Werten am meisten entsprachen.

Kapitel 2

Hinderliche Glaubenssätze ablegen

Hinderliche Glaubenssätze ablegen

Der Kunde ist König. Perfektion ist wichtig. Ich brauche eine Nische. Drei Beispiele für Überzeugungen, die unter Beratern weit verbreitet sind. Um erfolgreich zu sein, so glauben viele von ihnen, müssen sie nach diesen Sätzen handeln. Doch stimmt das überhaupt? Könnte es nicht auch ganz anders sein: Der Berater, der den Kunden zum König macht, degradiert sich zum Erfüllungsgehilfen, anstatt die Rolle eines Partners auf Augenhöhe einzunehmen. Eine perfekte Lösung wird vom Kunden in ihrer Vollkommenheit gar nicht wahrgenommen, lässt aber den Aufwand explodieren. Und nach der Nische wird verzweifelt gesucht, während andere Beratungsunternehmen ganz ohne sie erfolgreich sind.

Ich erlebe es in meiner Arbeit immer wieder, dass Glaubenssätze den Erfolg verhindern. Dass nicht das Marketing, die Strategie oder die Marke den ausbleibenden Sprung begünstigen, sondern hinderliche Glaubenssätze. Oft lässt sich ein sich selbst erfüllender Kreislauf beobachten (siehe Abbildung 2.1): Der Glaubenssatz beeinflusst die Strategie, die Strategie bestimmt das Handeln und Verhalten vor Ort beim Kunden — und das Handeln wiederum führt zu einem Ergebnis, das häufig den Glaubenssatz bestätigt und verfestigt.

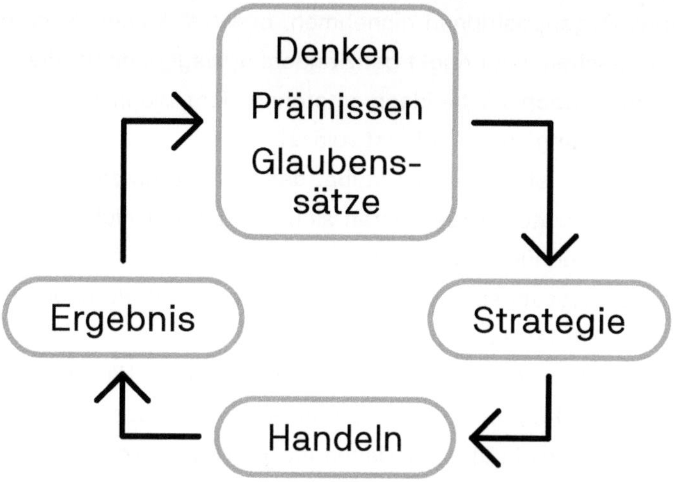

Abbildung 2.1: Fataler Kreislauf: Die sich selbst erfüllende Prophezeiung durch Glaubenssätze

Ein Beispiel ist der Glaubenssatz: »Um mehr Ertrag zu machen, brauche ich mehr Mitarbeiter.« Mehr Ertrag erfordert einen höheren Umsatz, hierfür wiederum sind zusätzliche Mitarbeiter notwendig — so lautet die aus dieser Prämisse abgeleitete Strategie. Im Ergebnis steigen alle Größen parallel: Umsatz, Ertrag, Mitarbeiter, aber auch Kosten und Risiken. Der Glaubenssatz scheint sich zu bestätigen. Tatsächlich hindert er das Unternehmen jedoch daran, sich kreativ weiterzuentwickeln. Niemand stellt zum Beispiel die Frage, wie das Unternehmen seinen Ertrag möglicherweise auch steigern kann, ohne neue Mitarbeiter einzustellen. Vielleicht ließe sich der Ertrag sogar mit weniger Mitarbeitern oder womöglich als Einzelkämpfer erhöhen? Der Glaubenssatz verhindert es, sich mit diesen Möglichkeiten auch nur auseinanderzusetzen.

Noch ein klassischer Glaubenssatz, der viele Chancen verbaut: »Als kleines Beratungsunternehmen brauche ich bei diesem Kunden gar nicht erst anzutreten.« Oft steht dahinter eine einzelne negative Erfahrung, bei der eine große Beratermarke zum Zuge kam. Oder auch nur das Hörensagen, dass »für diese Art von Jobs doch nur große Beratungen gebucht werden« und man sich da »gar nicht erst vorzustellen braucht«.

Wieder hindert der Glaubenssatz daran, die richtigen Fragen zu stellen. Also zum Beispiel zu überlegen: Was könnten wir als kleine Beratung radikal anders machen? Welchen speziellen Nutzen könnten wir anbieten, um sogar gegen die Großen anzukommen? Ein kleines Beratungsunternehmen kann zum Beispiel Gegenpositionen einnehmen, bewusst keine Powerpoint-Präsentationen machen, ein Projekt ganz anders auslegen, direkt die Entscheider einbeziehen. Doch solche Ideen entstehen nicht, wenn ein Glaubenssatz diese Gedankengänge gar nicht erst zulässt.

Weit verbreitet ist auch der Glaube, der Mittelstand zahle keine hohen Honorare. Viele Berater konzentrieren sich deshalb gar nicht erst auf diese Zielgruppe oder begnügen sich mit niedrigen Honoraren. Der Satz lenkt sie ab von der Frage: »Was müsste ich tun, damit auch ein Mittelständler bereit ist, mir 2.000 Euro am Tag zu zahlen?«

Ein weiterer Klassiker unter den Glaubenssätzen: »Um im Geschäft zu bleiben, muss ich Kundenwünsche immer erfüllen.« Dieser Satz führt dazu, dass der Berater wie ein Stier am Nasenring vom Kunden durch die Arena gezogen wird und sich weder nach links und rechts noch nach oben und unten bewegen kann. Wo bleibt da die Haltung eines stolzen Trusted Advisor?

Glaubenssätze, so zeigen diese Beispiele, können eine erfolgreiche Unternehmensentwicklung ausbremsen. Vor allem hindern sie daran, wichtige Fragen zu stellen und so auch Innovationen anzustoßen. Deshalb hinterfrage ich in meiner Arbeit alle auftauchenden Grundannahmen und bitte um Fakten.

Nehmen wir das Beispiel eines wachstumsorientierten Beraters, der drei weitere Mitarbeiter einstellen möchte. Wachstum folgt für ihn der Prämisse: mehr Ertrag, mehr Umsatz, mehr Mitarbeiter. »Lässt sich das Ertragsziel nicht auch anders erreichen?«, fragte ich, »also ohne drei weitere Mitarbeiter?«

Die Frage brachte uns strategisch auf einen anderen Pfad. Wir setzten uns mit dem Thema Honorare auseinander, ob sich höhere Erträge auch mit einem anderen Honorarmodell erzielen ließen. Dabei stießen wir auf einen weiteren Glaubenssatz: Bei mittelständischen Kunden, so gab der Berater zu bedenken, könne er keine höheren Honorare verlangen. Er schilderte, wie ein Konkurrent ihn erfolgreich unterboten hatte. »Welchen Nutzen hatten Sie geboten?«, fragte ich, »und wie hat sich Ihr Nutzen von dem des Mitbewerbers unterschieden?« Wie sich herausstellte, gab es keine Unterschiede.

Das führte zu weiteren interessanten Fragen: Würde dieser Mittelständler bei einem höheren Nutzen auch mehr bezahlen würde? Oder könnte es vielleicht auch sein, dass er mehr Vertrauen braucht? Welche Maßnahmen wären möglich, um eine vertrauensvolle Beziehung aufzubauen?

Hinterfragen Sie Ihre Prämissen und Glaubenssätze! So stoßen Sie auf die wirklich spannenden Fragen, die Ihr Unternehmen weiterbringen.

Prämissen, die Sie hinterfragen sollten

Um welche Glaubenssätze geht es konkret? Im Folgenden lernen Sie eine kleine Sammlung an Glaubenssätzen kennen, die für Berater typisch sind und dem Erfolg oft im Wege stehen. Es lohnt sich, diese Sätze zu hinterfragen und zu überlegen, welche hinderlichen Verhaltensweisen daraus möglicherweise entstanden sind.

Typische Berater-Glaubenssätze

→ Der Kunde ist König.

→ Wenn ich Nein sage, verschrecke ich den Kunden.

→ Der Kunde gibt im Verkaufsgespräch den Ton an.

→ Wenn der Kunde fragt, muss ich sofort antworten.

→ Ich muss für einen Kunden sofort verfügbar sein.

→ Ich brauche ein großes Unternehmen.

→ Ich brauche viele angestellte Berater.

→ Als Berater muss ich viel arbeiten.

→ Perfektion bis ins Detail ist wichtig.

→ Empfehlungsmarketing ist das einzige Marketing, das ich brauche.

→ Ich brauche für meinen Erfolg einen hohen Tagessatz.

→ Ich sollte die Branchengepflogenheiten beachten.

→ Ich brauche eine Nische.

→ Ich muss alle Aufträge annehmen.

Prüfen Sie, welche Rolle diese Glaubenssätze bei Ihnen spielen. Und bringen Sie gegebenenfalls den Mut auf, mit der einen oder anderen Gewohnheit zu brechen.

»Der Kunde ist König«

Was heißt das eigentlich, der Kunde ist König? Er lädt zum Pitch, Sie tanzen an. Er sagt: »Zeigen Sie doch mal, was Sie besser als Ihre Kollegen können.« Sie präsentieren. Er sagt: »Ja, wir brauchen noch etwas Zeit, wir melden uns wieder ...« Sie warten ab. Er definiert, was zu tun ist. Sie führen aus. Mit anderen Worten: Sie werden zum Erfüllungsgehilfen.

Das klingt drastisch. Doch in eine solche Abhängigkeit zu geraten, kann schneller gehen, als man denkt. Bezeichnend ist hier der Fall eines norddeutschen Beratungsunternehmens: Der Geschäftsführer nahm einen Termin bei einem potenziellen Kunden wahr, ein Verlag, der nach einer Innovationsstrategie suchte. Das Gespräch verlief sehr konstruktiv. Ausführlich legte der Berater dar, was er tun würde, und übermittelt ein darauf abgestimmtes Angebot. Nach gut einer Woche teilte der Verlag lapidar mit, das Angebot sei interessant, »gerne würden wir in etwa einem Jahr weiter darüber reden«.

Der Geschäftsführer des Beratungsunternehmens war enttäuscht, wollte aber auch nicht drängeln, schließlich verstand er sich auch nicht als Verkäufer. »Wenn der das so will, lasse ich ihm seine Zeit«, dachte er und nahm das Angebot auf Wiedervorlage.

Das ist ein aus meiner Sicht falsches Verständnis von Augenhöhe. Klein beigeben heißt in diesem Fall, dem Kunden die Königsposition zu überlassen und sich selbst in die Rolle des Erfüllungsgehilfen zu begeben. Sollte es in einem Jahr doch noch zum Auftrag kommen, wäre diese Rollenverteilung kaum noch zu verändern. Besser wäre eine selbstbewusste Haltung gewesen: Der Berater hat einen Termin wahrgenommen, seine Ideen dargelegt und ein Angebot geschrieben, insgesamt sicherlich einen Tag investiert. Diese Leistungen sind einige Tausend Euro wert — und berechtigen zu dem Anspruch, sich nicht abspeisen zu lassen.

Was heißt das konkret? Der Berater hätte sagen können: »Das geht natürlich in Ordnung, wenn Sie das Projekt schieben. Ich würde aber gerne die Gründe besser verstehen. Lassen Sie uns darüber reden.« Oder: »Ja, das ist in Ordnung, wir verschieben das. Mir ist es allerdings wichtig, weil ich ja bereits einiges entwickelt habe, ein bisschen besser zu verstehen, warum Sie das Thema vertagen wollen. Die Stunde, die wir dazu sprechen wollten, sollten wir dafür nutzen.« Mit einer solchen Antwort hätte der Berater den ihm zustehenden Raum eingenommen und den Kunden tatsächlich Augenhöhe spüren lassen. Und, ganz am Rande, auch die Chance, das Projekt doch noch zeitnah zu bekommen.

Meist kommen weitere Verhandlungen dann auch zustande. Wie bei jedem Kundengespräch lässt sich daraus einiges lernen. Entscheidend ist jedoch: Ihr potenzieller Kunde merkt, dass Sie eine gleichberechtigte Rolle einnehmen — die eines »Trusted Advisors«. Auch wenn Sie den Auftrag am Ende nicht erhalten, bleiben Sie als ernst zu nehmender Partner in Erinnerung.

Der Glaubenssatz »Der Kunde ist König« wird zum Problem, wenn Sie als Berater

→ mitbestimmen wollen, welche Aufträge Sie annehmen und wie Sie Ihre Arbeit ausführen,

→ beim Kunden wirklich etwas bewirken möchten,

→ dauerhafte Kundenbeziehungen in einer gewissen Exklusivitätsliga aufbauen möchten,

→ hohe Erträge mit einem Kunden erzielen möchten.

Solange der Kunde König ist, besteht keine Augenhöhe. Damit wird es schwer, die Rolle eines Sparringspartners oder Problemlösers einzunehmen, der vom Kunden als gleichwertiger Partner akzeptiert wird..

Vom braven Dienstleister zum Trusted Advisor

Überlegen Sie, wie Sie Ihren Kunden begegnen. Besteht ein König-Kunde-Verhältnis? Wie stark ist es ausgeprägt? Eine gute Orientierung kann das folgende an eine Idee von Alan Weiss[2] angelehnte Schema geben (siehe Abbildung 2.2).

Abbildung 2.2: Braver Dienstleister oder Trusted Advisor: Wo stehen Sie?

Die senkrechte Achse steht für fachliche Anerkennung, auf der horizontalen Achse ist die Beziehung zum Kunden eingetragen. Je nach Ausprägung der beiden Eigenschaften lassen sich vier unterschiedliche Beratertypen unterscheiden:

Der brave Dienstleister (aus meiner Erfahrung circa 25 Prozent der Berater)

Dieser Beratertyp ist im Quadranten unten links positioniert. Die Kunden zollen ihm weder eine besondere fachliche noch eine besondere persönliche Anerkennung. Er macht eben seinen Job — und ist jederzeit austauschbar. Eine gewisse Dienstbeflissenheit und Hörigkeit sind hier wichtig, weil sie das zentrale Unterscheidungsmerkmal zum Wettbewerb darstellen.

[2] Alan Weiss: Million Dollar Consulting. McGraw-Hill, 2009.

In diese Kategorie fällt zum Beispiel das sogenannte »Bodyleasing«. Der Kunde hat ein Projekt, für dessen Umsetzung er sich Mitarbeiter von außen holt. So schont er die internen Ressourcen und kann sich gegebenenfalls auch Zusatzkompetenzen für die Dauer des Projekts ins Haus holen. Er sucht also keinen Berater, der ein Problem lösen soll, sondern zusätzliche Arbeitskraft für bereits festgelegte Aufgaben. Der Berater kommt dann als braver Dienstleister zum Kunden, um dort den vorgesehenen Job möglichst gut auszuführen.

Der Freund oder Kumpel (circa zehn Prozent der Berater)

Der Freund oder Kumpel findet sich im Quadranten unten rechts. Als Berater ist er bei seinen Auftraggebern ziemlich beliebt, genießt jedoch keine besonders große fachliche Anerkennung. Er verliert seinen Job, sobald das Unternehmen ernstlich unter Druck gerät oder auch nur das Geld knapp wird. Auch hier zählen persönliche Gefälligkeiten, um eine Bindung zum Kunden zu erreichen.

Der Experte (circa 60 Prozent der Berater)

Der Experte — im Quadranten oben links angesiedelt — ist für seine fachliche Leistung hoch anerkannt; er hat »wirklich Ahnung« von seinem Thema. Doch ihm fehlt eine persönliche Beziehung zum Entscheider. Freilich hat er eine gute Beziehung zum Projektteam und auch eine gewisse Beziehung zum Kaufentscheider: Um Rat in einer persönlich oder geschäftlich schwierigen Situation würde der ihn aber wohl nicht fragen.

Solange das Unternehmen mit einem Problem kämpft und der Berater gebraucht wird, steht er hoch im Kurs und kann auch ein ordentliches Honorar durchsetzen. Ist das Problem jedoch gelöst, reißt der Kontakt ab. Folgeaufträge bleiben häufig aus, weil keine dauerhafte Geschäftsbeziehung entsteht. Der Entscheider, der mit dem Experten zufrieden war, kommt gar nicht erst auf die Idee, auch bei etwas anders gelagerten Problemen bei ihm anzufragen.

Kompensieren muss der Experte die fehlende Entscheiderbeziehung oft durch Fleißarbeiten wie in der Grundschule: hier ein Konzept gratis erstellen, dann ein paar Tage extra vor Ort verbringen, jene Fahrtkosten nicht berechnen. Der Kunde wird diesen Zusatzservice durchaus erfreut wahrnehmen — aber er wird nicht bewirken, dass eine intensivere Kundenbindung mit Folgeaufträgen hergestellt wird.

Auch beim Experten ist das Thema »Kunde ist König« präsent: Der Kunde gibt vor, was der Experte lösen soll. Anders als der brave Dienstleister genießt er aber eine höhere fachliche Anerkennung.

Der Trusted Advisor (circa fünf Prozent der Berater)

Dieser Beratertyp, positioniert im Quadranten oben rechts, verfügt sowohl über eine hohe fachliche Anerkennung wie auch eine enge persönliche Beziehung zum Kaufentscheider. Man möchte ihn auf keinen Fall verlieren, zahlt ihm ein hohes Honorar — und zieht ihn zurate, wenn neue Probleme auftauchen. Der Trusted Advisor ist für seinen Kunden so etwas wie eine Lebensversicherung: In schwierigen Situationen hat er Zugriff auf ihn und kann darauf zählen, dass er ihm hilft.

Der Trusted Advisor pflegt dauerhafte Beziehungen zu seinen Kaufentscheidern und braucht deshalb auch keine Nebenschauplätze aufzumachen, um seine Kunden zufriedenzustellen. Vielmehr schenkt er dem Kunden seinen Nutzen, seine Loyalität und den Zugriff auf sein Wissen. Dies kann übrigens auch bedeuten, dass er zum Projektteam des Kunden keine intensive Beziehung aufbaut — das können Mitarbeiter tun. Denn: Man kann nicht gleichzeitig auf Augenhöhe mit Chef und Untergebenen sein. Der viel zitierte Spruch »Ich kann mit dem Vorstand und dem Pförtner« kann sich somit zwar auf den Umgang miteinander beziehen, in der Regel aber nicht auf eine intensive Beziehung.

Der brave Dienstleister — das ist der Beratertyp, bei dem das König-Kunde-Verhältnis am stärksten ausgeprägt ist. Aber auch der Kumpel zählt häufig dazu, wenn er denkt: »Den Wunsch erfülle ich ihm halt!« Ebenso der Experte, der sich sagt: »Ich mache es, wie es der Kunde möchte. Dafür werde ich ja bezahlt.« Einzig der Trusted Advisor hat sich vollständig von der Kunde-ist-König-Haltung gelöst: Er ist tatsächlich ein Sparringspartner auf Augenhöhe.

Verwandte Glaubenssätze

Eng verbunden mit dem Glaubenssatz »Der Kunde ist König« sind einige weitere Glaubenssätze, die nach meiner Erfahrung ebenfalls sehr kontraproduktiv wirken können:

»Wenn ich Nein sage, verschrecke ich den Kunden«

Mit dieser Haltung gerät der Berater mehr und mehr in Abhängigkeit. Der Kunde wünscht eine weitere Präsentation; der Berater kommt kostenlos ein zweites, vielleicht sogar ein drittes und viertes Mal zum Kunden. Der Kunde möchte eine Aufgabe nicht übernehmen; der Berater gibt nach. Der Kunde hat einen Sonderwunsch; der Berater erfüllt ihn. Der Kunde erwartet den Projektabschluss zwei Monate früher; der Berater opfert seine Wochenenden.

Ein echter Trusted Advisor füllt seinen Job als Berater aus, indem er eben nicht einfach Ja und Amen sagt. Er nimmt sich den Raum, eine eigene Meinung zu haben; Dinge abzulehnen, von denen er nicht überzeugt ist; Prämissen und Kundenmeinungen zu hinterfragen und zu verstehen, bevor er sie akzeptiert.

Auf diese Weise erweist er sich als ernst zu nehmender, auch unbequemer Partner, der die Auseinandersetzung gerade deshalb riskiert, weil ihm die Beziehung zum Kunden so wichtig ist. Er folgt einem Grundsatz, der für gute Partnerschaften privat wie geschäftlich gilt: Wenn man sich gegenseitig nichts zumutet, entsteht keine stabile Beziehung. Klare Kante zu zeigen ist letztlich ein Beweis der Fürsorge und des echten, aufrichtigen Interesses am Gegenüber.

»Der Kunde gibt im Verkaufsgespräch den Ton an«

Diese Aussage klingt auf den ersten Blick vernünftig. Schließlich hat der Kunde ja eingeladen und will über sein Problem sprechen. Sollte man ihn da nicht erst einmal reden lassen und ihm geduldig zuhören?

Eher nicht! Als braver und devoter Zuhörer geraten Sie leicht in die Kumpelecke. Sie bauen zwar eine gute Beziehungsqualität auf, bringen jedoch Ihre Expertise nicht wirklich zur Geltung. Der Kunde schwelgt in den Themen, über die er gerne spricht, doch das eigentliche Problem, für das er Beratung sucht, streift er nur kurz. Am Ende des Gesprächs fehlen Ihnen die entscheidenden Informationen, wenn Sie im nächsten Schritt einen Lösungsvorschlag machen sollen. Dumm gelaufen.

Ein guter Trusted Advisor hingegen führt das Gespräch. Er erweist sich als Herr des Prozesses — eine Eigenschaft, für die er später ja auch bezahlt werden möchte. Vor allem aber gelingt es ihm dadurch, seinem Gesprächspartner die Informationen zu entlocken, die er benötigt, um dessen Problem zu verstehen. Es geht also nicht um Redeanteile, sondern um die Kontrolle des Gesprächs.

Unterbrechen Sie deshalb Ihren Gesprächspartner höflich, aber bestimmt, wenn er ausschweift. Das kann etwa wie folgt geschehen:

»Darf ich an der Stelle kurz einhaken? Sie haben eben gesagt, dass Sie das Thema X beschäftigt. Einmal angenommen, das Problem wäre gelöst. Woran würden Sie das festmachen?«

»Entschuldigen Sie, wenn ich Sie an der Stelle unterbreche. Sie haben eben über eines Ihrer Ziele gesprochen. Bevor wir jetzt ins Detail gehen, würde ich das gerne noch etwas besser verstehen ...« Und nun stellen Sie eine Frage.

»Erlauben Sie, dass ich kurz unterbreche an der Stelle. Einige Sätze zuvor haben Sie eine interessante Bemerkung gemacht. Ich habe das noch nicht ganz verstanden ...« Und Sie stellen dann eine Frage.

Auf diese Weise zeigen Sie, dass Sie in der Lage sind, das Gespräch zu führen. Höfliches Unterbrechen stößt Ihren Gesprächspartner in aller Regel nicht vor den Kopf, sondern wird als Gradlinigkeit und Professionalität in der Gesprächsführung ausgelegt.

»Wenn der Kunde mich etwas fragt, muss ich sofort antworten, um souverän rüberzukommen«

Ein Klassiker unter den Glaubenssätzen von Beratern! Er hat schon viele Präsentationssituationen zum Nachteil verändert. Da sagt der Kunde zum Berater: »Ja, Herr Müller, Sie haben uns erzählt, was Sie machen. Was kostet das denn?« Oder der Kunde fragt: »Sagen Sie einmal, was ist eigentlich Ihr Tagessatz?« Oder: »Ich habe Ihnen nun unser Problem geschildert. Würden Sie den Auftrag übernehmen?«

Viele Berater denken, sie müssten nun sofort antworten. Nur so könnten sie in den Augen des Kunden bestehen. Also antworten sie — sofort, ohne nachzudenken, wie aus der Pistole geschossen. Ich nenne das gerne »John-Wayne-Souveränität«.

Diese Haltung ist gefährlich, jedenfalls dann, wenn eine qualifizierte Antwort noch nicht möglich ist. Und das ist gar nicht so selten. Der Versuch, dennoch zu antworten, dürfte bei aller scheinbaren Souveränität eher unsicher oder diffus ausfallen. Zudem laufen Sie Gefahr, sich auf etwas festzulegen, was sich später rächen kann. Und nicht zuletzt: Mit diesen Schnellschüssen geben Sie das Heft aus der Hand. Sie reagieren, anstatt das Gespräch zu führen.

Überlegen Sie also zunächst, ob Sie eine Frage bereits sicher beantworten können. Wenn das nicht der Fall ist, führen Sie aus, warum das nicht möglich ist:

»Um jetzt einen Tagessatz oder überhaupt ein Honorar zu nennen, fehlen mir noch einige Informationen. Denn ich möchte das Problem wirklich zu 100 Prozent verstanden haben. Gerne mache Ihnen dann ein konkretes Angebot innerhalb von 24 Stunden. Ich hätte da vor allem noch folgende Frage ...«

Die Antwort folgt dem einfachen Schema: »Für eine Antwort ist es noch zu früh, ich habe da noch eine Frage ...« Indem Sie direkt eine Frage anschließen, behalten Sie die Gesprächsführung in der Hand. Sie können auch um Bedenkzeit ersuchen und die Antwort auf ein weiteres Gespräch verschieben:

»Ich kann Ihnen sehr gerne erzählen, wie wir das in anderen Fällen gelöst haben. Ob das nun genau zu Ihrem Fall passt, weiß ich noch nicht. Da sind mir noch zwei, drei Punkte nicht ganz klar, über die ich gerne nachdenken würde. Ich schlage vor, dass wir uns da in einer Woche noch einmal austauschen. Passt es bei Ihnen zum Beispiel am ...«

Auch so zeigt ein Berater Haltung und übernimmt wieder die Führung. Vor allem aber: Er antwortet nicht spontan auf Fragen, die man spontan nicht beantworten kann.

»Ich muss für einen Kunden sofort verfügbar sein«

Ebenfalls ein fragwürdiger Glaubenssatz! Deutlich wird das an folgendem Fall: Ein Kunde fragt an, und es beginnt ein nicht enden wollender Prozess. Erstes Treffen, zweites Treffen, Angebot, drittes Treffen. Der Kunde muss das Angebot intern besprechen, dann mit dem Einkauf abstimmen. Irgendwann kommt die Zusage, verbunden mit dem Hinweis: »Wir fangen mit dem Projekt sofort an!«

Zunächst hat sich der Kunde monatelang Zeit gelassen — und dann verlangt er, binnen zwei Wochen zu starten. Ein typischer Fall, wie er sehr oft vorkommt. Und der Berater? Meistens steht er Gewehr bei Fuß. Um den Kunden nicht zu verärgern oder gar zu verlieren, setzt er alles daran, sofort verfügbar zu sein.

Gegen diese Haltung spricht vor allem ein Argument. Angenommen Ihr Unternehmen ist relativ gut ausgelastet: Um den Kunden sofort bedienen zu können, müssten Sie Ressourcen aus anderen Projekten abziehen — mit negativen Folgen an den unterschiedlichsten Stellen. Wie die Erfahrung zeigt, sind Schnellschüsse die häufigste Ursache für Qualitätsprobleme. Argumentieren Sie deshalb mit Ihrem Qualitätsanspruch, etwa mit dem Hinweis: »Wir möchten eine gute Qualität liefern, können diese aber erst ab einem bestimmten Datum sicherstellen.«

Nebenbei bemerkt: Die Diskussion um eine sofortige Verfügbarkeit lässt sich oft auf elegante Weise vermeiden, indem man das Thema bereits im Angebot berücksichtigt. Dort können Sie zum Beispiel einen schnellen Projektbeginn mit einem höheren Preis koppeln (siehe unten Abschnitt »Eine andere Bühne bereiten«).

Ohnehin ist die Befürchtung, der Kunde könne abspringen, in aller Regel unbegründet. Auf längere Sicht dürfte sich sogar die gegenteilige Haltung auszahlen, nämlich sich manchmal auch rar zu machen. Knappheit erhöht bekanntlich die Attraktivität und bindet einen Kunden umso mehr. Der Marktwert eines Beraters steigt, wenn er signalisiert: »Ich bin ausgebucht und habe deshalb wenig Zeit.«

Doch Vorsicht: Unterscheiden Sie zwischen Verfügbarkeit und Reaktion. Sie müssen nicht verfügbar sein, sollten aber schnell reagieren. Wenn ein Interessent oder Kunde anfragt, rufen Sie ihn selbstverständlich gleich zurück. Zumindest sollte er eine Nachricht erhalten, wann Sie Zeit für ein kurzes Gespräch haben.

Eine schnelle Reaktion ist wichtig. Das heißt aber noch lange nicht, dass Sie sofort parat stehen und den Job machen.

»Ich brauche ein großes Unternehmen«

Weit verbreitet ist der Glaube: »Um in einer bestimmten Liga mitspielen zu können, brauche ich ein großes Beratungsunternehmen.« Dem lässt sich entgegenhalten: Kleine Beratungsunternehmen oder sogar Einzelkämpfer können durchaus erfolgreich mit den Großen der Branche konkurrieren. In den letzten zwanzig Jahren habe ich mit Beraterboutiquen von zehn Mitarbeitern erlebt, wie sie erfolgreich um Projekte im Volumen von sieben oder acht Millionen Euro gepitcht haben. Oder ich habe Einzelkämpfer begleitet, die in Konzernen tätig waren und Vorstände in strategischen Fragen beraten haben.

Natürlich habe ich auch kleine Berater an McKinsey und Co. scheitern sehen. Gründe dafür waren meistens aber ein überholter Glaubenssatz, ihr Verhalten oder eine Fehleinschätzung der Lage.

In einigen Situationen indes können kleine Berater tatsächlich schlechter zum Zuge kommen:

→ Im Falle der *Verantwortungsdelegation*. Der Vorstand eines Unternehmens plant eine Strategie, die mit einem Personalabbau einhergeht. Hierzu engagiert er eine Beratung, die ihm ein Stück weit die Verantwortung abnimmt — nach der Devise: »Das große Beratungsunternehmen X kommt zu dem Ergebnis ...« Als kleine Beratung oder als Einzelkämpfer können Sie diese Funktion niemals übernehmen.

→ Im Falle einer *Absicherung des eigenen Kurses*. Ein Vorstand, Bereichsleiter oder mittelständischer Geschäftsführer möchte eine neue Strategie einleiten. Er ist sich seines Kurses sicher, benötigt aber noch eine zweite Meinung, die sein Vorhaben bestätigt. Hierfür benötigt er eine starke Marke à la McKinsey. Auch in solchen Fällen haben kleine Beratungen eine geringere Chance, da die großen Marken per se großes Vertrauen suggerieren.

→ Im Falle eines *sehr großen Projekts*. Es gibt natürlich Projekte, die die Möglichkeiten einer kleinen Beratung übersteigen. Wenn ein Unternehmen für ein Großprojekt einen ganzen Stab an Beratern einkaufen möchte, kommt der Einzelkämpfer nicht zum Zuge.

In den meisten Fällen jedoch haben kleine Beratungen durchaus die Chance, gegen die großen der Branche zu gewinnen. Dazu müssen sie nicht erst ein »großes Unternehmen« werden.

»Ich brauche viele angestellte Berater«

Ohnehin ist Größe oft eine irreführende Kategorie. Manche Berater verbinden Größe unmittelbar mit unternehmerischem und persönlichem Erfolg. Um erfolgreich und glücklich zu sein, streben sie nach einem großen Unternehmen mit vielen Angestellten.

Das mag im Einzelfall das richtige Ziel sein, sollte aber nicht als Glaubenssatz verallgemeinert werden. Oft ist es ganz anders: Da erzielt eine kleine, fünfköpfige Beratungsfirma einen fünf Mal so hohen Ertrag wie ein Beratungsunternehmen mit zwanzig Leuten. Oder ein Beratungsunternehmen mit sieben Mitarbeitern strahlt eine viel größere Zufriedenheit aus als andere Beratungen mit fünfzig und mehr Angestellten.

Häufig wird auch angeführt, nur mit vielen angestellten Mitarbeitern seien Wachstum und hohe Gewinne möglich. Dahinter steht die Vorstellung eines rein linearen Geschäftsmodells, das nach dem Prinzip Zeit gegen Geld funktioniert — mehr Mitarbeiter, mehr verkaufte Beraterstunden, mehr Umsatz, mehr Ertrag. Ob diese Rechnung aufgeht? Wie schon in der Einleitung zu diesem Kapitel ausgeführt, lohnt es sich, dieses lineare Geschäftsmodell kritisch zu hinterfragen.

Die Größe des Unternehmens sollte kein Selbstzweck, sondern Mittel zum Zweck sein. Und der Zweck — das sind die persönlichen und unternehmerischen Ziele. Aus ihnen und der daraus abgeleiteten Strategie ergibt sich, wie viele Mitarbeiter das Unternehmen benötigt.

»Als Berater muss ich viel arbeiten«

»Ich muss viel arbeiten, damit ich erfolgreich bin« — eine Auffassung, die sich Berater gerne zu Eigen machen. Dieser Glaubenssatz ist in vielen Menschen tief verwurzelt. Er hat viel zu tun mit dem Schweizer Reformator Johannes Calvin (1509 bis 1564) und dessen Weltsicht: Zu den von Gott Auserwählten zählt, wer bereit ist, hart zu arbeiten und Verzicht zu üben. Diese Sichtweise kam später im industriellen Zeitalter den Fabrikbesitzern sehr entgegen. Sie bedienten sich der Sichtweise Calvins und sagten ihren Leuten: »Wer viel schafft, kommt in den Himmel.«

Nach wie vor steht Arbeiten hoch im Kurs: Menschen fühlen sich erfolgreich, wenn sie viel arbeiten und mit ihrer Stundenzahl angeben können: »Ja, ich mach 80 Wochenstunden ...« Das trifft auch auf viele Berater zu. Wenn sie nur sechs Stunden am Tag arbeiten, fühlen sie sich häufig latent unwohl. Sie glauben, viel arbeiten zu müssen — und füllen manche Stunde doch nur mit Tätigkeiten, die nicht wirklich effektiv sind.

Ich erinnere mich an meine Anfänge in der Beraterszene, es war die Zeit der New Economy. Natürlich hatte man als Mitarbeiter eines jungen Start-ups eine 80-Stunden-Woche, das war völlig klar. Am meisten galt jedoch, wer zudem noch den dicksten Kalender mit sich trug. Der eine zog einen großflächigen Terminkalender aus seiner Tasche, der nächste notierte seine Aufgaben in einem A5-Buch. Und der dritte warf lässig seinen A4-Filofax auf den Tisch, um dann in einer weltbewegenden Geste die Seiten umzublättern.

Die Mentalität ist heute noch die gleiche — und nach wie vor lohnt es sich, diese Haltung zu hinterfragen. 80 Wochenstunden mögen sinnvoll erscheinen, wenn damit wirklich Überdurchschnittliches erreicht wird. Doch was bringt es, für einen durchschnittlichen Erfolg exorbitant viel zu arbeiten?

Vernünftiger erscheint mir da doch dieser wunderbare Satz: »Work smart, not hard.« Maßstab für die Arbeit sollten allein die eigenen Ziele und die Ziele der Kunden sein. Die Prämisse lautet dann nicht mehr, hart für den Erfolg arbeiten zu müssen, sondern möglichst intelligent diese Ziele zu erreichen. Selbstverständlich mit dem geringstmöglichen Aufwand.

»Perfektion bis ins Detail ist wichtig«

Unter Beratern weit verbreitet ist die Idee, Perfektion sei wichtig. Oft steht dahinter der Glaube, die Dinge bis ins Detail entwickeln zu müssen — denn nur so lasse sich beim Kunden die notwendige Akzeptanz finden. Man hat also den Anspruch, »der beste Berater« sein zu müssen, »die beste Präsentation« vortragen, »das beste Gespräch« führen oder »vollständige Protokolle« erstellen zu müssen. Ein Facharktikel muss die Zusammenhänge bis in die letzte Verästelung darlegen, ein Angebot jeden Posten aufschlüsseln.

Problematisch ist vor allem der große Aufwand, der mit diesem Anspruch auf Perfektion verbunden ist. Wir wissen alle: Die letzten Prozent an Perfektion machen die meiste Arbeit. Das ist auf allen Gebieten so, im Sport ebenso wie beim Ausarbeiten einer Präsentation, beim Schreiben eines Fachartikels oder Verfassen eines Buchs. Ein kleines Beratungsunternehmen, das neben dem Projektgeschäft seine Strategie entwickeln, Marketing betreiben und Vertrauen bei seinen Kunden aufbauen will, kann sich Perfektion bis ins Detail nicht leisten. Dafür fehlen schlicht die Ressourcen.

Das gilt umso mehr, als der Kunde ab einem bestimmten Perfektionsgrad, der grob bei 60 bis 90 Prozent liegt, zusätzliche Details gar nicht mehr wahrnimmt (siehe Abbildung 2.3). Eine weitere Perfektion ist hier also schlicht überflüssig.

Angenommen, ein Kunde vergleicht die Angebote oder die Präsentationen mehrerer Berater. Da er kein Fachexperte ist, kann er irgendwelche Details, die über die ersten 60 bis 90 Prozent hinausgehen, überhaupt nicht wahrnehmen. Details jenseits dieser Grenze sind für ihn nicht mehr nachvollziehbar und können daher auch kein sinnvolles Unterscheidungsmerkmal darstellen. Jede weitere Detaillierung, die über den wahrnehmbaren Bereich hinausgeht, ist daher vollkommen nutzlos und stellt eine Ressourcenverschwendung dar.

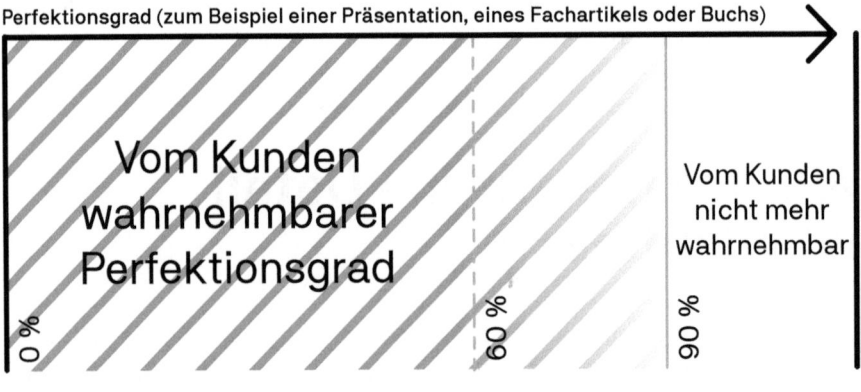

Perfektionsgrad (zum Beispiel einer Präsentation, eines Fachartikels oder Buchs)

Vom Kunden wahrnehmbarer Perfektionsgrad

Vom Kunden nicht mehr wahrnehmbar

0 % 60 % 90 % 100 %

Abbildung 2.3: Die Grenze liegt bei 60 bis 90 Prozent: Vom Kunden wahrnehmbarer Perfektionsgrad

Stattdessen stellt sich aber eine ganz andere Frage: Wie kann ich es als Beratungsunternehmen schaffen, im Rahmen der 60 bis 90 Prozent, die der Kunde wahrnimmt, einen Unterschied zu machen? Dieser Unterschied liegt in der Regel nicht in irgendwelchen Details, sondern in grundsätzlichen Dingen: Wie kann ich das Angebot anders aufbauen? Soll ich auf Powerpoint-Folien komplett verzichten? Wie treffe ich die Bedürfnisse des Kunden, wie erreiche ich seine Ziele tatsächlich?

Auf Perfektion zu verzichten, heißt also nicht, einfach nur ein weniger detailliertes Angebot zu machen. Vielmehr kommt es darauf an, im wahrnehmbaren Bereich einen Stich zu machen. Perfekt sein bis ins Detail ist sinnlos — entscheidend ist vielmehr ein Angebot, das beim Kunden tatsächlich eine Wirkung erzielt.

Diese Überlegungen gelten für Angebote, Präsentationen, Artikel, Webtexte und andere Marketingmaßnahmen. Doch lassen sie sich tatsächlich auch auf die Beratung selbst übertragen? Darüber lässt sich im Einzelfall trefflich streiten. Natürlich gibt es Beratungsfelder, bei denen Perfektion wichtig ist. Ein Berater, der zu Sicherheitssystemen berät, muss dort perfekt sein — da reichen keine 80 oder 90 Prozent. Der Perfektionsgrad hängt also immer vom Ziel ab, das der Berater beim Kunden erreichen soll.

Grundsätzlich ist es aber meine Erfahrung, dass in der Regel 80 bis 90 Prozent des Beratungsinhalts das Ergebnis sichern.

Zusammenfassend lässt sich festhalten: Wir wollen Erfolg — und nicht Perfektion!

»Empfehlungen reichen, um ein gutes Geschäft zu betreiben«

Empfehlungen sind eine schöne Sache. Wer gute Leistung erbringt, wird weiterempfohlen und hat damit, wenn es gut läuft, ausgesorgt. Was will man mehr? »Es reicht, über Empfehlungen Kunden zu gewinnen«, glauben daher auch viele Berater. Es lohnt sich, diesen Satz einmal zu Ende zu denken. In der Konsequenz führt diese Haltung nämlich dazu, sich abhängig zu machen: Nicht ich steuere mein Geschäft, sondern der Kunde muss mich empfehlen.

Drei Überlegungen machen deutlich, warum es langfristig keine gewinnbringende Idee ist, sich allein auf Empfehlungen zu verlassen:

→ Das Beratungsthema muss den Kunden wirklich bewegen. Nur dann wird er darüber sprechen und Sie empfehlen. Das ist jedoch nur selten der Fall, denn die meisten Beratungsthemen wecken letztlich doch nur ein mäßiges Interesse. Sie animieren nicht wirklich dazu, sich etwa abends an der Bar mit einem Kollegen darüber zu unterhalten.

→ Der Zauber von Beratung lässt sich im Gespräch nicht vermitteln, schon gar nicht durch einen Dritten. Um einen Kunden für Ihr Angebot zu gewinnen, müssen Sie selbst in Aktion treten. Er muss erleben, wie Sie auftreten, arbeiten und Fragen stellen. Auch muss er die Chance bekommen, eine persönliche Beziehung zu Ihnen aufzubauen.

→ Weiterempfohlen wird am ehesten unternehmensintern, von einer Abteilung zur anderen. Empfehlungen zu anderen Unternehmen sind eher unwahrscheinlich. Warum sollte Bereichsleiter Müller aus Unternehmen A seinem Kollegen in Unternehmen B erzählen, dass er sich hat beraten lassen? Und ihm dann auch noch denselben Berater gönnen, mit dem er zufrieden war? Das gilt umso mehr, wenn Unternehmen B ein Konkurrent von A ist.

Empfehlungen sind eine gute Möglichkeit, Aufträge zu erhalten. Das ist unbestritten. Doch allein darauf zu setzen, lässt große Potenziale ungenutzt: Ohne eigenes Marketing werden die meisten potenziellen Kunden nie von Ihnen hören. Vor allem aber geben Sie das Steuer aus der Hand, weil Sie nicht mehr selbst bestimmen, welche Kunden Sie bekommen. Eine erfolgreiche Sog-Strategie lässt sich so kaum umsetzen.

»Ich brauche für meinen Erfolg einen hohen Tagessatz«

Tagessatz und Erfolg — für viele Berater gehört das zusammen. Sie hören von Kollegen, die 1.800, 2.000 oder 2.200 Euro berechnen und denken unwillkürlich: »Wenn ich einen so hohen Tagessatz habe, bin ich erfolgreich.« Es gibt gute Gründe, eine solche Schlussfolgerung in Zweifel zu ziehen:

→ Ein nicht kleiner Teil der Berater schwindelt beim Tagessatz, so jedenfalls ist es meine Erfahrung.

→ Mancher Berater verlangt hohe Tagessätze, hat aber kaum Kunden. Wer 5.000 Euro nimmt und zehn Tage im Jahr verkauft, stellt sich schlechter als ein Berater, der für 1.800 Euro 100 Tage arbeitet.

→ Der Tagessatz ist kein Maßstab für den Erfolg. Ein hoher Ertrag lässt sich auch durch niedrige Kosten erwirtschaften.

→ Manche erfolgreiche Beratungsunternehmen verzichten ganz auf Tagessätze und rechnen auf andere Weise ab. Zum Beispiel orientieren sie sich am Ergebniswert für den Kunden. Sie verfügen über ein intelligentes Geschäftsmodell, bieten die richtigen Produkte an, bauen enge Kundenbeziehungen auf — und können im Vergleich zu einer tagessatzbasierten Honorierung den Ertrag deutlich steigern.

Der Tagessatz taugt nicht wirklich als Messgröße für Erfolg. Wer meint, für seinen Erfolg einen hohen Tagessatz zu benötigen, drückt damit möglicherweise ein ganz anderes Bedürfnis aus: Er möchte sich mit den Kollegen messen — nach dem Muster »mein Haus, mein Auto, mein Boot«.

»Ich sollte die Branchen- gepflogenheiten beachten«

Anders sein als die Kollegen? Die meisten Berater trauen sich das nicht. Lieber schwimmen sie mit der Masse. »Es ist sinnvoll, im Marketing die Branchengepflogenheiten zu beachten«, lautet der Glaubenssatz, der sie dabei bestärkt. Also illustrieren sie ihre Internetseiten mit Schachfiguren und Leuchttürmen — das sind die Arschgeweihe der Beraterbranche. Sie schreiben Texte, die so klingen wie die ihrer Konkurrenten. Wenn sie zum Kunden kommen, bauen sie ihren Beamer auf und veranstalten Folienschlachten. Sie formulieren Angebote auf Powerpoint-Folien.

Die Folgen können fatal sein. Wer macht, was alle tun, gleicht sich dem Mittelmaß an. Er geht unter im weiten Meer immer gleicher Marktauftritte. So wird es unmöglich, aufzufallen und im Gedächtnis möglicher Kunden hängenzubleiben.

Es geht auch anders. Die 5 Prozent der Berater, die besonders erfolgreich sind, machen es vor: Anstatt sich an der Masse zu orientieren, brechen sie mit den Branchengepflogenheiten. Sie schreiben klare deutsche Sätze anstelle von Beraterdeutsch. Sie wecken Neugier mit lebendigen Fotos aus der Beraterpraxis, präsentieren ohne Powerpoint und erstellen ihre Angebote im simplen DIN-A4-Format.

Die Kunden sind überrascht — fast immer positiv!

»Ich brauche eine Nische«

»Ohne Nische kann ich niemals eine erfolgreiche Strategie entwickeln«, befürchten viele Berater. Das allgemeine Angebot eines Organisationsberaters oder Prozessberaters, so argumentieren sie, macht am Markt keinen Unterschied und ist deshalb auch nicht in der Lage, Kunden anzulocken. Deshalb sei eine Nische unbedingt erforderlich. Nur so könne man beim Gegenüber ausreichend Interesse wecken.

Natürlich kann eine Nischenstrategie sinnvoll sein. Auf eine Nische setzen bedeutet: Positionierung auf ein enges Feld, also eine eng definierte Branche oder Zielgruppe, eine besondere Tätigkeit oder ein bestimmtes Problem. Wenn Sie als Berater eine Nische gefunden haben, die Sie auf Dauer besetzen können und die auch langfristig genug Ertrag abwirft, wenn diese Nische zudem zu Ihren persönlichen Zielen passt — dann kann diese Strategie goldrichtig für Sie sein! Und aus Marketingsicht ein Festmahl.

Viele Berater klammern sich jedoch regelrecht an den Glaubenssatz »Ich brauche eine Nische« und quälen sich vergeblich damit, ihre Nische zu finden. Dabei könnten sie ihr Ziel, nämlich eine erfolgreiche Positionierung, auch ganz ohne eine solche Nische erreichen. Ihr Fehler liegt darin, dass sie »Nische« mit »Nutzenversprechen« verwechseln: Um sich im Kopf eines Kunden zu positionieren und sich von anderen Anbietern zu unterscheiden, braucht es keine Nische — es genügt ein klares Nutzenstatement. Wenn ein Beratungsunternehmen zum Beispiel verspricht, »Wir drehen Projekte«, ist das keine Nische, wohl aber ein Nutzenversprechen, das sich im Kopf potenzieller Kunden verankern lässt. (Mehr hierzu in den Kapiteln *Positionierung* und *Marke*.)

Es braucht keine Nische! Die Gefahr liegt darin, sich durch die Suche nach der Positionierungsnische von einer viel Erfolg versprechenderen Strategie abhalten zu lassen — nämlich davon, ein klares Nutzenversprechen und eine profilierte Marke zu entwickeln.

»Ich muss alle Aufträge annehmen«

Wenn ein Auftrag kommt, reagieren viele Berater reflexhaft: Sie nehmen ihn an. Vielleicht weil sie auf ein finanziell lukratives Geschäft nicht verzichten möchten, vielleicht weil sie befürchten, nicht genügend Aufträge zu erhalten — warum auch immer: Sie lassen sich leiten von dem Glaubenssatz: »Ich muss alle Aufträge annehmen.« Doch diese Annahme hat eine ganze Reihe negativer Konsequenzen:

→ Wenn Sie einen Auftrag annehmen, der nicht zu Ihnen passt oder dessen Konditionen nicht ideal sind, vergeuden Sie Ressourcen, die anderweitig besser eingesetzt wären. Effektiver wäre es zum Beispiel, die Mittel für andere Kunden zu verwenden. Oder für Marketingmaßnahmen, um künftig bessere Kunden und damit einen besseren Ruf zu gewinnen.

→ Wenn Sie Aufträge für zu wenig Geld ausführen, gefährden Sie Ihr Preismodell; zumindest kommunizieren Sie unterschiedliche Preise und erzielen deutlich niedrigere Erträge.

→ Wenn Sie Aufträge annehmen, die Ihrem Zielkorridor widersprechen, verwässern Sie Ihr Profil. Ihr Unternehmen verliert an Attraktivität; der Wertemagnet wird schwächer und zieht immer weniger passende Kunden an.

→ Wenn Ihre Kapazitäten durch unpassende Aufträge gebunden sind, können Sie nur schwer umsteuern. Es fehlen die Kapazitäten, um das Geschäft in die richtige Richtung zu lenken — Sie geben das Heft des Handelns aus der Hand.

Gute Gründe also, nicht jeden Auftrag anzunehmen. Wer als Berater zielgerichtet arbeitet, muss auch Aufträge ablehnen. Daran führt kein Weg vorbei, auch wenn es manchmal wehtut. Überwinden Sie die damit verbundenen Ängste!

Die Prämissen neu setzen

Der Ausflug in die Welt der Berater-Glaubenssätze hat gezeigt, wie schnell und nachhaltig bestimmte Prämissen den Erfolg ausbremsen können. Doch wie lässt sich das Problem angehen? Verschiedene Strategien sind möglich, um »falsches Denken« durch andere, förderlichere Prämissen zu ersetzen — oder um die negativen Folgen von Glaubenssätzen zu vermeiden oder zumindest abzumildern.

Glaubenssatz bewusst machen und aktiv verändern

Ein möglicher Ansatz liegt darin, sich seine hinderlichen Glaubenssätze bewusst zu machen — und diese Prämissen gezielt zu verändern. Vergegenwärtigen Sie sich hierzu vergangene Situationen beim Kunden, mit denen Sie unzufrieden waren. Und überlegen Sie: Welches Verhalten hat zu diesem unerwünschten Ergebnis geführt? Welche Strategie steht wiederum hinter diesem Verhalten, und welcher Glaubenssatz bestimmt es? Dieses stufenweise Rückschließen kann ein sehr spannender und erkenntnisreicher Prozess sein (siehe Abbildung 2.4).

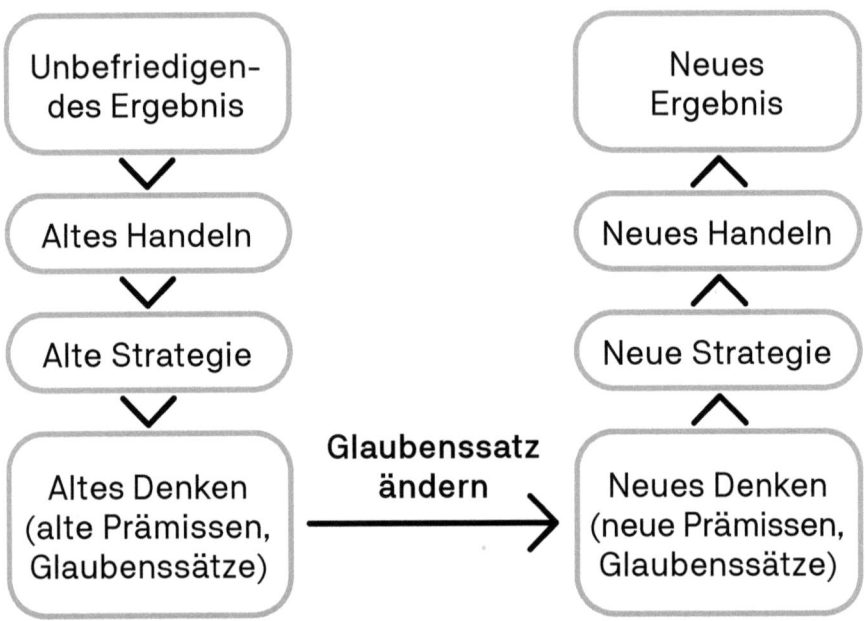

Abbildung 2.4: Den Glaubenssatz bewusst machen und gezielt ändern

Beispiel: Ein Berater lässt seine Präsentationstermine Revue passieren und stellt fest, dass er an einer Stelle, nämlich bei der Honorarfrage, regelmäßig unklar auftritt. Nun überlegt er, welches Verhalten zu diesem unbefriedigenden Ergebnis führt — und fragt weiter, welcher Glaubenssatz möglicherweise dahintersteht.

Der Gedankengang kann dann etwa wie folgt aussehen: »Ich komme immer wieder ins Stottern, wenn ich meinen Tagessatz nennen muss. Warum? Weil ich eigentlich das Gefühl habe, Mittelständler zahlen diesen Preis nicht ...« Oder aber: »... weil ich das Gefühl habe, mit den großen, renommierten Beratungen kann ich da nicht mithalten.« So kommt er seinen Glaubenssätzen auf die Spur.

Auf diese oder ähnliche Weise haben Sie im ersten Schritt einen hinderlichen Glaubenssatz aufgespürt. Im nächsten Schritt können Sie versuchen, diesen Glaubenssatz gezielt zu verändern. Spielen Sie in Gedanken durch, was passiert, wenn die bisherige Prämisse nicht mehr gilt. Wie würde sich Ihr Verhalten, wie infolgedessen das Ergebnis verändern? Unterbrechen Sie den Kreislauf der sich selbst erfüllenden Prophezeiung — und experimentieren Sie mit neuen Prämissen.

Auf seine Ängste achten

Hinter vielen Glaubenssätzen stehen auch Ängste. Bei Beratern beobachte ich häufig eine tief sitzende Existenzangst; aber auch die Angst, keine Anerkennung zu bekommen, kommt häufig vor. Wenn sich ein Glaubenssatz verfestigt, liegt das oft an diesen Ängsten, die dem Glaubenssatz ständig neue Energie zuführen. Es kann deshalb sehr hilfreich sein, auf mögliche Ängste zu achten und gegebenenfalls die Energiezufuhr für die schädlichen Glaubenssätze abzudrehen.

Typisch ist die Geschichte eines Organisationsberaters, der lange Zeit gezögert hat, sich selbstständig zu machen. Er war die Sicherheit des Angestelltendaseins gewohnt, fühlte sich in der Verantwortung für seine Familie und überlegte lange hin und her, bis er den Schritt endlich wagte. Die Angst, es nicht zu schaffen, lässt ihn bis heute nicht los — und befeuert eine ganze Reihe an Glaubenssätzen: Um den Auftrag zu bekommen, möchte er alles perfekt machen. Um ja keinen Kunden zu verprellen, setzt er sein Honorar eher niedrig an. Er wagt nicht, zu widersprechen, denn das könnte den Kunden verärgern. Und wenn der Kunde ein Anliegen äußert, steht er jederzeit sofort bereit.

Auch die Sorge, keine Anerkennung zu bekommen, kann schädliche Glaubenssätze fördern. Ich erlebe immer wieder Berater, die ständig zu überzeugen suchen, wie toll ihr Angebot oder wie einzigartig ihre Leistung ist. Ständig erzählen sie von neuen Details ihrer Arbeit, immer in der Erwartung, dafür anerkannt zu werden — und nähren damit den Glaubenssatz: »Ich muss es perfekt machen.«

Wo Angst der Maßstab ist, können auch die Ergebnisse nicht optimal sein. Ersetzen Sie deshalb den Maßstab »Angst« durch einen anderen Maßstab, nämlich Ihre »persönlichen Ziele« (siehe Abbildung 2.5).

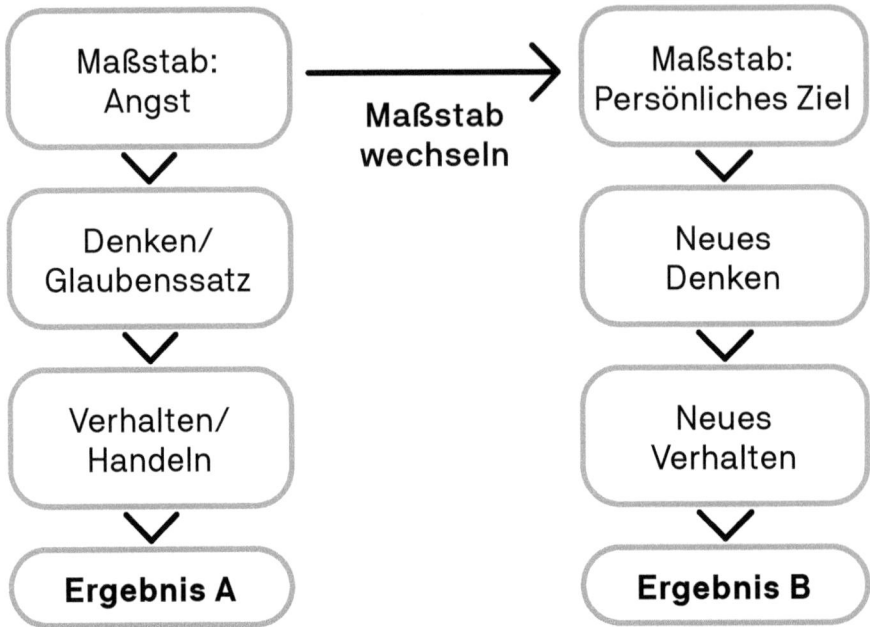

Abbildung 2.5: Den Maßstab wechseln: Wählen Sie das persönliche Ziel als Maßstab für Denken und Handeln

Überlegen Sie nun: Welches Denken, welchen Glaubenssatz brauchen Sie, um diese Ziele zu erreichen? Und welches Verhalten resultiert daraus? Auf diese Weise lenken Sie Ihre Gedanken auf ein neues Gleis. Bislang befeuerte Angst das Denken; Angst bestimmte das Verhalten und führte zu unbefriedigenden Ergebnissen. Nun bestimmt das persönliche Ziel Denken, Verhalten und Ergebnis.

Eine andere Bühne bereiten

Oft fällt es schwer oder dauert recht lange, einen hinderlichen Glaubenssatz abzulegen. In solchen Fällen ist es jedoch möglich, durch vorausschauendes Handeln die Folgen zumindest abzumildern. Ich nenne das gerne »eine andere Bühne bereiten«: Im Wissen um seine persönlichen Schwachstellen nutzt der Berater Möglichkeiten im Vorfeld, um bestimmte Themen von vornherein zu klären und sich so gar nicht erst in Erklärungsnöte zu bringen. Wie das gelingen kann, zeigen die folgenden beiden Beispiele.

Fall eins, klassische Situation: Nach einem langen Angebotsprozess erhält ein Beratungsunternehmen endlich den Auftrag — verbunden mit der Forderung, sofort loszulegen. Alle angestellten Berater sind jedoch voll ausgelastet, ein sofortiger Start ist daher kaum möglich. Für den Geschäftsführer der Beratung ist die Situation sehr unangenehm. Es fällt ihm enorm schwer, einem Kunden in dieser Lage zu erklären, dass er warten muss. Der Glaubenssatz, man kann einen Kunden nicht warten lassen, sitzt enorm tief.

In einem solchen Fall hilft es, eine andere Bühne zu bereiten. Das Beratungsunternehmen kalkuliert in seinem Angebot von vornherein mehrere Optionen. Option 1: Projektstart nach Auftrag innerhalb von acht Wochen kostet Summe X. Option 2: gleiches Angebot, jedoch Projektstart innerhalb von vier Wochen, kostet aber 10.000 Euro zusätzlich. Option 3: sofortiger Start, 20.000 Euro zusätzlich.

Nun hat der Kunde die Wahl — und der Geschäftsführer des Beratungsunternehmens vermeidet das Gespräch, das ihm so schwerfällt. Die meisten Kunden werden es nun nicht mehr so eilig mit dem Projektstart haben. Und wenn doch, erhält das Beratungsunternehmen immerhin ein ordentliches Schmerzensgeld. Da fällt es auch leichter, die notwendigen Ressourcen doch noch irgendwie zu organisieren.

Zweites Beispiel: Ein Einzelkämpfer, erfolgreich tätig als strategischer Partner von Geschäftsführern im Mittelstand. Er leistet hervorragende Arbeit, berechnet ein hohes Honorar, tut sich aber schwer, dieses Honorar bei seinen Kunden zu vertreten. Im Grunde schlägt er sich mit dem Glaubenssatz herum, dass Mittelständler diesen Preis womöglich nicht zahlen.

Er hat die Bühne so bereitet, dass er einer Honorardiskussion aus dem Weg geht. Sein Instrument ist ein Zusatz zum Angebot, eine Art FAQ-Liste mit den häufigsten Fragen und Antworten. Darin verdeutlicht er, wie er seine Kunden in der Regel an bestimmten Stellen signifikant weiterbringt — und dass die Vergütung sich an genau diesem Nutzen orientiert. Zudem bietet er an, jederzeit ein Gespräch mit einem Referenzkunden zu vermitteln.

Zwei weitere Beispiele. Indem Sie die Bühne richtig bereiten, können Sie problematische Verhaltensweisen bis zu einem gewissen Grad verdecken. Das gilt für hinderliche Glaubenssätze, aber natürlich auch für andere Schwächen, die sie dem Kunden gegenüber nicht zeigen möchten.

Kapitel 3

Unternehmens-
ziele festlegen

Unternehmens-ziele festlegen

Auszeit auf der Berghütte. Die meisten Beratungsunternehmen veranstalten einmal im Jahr eine Strategieklausur. Die Inhaber treffen sich in einem abgelegenen Winkel, um fern vom Alltag über ihr Unternehmen nachzudenken. Sie lassen das vergangene Jahr Revue passieren, diskutieren die aktuelle Lage und besprechen die Ziele für die kommenden Jahre. »Wir wollen den Umsatz in drei Jahren verdoppeln, den Honorarsatz um 20 Prozent erhöhen, die Abhängigkeit von Großkunden verringern...« — so oder so ähnlich lauten die Ziele, auf die man sich meistens schnell einigt.

Und wie geht es weiter? Der Elan aus der Berghütte verpufft. Die Ziele gehen im Berateralltag unter — bis man sich ein Jahr später wieder trifft und sie erneut beschließt.

Fast immer läuft es so, und das hat im Wesentlichen drei Gründe:

Erstens bleiben die Ziele häufig zu unkonkret. Wie schon im ersten Kapitel (Abschnitt »Die persönlichen Ziele«) dargestellt, haben viele Berater zwar Wünsche, aber keine Ziele, die sie konkret und messbar verfolgen. Dementsprechend werden auch die Unternehmensziele oft zu unklar definiert. Oder das Ziel ist zwar messbar, aber in seinen Konsequenzen nicht durchdacht und damit ebenfalls nicht ausreichend konkretisiert. Wenn etwa der Umsatz verdoppelt werden soll, reichen ein paar Marketingmaßnahmen nicht aus. Zu fragen ist vielmehr nach den Konsequenzen: Was bedeutet das für die Strategie, passt diese noch zum Umsatzziel oder muss sie geändert werden? Was bedeutet das Umsatzziel für das Geschäftsmodell, das Honorarmodell, die Angebotsprozesse oder die Haltung dem Kunden gegenüber? Welche Folgen hat das Ziel für das Budget? Welche Risiken sind damit verbunden? Solange diese Fragen nicht beantwortet sind, bleiben auch scheinbar konkrete Ziele wie eine Verdopplung des Umsatzes eher Absichts- oder Wunscherklärungen.

Der zweite Grund, warum die Ziele aus der Berghütte meistens wirkungslos bleiben: In den Geschäftsführungsrunden fehlt das Commitment dafür. Da sagt einer: »Ja, lasst uns den Umsatz mal verdoppeln« — und die anderen finden: »Klingt doch gut.« Damit ist das Ziel verabschiedet, ohne dass es wirklich zu einem gemeinsamen Ziel geworden ist, hinter dem alle Beteiligten stehen. Zudem fehlt allen Beteiligten die nötige Kenntnis darüber, welcher Aufwand bzw. welche Strategieänderung nötig ist, dieses Ziel zu verwirklichen.

Und der dritte Grund: In der Regel haben die in den Strategieklausuren beschlossenen Ziele nur wenig mit den persönlichen Sinn- oder Flowzielen der Beteiligten zu tun. Die Motivation, diese Ziele zu verfolgen, ist deshalb gering. Und wenn dann doch ein Ziel erreicht wird, erwächst daraus keine persönliche Zufriedenheit.

Unternehmensziele, so lässt sich demnach folgern, müssen drei Anforderungen genügen: Erstens sollten sie in ihren Konsequenzen durchdacht und konkretisiert sein, zweitens brauchen sie ein klares Commitment und drittens sollten sie die persönlichen Ziele der Inhaber einbeziehen.

Wenn Sie Einzelunternehmer sind, haben Sie es an dieser Stelle einfacher. Dann decken sich die in Kapitel 1 entwickelten persönlichen Ziele weitgehend mit den Unternehmenszielen. Anders liegen die Dinge bei größeren Unternehmen. Hier stehen Sie vor der Aufgabe, neben Ihren eigenen persönlichen Zielen auch die Ihrer Mitinhaber zu berücksichtigen. In diesem Fall unterscheiden sich die Unternehmensziele von Ihren persönlichen Zielen und sollten gesondert definiert und betrachtet werden. Die Herausforderung liegt darin, einen gemeinsamen Nenner herzustellen, also einen Konsens in der Geschäftsleitung zu finden.

Hinzu kommt: Ein Unternehmen hat als Organisation auch eigene Ziele. Dazu gehören zum Beispiel ausreichende Rückstellungen, um unerwartete

Ausgaben oder Auftragsflauten abfangen zu können. Bei der Festlegung der Unternehmensziele geht es im Kern also darum, Inhaberziele und Organisationsziele zusammenzuführen.

Grundlagen

Zu unserem täglichen Geschäft als Berater gehört es, für unsere Kunden Ziele zu definieren, um Projekte erfolgreich zum Abschluss zu führen. Vielleicht ist dies ja der Grund, warum wir beim Erstellen der eigenen Unternehmensziele gerne sehr gründlich vorgehen und uns dabei schnell im Detail verhaken. Mancher Zielekatalog gerät dadurch sehr umfangreich und unübersichtlich. Aus meiner Sicht ist es deshalb hilfreich, sich beim Erstellen der Unternehmensziele an zwei Prämissen zu halten.

Die erste: Wir beschränken uns auf möglichst wenige Parameter. Je mehr unnötige Größen erfasst werden, desto eher wird der Zielabgleich zur Bürokratiesache. Das wäre dann »typisch Berater«, nämlich perfekt bis ins Detail.

Und die zweite Prämisse: Wir unterscheiden zwischen Weg und Ziel. Was damit gemeint ist, lässt sich am einfachsten an einem Beispiel verdeutlichen: Viele Berater definieren Ziele wie »20 Prozent mehr Umsatz« oder »Mitarbeiter verdoppeln«. Das klingt zunächst plausibel. Bei näherem Hinsehen zeigt sich aber, dass das eigentliche Ziel sich erst hinter diesen Aussagen verbirgt. Der Berater möchte den Umsatz oder die Mitarbeiterzahl erhöhen, weil er den Gewinn verdoppeln möchte. Die Erhöhung von Umsatz oder Mitarbeiterzahl ist also nicht das Ziel, sondern beschreibt einen möglichen Weg, das dahinterstehende Gewinnziel zu erreichen. Ob dieser Weg richtig ist und eingeschlagen wird, entscheidet sich erst, wenn das Unternehmen seine Strategie festlegt.

Das Beispiel weist auf einen häufigen Fehler bei der Festlegung der Unternehmensziele hin: Ziel und Weg werden verwechselt. Die Unterscheidung ist wichtig, um strategische Fehler zu vermeiden. Wer etwa festlegt, die Mitarbeiterzahl zu verdoppeln, vergrößert sein Unternehmen, ohne damit das eigentliche Ziel wirklich ins Auge zu fassen. Stattdessen holt er sich ein großes Kostenrisiko ins Haus, weil Aufträge auch einmal ausbleiben und Leerläufe entstehen können. Das Ziel »Mitarbeiter verdoppeln« erhöht dann nicht die Erträge, sondern kann im Gegenteil das Unternehmen in Schwierigkeiten bringen.

Wie lassen sich Weg und Ziel voneinander unterscheiden, wann ist ein Ziel tatsächlich ein Unternehmensziel? Eine gute Hilfe ist hier die Warum-Kette: Hinterfragen Sie ein Ziel so lange, stellen Sie so oft die Frage »Warum?«, bis keine sinnvolle weitere Antwort mehr möglich ist. Dann haben Sie das Unternehmensziel gefunden.

»Wir wollen mehr Mitarbeiter einstellen«, nennt der Inhaber eines Beratungsunternehmens als Unternehmensziel. »Warum wollen Sie Mitarbeiter einstellen?«, frage ich ihn. Bereits jetzt können die Antworten ganz unterschiedlich ausfallen. »Weil ich als Inhaber persönlich überlastet bin und mir von mehr Mitarbeitern eine Entlastung erhoffe«, antwortet mein Gegenüber in diesem Fall. Ich frage weiter nach dem Grund dahinter, also warum er sich diese Entlastung erhofft. Seine Antwort: »Weil ich gerne Zeit hätte, mehr inhaltlich zu arbeiten, meine privaten Kontakte zu pflegen, mehr mit meiner Familie zusammen zu sein.« Warum? »Ja, warum? Weil ich am Ende des Tages ein erfüllteres Leben haben möchte als nur den Alltag in meiner Arbeit!«

Deutlich wird: Weiteres Fragen führt hier nicht weiter, das Ende der Kette ist erreicht. Der Inhaber des Unternehmens möchte sein Leben über seine Arbeit hinaus anreichern. Sein Ziel ist es, tiefer in Themen einzusteigen, aber auch Zeit und Muße für andere Dinge zu finden. Das glaubt er zu erreichen, indem er Mitarbeiter einstellt — darin liegt in diesem Fall das eigentliche Ziel, das sich hinter dem Wunsch nach mehr Mitarbeitern verbirgt.

Ein anderes Beispiel für eine Warum-Kette: »Wir möchten unseren Umsatz deutlich steigern.« Warum? »Weil wir wachsen wollen.« Warum wachsen? Um mehr zu verdienen? »Eigentlich nicht, es geht uns weniger um das persönliche Einkommen, als um eine Sicherheitsrücklage für unser Unternehmen.« Warum? »Weil uns diese Rücklage in Zukunft ermöglicht, auch einmal einen Auftrag abzulehnen oder einen unsicheren Kunden in Kauf zu nehmen.« Wieder ist das Ende der Fahnenstange erreicht, weiteres Hinterfragen führt nicht weiter. Das eigentliche Ziel, das hinter dem Wunsch nach mehr Umsatz steht, ist Sicherheit durch eine höhere Rücklage.

Machen Sie den »Warum-Test«, bevor Sie ein Ziel als Unternehmensziel festlegen. Wenn etwa Ihr Mitgeschäftsführer darauf drängt, Mitarbeiter einzustellen, fragen Sie danach, warum er das möchte. Oft wird dann klar: Mehr Mitarbeiter sind nicht das Ziel, sondern eigentlich der Wunsch nach höheren Erträgen. Oder eben noch ganz andere Dinge, die nun zum Vorschein kommen und diskutiert werden müssen.

Ziele setzen, Messgrößen festlegen

Früher war es üblich, Unternehmensziele auf fünf Jahre festzulegen. Mittlerweile verändern sich die Märkte so schnell, dass es meist sinnvoller ist, einen kürzeren Zeitraum zu wählen. Andererseits dauert es zwei bis drei Jahre, bis Kunden auf einen Strategiewechsel reagieren und Veränderungen erkennbar werden. Ziele und Messgrößen daher auf drei Jahre anzulegen, dürfte ein sinnvoller Zeithorizont sein. Auch wenn eine Vorschau für drei Jahre ohne Zweifel bereits ein ehrgeiziges Unterfangen ist.

Um den Kurs eines Unternehmens zu überwachen und zu steuern, müssen die Ziele messbar sein. Dazu ist es notwendig, Messgrößen festzulegen. Ertragsziele etwa bemessen sich in Euro, das liegt auf der Hand. Doch auch viele andere Ziele lassen sich durch harte Kennzahlen präzisieren und messbar machen. Wenn das Ziel zum Beispiel »mehr freie Zeit« lautet, gibt es verschiedene Möglichkeiten: Der eine Berater legt fest, dass er acht Stunden am Tag arbeiten und dann nach Hause gehen möchte. Der andere möchte die Wochenenden frei haben. Ein dritter stellt sich vor, mindestens zwei Monate Urlaub im Jahr zu machen.

Ein Ziel wie »mehr freie Zeit« lässt sich also sehr schön mit einer konkreten Messgröße hinterlegen. Das gilt analog für andere Ziele. Wenn Ihnen etwa das persönliche Ziel »weniger gehetzt sein« wichtig ist, können Sie das an der Zahl der »Feuerwehreinsätze« festmachen und deshalb »maximal drei Einsätze pro Jahr« als Zielgröße festlegen.

Wenn irgend möglich, sollten Sie solche harten Kennzahlen definieren. Wo das nicht gelingt, bleibt als Ausweg eine Quantifizierung über eine Skala. So kann ein Unternehmensziel lauten: »Ich agiere auf Augenhöhe mit meinen Kunden.« Der Erfüllungsgrad lässt sich anhand einer Skala von 0 bis 10 abschätzen. 0 bedeutet »Ich fühle mich nicht auf Augenhöhe mit meinen Kunden«, der Wert 10 steht für »voll auf Augenhöhe«. Ein Ziel kann es nun sein, vom Wert 2 heute auf den Wert 7 in drei Jahren zu kommen.

Sieben Zielbereiche

Jeder Mensch, jeder Berater und damit jedes Beratungsunternehmen definiert seine Ziele natürlich anders. Jeder muss die Zielkorridore finden, die für ihn wichtig sind. Im Folgenden habe ich sieben Bereiche zusammengestellt, die für die Festlegung der Unternehmensziele nützlich sind. Die Idee ist, sich hier frei zu bedienen: Nutzen Sie die Zielfelder als Anregung, verändern oder ergänzen Sie — so wie es zu Ihrem Unternehmen passt.

Bereich 1: **Ertragsziele**

Das erste Zielfeld betrifft den Ertrag, den das Unternehmen in drei Jahren erwirtschaften soll. Wohlgemerkt Ertrag, nicht Umsatz. Wie schon erwähnt legen viele Beratungen ihre Ziele in Umsatzgrößen fest, auch wenn sie den Unterschied zwischen Umsatz und Ertrag natürlich kennen. Dabei übersehen sie aber häufig einen Effekt, der am Ende sogar die Innovationsfähigkeit des Unternehmens gefährden kann.

Wer sich vornimmt, den Umsatz zu verdoppeln, verbindet damit unwillkürlich die Gedankenkette: »Doppelter Umsatz, dazu brauche ich doppelt so viele Kunden oder doppelt so große Projekte, hierfür wiederum doppelt so viele Mitarbeiter«. Am Ende, so wird erwartet, steigt auch der Ertrag. Umsatzziele verleiten also dazu, immer mehr vom Gleichen anzustreben. Sie folgen einem simplen Wachstumsschema — und münden in Denkfaulheit.

Nehmen Sie jedoch stattdessen den Ertrag ins Visier, ändert sich der Blickwinkel. Ging es bislang um die Frage, wie das Unternehmen seinen Umsatz um den Faktor X steigert, stellt es sich jetzt zum Beispiel die Frage: »Wie können wir aus einer Million Umsatz statt 200.000 Euro in drei Jahren 300.000 Euro Ertrag herausholen?« Nun ist Kreativität gefordert! Neue Themen kommen auf den Tisch: Arbeiten wir effektiv? Sollen wir die Honorarsätze erhöhen? Ist unser Honorarmodell »Zeit gegen Geld« noch sinnvoll?

Deutlich wird: Wer Ertragsziele setzt, kommt auf nützlichere Fragen.

Legen Sie also keine Umsatz-, sondern Ertragsziele fest. Gehen Sie dabei nicht allein von Ihrem Bedarf aus, sondern beziehen Sie auch Ihre persönlichen Wünsche mit ein. Die meisten Berater listen nur auf, was sie zum Leben brauchen — Geld für Miete, Auto, Versicherungen, Frau, Kinder. Zuzüglich eines gewissen Puffers kommen sie auf eine bestimmte Summe, zum Beispiel 200.000 Euro im Jahr. Also legen sie als Ertragsziel 200.000 Euro fest. Dieser Betrag spiegelt jedoch lediglich ihren finanziellen Bedarf wider, nicht das, was sie erreichen möchten. Das kann sehr unterschiedlich sein!

Anstatt sich an dieser Stelle zu limitieren, ist es ratsam, etwas großzügiger zu planen:

→ Welcher Lebensstil schwebt Ihnen vor? Was benötigen Sie dafür?

→ Was möchten Sie für das Alter zurücklegen? Möchten Sie für medizinische Betreuung Vorsorge treffen?

→ Welche Ausbildung streben Ihre Kinder an, was brauchen sie dann?

→ Würden Sie gerne einige große Reisen unternehmen?

→ Welche Weiterbildungen möchten Sie machen?

Anhand dieser und ähnlicher Fragen erstellen Sie eine Liste von Wünschen und Notwendigkeiten. Natürlich sollte der Betrag realistisch bleiben, möglicherweise müssen Sie am Ende auch wieder gewisse Abstriche machen. Entscheidend ist jedoch: Wenn Sie Ihren persönlichen Wunschertrag festlegen, sollten Sie nicht ausrechnen, was Sie in drei Jahren brauchen, sondern was Sie in drei Jahren haben möchten.

Dasselbe Vorgehen gilt, sofern vorhanden, für Ihre Mitinhaber. Das Ertragsziel ergibt sich nun aus dem Wunschertrag der Inhaber plus der Erträge, die das Unternehmen benötigt. Gemeint ist damit vor allem eine Rücklage, um Zeiten schwächerer Nachfrage überbrücken zu können.

Bereich 2: **Persönliche Ziele**

Für das zweite Zielfeld können wir auf die Ergebnisse der ersten Etappe zurückgreifen: Es geht darum, die persönlichen Ziele der Inhaber in die Unternehmensziele einzubinden. Die Leitfrage lautet: Welche Kriterien für die persönliche Zufriedenheit soll das Unternehmen in drei Jahren erfüllt haben? Wie bereits in Kapitel 1 (Abschnitt »Vorgehen bei zwei oder mehr Inhabern«) ausgeführt, liegt die große Herausforderung darin, die Vorstellungen der verschiedenen Inhaber unter einen Hut zu bringen.

Natürlich muss sich nicht jedes persönliche Anliegen auch in den Unternehmenszielen wiederfinden; das eine oder andere Ziel kann auch außerhalb des Beruflichen Erfüllung finden. Doch gilt es zu bedenken, dass Sie einen Großteil Ihres Lebens in der Firma verbringen. Wenn persönliche Ziele unausgesprochen bleiben und keinen Eingang in die Unternehmensziele finden, sind die Folgen oft gravierend. Nach meiner Erfahrung liegt darin eine der häufigsten Ursachen für schwelende Konflikte im Geschäftsführerkreis. Auch viele Krisen bei Einzelkämpfern sind darauf zurückzuführen: Wenn die Arbeit die eigenen Ziele nicht erfüllt, entsteht eine latente Unzufriedenheit, die sich immer mehr negativ auf Motivation und Erfolg auswirkt.

Bereich 3: **Mitarbeiter**

Welche Mitarbeiter wünschen Sie sich für Ihr Unternehmen? Im Zielbereich »Mitarbeiter« entwerfen Sie ein Wunschbild Ihres Mitarbeiterteams und legen dann Ziele fest, um dahin zu kommen.

Überlegen Sie, wie Ihr Team in drei Jahren aussehen soll. Wie ticken die Mitarbeiter, wie sollen sie arbeiten, wie sich verhalten? Über welche Eigenschaften und Kompetenzen sollen sie verfügen? Schwebt Ihnen ein Beraterteam aus High-Performern vor, die vor allem verkaufen und neue Aufträge akquirieren? Oder soll es ein innovatives Team sein, das inhaltlich interessiert ist und sich an der Entwicklung neuer Produkte beteiligt?

Je nach persönlichen und geschäftlichen Zielen fällt die Antwort ganz unterschiedlich aus. Das Mitarbeiterziel kann zum Beispiel darin liegen, ein Team aus Juniorberatern zu schaffen, die formbar sind und sich schnell in die Unternehmensphilosophie einfügen. Es kann aber auch auf ein Team aus Querdenkern hinauslaufen, die eigensinnig und schwer zu führen sind, dafür aber das Unternehmen inhaltlich weiterbringen.

Ich weiß: Gute Mitarbeiter sind schwer zu finden. Gerade deshalb sollten Sie wissen, was Ihnen besonders wichtig ist — und was weniger.

Bereich 4: **Ziele für die Arbeits- und Unternehmenskultur**

Wie arbeiten wir? Womit verdienen wir unser Geld? Das fünfte Zielfeld enthält Kriterien für die Arbeitsgestaltung. Überlegen Sie, wie die Arbeit Ihres Unternehmens derzeit aussieht — und wie in drei Jahren.

→ Wie viel Zeit verbringen wir vor Ort beim Kunden?

→ Wie viel Zeit sind wir operativ tätig, wie viel strategisch?

→ Ist es unsere Aufgabe, Mitarbeiter vorwiegend zu »verleasen« — oder sind unsere Berater Persönlichkeiten, die mit den Kunden auf Geschäftsführerebene kommunizieren?

→ Verdient unser Unternehmen das Geld über Masse oder durch Beratung in einem Premiumsegment?

→ Welche Rolle wollen die Geschäftsführer spielen?

→ Wie gehen wir mit Anfragen um, welche Standards sollen da gelten?

→ Auf welche »Spielchen des Kunden« gehen wir ein? Konkret: Machen wir mit, wenn der Kunde im Pitch eine Folienschlacht erwartet, oder kommen wir nur zu einem Gespräch? Fahren wir einfach zum Präsentationstermin, oder bestehen wir darauf, dass der Kunde vorher einige Fragen beantwortet? Sind wir bereit, mit dem Einkauf zu verhandeln, ja oder nein?

Bereich 5: **Ziele für den Kundenkreis**

Verlassen wir nun die Innensicht und richten das Augenmerk nach außen: Welche Art von Kunden möchten wir in Zukunft haben? Wie ticken die Kunden, die zu uns passen? Das vierte Zielfeld legt den Kundenkreis fest, den das Beratungsunternehmen ansprechen und für sich gewinnen möchte.

Dazu ist es erforderlich, sich in die Denkwelt der Wunschkunden hineinzuversetzen. Wie lebt er? Was sind seine Themen? Was bewegt ihn geschäftlich? Definieren Sie Ihre Zielgruppen und legen Sie die Kriterien fest, die Ihre Kunden erfüllen sollen (siehe Kapitel 4).

Bereich 6: **Ziele für das Unternehmensimage**

Die Attraktivität eines Unternehmens hängt sehr stark vom Gesamteindruck ab, den es nach außen vermittelt. Stellt sich also die Frage: Welches Image wollen wir ausstrahlen? Im sechsten Zielfeld legen Sie die Kriterien für das Image des Unternehmens fest.

Möglicherweise erfordert die Definition der Imageziele einige Vorarbeit. Ein Unternehmensimage lässt sich erst entwickeln, wenn zwei Voraussetzungen erfüllt sind: Notwendig ist eine Idee, für die das Unternehmen steht, und ein Konzept, wie diese Idee nach außen kommuniziert werden soll.

Überlegen Sie, welches Image Ihr Unternehmen in drei Jahren haben soll. Die folgende Schlagzeilenübung hilft, die Imageziele zu definieren.

Schlagzeilenübung: Imageziele finden

Wählen Sie zwei oder drei Magazine aus, die Sie gut finden. Es sollten Publikationen sein, die auch Ihre Kunden lesen und wertschätzen. Das kann die FAZ, das Handelsblatt, das Wirtschaftsmagazin Brand eins oder eine renommierte Fach- oder Branchenzeitschrift sein.

Überlegen Sie nun: Wenn diese Publikationen in drei Jahren über Ihr Unternehmen berichten — wie sollten diese Artikel aussehen und welche Kernaussagen sollten sie enthalten? Aufmachung und Inhalt dieser Wunschartikel spiegeln das Imageziel wider.

Formulieren Sie Wunsch-Schlagzeilen! Es geht nicht darum, ob und wie die FAZ wirklich über Sie berichtet. Stellen Sie sich vielmehr einige Schlagzeilen vor, die Ihr Unternehmen ins richtige Licht rücken. Da könnte stehen: »Die Firma Müller berät das Who's Who der mittelständischen Weltmarktführer« oder »Die Firma Müller schafft als erste mittelständische IT-Beratung über 50 Millionen Euro Umsatz«. Wenn Sie Geschäftsführer einer IT-Beratung sind und sich als besonders innovativ positionieren wollen, könnte die Schlagzeile lauten: »Die besten Hacker gehen zur IT-Sicherheitsfirma Müller.«

Angenommen in drei Jahren schreibt eine Zeitung über Ihr Unternehmen: Wie soll die Schlagzeile lauten, was in dem Artikel stehen? Häufig löst die Imageübung interessante Diskussionen im Geschäftsführerkreis aus. Oft sind die Ergebnisse auch eine wertvolle Grundlage für die Markenarbeit.

Bereich 7: **Ergebnisse für den Kunden**

Natürlich möchten Sie für Ihre Kunden etwas Positives erreichen, denn darin liegt ja der Zweck Ihres Angebots. Der siebte Zielbereich bezieht sich hierauf und antwortet auf die Leitfrage: »Welche Ergebnisse erzielen wir für unsere Kunden?«

Letztlich geht es um die Qualitätsziele, die Sie bei Ihren Kunden erreichen möchten. Das kann zum Beispiel sein:

→ »Jeder unserer Workshops führt zu einer deutlichen Verhaltensänderung der Mitarbeiter. Das bestätigt uns der Auftraggeber.«

→ »Wir sind treue Ratgeber des Kunden und werden bei allen schwierigen Business-Themen als erste konsultiert.«

→ »Unsere Beratungsprojekte sind so nachhaltig, dass wir grundsätzlich nach drei Jahren eine kostenlose Evaluation durchführen — und hierbei signifikante Veränderungen beim Unternehmen vorfinden.«

Überlegen Sie, welche Ziele Sie bei Ihren Kunden erreichen möchten — und legen Sie hierzu Kriterien fest.

Bei manchen Beratungsunternehmen hat das Zielfeld »Ergebnisse für den Kunden« eine enorm hohe Bedeutung. Ich erinnere mich an einen Inhaber, der bei der Suche nach der persönlichen Sinnerfüllung irgendwann zum Ergebnis kam: »Ich möchte auf mein Unternehmen und das, was es leistet, stolz sein.« Worauf genau er denn stolz sein wolle, fragte ich nach. »Auf das Ergebnis beim Kunden", antwortet er. »Der Kunde soll nicht nur zufrieden sein, das lässt sich relativ schnell erreichen. Vielmehr möchte ich das Gefühl haben, beim Kunden wirklich etwas bewegt zu haben.«

Wir definierten daraufhin Korridore für die Ergebnisse, die das Beratungsunternehmen künftig bei seinen Kunden erreichen soll. Mit der Festlegung dieser Zielkorridore veränderte sich bei dem Beratungsunternehmen schlagartig der Blick auf die eigene Arbeit. Die Prioritäten verschoben sich auf den siebten Zielbereich, während Ziele aus anderen Bereichen zurückgestellt wurden. »Bei den Ertragszielen genügt es uns erst einmal, wenn sie stabil bleiben«, argumentierte der Inhaber, »wichtiger sind die Ergebnisse beim Kunden.« Priorität hatte also die Zufriedenheit mit der Arbeit. Zwei Jahre später zeigte sich, dass auch die Erträge stiegen — quasi als Nebeneffekt, der aus dem hohe Nutzen für den Kunden resultierte.

Anders als in diesem Beispiel tritt der Zielbereich »Ergebnisse für den Kunden« oft in den Hintergrund. Typischerweise bewegen sich viele Berater auf einem Erfolgsplateau, sind daher mit den bestehenden Geschäften zufrieden und sehen keinen Anlass, sich ernsthaft mit dem Nutzen ihrer Arbeit auseinanderzusetzen. Oft ahnen sie zwar, dass sie mit ihren Projekten beim Kunden an der Wirkungsgrenze »entlangarbeiten«. Doch sie lassen sich von der »Droge Erfolg« betäuben. Sie verdrängen, was der Dreh- und Angelpunkt einer guten Beratung sein kann: das Ziel, den Kunden weiterzubringen. Starke Worte, die auf den ersten Blick Widerstand auslösen. Abends beim Rotwein wurden sie mir jedoch hundertfach bestätigt.

Dabei kann die Frage nach den Kundenzielen hilfreich sein. Ernsthaft gestellt bietet sie die Chance, die Erfolgsbetäubung zu überwinden und den Blick wieder auf die Bedürfnisse des Kunden zu richten: Wo können wir den Nutzen für ihn deutlich erhöhen? Wo sollten wir ehrgeizig sein in dem, was wir beim Kunden erreichen wollen? Das öffnet den Chancenkorridor für neue Geschäftsmodelle und höhere Erträge sowie für größere Sinnerfüllung.

Das Ziele-Cockpit

Sind die Unternehmensziele erarbeitet, empfiehlt es sich, sie in einem kleinen Cockpit übersichtlich zusammenzufassen. Der Überblick hilft, systematisch am Erreichen der Ziele zu arbeiten. Wie ein solches Cockpit aussehen kann, zeigt Abbildung 3.1 am Beispiel eines IT-Beraters. Das Unternehmen hat zwei Geschäftsführer und zehn angestellte Berater. Die beiden Inhaber haben zunächst ihre persönliche Bestandsaufnahme gemacht und kommen auf jeweils 400.000 Euro im Jahr, die sie für sich als Ertragsziel ansetzen möchten. Zuzüglich einer Rücklage von 200.000 Euro einigt man sich auf ein Ertragsziel von einer Million Euro.

Im nächsten Schritt befassen sich die Geschäftsführer mit ihren persönlichen Zielen. Der eine ist ein neugieriger Typ, der für neue Ideen brennt und deshalb im Unternehmen innovative Produkte entwickeln möchte. Auch wünscht er sich mehr persönliche Zeit. Der andere Geschäftsführer drängt auf mehr Sicherheit; nach seinem Empfinden ist das Unternehmen zu sehr von einigen großen Kunden abhängig. Die beiden Inhaber überlegen gemeinsam, wie sie die verschiedenen Anliegen konkretisieren können, formulieren daraus messbare Ziele und nehmen sie in das Cockpit auf.

Ähnlich verfahren sie mit den übrigen Zielfeldern. Am Ende gehen sie die einzelnen Ziele noch einmal durch und erarbeiten eine Gewichtung: Welche Ziele tragen wirklich zur Sinnerfüllung bei, welche sind eher »nice to have«? Auf diese Weise unterscheiden sie zwischen Muss-Zielen und Kann-Zielen und nehmen eine gewisse Priorisierung vor.

— Unternehmensziele —

Persönliche Ziele

Innovativ sein
· Zwei Publikationen pro Jahr

Mehr freie Zeit
· Dreiwochenurlaub ohne Störung
· Wochenenden in der Regel frei

Sicherheit
· Rücklage so groß, dass das Unternehmen fünf Monate ohne Auftrag überlebt

Arbeitsgestaltung

Bodyleasing verringern, mehr anspruchsvolle Projekte

Ertrag

Jahresertrag:
1.000.000 Euro

Kunden

Aufgeschlossen für Neues

Kompetent mit Entscheidungsbefugnis

Ergebnisse

Nachhaltige Verbesserung der Abläufe zwischen IT und Fachabteilung
· Feedback des Kunden zwei Jahre nach dem Projekt

Mitarbeiter

Anerkennung durch Kompetenz

Augenhöhe zum Kunden

Image

Kompetenter Problemlöser an der Schnittstelle zwischen der IT-Abteilung und den Fachabteilungen

Abbildung 3.1: Cockpit eines Beratungsunternehmens

Wie arbeiten Sie mit dem Ziele-Cockpit? Und worin liegt sein Hauptnutzen?

Zunächst bietet das Cockpit Orientierung bei geschäftlichen Entscheidungen. Trägt ein neues Produkt, die Einstellung eines neuen Mitarbeiters oder eine große Kundenveranstaltung dazu bei, die Unternehmensziele zu erreichen — ja oder nein? Das Cockpit kann bei solchen Fragen als Kompass dienen.

Ob Sie zum Beispiel einen Seniorberater für ein hohes Jahresgehalt einstellen, hängt von den Zielen ab. Bringt er das Unternehmen in der vorgesehenen Richtung weiter, kann seine Einstellung sinnvoll sein; erscheint das finanzielle Risiko zu groß, nehmen Sie Abstand von dem Vorhaben.

Ebenso kann das Cockpit im Marketing ein nützlicher Kompass sein. Da bietet sich zum Beispiel die Gelegenheit, im Handelsblatt in einem Advertorial zum Thema »Sanierung« vertreten zu sein, Kosten 32.000 Euro. Für einen Sanierungsberater kann das durchaus eine Option sein. Anhand seiner Ziele überlegt er, was ihm eine solche Veröffentlichung bringt und ob sie in Relation zu den Kosten sinnvoll erscheint.

Oder ein Veranstalter bietet Ihnen an, als Sponsor bei einem Event teilzunehmen. Auch hier sind die Unternehmensziele eine Entscheidungshilfe, ob sich die Teilnahme lohnt. Das kann dann der Fall sein, wenn Ihr Unternehmen künftig anspruchsvollere Projekte realisieren möchte und die dafür passende Zielgruppe genau bei dieser Veranstaltung anwesend ist.

Generell haben Sie es im Marketing mit einem schwierigen Problem zu tun: Auf Ihre Aktivitäten erhalten Sie in der Regel keine direkten Rückmeldungen aus dem Markt. Zum Beispiel schreiben Sie regelmäßig Fachartikel, können aber nicht beurteilen, welche Effekte darauf zurückzuführen sind. Noch schwieriger lassen sich Ursache und Wirkung abschätzen, wenn Sie zwei oder drei Jahre lang systematisch Marketing betreiben und mehrere Instrumente parallel einsetzen. Die Zahl der Anfragen steigt dann zwar, doch Sie wissen nicht: Liegt das an Ihren Artikeln, an Ihren Vorträgen, an Ihren Social-Media-Aktivitäten oder an Ihrem Buch? Höchstwahrscheinlich ist es ein Mix aus allem. Ein neuer Kunde hat vielleicht Ihr Buch gelesen, ist ein paar Mal im Internet auf Sie gestoßen, hat Sie bei einem Vortrag gesehen — und meldet sich nun, weil er einen Beratungsbedarf hat.

Sie haben also einen Marketingprozess am Laufen, ohne zu wissen, wie die Maßnahmen im Einzelnen wirken. Irgendwie müssen Sie den Prozess jedoch steuern und nachhalten. An dieser Stelle kann das Ziele-Cockpit sehr nützlich sein. Es ermöglicht Ihnen, systematisch an den Unternehmenszielen zu arbeiten. Anhand der konkret definierten Messgrößen können Sie alle drei oder sechs Monate feststellen: »Bin ich auf dem richtigen Weg? Wie weit bin ich gekommen? Was könnte ich noch tun, um bei einem bestimmten Ziel weiterzukommen?«

Es lohnt sich also, ein solches Cockpit einzurichten und systematisch zu nutzen — sei es als Einzelberater oder in der Geschäftsführerrunde. Nehmen Sie sich alle drei Monate einen halben Tag Zeit, um die einzelnen Ziele durchzugehen. Der Grundgedanke dabei: Das Cockpit hält die Ziele auf drei Jahre perspektivisch fest, diese Ziele werden auf Jahresziele heruntergebrochen und vierteljährlich nachgehalten. Überlegen Sie, bei welchen Zielen Sie auf gutem Weg sind, wo zusätzliche Maßnahmen erforderlich sind und welche Ziele angepasst werden sollten.

Das Cockpit ist kein starres Instrument. Es kann genutzt werden, um die Ziele regelmäßig zu reflektieren. So eingesetzt erzeugt das Cockpit laufend auf neue Ideen. Es animiert, mit neuen Maßnahmen zu experimentieren und deren Wirkung anhand der definierten Messgrößen zu überprüfen. Zudem stellt es sicher, dass Sie auf Kurs bleiben. Ihre Ziele rücken tatsächlich näher — messbar Stück für Stück.

Kapitel 4

Das grundlegende Geschäftsmodell

Das grundlegende Geschäftsmodell

Beim Thema Geschäftsmodell stehen sich zwei Extreme gegenüber. Da finden sich auf der einen Seite die großen Strategen und Planer. Manche sind sehr in ihrem methodischen Elfenbeinturm gefangen. Sie beschäftigen sich mit Tools wie Business Model Canvas oder Business Model Navigator, feilen ständig an ihren Konzepten — und laufen dabei Gefahr, den Blick auf den Markt ein Stück weit zu verlieren. Sie denken strategisch anspruchsvoll, setzen durchaus sinnvolle Tools ein, schaffen aber die Brücke zum Kunden nicht. Das Geschäftsmodell gerät zu einem theoretischen Gebilde. Überspitzt könnte man sagen: Diese Berater betreiben Geschäftsmodell-Fetisch im Elfenbeinturm.

Den anderen Pol bilden Berater, die sich nie wirklich ernsthaft mit ihrem Geschäftsmodell befassen. Das Thema steht hin und wieder auf der Agenda, gelegentlich wird es diskutiert, dann wieder aufgeschoben. Priorität hat das aktuelle Kundengeschäft. Die Auftragslage ist insgesamt zufriedenstellend, wozu also der ganze Wirbel um ein Geschäftsmodell? »Bassd scho, wird scho auswern«, sagt man im Fränkischen. Das heißt so viel wie: »Ja, ich habe verstanden, das ist ein Thema. Aber so bewusst beschäftigen wir uns jetzt nicht damit. Das wird schon irgendwie klappen.«

Was meistens auch stimmt. Irgendwie geht es weiter. Weil ein Auftrag den nächsten gibt, spricht man gerne von einer »organischen Geschäftsentwicklung«. So lässt sich das lästige Thema »Geschäftsmodell« mit gutem Gewissen ad acta legen.

Auch diese Herangehensweise hat einen großen Nachteil: In Wirklichkeit entwickelt sich das Unternehmen nicht »organisch«, sondern eher zufallsgetrieben. Das Geschäft ist auf zufällige Kundenanfragen angewiesen. Ein erfolgreiches Unternehmen, das den eigenen Vorstellungen entspricht und die gewünschten Kunden anzieht, lässt sich da nur schwer aufbauen.

Geschäftsmodell-Fetisch im Elfenbeinturm oder »Bassd scho, wird scho auswern« — beide Herangehensweisen lassen sich häufig beobachten, führen aber zu keinem befriedigenden Ergebnis. Als Alternative schlage ich einen Ansatz vor, der zwischen den beiden Polen liegt: Wir nehmen das Thema ernst, weil ein gutes Geschäftsmodell die Grundlage für ein erfolgreiches Unternehmen bildet. Doch arbeiten wir dieses Modell nicht perfekt aus, sondern begreifen es als »lebendes Konstrukt«: Das nicht perfekte Geschäftsmodell wird laufend im Markt getestet und dementsprechend angepasst (siehe Abbildung 4.1).

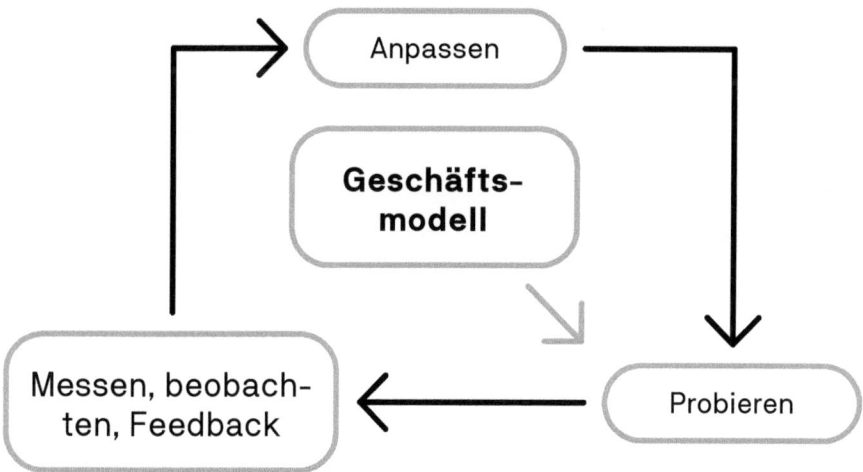

Abbildung 4.1: Das Geschäftsmodell als lebendes Konstrukt

Das »Geschäftsmodell als lebendes Konstrukt« lässt sich bei vielen Start-ups beobachten. Anstatt für eine neue Idee ein großes Konzept auszuarbeiten, wagen sie sehr früh einen ersten Markttest. Sie gehen einen Schritt, beobachten die Reaktionen, passen die Strategie an, machen den nächsten Schritt.

Auf diese Weise tasten sie sich an das richtige Geschäftsmodell heran. An die Stelle eines starren Businessplans tritt ein Kreislauf aus Probieren, Feedback und Anpassen.

Bei Beratern ist dieser Ansatz bislang eher selten, kann sich aber gerade auf dynamischen Märkten sehr lohnen. Es empfiehlt sich daher, die einzelnen Bausteine des Geschäftsmodells sorgfältig zu erarbeiten, aber auch immer wieder zu testen und gegebenenfalls zu korrigieren.

Das grundlegende Geschäftsmodell für ein Beratungsunternehmen lässt sich anhand von fünf großen Bausteinen beschreiben, aus denen es sich zusammensetzt:

→ *Zielgruppe:* Für wen genau sind wir tätig? Welche Personenkreise sind für unser Geschäft wichtig? Wie denkt, fühlt und handelt unsere Zielgruppe?

→ *Persönliche Rolle:* Welche Rolle spielen wir beim Kunden? Wollen wir uns als braver Dienstleister, Kumpel, Experte oder Trusted Advisor aufstellen? Was zeichnet den Trusted Advisor aus?

→ *Tätigkeit:* Was genau machen wir? Lösen wir für unsere Kunden die Probleme – oder leisten wir eher Hilfe zur Selbsthilfe? Welche besonderen Fähigkeiten und Stärken bringen wir ein?

→ *Produkte:* Welche Beratungsprodukte bieten wir an? Wie legen wir unsere Produktpolitik an, um Kunden an unser Angebot heranzuführen und Vertrauen aufzubauen?

→ *Honorar:* Wie gestalten wir unsere Preise? Für welches Honorarmodell entscheiden wir uns?

Den ersten vier Aspekten widmen sich die folgenden Abschnitte, die Frage nach dem Honorarmodell ist Gegenstand eines eigenen Kapitels (Kapitel 5).

Die Zielgruppe

»Problem und Lösung sind doch klar. Warum soll ich mich erst noch lange mit der Gedankenwelt der Kunden auseinandersetzen?« Diese Haltung trifft man bei vielen Beratern an. Als Experten in ihrem Gebiet wissen sie ziemlich genau, was die Unternehmen benötigen — und aus ihrer Expertise heraus analysieren sie die Probleme und entwickeln ihre Produkte.

Die Sichtweise ist nachvollziehbar, hat aber einen großen Nachteil: Wer so vorgeht, fühlt sich nicht ausreichend in die Gedankenwelt seiner Kunden ein und kann nicht erkennen, was seine Kunden wirklich wollen und brauchen. Deshalb kann er das konkrete Kundenproblem nicht ansprechen, er bleibt pauschal. »Die Mittelständler bräuchten dringend eine gute Digitalisierungsstrategie«, fordert er. Oder er kommt zu dem Schluss, »die Betriebe sollten unbedingt Big Data ins Controlling integrieren«. Oder: »Die Konzerne bräuchten dringend wendigere Strukturen, um Rapid Prototyping umzusetzen.«

Könnten, bräuchten, sollten — das sind die Kategorien, in denen häufig argumentiert wird. Einem Ratsuchenden hilft das wenig. Auch wirkt es alles andere als attraktiv. Nichts ist unattraktiver als jemand, der sich nicht in die Situation seines Gegenübers einfühlt.

Wo aber die Attraktivität fehlt, entsteht auch kein Sog. Das macht es schwer, neue Aufträge zu erhalten. Oft bleibt nur noch der Weg, durch Push-Marketing quasi gewaltsam in den Markt einzudringen. In diesem Fall benötigt der Berater einen aggressiven Vertrieb, muss kalt akquirieren und potenziellen Kunden seinen Kontakt geradezu aufzwingen. Nach einem langen und zähen Prozess kommt er doch noch mit Interessenten ins Gespräch und lernt deren konkretes Problem kennen. Vielleicht.

Am Ende ist es einfacher und effektiver, sich von vornherein in die Denkwelt der Zielgruppe einzufühlen. Die Grundidee lautet also: Befassen Sie sich nicht mit dem, was der Kunde könnte, bräuchte oder sollte — sondern mit dem, was er tatsächlich will und braucht.

Damit nähern wir uns einer ziemlich ungewöhnlichen Zielgruppendefinition: Ihre Zielgruppe besteht aus den Menschen, in die Sie sich einfühlen können und auf die Sie anziehend wirken. Anziehend wirken Sie dann auf Ihre Kunden,

→ deren Werte und Denkweisen Ihren eigenen ähnlich sind (Stichwort »Wertemagnet«) und

→ deren konkretes Problem Sie kennen, von denen Sie also wissen, was sie tatsächlich wollen und brauchen.

Die Beschäftigung mit der Zielgruppe sollte darauf ausgerichtet sein, diesen speziellen Personenkreis zu identifizieren und verstehen zu lernen. Die üblichen Zielgruppendefinitionen greifen da zu kurz. Es genügt nicht, die Zielgruppe nach Kriterien wie Branchen, Unternehmensgröße oder Region einzugrenzen. Ausgehend von der klassischen Definition nehmen wir daher im Folgenden eine tiefer gehende Differenzierung vor.

Klassische Zielgruppendefinition

Wenn Berater ihre Zielgruppe definieren, greifen sie in der Regel auf die klassischen Kriterien zurück — Branche, Unternehmensgröße, Region und vielleicht noch die Entscheiderebene. Das Ergebnis sind dann sachliche Definitionen etwa in der Art:

→ »Wir beraten mittelständische Unternehmen im Maschinenbau, beschränken uns dabei auf Süddeutschland. Unsere Ansprechpartner sind in der Geschäftsführung.«

→ »Wir sind in der Automotive-Branche tätig, speziell für die großen OEMs, und das in ganz Europa. Unsere Ansprechpartner sind auf der Bereichsleitungsebene angesiedelt.«

Vermutlich haben Sie Ihre Zielgruppe bereits auf ähnliche Weise eingegrenzt. Wenn wir jetzt tiefer in das Thema »Zielgruppe« einsteigen, bildet diese klassische Zielgruppendefinition die Grundlage. Es kann daher sinnvoll sein, die sachliche Definition noch einmal zu überprüfen und gegebenenfalls zu präzisieren.

Zunächst fragen Sie nach der **Branche**, für die Sie mit Ihrem Unternehmen tätig sein wollen. Viele Beratungen haben ihre Zielgruppe eng definiert, arbeiten zum Beispiel speziell für den Werkzeugmaschinenbau, für Autozulieferer oder Krankenhäuser. Andere sind breiter aufgestellt und für den Maschinenbau, die Autoindustrie oder die Gesundheitsbranche insgesamt tätig. Wieder andere beraten die ganze Industrie oder im Extremfall auch alle Branchen.

Die möglichen Varianten lassen sich mit dem Bild eines Schiebereglers beschreiben (siehe Abbildung 4.2). Eine Position ganz links zeigt eine breite Aufstellung an; das Beratungsunternehmen ist für alle Branchen tätig. Je weiter der Regler nach rechts geschoben wird, desto enger ist das Unternehmen auf eine Branche oder Teilbranche spezialisiert. Überlegen Sie, wo der Schieber im Falle Ihres Unternehmens steht.

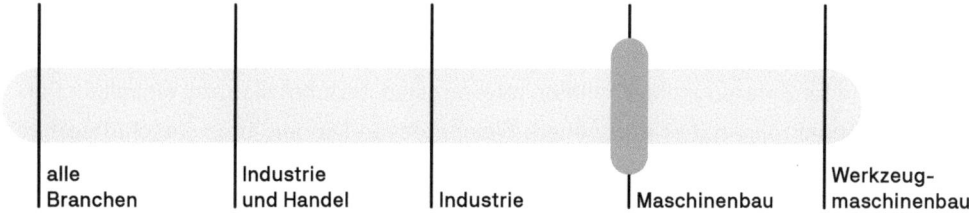

| alle Branchen | Industrie und Handel | Industrie | Maschinenbau | Werkzeug- maschinenbau |

Abbildung 4.2: Zwischen breiter Aufstellung und enger Branchenspezialisierung: Beispiel eines Branchen-Schiebereglers.

Im zweiten Schritt bestimmen Sie die **Größe der Unternehmen**, für die Sie tätig sein wollen. Kriterien können die Mitarbeiterzahl oder der Umsatz sein, also zum Beispiel eine harte Definition wie »Unternehmen bis 300 Mitarbeiter«. Möglich sind aber auch weiche Kriterien wie etwa »gefühlte Mittelständler«. Diese Angabe schließt auch Konzerntöchter ein, deren Kultur der eines Mittelständlers gleicht.

Wollen Sie regional beschränkt arbeiten? In ganz Deutschland? In Deutschland, Österreich, der Schweiz? In Europa, Osteuropa, weltweit? Im dritten Schritt legen Sie die **Regionen** fest, in denen Ihre Kundenunternehmen sitzen.

Schließlich fragen Sie nach der **Entscheiderebene**, die Sie mit Ihrem Angebot erreichen wollen. Wo im Unternehmen sitzen die Entscheider, die über eine Beauftragung befinden? Bei Mittelständlern ist das in der Regel die Geschäftsführung, bei großen Unternehmen kann es die Vorstands- oder Bereichsleiterebene sein.

Relevante Personenkreise

Nur wenige Berater gehen über diese vertrauten Gefilde der klassischen Definition hinaus. Dabei wird es erst jetzt richtig spannend und erkenntnisreich, wenn wir weiter nach Untergruppen differenzieren und dann in die Psychografie der Zielgruppe einsteigen.

Neben den Entscheidern gibt es weitere Personengruppen, die bei der Definition der Zielgruppe zum Teil leicht übersehen werden, für das Geschäft aber wichtig sind. Das können Mittler, Gegner, Vetomächte, Multiplikatoren und öffentliche Zielgruppen sein.

Die Tabelle (Abbildung 4.3) bietet eine Übersicht über die Teilzielgruppen, die für Beratungsunternehmen relevant sind. Es lohnt sich, die einzelnen Personenkreise näher anzusehen. Welche davon können Ihren Geschäftserfolg beeinflussen? Auf welche Weise?

An erster Stelle steht, ganz klar, der **Entscheider**. Er verfügt über das Budget und entscheidet über die Beauftragung. Im mittelständischen Unternehmen ist das meist der Geschäftsführer, im Konzern der Bereichsleiter. Selbst wenn Sie in erster Linie mit anderen Ansprechpartnern zu tun haben, bleibt letztlich der Entscheider maßgeblich für den Erfolg. Er zählt daher in jedem Fall zu den relevanten Personenkreisen.

Manche Berater erhalten ihre Aufträge fast immer über einen **Mittler**. Häufig führen Verkaufsberater ihre ersten Gespräche mit dem Verkaufsleiter, der den Auftrag selbst nicht erteilen kann, aber den Berater mit auswählt und empfiehlt. Doch nicht immer liegen die Dinge so eindeutig. Typisches Beispiel: Ein großes mittelständisches Unternehmen plant eine umfassende Reorganisation. Der Geschäftsführer ist der Entscheider, bittet jedoch seinen Per-

Zielgruppe	Leitfrage	Beschreibung
Entscheider	Wer hat das Budget?	Personen oder Personengruppen, die über das Budget verfügen (»Budget-Holder«) und den Beratungsauftrag erteilen.
Mittler	Wer wählt mich mit aus?	Mitarbeiter im Unternehmen (zum Beispiel Personalchefs), die Berater auswählen und empfehlen, aber nicht selbst über die Beauftragung entscheiden.
Gegner	Wer hat etwas gegen mich?	Mitarbeiter im Unternehmen (zum Beispiel Betroffene einer Restrukturierung), die das geplante Projekt ablehnen.
Multiplikatoren	Wer empfiehlt mich vielen Entscheidern und Mittlern?	Einflussreiche Personen, die das Beratungsunternehmen empfehlen können (zum Beispiel Banker, Vertreter von Verbänden et cetera).
		Relevante Personen, die als Teil ihrer Tätigkeit immer wieder Berater empfehlen (zum Beispiel Personen bei Banken, Sparkassen, Private-Equity-Unternehmen, großen Beratungsgesellschaften, Wirtschaftsprüfungen oder Steuerberatungen).
Öffentliche Zielgruppen	Wer beeinflusst maßgeblich die öffentliche Meinung über mich?	Meinungsbildner (Medien, Journalisten, öffentlich auftretende Persönlichkeiten), die die öffentliche Meinung über das Beratungsunternehmen beeinflussen.

Abbildung 4.3: Teilzielgruppen eines Beratungsunternehmens

sonalchef, sich um die Auswahl eines geeigneten Beraters zu kümmern. Der Personalchef wird damit zum Mittler.

Überlegen Sie also, wer Ihre Mittlerzielgruppen sind. Wer wählt Sie mit aus? Wer ruft Sie an, wenn es um neue Aufträge geht? Wer hat in der Vergangenheit die Beauftragung beeinflusst? War es allein der Geschäftsführer, also der Entscheider, oder eine andere Person, etwa der Personalchef, der Verkaufsleiter oder die Chefsekretärin?

Die **Vetomächte** — das sind Personen, die einen Beratungsauftrag zwar nicht erteilen, jedoch wirksam ablehnen können. Eine typische Vetomacht ist zum Beispiel die HR-Abteilung. Sie hat nicht die Kompetenz, eine Kaufentscheidung zu treffen, ihr Nein wiegt jedoch sehr stark. Eine Vetomacht kann in manchen Projekten auch der Betriebsrat sein.

Veränderungen haben stets auch ihre **Gegner**. Deshalb haben Unternehmensberater, die ja für Veränderungen ins Unternehmen geholt werden, meist dort auch Gegner. Wenn eine Beratung zum Beispiel für harte Personalschnitte bekannt ist, bringt sie schnell die Leiter der betroffenen Bereiche oder Abteilungen gegen sich auf.

Multiplikatoren können mit einer Empfehlung oder einem negativen Urteil den Erfolg eines Beratungsunternehmens erheblich beeinflussen. Sie agieren im Hintergrund, sind aber in der Lage, auf eine Entscheider- oder Mittlerzielgruppe maßgeblich einzuwirken. Typisches Beispiel ist der Firmenkundenberater einer Bank, der seinen mittelständischen Kunden ein bestimmtes Beratungsunternehmen empfiehlt.

Ein Multiplikator ist auch der Verbandspräsident, der im vertraulichen Unternehmergespräch eine Beratung »ganz toll« findet — oder eben meint, dass man von ihr »eher Schlechtes« höre und »nicht so ganz zufrieden« sei. Auch Private-Equity-Gesellschaften, Wirtschaftsprüfer, Steuerberater oder Rechtsanwaltskanzleien haben häufig Kontakt zu Unternehmen mit Beratungsbedarf und können deshalb Multiplikator sein.

Eine wichtige Rolle spielen auch **öffentliche Zielgruppen**. Sie können eine »öffentliche Meinung« über Ihr Unternehmen erzeugen und dadurch das Image und den langfristigen Erfolg erheblich beeinflussen. Zu diesen Meinungsbildnern zählen Medien wie Fernsehen, Magazine, Tageszeitungen, Fachzeitschriften und Online-Plattformen. Aber auch bekannte Experten, Politiker oder Branchenvertreter können das Image Ihres Unternehmens beeinflussen: Ein renommierter Wissenschaftler erwähnt Ihr Unternehmen beispielhaft in seinem Fachbeitrag, ein bekannter Politiker spricht auf dem Kundentag Ihres Unternehmens, ein Verbandspräsident besucht bei seinem offiziellen Messerundgang den Stand Ihres Beratungsunternehmens.

Was wäre nun der Idealfall? Klar: Ihre Entscheider und Mittler denken an Sie, wenn ein Beratungsbedarf entsteht. Die Vetomächte sind Ihnen gewogen, die Gegner halten sich zurück. Einige einflussreiche Multiplikatoren schätzen Ihre Arbeit und bringen Sie immer wieder ins Spiel. Zudem bestehen gute Kontakte zu Redakteuren wichtiger Medien, die gerne über Ihre Projekte berichten.

Wer sich dieser Vorstellung annähern möchte, muss tiefer in die Welt der einzelnen Teilzielgruppen eintauchen.

Zielgruppen-Psychografie

Grundsätzlich kann ein Unternehmensberater nur auf Menschen anziehend wirken, nicht auf Unternehmen oder Branchen. Er kann also nicht für Siemens oder BMW attraktiv sein — wohl aber für einen bestimmten Typus von Entscheider, der bei Siemens oder BMW eine Position einnimmt. Der Kunde ist immer der Mensch. Alle Aktivitäten in Vertrieb oder Marketing sollten sich daher stets an Menschen richten, niemals an Unternehmen.

Mit Blick auf das Geschäftsmodell und die Zielgruppe stellt sich daher die Frage:»Welche Menschen ziehe ich an, welche nicht?« Die Antwort kennen Sie, man kann sie nicht oft genug wiederholen: Sie ziehen die Menschen an, die gut zu Ihnen passen — die Ihren Werten, Ihrer Gedankenwelt, auch Ihrer Arbeitsphilosophie nahestehen. Zugleich sind es die Leute, mit denen sie später gerne arbeiten möchten.

Es lohnt sich also, genau hinzuschauen, wie diese Wunschpersonen ticken. Wie leben sie? Was denken sie? Was bewegt sie? Um diese Fragen zu beantworten, schlüpfen Sie in ihre Schuhe und befassen sich mit ihrer Psychografie. So lernen Sie die Probleme dieser Menschen verstehen und sind in der Lage, sie richtig anzusprechen. Ihr Wertemagnet fängt an zu wirken.

Die folgenden Ausführungen und Übungen helfen, diese psychografischen Informationen zu erarbeiten. Spielen Sie die Übungen für alle Teilzielgruppen durch, die für Ihr Geschäft wichtig sind. Hierzu zählen in jedem Fall die Entscheider, meistens auch die Mittler. Wenn Sie Ihre Entscheider häufig auf dem Umweg über die Personalabteilung erreichen, befassen Sie sich eher mit der Psychografie der Personalleiter und der Entscheider. Spielen für Ihr Geschäft auch Multiplikatoren eine wichtige Rolle, nehmen Sie auch diese Gruppe noch hinzu.

Strategie oder Vertriebstaktik?

Unterscheiden Sie zwischen Strategie und Vertriebstaktik. Vertriebstaktik heißt: Sie haben einen ganz bestimmten Multiplikator oder Entscheider im Blick, den Sie gewinnen möchten. Vielleicht wollen Sie unbedingt VW als Kunden haben. Also müssen Sie einen bestimmten Entscheider überzeugen, der möglicherweise auch anders tickt als Ihre idealen Kunden. Dann stellen Sie sich speziell auf diesen VW-Entscheider ein. Das ist Vertriebstaktik und hat nichts mit Strategie zu tun.

Anders bei der Entwicklung Ihres Geschäftsmodells. Da geht es um Strategie. Sie haben Teilzielgruppen wie Entscheider, Mittler oder Multiplikatoren definiert, die jeweils aus einer großen Zahl an Personen bestehen. Nun fragen sie: »Welche Art von Entscheidern, Mittlern und Multiplikatoren möchte ich für mein Geschäft gewinnen? Wie sollen sie ticken?«

Für Ihr Geschäft sind Beteiligungsgesellschaften wichtige Multiplikatoren und damit eine relevante Teilzielgruppe? Dann haben Sie es in Deutschland mit einem Kreis von vielleicht 160 interessanten Personen zu tun. Aber die ticken nicht alle gleich. Die Frage ist jetzt, welche von den 160 Personen Sie anziehen und als Multiplikator gewinnen möchten. Dazu müssen Sie diesen Personentyp genau kennen — Sie benötigen dessen Psychografie.

Um ein detailliertes Persönlichkeitsbild Ihres Wunsch-Entscheiders oder Wunsch-Mittlers zu erhalten, hat sich ein Vorgehen in zwei Stufen bewährt. Zunächst erkunden Sie seine persönlichen Vorlieben, dann seine geschäftlichen Beweggründe.

Persönliche Vorlieben

Wählen Sie aus den relevanten Personenkreisen jeweils eine Wunschperson aus, in die Sie sich hineinversetzen. Das kann eine reale Person sein, die Sie kennen, oder ein idealer Vertreter der Gruppe, den Sie in Gedanken vor sich sehen.

Stellen Sie sich zum Beispiel den Entscheider Ihres Lieblingskunden vor. Notieren Sie dessen Namen, Position, Funktion und beruflichen Werdegang — und beantworten Sie folgende Fragen:

→ Wie heißt er oder sie?

→ Wie alt ist er?

→ Wie lautet sein Lebensmotto?

→ Welches Temperament hat er?

→ Welche Wertvorstellungen hat er?

→ Wovor hat er Angst?

→ Welche privaten Aktivitäten begeistern ihn?

→ Wie kleidet er sich?

→ Wie geht er?

→ Wie spricht er?

→ Welche Umgangsformen pflegt er?

→ Welche Gewohnheiten sind für ihn typisch?

→ Was liest er?

→ Wo und wie wohnt er?

→ Welches Auto fährt er?

→ Welche Musik hört er?

→ Wie verbringt er seine Mittagspause?

→ Was macht er am Freitagabend, was am Wochenende?

Anhand der Antworten erkennen Sie die wesentlichen Eigenschaften, die diese Person ausmachen. Sie erhalten ein ziemlich konkretes Bild Ihres typischen Entscheiders. Damit verfügen Sie zugleich auch über eine Definition Ihrer gesamten Entscheider-Zielgruppe.

Wiederholen Sie das Spiel für die Mittler und gegebenenfalls weitere relevante Personenkreise.

Geschäftliche Beweggründe

Nun fehlen noch die geschäftlichen Beweggründe, um das Zielgruppenbild zu vervollständigen. Greifen Sie wieder auf die ausgewählten Vertreter aus den relevanten Personenkreisen zurück; fühlen Sie sich wieder in deren Denkwelt ein. Und überlegen Sie: Welche Tätigkeiten bereiten diesen Personen Freude, wann sind sie Personen im Flow? Was hingegen bereitet ihnen Sorgen, welche Leidensdruckthemen treiben sie um? Um Antworten zu finden, helfen die folgenden drei Übungen.

Übung 1: **Abends an der Bar**

Mit dieser Übung kommen Sie den Leidensdruckthemen Ihrer Zielgruppe auf die Spur. Das ist ein sehr lohnendes Unterfangen: Wenn Sie nämlich ein gutes Gefühl für die »Schmerzpunkte« Ihrer Kunden entwickeln, können Sie Angebot und Marketing genau hierauf ausrichten. Das macht Sie ausgesprochen attraktiv.

Stellen Sie sich vor, es ist abends an der Bar. Der Entscheider Ihres Lieblingskunden, Geschäftsführer eines mittelständischen Maschinenbauers, trinkt ein Bier. Ein Kollege gesellt sich zu ihm. Man kennt sich, kommt schnell ins Gespräch. Als stiller Beobachter wollen Sie herausfinden, was die beiden Geschäftsführer bewegt.

Da sagt der eine: »Mit dieser Digitalisierung — ehrlich gesagt weiß ich nicht, was ich machen soll. Ich höre hier dies und da das. Am Ende ist man doch ratlos.« Es wird später am Abend, nach drei weiteren Runden Bier wird der Ton deutlicher: »Diese Scheißdigitalisierung! Am Ende weiß doch keiner so recht, wo's langgeht. Eigentlich müsste man einfach mal anfangen.«

Interessant! Zunächst zeigten sich die Geschäftsführer beim Thema Digitalisierung ratlos. Später meinte einer von ihnen, man müsse bei diesem

Thema endlich anfangen. Mit anderen Worten: Was ihn beschäftigt, ist der erste Schritt. Er möchte gerne eine konkrete Idee haben, was er jetzt tun muss. Genau darin liegt das Problem, auf das er eine Antwort möchte.

Spielen Sie die Übung mit den anderen Personenkreisen durch, die für Ihr Geschäft wichtig sind. Worüber unterhalten sich beispielsweise zwei Betriebsräte beim dritten oder vierten Bier? »So langsam müssen wir uns warm anziehen. Wenn ich sehe, was in der Branche abgeht, wird es bald auch uns treffen«, sagt dann vielleicht der eine — und sein Kollege nickt: »Der Müller ist ja eh ein harter Hund.« Im Laufe des Abends wird klar, was die beiden wirklich umtreibt: der drohende Mitarbeiterabbau durch Digitalisierung.

Übung 2: **Flow-Moment**

Um sich ein Bild Ihres Wunschkunden zu verschaffen, sollten Sie nicht nur seine Leidensdruckthemen kennen. Sie sollten auch wissen, wofür er sich begeistert. Greifen Sie wieder auf Ihre typischen Zielgruppen-Vertreter zurück. Was macht der Geschäftsführer Ihres Lieblingskunden leidenschaftlich gerne? Fühlen Sie sich in ihn ein. Notieren Sie die Tätigkeiten und Situationen, in denen er in seiner Arbeit aufgeht und seine Flow-Momente erlebt.

Übung 3: **Liste von Motiven**

Eine dritte Übung hilft, das Persönlichkeitsbild Ihres Wunschentscheiders oder Wunschmittlers weiter zu präzisieren: Wir fragen nach seinen inneren Antreibern und Motiven. Dazu greifen wir auf eine Auswahl der Lebensmotive aus dem Reiss-Profil zurück (siehe Abbildung 4.4). Anhand empirischer Studien hatte der amerikanische Psychologie-Professor Steven Reiss in den 1990er-Jahren sechzehn Lebensmotive ausgemacht, die einen Menschen prägen können.[3] Ein Motiv kann je nach Persönlichkeit im Durchschnitt liegen, aber auch besonders stark oder besonders schwach ausgeprägt sein.

Versetzen Sie sich wieder in Ihren typischen Entscheider und überlegen Sie, wie die verschiedenen Motive bei ihm ausgeprägt sind. Hat er zum Beispiel ein stark ausgeprägtes Machtbedürfnis? Wie wichtig ist ihm Unabhängigkeit? Ist sein Neugier-Motiv sehr ausgeprägt, forscht er also gerne selbst — oder ist Wissen für ihn eher Mittel zum Zweck? Sehen wir uns die Motive etwas genauer an:

---

[3] Siehe Frauke Ion, Markus Brand: Motivorientiertes Führen. Gabal, 2009.

Macht. Menschen mit stark ausgeprägtem Machtmotiv wollen Führung übernehmen, oft auch inhaltlich. Sie treffen gerne selbst Entscheidungen. Wenn das Machtmotiv gering ausgeprägt ist, möchten sie dagegen eher ihrer Organisation dienen. Eine schwache Machtausprägung kann durchaus auch bei Unternehmern oder Bereichsleitern vorkommen. Sie möchten dann keine besondere Machtposition einnehmen, sondern einfach gute Arbeit leisten.

Unabhängigkeit. Sehr unabhängigkeitsorientierte Entscheider wollen möglichst autark handeln. Sie möchten nicht von ihren Teams abhängig sein, sondern eigenständig agieren. Oft sind es Einzelgänger, die stets auf Freiraum bedacht sind. Ihnen gegenüber stehen auf der anderen Seite der Skala sehr teamorientierte Führungskräfte, die eng mit ihrem Team zusammenarbeiten und Wert auf gemeinsame Entscheidungen legen.

Neugier. Manche Entscheider sind von Wissensdurst und Neugier getrieben. Klassischerweise findet man sie in Ingenieursfirmen oder im Maschinenbau, wo sie aus einer Fachposition heraus zum Bereichsleiter, Vorstand oder Geschäftsführer aufgestiegen sind. Die Neugier hat sie nicht verlassen: Nach wie vor vertiefen sie sich in ihr Fachgebiet und entwickeln Ideen, um Produkte zu verbessern oder etwas ganz Neues zu entwickeln. Im Unterschied dazu sind Menschen mit geringer Neugier-Ausprägung pragmatisch und umsetzungsorientiert. Wissen ist für sie Mittel zum Zweck.

Anerkennung. Menschen mit hohem Anerkennungs-Motiv ziehen ihre Selbstsicherheit aus dem Feedback anderer. Sie sind ehrgeizig, reagieren aber sensibel, wenn sie die erwartete Anerkennung nicht erhalten. Anderen ist das relativ egal; sie benötigen für ihr Selbstbewusstsein keine Anerkennung. Das macht sie selbstsicher und kritikfähig.

Ordnung. Ordnungsorientierte Entscheider legen großen Wert auf Struktur. Prozesse und Abläufe sind exakt geregelt und beschrieben; die Mitarbeiter sind auf Pünktlichkeit getrimmt und halten sich an die Regeln. Von einem Berater erwarten sie ebenfalls ein solides und strukturiertes Vorgehen. Ganz anders die Entscheider mit einem gering ausgeprägten Ordnungsmotiv: Starr vorgegebene Prozesse sind ihnen ein Gräuel. Sie agieren lieber offen und pragmatisch, entscheiden gerne aus dem Bauch heraus. Von einem Berater erwarten sie eine ähnlich flexible Herangehensweise.

Sparsamkeit. Manche Menschen sind per se sparsam. Wer als Berater mit ihnen zu tun hat, sollte das wissen und berücksichtigen. Denn völlig unab-

gering ausgeprägt	Motiv	stark ausgeprägt
dienstleistungsorientiert, dienend	Macht	führend, entscheidend
teamorientiert	Unabhängigkeit	unabhängig, autark
pragmatisch, umsetzungsorientiert	Neugier	wissbegierig, intellektuell
selbstsicher, kritikfähig	Anerkennung	ehrgeizig, sensibel
flexibel, spontan	Ordnung	planvoll, organisiert
großzügig, gebend	Sparsamkeit	sparsam, bewahrend
ziel-und zweckorientiert	Ehre	prinzipientreu, loyal
realistisch, pragmatisch	Idealismus	idealistisch, humanitär engagiert
zurückgezogen, Nähe vermeidend	Beziehungen	gesellig, kontaktfreudig
bescheiden, unauffällig	Status	sich abhebend, elitär
harmonieorientiert, ausgleichend	Rache / Kampf	wettbewerbsorientiert, kämpferisch
nüchtern, ohne Stilgefühl	Sinn für Ästhetik	sinnlich, ästhetisch

Abbildung 4.4: Motive angelehnt an Steven Reiss: Die einzelnen Motive sind bei jedem Menschen unterschiedlich ausgeprägt

hängig davon, ob die Beratungsleistung einen hohen Nutzen für den Kunden hat: Ein solcher Entscheider kann seinen Hang zur Sparsamkeit nicht einfach ablegen. Er wird immer versuchen, Kosten zu sparen und das Honorar noch ein bisschen herunterzuhandeln.

Ehre. Ein stark ausgeprägtes Ehrmotiv charakterisiert Menschen, die großen Wert auf Prinzipien und Haltung legen. Stichwort ist hier der ehrbare Kaufmann. Der Gegenpol dazu sind die ziel- und zweckorientierten Entscheider. Für sie hat das Erreichen der Ziele Priorität. Notfalls heiligt der Zweck die Mittel.

Idealismus. Idealistisch geprägte Menschen engagieren sich humanitär und verbinden unternehmerische Ziele mit ideellen Vorstellungen. Ihnen gegenüber stehen die pragmatisch agierenden Manager, die eher nüchtern auf die Ungerechtigkeiten der Welt blicken.

Beziehungen. Menschen mit starkem Beziehungsmotiv sind gesellig; sie pflegen vielfältige Kontakte und sind dementsprechend sozial kompetent. Den Gegenpol bilden Menschen, die sich gerne zurückziehen und unnötige Kontakte oder Smalltalk meiden.

Status. Statusorientierte Menschen möchten sich durch ihren Status abheben und signalisieren das über Symbole wie Titel, Auto oder Kleidung. Andere lässt das gleichgültig. Von Statussymbolen sind sie unbeeindruckt; auch selbst bleiben sie eher unauffällig.

Rache/Kampf. Menschen mit einem stark ausgeprägten Rache- oder Kampfmotiv haben Freude am Wettbewerb; sie messen sich gerne mit anderen, wollen besser sein. Konkurrenz spornt sie an. Ihnen gegenüber stehen Menschen, die auf Harmonie und Ausgleich bedacht sind. Sie tendieren dazu, Konflikte zu vermeiden, zu schlichten oder Kompromisse zu suchen.

Ästhetik. Steven Reiss nennt das Motiv »Eros«, wir nennen es mit Blick auf die Beweggründe der Entscheider »Ästhetik«. Es gibt Menschen, die sehr großen Wert auf feines Aussehen oder Dinge wie eine schöne Uhr, schöne Schuhe oder schönes Papier legen. Der Antrieb dafür ist nicht das Status-Motiv, sondern ein besonderer Sinn für Ästhetik. Andere sehen das nüchterner: Eine Uhr ist eine Uhr, Hauptsache sie funktioniert. Ein Entscheider mit Sinn für Ästhetik weiß ein Angebot auf einem edlen Papier zu schätzen — andere nehmen das besondere Papier erst gar nicht wahr.

Realitätstest für die Zielgruppe

Zusammenfassend bleibt festzuhalten: Zunächst haben Sie die Zielgruppe sachlich abgegrenzt, nach Branchen, Regionen und Unternehmensgröße. Je nach Angebot kann die Definition sehr eng, aber auch sehr breit gefasst sein. Im zweiten Schritt haben Sie die Personenkreise ausgemacht, die für Ihr Geschäft relevant sind. Neben den Entscheidern und Mittlern zählen hierzu unter Umständen auch Multiplikatoren, Gegner und Vetomächte.

Im dritten Schritt sind Sie in die Psychografie der Zielgruppe eingestiegen. Für die wichtigsten Personenkreise, also vor allem für die Entscheider und Mittler, haben Sie überlegt: Welche Art von Person möchte ich für mein Geschäft gewinnen? Mit welchem Typ von Entscheider oder Mittler möchte ich zusammenarbeiten? Welche Eigenschaften soll er besitzen, welche Motive sollen ihn antreiben? Mithilfe einer Reihe von Übungen haben Sie sich ein genaues Bild von seiner Persönlichkeit erarbeitet. Damit verfügen Sie über eine detaillierte und tiefgehende Beschreibung der Teilzielgruppen, die für Ihr Geschäft relevant sind.

Nun bietet es sich an, das Ergebnis durch einen Realitätscheck abzusichern. Treffen Sie sich hierzu mit Vertretern der relevanten Personenkreise. Fragen Sie zum Beispiel einen Geschäftsführer, zu dem Sie ein freundschaftliches Verhältnis haben: »Worüber würdest du heute Abend an der Bar sprechen, wenn du dort einen Kollegen triffst?« Oder: »Was sind bei deiner Arbeit die Momente, die dich glücklich machen?«

Diese Gespräche können sehr nützlich sein. Das Bild Ihrer Zielgruppe wird dadurch bestätigt und vervollständigt, vielleicht auch in einigen Details korrigiert. Zugleich stärken diese Treffen die Bindung zu bestehenden Kunden.

Die persönliche Rolle

Ein Geschäftsmodell hat im Kern die Aufgabe, Antwort auf eine einfache Frage zu geben: »Mit wem verdiene ich wie und womit mein Geld?« Dem ersten Teil der Frage widmete sich die Zielgruppenklärung. Nachdem Sie ein klares Bild Ihres Entscheiders gewonnen haben, geht es im zweiten Baustein des Geschäftsmodells um die Frage nach dem Wie — also die Frage, wie Sie dem Entscheider gegenübertreten.

Gemeint ist die persönliche Rolle, die Sie einnehmen. Strategisch macht es einen großen Unterschied, ob Sie dem Entscheider als braver Dienstleister, Kumpel, Experte oder Trusted Advisor gegenübertreten. Jede dieser Rollen erfordert andere Verhaltensweisen und hat ihre Konsequenzen. Wie bereits in Kapitel 2 innerhalb des Abschnitts »Der Kunde ist König« kurz ausgeführt, lassen sich die unterschiedlichen persönlichen Rollen anschaulich anhand eines einfachen Diagramms beschreiben, auf das wir im Folgenden noch einmal zurückgreifen (siehe Abbildung 4.5); es ist angelehnt an eine Idee von Alan Weiss.[4]

---

[4] Alan Weiss: Million Dollar Consulting. McGraw-Hill, 2009.

Abbildung 4.5: Mögliche persönliche Rollen eines Beraters

Nach meiner Schätzung fallen etwa ein Viertel der Berater unter die Kategorie des braven Dienstleisters, der eben ordentlich seinen Job macht und sich weder durch besondere Expertise noch durch längerfristige Beziehungen zum Kunden auszeichnet. Etwa 10 Prozent dürften zu den Kumpeln zählen, die zu ihren Kunden gute Beziehungen pflegen, fachlich aber weniger überzeugend sind. Die weitaus meisten Berater, etwa 60 Prozent, positionieren sich als Experte; sie sind fachlich anerkannt, haben aber nur eine insgesamt eher lose Beziehung zum Kunden. Mit einem geschätzten Anteil von etwa 5 Prozent ist der Trusted Advisor eher die Ausnahme. Er verfügt sowohl über eine hohe fachliche Anerkennung wie auch eine enge und dauerhafte persönliche Beziehung zu seinen Kunden.

Überlegen Sie, welche Rolle Sie bei Ihren Kunden spielen möchten. Wo in Abbildung 4.5 stehen Sie heute? Wollen Sie dort bleiben? Wenn nicht, wohin möchten Sie sich strategisch entwickeln? Zum Experten oder zum Trusted Advisor?

Der Experte —
hoch anerkannt, jedoch auf seine Schublade festgelegt

Die meisten Berater streben die Rolle des Experten an. Sie konzentrieren sich auf ein klar umrissenes Thema, eigenen sich in ihrem Bereich hervorragende Expertise und Lösungskompetenz an und treten damit durchaus erfolgreich am Markt auf. Wenn ein Kunde genau mit den Schwierigkeiten kämpft, auf die sie spezialisiert sind, stehen sie hoch im Kurs und können auch ein hohes Honorar durchsetzen.

Natürlich pflegt auch ein Experte einen guten Draht zum Kunden, sonst würde er auch kaum engagiert. Im Unterschied zum Trusted Advisor ist die Beziehung jedoch eher kurzfristig angelegt. Sie hat zum Ziel, eine gute und vertrauensvolle Projektabwicklung zu gewährleisten, geht aber selten darüber hinaus. Die Beziehung baut sich besonders intensiv eher zum Projektleiter und Projektteam auf, aber kaum zum Kaufentscheider. Ist das Projekt abgeschlossen, reißt der Faden oft ab. Deshalb kann die für einen Trusted Advisor typische Rolle des persönlichen Ratgebers nicht entstehen: Ein Trusted Advisor legt großen Wert auf einen langfristigen Beziehungsaufbau und erlangt mit der Zeit eine sehr nachhaltige Beziehung. Seine Kunden kommen von sich aus auf ihn zu und fragen ihn um Rat, wenn sie ein neues Problem haben.

Im Unterschied zum Trusted Advisor positioniert sich der Experte im Kopf des Kunden vorwiegend mit seiner Expertise — als Löser eines ganz bestimmten Problems. Ein Entscheider, der mit dem Experten zufrieden war, kommt deshalb in der Regel gar nicht auf die Idee, bei einem anderen Thema bei ihm anzufragen.

Ein typischer Fall: Ein Unternehmen hat einen »Experten für Prozessoptimierung« mit einer strategischen Prozessoptimierung beauftragt. Das Projekt verläuft erfolgreich, der Kunde ist absolut zufrieden. Es vergehen einige Jahre, und wie der Berater durch Zufall erfährt, hat das Unternehmen inzwischen ein Strategieprojekt aufgelegt und dafür nicht einmal bei ihm angefragt. Den Auftrag erhielt eine renommierte Beratungsgesellschaft, obwohl der Optimierungsberater durchaus in der Lage gewesen wäre, das Projekt zu übernehmen.

Fälle wie dieser lassen sich immer wieder beobachten. Im Kopf des Kunden steht der Experte für ein austauschbares Produkt, in diesem Fall also für das Thema Prozessoptimierung. In Erinnerung dabei bleibt nicht, dass dieser Berater Kosten gesenkt, Abläufe beschleunigt oder das Problem X gelöst hat, sondern dass er eben Prozesse optimiert. Er ist und bleibt in der Schublade »Experte für Prozessoptimierung« abgelegt. Wird dann eines Tages ein Berater gebraucht, weil zum Beispiel die Umsätze einbrechen, Kosten gesenkt werden müssen und eine neue Strategie notwendig wird, dann bleibt diese Schublade ziemlich fest geschlossen. Man denkt einfach nicht daran, dieser Optimierungsexperte könnte auch für die aktuellen Probleme der richtige Berater sein.

Wie lässt es sich vermeiden, in eine solche Expertenschublade zu geraten? Die Frage ist es wert, darüber nachzudenken. Sie führt uns zur Rolle des Trusted Advisors.

Der Trusted Advisor — Ratgeber in schwierigen Situationen

Wie der Experte verfügt auch ein Trusted Advisor über eine hohe fachliche Expertise. Weil er aber darüber hinaus enge und langfristig angelegte Beziehungen pflegt, bleibt er beim Kaufentscheider auch nach einem abgeschlossenen Projekt weiterhin präsent. So vermeidet er es, in einer Schublade abgelegt zu werden. Er wird als persönlicher Ratgeber geschätzt, und das unabhängig von den aktuellen Projektthemen. Dem Entscheider sind Nähe und Rat seines Trusted Advisors wichtig.

Der Trusted Advisor hat den Ruf eines sehr kompetenten Ratgebers. Der Entscheider vertraut ihm und zieht ihn zurate, wenn ein neues Problem auftaucht. Er wendet sich auch mit größeren und strategischen Themen an ihn und sucht dann auch frühzeitig dessen persönlichen Rat — und das unabhängig davon, ob er ihm gleich den Auftrag geben möchte.

Eine Stellung mit großen Vorzügen

Angelehnt an das Buch von David Maister[5] lassen sich die besonderen Vorzüge, die mit der Stellung eines Trusted Advisors verbunden sind, wie folgt zusammenfassen:

→ *Der Entscheider fragt um Rat.* Zu einem Trusted Advisor fasst ein Kunde Vertrauen; er macht ihn zu seinem Ratgeber. Das zeigt sich bereits beim Präsentationstermin, der völlig anders verläuft als eine der üblichen Pitch-Veranstaltungen. Denn der Berater versteht es, das Gespräch schnell auf den wirklichen Bedarf des Kunden zu lenken. Zur Sprache kommen dann die drängenden Probleme — was den Kunden veranlasst, auch gleich um Rat zu fragen: »Wie würden Sie an das Problem jetzt herangehen?« Dieses offene, vertrauensvolle Verhältnis setzt sich später beim Beratungsprozess fort.

→ *Der Entscheider folgt den Empfehlungen.* Der Kunde vertraut dem Trusted Advisor und ist deshalb auch bereit, seinen Empfehlungen zu folgen. Das klingt zwar banal, ist aber für einen erfolgreichen Beratungsprozess sehr wichtig.

→ *Der Entscheider konsultiert ihn bei komplexen Fragestellungen.* Wir erinnern uns: Während ein Experte beim Entscheider in der Regel für eine ganz bestimmte Problemlösung steht, ist der Trusted Advisor als Ratgeber fast immer präsent und gerade bei komplexen Fragestellungen erster Ansprechpartner. Der Entscheider wendet sich an ihn und möchte wissen, »wie wir das jetzt angehen«. Klassisch ist zum Beispiel der Wunsch vieler IT-Berater, mehr zu übergeordneten strategischen Themen als zu einzelnen IT-Prozessen gefragt zu werden. Oder der Wunsch von Prozessberatern, eingeschaltet zu werden, bevor Entscheidungen über das Prozessdesign getroffen worden sind. Dahin zu kommen, also frühzeitig eingebunden zu werden, kennzeichnet den Weg vom Experten zum Trusted Advisor.

→ *Der Entscheider zeigt Respekt und Augenhöhe.* Das Verhältnis Kunde zu Berater ist häufig nicht wirklich partnerschaftlich und schon gar nicht auf Augenhöhe. Der Auftraggeber fühlt sich in einer überlegenen Posi-

---

[5] David Maister u. a.: The Trusted Advisor. Free Press, 2001.

tion, schließlich bezahlt er ja seinen Berater; dieser wiederum sieht sich in einer dienenden Funktion. Das typische Kunde-ist-König-Verhältnis. Im Unterschied dazu begegnet der Kunde einem Trusted Advisor respektvoll und auf Augenhöhe.

→ *Der Entscheider kommuniziert offen.* Dem Trusted Advisor gegenüber ist der Kunde freigiebig mit Informationen, denn er möchte ja die bestmögliche Unterstützung. Die Kommunikation zwischen Kunde und Berater läuft insgesamt reibungslos und stressfrei.

→ *Der Entscheider verzeiht Fehler.* Jeder Mensch macht Fehler, auch ein Trusted Advisor. Für ihn ist das aber kein so großes Problem, weil die Beziehungsebene stimmt. Wenn einmal etwas schiefgeht, wird der Entscheider ihm verzeihen.

→ *Der Entscheider protegiert ihn.* Wenn es darauf ankommt, hält der Entscheider seine Hand schützend über den Trusted Advisor. Zum Beispiel setzt er sich intern für ihn ein und setzt ein Projekt auch gegen Widerstände im eigenen Unternehmen durch. Oder er informiert ihn, wenn interne Schwierigkeiten das Projekt gefährden — und nicht erst, wenn es gegen die Wand gefahren ist.

→ *Der Entscheider zahlt pünktlich seine Rechnungen.* Eher ein Detail, aber doch erwähnenswert: Der Kunde achtet darauf, seinen Trusted Advisor pünktlich zu bezahlen. Schließlich kann er ja »seinen Berater« nicht sechs Wochen auf das Geld warten lassen, wie das auch in Konzernstrukturen manchmal üblich ist.

Das klingt sehr attraktiv. Tatsächlich kann es sehr lohnend sein, die Rolle des Trusted Advisors anzustreben. Damit verbunden ist allerdings in der Regel eine grundlegend veränderte Arbeitseinstellung: Der Trusted Advisor stellt die Beziehung zu individuellen Kauf-Entscheidern und deren Ziele und Nutzen in den Vordergrund — lange bevor er an seinen Umsatz und lange bevor er an das nächste Projekt denkt. Ihm ist eine intensive Beziehung mit langfristig verdientem Geld wichtiger als die kurze Beziehung und das schnell verdiente Geld.

Die Grundanforderungen an den Trusted Advisor

Zu allererst hat ein Trusted Advisor seine »Hausaufgaben« gemacht. Er bewegt sich daher auf einem soliden strategischen Fundament. Er hat sich klar positioniert, kann seinen Nutzen in einem Satz formulieren (siehe Kapitel 6), ebenso hat er eine Markenemotion definiert und die Marke etabliert (siehe Kapitel 7). Der Wertemagnet funktioniert und die richtigen Kunden fragen bei ihm an.

Grundlegend ist für den Trusted Advisor der Aufbau von Vertrauen zu seiner Zielgruppe. Das zeigt sich in der Art, wie er auf seine Kunden zugeht, wie er sich auf seiner Webseite präsentiert. Auch über öffentliche Auftritte, Bücher und Vorträge verdient er sich Vertrauen. Seine Präsenz als Meinungsführer eines bestimmten Themas strahlt Kompetenz aus und vermittelt seinen Kunden das Gefühl, ihm vertrauen, sich an ihn anlehnen zu können.

Vertrauen ist dabei etwas, dass Sie sich schrittweise erarbeiten: durch echtes Interesse, einen Ratschlag ohne Berechnung an der richtigen Stelle, die Ablehnung eines Auftrags, weil ihn ein anderer besser ausführen kann. All das sind Investments in jenes wertvolle Gut »Vertrauen«.

Die Haltung: Führen auf Augenhöhe

Bezeichnend für einen Trusted Advisor ist seine Haltung, mit der er dem Kaufentscheider gegenübertritt. Er achtet stets auf Augenhöhe: Der Kunde ist niemals König, aber auch er als Berater ist nicht König. Sowohl bei der Anbahnung als auch im Beratungsprozess selbst verstehen sich beide als gleichberechtigte Partner und bilden sich gemeinsam eine Meinung.

Zugleich übernimmt der Trusted Advisor aber auch eine Führungsrolle, genau das ist ja sein Job als Berater. Seine Rolle ist die des führenden Partners unter Gleichberechtigten. Das ist wie beim Tanzen: Einer führt, einer wird geführt, beide sind gleichberechtigt.

Die Fähigkeit, auf Augenhöhe zu führen, stellt ein Trusted Advisor von Anfang an unter Beweis. Als führender Partner lenkt er den Prozess so, dass sein Gegenüber zu ihm Vertrauen fasst. Im Gegenzug kann sich der Kunde darauf verlassen, dass der Berater den Prozess zu 100 Prozent loyal führt.

Ein Trusted Advisor ist immer seinem Auftraggeber und dessen Nutzen verpflichtet.

Die Haltung des Trusted Advisors kommt vor allem bei seinen Gesprächen mit dem Entscheider zum Ausdruck, in denen nicht er als Berater im Mittelpunkt steht, sondern immer der Kunde. Ein hoher Redeanteil des Gesprächs befasst sich mit den Zielen und Vorstellungen des Entscheiders, mit den Engpässen und Problemen, die ihn bewegen und beschäftigen. Der Trusted Advisor hält sich selbst zurück, spricht eher wenig, führt das Gespräch durch kluges, manchmal auch beharrliches Fragen und Nachfragen.

Ein großes Selbstbewusstsein bestimmt die Haltung eines Trusted Advisor. Er weiß, was er kann und was er alles getan hat, um in seine Position zu kommen. Sein Selbstbewusstsein drückt sich in einer großen inneren Unabhängigkeit aus, die sich etwa so beschreiben lässt: »Ich freue mich, wenn wir miteinander arbeiten. Es ist aber auch nicht schlimm, wenn es nicht der Fall ist.« Diese innere Freiheit ermöglicht es ihm, sich dem Kunden nicht aufzudrängen, sondern sich wirklich auf dessen Nutzen zu fokussieren, auch kritische Fragen zu stellen — und wenn er es für angebracht hält, auch ganz klar seine Meinung zu sagen oder vom Kunden Zugeständnisse einzufordern.

Sein Selbstbewusstsein gibt ihm die Stärke, gelassen in ein erstes Gespräch mit einem potenziellen Kunden zu gehen — ohne Angst davor zu haben, den Auftrag nicht zu erhalten. Vielmehr lässt sich seine Haltung etwa so beschreiben: »Ich kann nie ärmer aus dem Gespräch herausgehen, als ich hineingegangen bin.« Hat er den Auftrag verloren, nutzt er die Chance, um den Entscheider noch einmal zu kontaktieren und nach Gründen zu fragen, um daraus zu lernen.

Der Trusted Advisor ist sich seiner Fähigkeiten und Erfolge bewusst, würde sie aber niemals nach außen kehren. Er hat es nicht nötig, den großen Zampano zu spielen und zum Beispiel damit anzugeben, wie viele Projekte er gerettet oder wie viele Bücher er geschrieben hat. Seine Qualitäten, sein Wissen und seine Erfahrung zeigen sich stattdessen darin, dass er im Gespräch mit dem Entscheider die richtigen Fragen stellt und den Beratungsprozess von Anfang an souverän führt.

Natürlich beherrscht der Trusted Advisor den Umgang mit Statussymbolen. Auch er trägt eine schöne Uhr oder gute Schuhe, muss damit aber nichts beweisen. Er zeigt damit lediglich seine Sensibilität, zu wissen, welche Spielregeln auf der Ebene seines Entscheiders gelten.

Partner ist allein der Kaufentscheider

Der Trusted Advisor achtet darauf, stets der Partner des Kaufentscheiders zu sein und nicht eines Mitarbeiters. Das bedeutet auch, dass er sich im Verkaufsprozess nicht »hinunterdelegieren« lässt. Wenn der Geschäftsführer ihn an den Bereichsleiter weiterreichen möchte, nach dem Motto, »den Rest macht bei uns Herr Müller, sprechen Sie mit dem«, reagiert der Trusted Advisor höflich, aber bestimmt — etwa in dem Tenor: »Es geht hier doch um ein strategisches Thema, für das Sie verantwortlich sind. Herr Müller kann gerne dazukommen. Aber für mich sind Sie mein Ansprechpartner und Entscheider, weil Sie letztlich die Konsequenz tragen müssen.«

Auch während der Projektphase bleibt der Trusted Advisor allein seinem Entscheider verpflichtet und behält die gleichberechtigte Partnerschaft konsequent bei. Wird das Projekt eine Ebene tiefer abgewickelt, besteht er auf regelmäßigen Treffen mit dem Entscheider. So signalisiert er den Mitarbeitern seine Stellung und bezieht zugleich den Entscheider laufend ein.

Die Wahl der richtigen Rolle

Der Trusted Advisor ist eine sehr attraktive Option, aber sicher nicht für jeden Berater die richtige Wahl. Je nach persönlichen Zielen kann auch die Rolle des Experten richtig sein und die angestrebte persönliche Erfüllung bringen.

Es gibt durchaus Berater, die sich in der Expertenrolle sehr wohl fühlen und mit deren Vor- und Nachteilen gut leben können. Möglicherweise wollen sie den Aufwand nicht betreiben, zum Trusted Advisor zu werden, oder dessen Haltung nicht einnehmen. Das ist in Ordnung, wenn man im Gegenzug akzeptiert, viele Vorteile des Trusted Advisors nicht erreichen zu können.

Wer sich als Trusted Advisor positioniert, hört nie auf, zu lernen und an sich selbst zu arbeiten. Er wird mit ständig neuen Herausforderungen konfrontiert. Gemeinsam mit seinen Kunden entwickelt er sich stetig weiter; in der Interaktion mit ihnen gerät er ständig in Situationen bzw. stößt auf Sachverhalte, aus denen er lernen kann. Eine nie endende Reise. Für den, der sie bewusst antritt, kann sie sehr lohnend sein.

Die Tätigkeit

Nach der Klarheit über die Zielgruppe und der Wahl der persönlichen Rolle beim Kunden ist die Tätigkeit der dritte große Baustein des Geschäftsmodells: Mit welcher Arbeitsweise bringt der Berater seine Kunden voran? Es geht an dieser Stelle also noch nicht darum, konkrete Leistungen oder Produkte zu beschreiben, sondern in erster Linie darum, Klarheit über die generelle Arbeitsweise zu erlangen.

Zwei Leitfragen können hierbei helfen, mehr über die Arbeitsweise zu erfahren:

→ Ist die Tätigkeit darauf angelegt, das Problem für den Kunden zu lösen oder eher darauf, dass er lernt, es selbst zu lösen?

→ Welche besonderen Stärken und Fähigkeiten bringt das Beratungsunternehmen in die Kundenbeziehung ein?

Die Antworten auf diese Fragen haben natürlich Folgen für die Tätigkeit des Beraters.

Problemlöser oder Befähiger

Grundsätzlich kann die Arbeitsweise eines Beratungsunternehmens darauf abzielen, das Problem des Kunden entweder zu lösen, oder den Kunden dazu zu befähigen, es selbst zu lösen. Dem amerikanischen Unternehmensberater Alan Weiss folgend[6] gibt es generell diese beiden Interventionsebenen (siehe Abbildung 4.6):

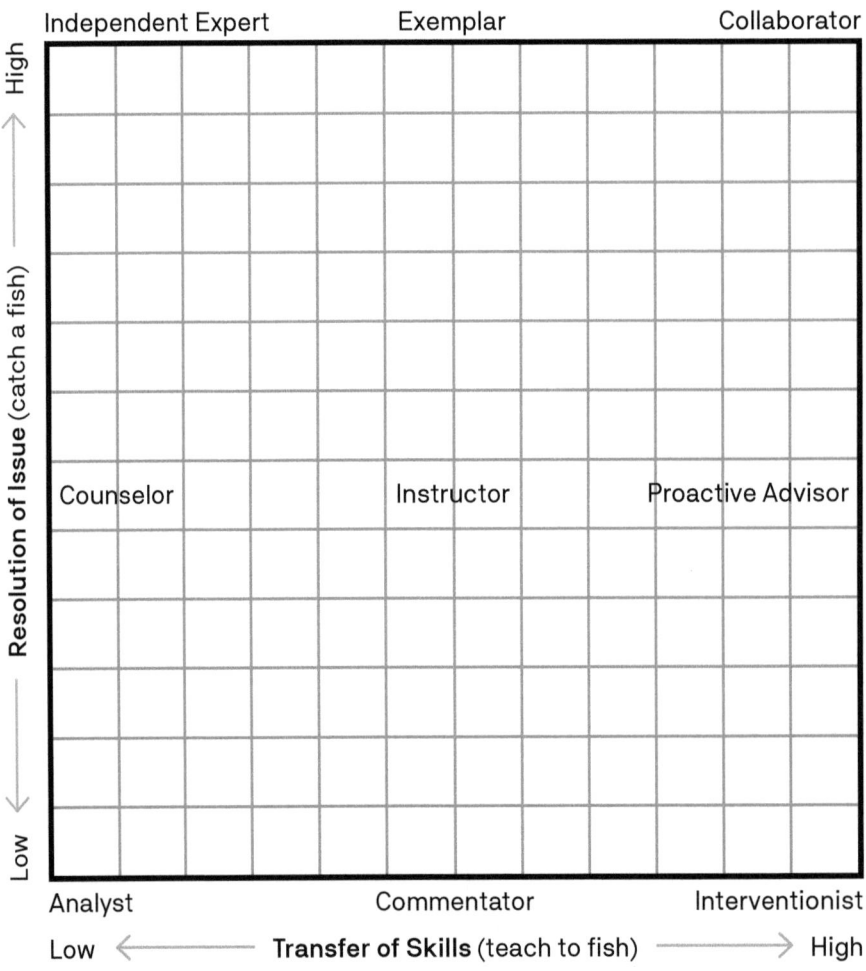

Abbildung 4.6: Interventionsschema nach Alan Weiss
(Quelle: Alan Weiss, Million Dollar Consulting, S. 17)

[6] Alan Weiss: Million Dollar Consulting. McGraw-Hill, 2009.

→ Wir lösen das Problem für den Kunden (»Resolution of Issue«).

→ Wir befähigen den Kunden, das Problem zu lösen (»Transfer of Skills«).

Um es mit einem Bild von Alan Weiss auszudrücken: Im ersten Fall fängt der Berater für den Kunden den Fisch, im zweiten Fall bringt er ihm bei, den Fisch alleine zu fangen. Wie die Abbildung verdeutlicht, können beide Zielrichtungen gleichzeitig verfolgt und unterschiedlich stark ausgeprägt sein.

Das Thema »Problemlösung oder Befähigung« gilt es deutlich abzugrenzen zum zweiten Baustein des Geschäftsmodells. Dort ging es um die persönliche Rolle, die der Berater seinen Kunden gegenüber einnimmt — ob er braver Dienstleister, Kumpel, Experte oder Trusted Advisor sein will. Demgegenüber zielt die Frage nach Problemlösung oder Befähigung auf die Rolle des Beraters in Bezug auf seine Dienstleistung ab.

Vier mögliche Extrempositionen

Ein Berater kann sich mit seiner Dienstleistung im Interventionsschema ganz unterschiedlich positionieren — je nach Intensität, mit der er bei seinem Kunden als Problemlöser oder Befähiger tätig ist. Unterscheiden lassen sich vier Extrempositionen:

Independent Expert (vollständige Problemlösung, keine Befähigung). Der Berater agiert als unabhängiger Experte. Er löst das Problem für den Kunden, vermittelt aber keine Fähigkeiten, mit denen der Kunde das Problem künftig selbst lösen kann. Diese Form der Intervention ist dort richtig, wo der Kunde lediglich am Ergebnis interessiert ist: Er möchte den Fisch haben — wie man ihn fängt, ist ihm egal.

Wann sind Sie ein Independent Expert? Zum Beispiel, wenn Sie für den Kunden die Akquise übernehmen. Er kann das selbst nicht, Sie bringen es ihm auch nicht bei — aber Sie sorgen dafür, dass die Akquise funktioniert. Zwei weitere Beispiele: Sie sind Organisationsberater und reduzieren beim Kunden die Allgemeinkosten. Oder Sie verkürzen als Produktionsberater die Rüstzeiten.

Viele Berater reklamieren für sich diese Rolle des »unabhängigen Experten«. Oft übersehen sie dabei einen Nachteil, der ihr Geschäft erheblich erschweren kann: Weil sie eine klar definierte Leistung zu einem bestimmten Preis anbieten, entsteht eine hohe Vergleichbarkeit mit anderen Beratern.

Wenn es einen günstigeren Konkurrenten gibt, hat ein Kunde wenig Grund, bei seinem bisherigen Berater zu bleiben. Die Rolle des Independent Experts birgt die Gefahr der Austauschbarkeit.

Interventionist (keine Problemlösung, vollständige Befähigung). Dem unabhängigen Experten steht als anderes Extrem der »Interventionist« gegenüber. Der Berater greift ein, ohne das Problem zu lösen: Er befähigt seinen Kunden, es selbst zu tun — er lehrt ihn, den Fisch zu fangen. In diese Kategorie fällt oft der systemische Ansatz, der auf die Hilfe zur Selbsthilfe und die eigenen Ressourcen des Kunden setzt.

Im Unterschied zum unabhängigen Experten tut sich der Interventionist schwer, klare Zielgrößen zu definieren. Er steht vor der Aufgabe, seinem Kunden Lösungsfähigkeiten beizubringen, weiß aber nicht, wie gut dieser Kunde dazu überhaupt in der Lage ist. Der unabhängige Experte weiß, er geht die Schritte A, B und C — und erreicht damit zuverlässig das vereinbarte Ziel. Der Interventionist hingegen hat keine Ahnung, was im Verlauf des Beratungsprozesses auf ihn zukommt und wie gut sein Kunde performt. Deshalb neigt er dazu, auf klar definierte Zielgrößen zu verzichten. Sein Angebot wirkt dadurch oft ziemlich schwammig.

Die unklare Zieldefinition stellt für potenzielle Kunden eine Hemmschwelle dar, die der Interventionist erst einmal überwinden muss. Gelingt ihm das, gereicht ihm der ursprüngliche Nachteil zum Vorteil: Der Kunde fasst Vertrauen und lässt sich auf den Beratungsprozess ein. Es entsteht eine dauerhafte Beziehung. Damit erreicht der Interventionist eine deutlich stabilere Kundenbindung als der unabhängige Experte, der immer seine Austauschbarkeit fürchten muss.

Analyst (keine Problemlösung, keine Befähigung). Der Analyst löst weder das Problem noch befähigt er den Kunden, es selbst zu lösen. Er analysiert lediglich die Lage und erstellt für den Kunden ein Gutachten. Mit der Rolle des Analysten haben große Unternehmensberatungen noch vor einigen Jahren ihren Hauptdeckungsbeitrag erzielt.

Das hat sich grundlegend geändert: Wenn es um die bloße Analyse eines Problems geht, sind Algorithmen und Big Data dem Menschen meist überlegen. Bei vielen Aufgabenstellungen bringt heute schon eine einfache Google-Suche mehr an Ergebnis als früher der Analyst. Gebraucht werden Menschen, um die Analysen zu interpretieren — das jedoch gehört nicht mehr zur Rolle des Analysten.

Collaborator (vollständige Problemlösung, vollständige Befähigung). Dem Analysten steht der »Collaborator« gegenüber. Er löst das Problem und befähigt zugleich den Kunden, es künftig auch selbst zu lösen. Aus Sicht des Kunden könnte das Ergebnis kaum besser sein: Der Berater kommt, erledigt sein Problem und vermittelt ihm zudem die Fähigkeit, die Sache künftig selbst zu regeln. Aus Beratersicht wird die Rolle des Collaborators häufig zwiespältig bewertet. Es besteht die Befürchtung, sich auf diese Weise selbst um künftige Aufträge zu bringen (siehe Kasten).

Das Dilemma
»Deine Zukunft — meine Zukunft«

Folgende Überlegung bereitet vielen Beratern Kopfschmerzen: »Befähige ich den Kunden, die Dinge selbst zu tun, benötigt er hierfür keine Beratung mehr; also bringe ich mich selbst um künftige Aufträge. Halte ich ihn dagegen kurz und löse nur das Problem, braucht er mich auch künftig. Dann jedoch bringe ich ihm einen vergleichsweise geringen Nutzen.«

Ein Dilemma, das kurzfristig nicht auflösbar ist. Was tun?

Begreifen Sie die Beziehung zu einem Entscheider als eine 15-Jahres-Investition. Angenommen der Bereichsleiter eines Konzerns bucht Sie für eine bestimmte Aufgabe. Was passiert, wenn Sie das Problem nicht nur lösen, sondern auch dafür sorgen, dass der Kunde mit dem Problem künftig selbst zurechtkommt? Das Mehr an Leistung baut Vertrauen auf. Gut möglich, dass sich der Entscheider einige Monate später mit einem viel größeren Projekt meldet. Das Vertrauen wächst weiter und damit auch die Chance, dass der Entscheider Sie weiterempfiehlt. Und wenn er nach vier Jahren das Unternehmen wechselt und bei seinem neuen Arbeitgeber Beratungsbedarf vorfindet — wird er Sie dann wieder holen? Wahrscheinlich.

Eine langfristig angelegte Perspektive kann das Dilemma auflösen. Den größeren Erfolg verspricht eine Haltung, die auf möglichst langfristige Umsätze verzichtet und stattdessen den ganzen Lebenszyklus des Kunden in den Blick nimmt.

Positionierung im Interventionsschema

Wo ordnen Sie sich im Interventionsschema ein? Bevor Sie Ihre Position einzeichnen, lohnt sich ein ehrlicher Blick auf die Projekte der letzten Jahre. Wie viele Ressourcen sind in die Problemlösung geflossen, wie viele in den Transfer? Möglicherweise hätten Sie sich spontan als Collaborator eingeordnet. Nun stellen sie fest, dass das so nicht ganz stimmt: Zeit und Aufmerksamkeit konzentrieren sich letztlich doch darauf, die Projekte erfolgreich abzuschließen — und weniger auf die Befähigung der Kunden, das Problem selbst zu lösen.

Wie Abbildung 4.4 zeigt, lassen sich mit dem Interventionsschema auch Zwischenpositionen zu den vier Extremen beschreiben. Daraus ergeben sich unterschiedliche Rollen, die Sie Ihren Kunden gegenüber einnehmen können. Je nach Kundenbedürfnis wird die Intervention mal mehr, mal weniger auf die Problemlösung oder auf die Vermittlung von Fähigkeiten ausgerichtet sein.

Zum Beispiel kann ein Projektmanagement-Berater beim Kunden die Leitung eines Projekts übernehmen und dafür sorgen, dass es planmäßig abgeschlossen wird. In diesem Fall ist er als Independent Expert tätig: Er erledigt das Problem und verabschiedet sich. Denkbar ist aber auch eine Rolle als Proactive Advisor. In diesem Fall unterstützt er den Kunden dabei, ein aktuelles Projekt erfolgreich abzuschließen — er hilft ihm bei der Problemlösung. Gleichzeitig etabliert er im Unternehmen ein Projektmanagement-System und schult künftige Projektleiter. Damit ist der Kunde in der Lage, künftig die Projekte selbst zu managen.

Weitreichende Konsequenzen

Das Interventionsschema wirkt auf den ersten Blick banal. Der eine Berater löst eher die Probleme, der andere setzt mehr auf Hilfe zur Selbsthilfe. Was soll's? Tatsächlich sind mit der Einordnung in das Schema weitreichende Konsequenzen verbunden, über die es sich lohnt nachzudenken.

→ *Auswirkungen auf die Arbeit.* Für Ihre Arbeitsweise macht es einen großen Unterschied, ob Sie mit Ihrem Unternehmen als Problemlöser oder als Befähiger unterwegs sind. Die Vorgehensweise in den Projekten ist eine andere, ebenso die Einteilung der Ressourcen.

→ *Auswirkungen auf die Umsätze.* Hier gilt es abzuwägen: Als reiner Problemlöser können Sie möglicherweise mit weiteren Umsätzen kalkulieren, weil das Problem wiederkommt und der Kunde Sie wieder beauftragt. Andererseits fördert eine stärkere Hilfe zur Selbsthilfe auf längere Sicht den Aufbau von Vertrauen. Daraus können engere Kundenbindungen und zusätzliche Umsatzpotenziale entstehen.

→ *Auswirkung auf das Honorarmodell.* Eine einmalige Problemlösung ist sicher weniger wert als die Befähigung des Kunden, mit dem Problem künftig selbst zurechtzukommen. Je mehr die Befähigung in den Vordergrund rückt, desto weniger sinnvoll ist eine klassische Honorierung nach Tagessätzen. Es entsteht die Notwendigkeit, sich über alternative Honorarmodelle Gedanken zu machen.

→ *Auswirkungen auf das Marketing.* Nicht zuletzt wirkt sich die Position im Interventionsschema auf das Marketing aus. Für den Kunden ist es ein großer Unterschied, ob er einen unabhängigen Experten oder einen Interventionisten bucht. Dementsprechend klar sollte das auch kommuniziert werden.

In welchem Feld bewegen Sie sich mit Ihrem Beratungsgeschäft derzeit? Besteht Ihr Geschäftsmodell darin, für den Kunden die Fische zu fangen — oder eher darin, ihm das Fischfangen beizubringen? Machen Sie sich die Konsequenzen klar. Diskutieren Sie auch mit Ihren Mitinhabern oder Mitberatern, an welcher Stelle im Interventionsschema Ihr Unternehmen steht. Das wirft interessante Fragen für die Zukunft auf!

Stärken und Fähigkeiten

Aus der Position auf dem Interventionsschema ergibt sich bereits ein ziemlich klares Bild von der generellen Tätigkeit Ihres Beratungsunternehmens. Um das Bild zu vervollständigen, fügen Sie nun noch die Besonderheiten hinzu, die Sie in Ihre Kundenbeziehungen einbringen.

Die Leitfrage lautet hier: Welche besonderen Inhalte, Fähigkeiten, Erfahrungen, Verhaltensweisen und Kontakte bringen Sie ein?

Es lohnt sich, die genannten Aspekte einzeln durchzugehen. Auf diese Weise können Sie die Tätigkeit Ihres Unternehmens genauer beschreiben und erhalten zudem eine Ideensammlung, die Sie für das Geschäftsmodell nutzen können. Dabei geht es nicht darum, Selbstverständlichkeiten aufzulisten, die andere Berater genauso gut können, sondern wirklich die herausragenden Aspekte zu nennen. Überlegen Sie also:

→ Bei welchen *Inhalten* sind Sie und Ihr Unternehmen besonders stark? Bei einer Strategieberatung kann das zum Beispiel ein besonderes Wissen im Bereich Marktforschung oder das Konzept der Engpasskonzentrierten Strategie sein.

→ Was sind die *Fähigkeiten,* die Ihr Unternehmen einbringt? Im Falle der Strategieberatung kann das die Fähigkeit sein, Krisen zu managen. Oder die Fähigkeit, in der Ausnahmesituation einer Krise noch Zukunftschancen aufzuspüren.

→ Welche *Erfahrungen* bringt Ihr Unternehmen ein? Als Strategieberater haben Sie zum Beispiel in über fünfzig Unternehmen einen erfolgreichen Turnaround gemanagt.

→ Welches *Verhalten* bringen Sie mit Ihren Leuten ein? Das kann ein sehr direkter Stil sein — Ihre Berater und Sie kommen im Gespräch schnell zur Sache, es gibt kein langes drum herumreden. Ein Verhalten kann auch integrativ oder politisch versiert sein. Oder begeisterungsfähig: Die Berater machen sich mit Schwung ans Werk und stecken alle Beteiligten an.

→ Was bringen Sie an *Kontakten* mit? Vielleicht verfügen Sie über einen exzellenten Draht zu Kapitalgebern, die Ihren Kunden helfen können. Oder zu potenziellen Joint-Venture-Partnern, Wirtschaftsprüfern und anderen hochkarätigen Spezialisten. Viele Berater unterschätzen, welchen Nutzen sie mit ihren Kontakten den Kunden bieten können.

Die Produkte

Wenn Klarheit über die generelle Tätigkeit besteht, ist es an der Zeit, die konkreten Produkte ins Auge zu fassen. Dementsprechend beantwortet der vierte grundlegende Baustein des Geschäftsmodells die Leitfrage: Welche Produkte bietet das Beratungsunternehmen an, um mit seinen Kunden ins Geschäft zu kommen?

Um das mögliche Produktangebot strategisch erfolgreich anzulegen, hat sich das Modell der Kundensprungschanze© bewährt. Legen Sie, wie im Folgenden beschrieben, die Produktpolitik in Form einer Sprungschanze an: Nehmen Sie mit Ihrem Geschäft Anlauf — und heben ab!

Die Kundensprungschanze

Die Kundensprungschanze wird als Koordinatensystem mit den Achsen Preis und Vertrauen darstellt (siehe Abbildung 4.7). Der Grundgedanke lautet: Je höher das Vertrauen des Kunden ist, desto eher ist er bereit, hochpreisige Beratungsleistungen zu buchen.

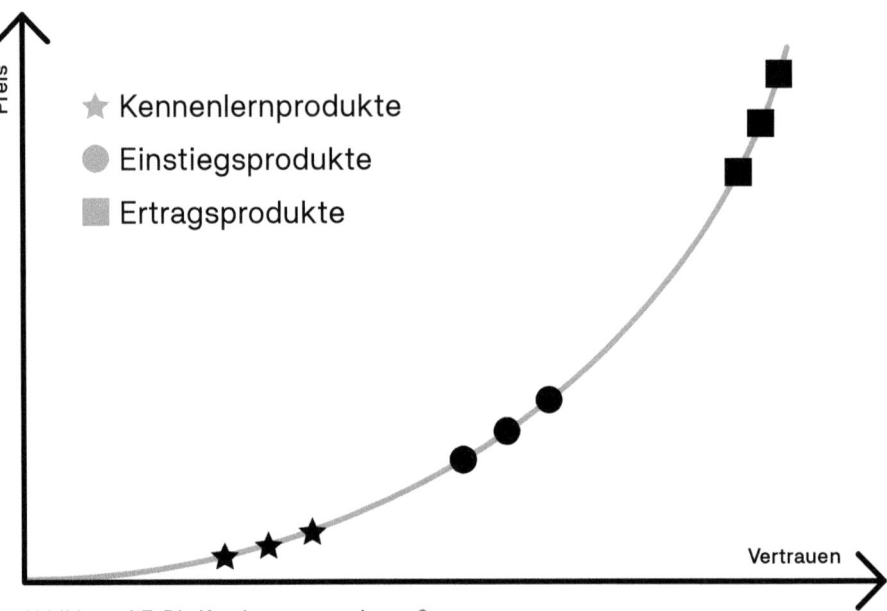

Abbildung 4.7: Die Kundensprungschanze©:
Vom Kennenlernprodukt zum Ertragsprodukt

Hieraus lässt sich eine klare Schritt-für-Schritt-Strategie für die Produktpolitik ableiten.

Für neue Kunden benötigen Sie preiswerte *Kennenlernprodukte*. So kann der Neuling Sie relativ risikolos kennenlernen und Vertrauen zu Ihnen fassen. Im nächsten Schritt können Sie ihm etwas teurere Einstiegsprodukte anbieten, die aber immer noch ziemlich günstig sind. Der Kunde lernt Sie dabei noch näher kennen; mit der Zusammenarbeit wächst das Vertrauen. Zudem erkennt er immer deutlicher den Nutzen, den Sie ihm mit Ihrer Beratung bieten. Nun ist er wirklich bereit, sich auf größere und kostspieligere Projekte einzulassen. Jetzt endlich können Sie abheben — und hochpreisige *Ertragsprodukte* verkaufen.

Deutlich wird: Der Sprung gelingt meist nur, wenn Sie in allen Bereichen der Schanze Produkte haben.

Kennenlernprodukte

Im unteren Bereich der Kurve (Abbildung 4.7) sind die Kennenlernprodukte angesiedelt: niedriger Preis, niedriges Vertrauen. Sie richten sich an potenzielle Kunden, die das Beratungsunternehmen noch nicht kennen. Ein Interessent erhält die Gelegenheit, das Beratungsunternehmen ohne Risiko kennenzulernen. Der geringe Preis sorgt für eine niedrige Hemmschwelle. Die Angebote sind nicht kostenlos, aber doch so preiswert, dass ein Fehlkauf problemlos zu verschmerzen ist.

Die Palette möglicher Kennenlernprodukte ist breit:

→ Eine mittelständische Strategieberatung bietet ein Buch über »Digitalisierungs-Strategie für Mittelständler« an und veranstaltet einen Workshop »Digitalisierungsstrategie für Anfänger«.

→ Ein Projektmanagementberater verkauft ein Handbuch Projektmanagement. Es lässt sich als Leitfaden nutzen und illustriert zugleich die besondere Vorgehensweise des Beraters.

→ Eine Prozessberatung bietet einen Feierabend-Workshop zum Thema Kaizen für die Mitarbeiter des Kunden an.

Einstiegsprodukte

Der Kunde hat erstes Vertrauen gefasst. Nun sollte er eine Möglichkeit finden, den Berater näher kennenzulernen. Hierin liegt die Aufgabe der Einstiegsprodukte. Der Preis ist noch immer relativ niedrig, doch steigt der Kunde bereits in die direkte Zusammenarbeit mit der Beratung ein. Oft handelt es sich um einen kleinen, begrenzten Beratungsauftrag. Was können Einstiegsprodukte sein?

→ Die mittelständische Strategieberatung bietet einen Kurzcheck an: »Wo steht Ihr Unternehmen bei seiner Digitalisierungsstrategie?«

→ Der Projektmanagementberater schult ein Projektteam für ein bevorstehendes Projekt und vermittelt Grundlagen zum agilen Projektmanagement.

→ Die Prozessberatung macht ein Audit über Kostensenkungspotenziale im Produktionsprozess.

Ertragsprodukte

Mit den Einstiegsprodukten findet ein Annäherungsprozess statt. Der Kunde setzt mit dem Berater erste kleinere Projekte um; man lernt einander kennen, das gegenseitige Vertrauen wächst. Im Idealfall gelangt der Kunde zu der Überzeugung, den richtigen Berater für seine Probleme gefunden zu haben. Nun ist er bereit, sich auf große Projekte einzulassen.

Jetzt kommen die Ertragsprodukte ins Spiel. Mit ihnen kann der Berater hohe Erträge erzielen. Bezogen auf die Sprungschanze heißt das: Zeit zum Abheben! Der Bereich »großes Vertrauen — hoher Preis« ist erreicht. Wichtig ist allerdings, nun das richtige Honorarmodell zu wählen.

Mit Produktstufen Vertrauen aufbauen

Der Einsatz des Sprungschanzenbildes ist auf längere Sicht sehr lohnenswert. Es hält dazu an, eine systematische Produktpolitik zu verfolgen — was bei vielen Beratern noch nicht der Fall ist. Gerade bei Beratungen, die im Hochpreissegment tätig sind, fehlen häufig die preiswerten Einstiegsangebote. »Billigprodukte passen nicht zu uns«, lautet gerne das Argument.

Es stimmt natürlich: Wer im Hochpreissegment positioniert ist, darf sein Image nicht mit einem selbst gebastelten E-Book oder einem mittelmäßigen Webinar ruinieren. Doch gerade ein Topberater sollte das Schanzenmodell nutzen, denn sein Produkt ist ja sehr teuer. Die Hemmschwelle, Vertrauen zu fassen und ihn zu buchen, ist noch höher als bei einem günstigeren Anbieter. Deshalb sollte er potenziellen Kunden eine Chance geben, ihn kennenzulernen und in seine Welt einzutauchen, ohne dass sie gleich ein Millionenprojekt buchen müssen. Passend zum Image müssen seine Kennenlernprodukte jedoch absolut hochwertig sein.

Die folgende Übersicht (Abbildung 4.8) zeigt Beispiele für den Aufbau der Sprungschanze. Ergänzen Sie die letzte Zeile mit den Produkten Ihres Unternehmens, um so die Kunden stufenweise an Ihre Dienstleistungen heranzuführen und deren Vertrauen zu gewinnen. Wenn die Schanze definiert ist, stehen die Chancen gut, mit ihr auch einen großen Ertragssprung zu machen.

Unternehmen	Kennenlern- produkte	Einstiegs- produkte	Ertragsprodukte
Strategie- beratung	Buch »Digitalisie- rungs-Strategie für Mittelständ- ler« Workshop »Digitalisierungs- strategie für Anfänger«	Kurzcheck: »Wo steht Ihr Un- ternehmen bei seiner Digitalisie- rungsstrategie?«	Konzeption und Umsetzung einer Digitalisierungs- strategie
Projektmanage- mentberater	Handbuch Projektmanage- ment	Schulung eines Projektteams zu den Grundla- gen des agilen Projektmanage- ments	Management kritischer Projekte
Prozessberatung	Feierabend- Workshop zum Thema Kaizen	Audit über Kostensenkungs- potenziale im Produktionspro- zess	Beschreibung und Optimierung aller Geschäfts- prozesse

Abbildung 4.8: Beispiele für den Aufbau einer Kundensprungschanze

Kapitel 5

Das Honorarmodell als Ertragshebel

Das Honorarmodell als Ertragshebel

Das Geschäftsmodell hat mittlerweile Gestalt angenommen, die Einzelteile fügen sich zu einem Ganzen: Wir sind in die Psychografie der Zielgruppe eingestiegen und haben ein tiefes Verständnis für Entscheider, Mittler und andere relevante Teilgruppen erhalten. Im nächsten Schritt legten wir unsere Rolle fest, die wir beim Kunden einnehmen wollen — braver Dienstleister, Kumpel, Experte oder Trusted Advisor. Anschließend richteten wir das Augenmerk auf die generelle Tätigkeit und überlegten anhand eines Interventionsschemas, ob wir eher als Problemlöser oder eher als Befähiger tätig sein wollen. Schließlich befassten wir uns mit der konkreten Produktpolitik und definierten mithilfe der Kundensprungschanze ein erstes mögliches Produktportfolio.

Im Idealfall haben wir jetzt Klarheit, bei wem wir auf welche Weise und womit unser Geld verdienen wollen. Zumindest dürften wir eine recht klare Vorstellung davon gewonnen haben. Um das Geschäftsmodell zu vervollständigen, fehlt nun jedoch noch ein zentraler Aspekt, der maßgeblich über den Erfolg mitentscheidet: das Honorar.

Bei Beratern nimmt das Honorarthema einen hohen Stellenwert ein. Zum einen ist es ihnen sehr vertraut, weil sie in der Beziehung zu den Kunden laufend damit zu tun haben. Zum anderen beschäftigt sie die Frage nach der richtigen Honorarhöhe auch strategisch — und das durchaus zurecht: Honorarmodelle stellen für Berater eine der wichtigsten Möglichkeiten dar, ihren Ertrag zu steigern. Und eine der am wenigsten strategisch entwickelten.

Die weitaus meisten Berater rechnen heute nach dem Prinzip »Zeit gegen Geld« ab. Die Gepflogenheit geht auf klassische Felder wie Rechtsberatung oder Steuerberatung zurück, die seit jeher das Honorar nach Zeit festsetzen und aus denen sich die Unternehmensberatung entwickelt hat. So kommt es, dass die Honorierung »Zeit gegen Geld« in der Beraterbranche fest verwurzelt ist; für die meisten Berater ebenso wie für ihre Kunden handelt es sich um eine tief sozialisierte Form der Abrechnung.

Nur wenige Berater trauen sich, das Modell »Zeit gegen Geld« zu verlassen. Selbst wenn beide Seiten, Berater und Kunde, die Vorteile einer anderen Abrechnungsform nachvollziehen können, bleiben sie in der Regel beim vertrauten Modell. Zu sehr sind die Gewohnheiten eingefahren, zu mühsam und aufwendig erscheint ein Wechsel. Dabei könnte ein Umstieg sehr attraktiv sein: Für ein Beratungsunternehmen stellt das Honorarmodell den größten Ertragshebel dar — und für einen Einzelkämpfer dürfte es der einzige Hebel sein, ein Jahreshonorar jenseits der Halb-Millionen-Grenze zu erzielen.

Die Überwindung, die ein Wechsel zu einem anderen Honorarmodell abverlangt, ist hoch. Die Belohnung auch.

Vom Zeit-gegen-Geld-Prinzip zum Wert-Honorar

Honorare lassen sich grundsätzlich in drei verschiedene Kategorien einteilen, die man auch als Stufen verstehen kann: »Zeit gegen Geld«, Pauschal-Honorar und Wert-Honorar. Eigentlich handelt es sich um drei unterschiedliche Honorarmodelle, die sich aber auch als Entwicklung begreifen lassen: Ausgehend von der untersten Stufe »Zeit gegen Geld« kann es ein sinnvoller Zwischenschritt sein, zunächst auf ein Pauschalmodell umzusteigen und damit Erfahrungen zu sammeln — und erst dann den Sprung zum Wert-Honorar zu machen.

Ausgangspunkt bei allen drei Stufen ist ein klares Ergebnis, das Sie beim Kunden erzielen wollen und mit ihm vereinbart haben. Beim Prinzip »Zeit gegen Geld« legen Sie dem Kunden dar, wie viel Zeit Sie für dieses Ergebnis benötigen, berechnen einen Tagessatz und kommen zum Beispiel auf ein Honorar von 10.000 Euro. Aufwand und Honorar sind deckungsgleich, das heißt, Sie werden für Ihren Aufwand bezahlt.

Das ändert sich im Falle eines Pauschal-Honorars. Nun nennen Sie dem Kunden keine Zeiten für den Aufwand, sondern lediglich einen pauschalen Preis. Das bietet Ihnen die Möglichkeit, gleich zwei wichtige Ertragshebel zu nutzen: Zum einen können Sie intern den Aufwand herunterschrauben, das Ergebnis also mit weniger Beraterstunden erreichen. Auf diese Weise erhöht sich der Ertrag zum Beispiel um 2.000 Euro. Zum anderen können Sie das Honorar etwas höher ansetzen, etwa auf 12.000 Euro. Meistens ist das möglich, sofern das versprochene Ergebnis für den Kunden attraktiv genug ist. Insgesamt erzielen Sie eine Ertragssteigerung um 4.000 Euro, und das ohne Schaden für den Kunden — Sie erreichen ja das vereinbarte Ergebnis.

Die dritte Stufe, das Wert-Honorar, leitet sich aus dem Wert ab, den Sie dem Kunden tatsächlich erbringen. Während der Aufwand in etwa unverändert wie beim Pauschal-Honorar bleibt, kann das Honorar einen gewaltigen Sprung nach oben machen — zum Beispiel auf 30.000 Euro.

Die Zahlen des Falles sind fiktiv, es ging hier nur darum, den Mechanismus zu zeigen. Er illustriert aber zutreffend das hohe Ertragspotenzial, das ein Wert-Honorar bergen kann. Die Wirkungsweise dieses Ertragshebels kann ich in meiner Beratungspraxis bei sehr unterschiedlichen Beratungsformen erleben. Hierzu zählen zum Beispiel eine Einkaufsberatung, eine Strategieberatung für Konzerne, die auf dem Feld der Digitalisierung berät, ein Einzelberater, der großen Mittelständlern Organisationsberatung anbietet, und ein Produktionsberater, der die Produktionsabläufe nach Lean Management ausrichtet. Auch Sparringspartner für Unternehmer oder Spitzen-Coachs, die Jahrespakete anbieten, machen mit einer Abrechnung auf Wertbasis in der Regel sehr gute Erfahrungen.

Stufe 1: **Zeit gegen Geld**

Er ist uns Beratern einfach enorm vertraut, dieser Modus »Zeit gegen Geld«. Da haben wir drei Tage gearbeitet, rechnen für einen Tag 1.400 Euro und erhalten ein Honorar von 4.200 Euro. Wenn der Kunde einen Tag mehr braucht, kommen noch einmal 1.400 Euro dazu. Das Verfahren ist einfach, nachvollziehbar und bequem. Es gibt wenig Erklärungsbedarf; viele Diskussionen mit dem Kunden um Nutzen und Wert der Leistung lassen sich vermeiden.

Hinzu kommt ein weiterer Vorteil. Das Honorarmodell »Zeit gegen Geld« ist nahezu beliebig abstufbar, und das in zwei Richtungen: Zum einen lässt sich der Aufwand nach Zeit skalieren und in Rechnung stellen — von einer Stunde bis zu vielen Wochen. Zum anderen lassen sich über abgestufte Honorarsätze Mitarbeiterkategorien bilden, die vom Juniorberater über den Berater und Seniorberater bis zum Partner reichen und für die unterschiedliche Honorare angesetzt werden. Die Differenzierung bei den Honorarsätzen lässt sich auch für den bei Unternehmensberatungen klassischen Leverage-Effekt im Ertrag nutzen.

Gerade weil das Modell »Zeit gegen Geld« so beliebt ist, lohnt sich ein etwas ausführlicherer Blick auf die Nachteile. Sie werden sehen: Es gibt gute Gründe, einen Umstieg zu einem anderen Modell ins Auge zu fassen.

Oft für eine Seite unfair

Am Modell »Zeit gegen Geld« lässt sich vor allem ein zentraler Kritikpunkt anbringen: Die Bezahlung orientiert sich nicht am Nutzen oder am Wert für den Kunden, sondern am Aufwand — also an den Stunden oder Tagen, die der Berater für seine Kunden arbeitet. Es ist höchst unwahrscheinlich, dass der Wert für den Kunden und das nach Aufwand kalkulierte Honorar zufällig übereinstimmen. Vielmehr wird der Wert der erbrachten Leistung entweder größer oder kleiner sein als das berechnete Honorar.

Beides ist sehr unbefriedigend. Im ersten Fall zieht der Berater den Kürzeren. Mit seiner Leistung hat er für seinen Kunden einen hohen Nutzen erbracht, erhält dafür jedoch kein adäquates Honorar. Im zweiten Fall hat der Kunde das Nachsehen: Der Berater bleibt mit seinen Leistungen hinter dem gewünschten Nutzen zurück; den in Zeit kalkulierten Aufwand muss der Kunde dennoch bezahlen.

So gesehen erweist sich die Abrechnung »Zeit gegen Geld« oft als eher unfair, zumindest für eine der beiden Seiten. Es wird nur deshalb nicht als unfair erlebt, weil es uns so vertraut ist und deshalb kaum hinterfragt wird.

Gegenläufige Interessen

Natürlich sind wir Berater ebenso wie unsere Kunden nur Menschen — und da ist es nur realistisch anzunehmen, dass jeder versucht, seinen eigenen

Nutzen zu maximieren. Wird nun nach dem Modell »Zeit gegen Geld« abgerechnet und beide Seiten sind auf ihren eigenen Nutzen bedacht, entstehen zwangläufig Interessengegensätze:

→ Der Kunde versucht, den Aufwand zu minimieren. Denn er möchte möglichst wenig Beraterstunden bezahlen, um seine Kosten möglichst gering zu halten.

→ Der Berater versucht, den Aufwand zu maximieren. Denn er möchte möglichst viele Beraterstunden abrechnen, um einen möglichst hohen Ertrag zu erzielen.

Natürlich bemühen sich Berater und Kunde, fair und gut zusammenzuarbeiten. Dennoch lässt sich nicht verleugnen, dass die Interessen einander sehr diametral gegenüberstehen. Anstatt sich gemeinsam auf das Ergebnis und den Nutzen der Projektarbeit zu konzentrieren, verlagert sich ein großer Teil der Aufmerksamkeit auf diesen Interessenkonflikt.

Die Folge ist ein alles andere als optimaler Beratungsprozess. Der Berater muss versuchen, bei einem Auftrag möglichst ein Maximum an abrechenbaren Stunden anzusetzen — und muss bei der Umsetzung dann auch zeigen, dass viel zu tun ist. Anstatt das Ergebnis mit möglichst geringem Aufwand zu erzielen, produziert er operative Hektik. Er veranstaltet da noch einen Workshop, macht dort noch ein Mitarbeiterinterview, auch wenn das vielleicht nicht unbedingt notwendig wäre. Der Hotelier und Trainer Klaus Kobjoll hat einmal von »operativer Hektik als Zeichen geistiger Windstille« gesprochen. Genau diesen Eindruck wecken manche Berater, wenn sie beim Kunden im Grunde überflüssige Aktivitäten entfalten.

Bei näherem Hinsehen erweist sich die Situation als doppelt ärgerlich. Zum einen betreibt der Berater teilweise überflüssigen Aufwand, um seine Stunden zu leisten und auf ein angemessenes Honorar zu kommen. Zugleich schadet er damit aber auch dem Kunden, weil er dessen Opportunitätskosten unnötig nach oben treibt. Mit seinen Aktivitäten bindet er ja Mitarbeiter und hält sie von ihren eigentlichen Aufgaben ab. Man täte einem Berater jedoch unrecht, dieses Verhalten als verwerflich zu kritisieren; es ist schlicht eine logische Folge des Modells »Zeit gegen Geld«.

Erschwerter Aufbau von Vertrauen

Das Modell »Zeit gegen Geld« veranlasst den Kunden auch, sich permanent mit Kaufentscheidungen zu befassen. Angenommen für ein Projekt sind vier Tage veranschlagt und das vereinbarte Honorar beträgt 4.800 Euro. Wenn nun im Verlauf des Projekts weitere Themen auftauchen, die der Kunde gerne mit dem Berater besprechen würde, lässt ihn der Gedanke an den möglichen Zusatzaufwand zumindest zögern. Er weiß ja: Da tickt die Uhr im Hintergrund.

Anstatt sich unbefangen an den Berater zu wenden, denkt der Kunde an die zusätzlich erforderlichen Stunden, die sich aus seiner Frage ergeben könnten. Der Aufbau eines Vertrauensverhältnisses wird dadurch erheblich erschwert.

Der im Zeithonorar angelegte Interessengegensatz wirkt hier weiter. Die gegenläufigen Interessen beeinflussen den Beratungsprozess, auch wenn das oft weder dem Kunden noch dem Berater bewusst ist. Sie verhindern den partnerschaftlichen Schulterschluss, der erforderlich ist, um das vereinbarte Ergebnis und den gewünschten Nutzen auf dem bestmöglichen Weg zu erreichen.

Gefangen in der Linearitätsfalle

Wer Zeit gegen Geld abrechnet, verfügt nur über eine Möglichkeit, den Ertrag zu steigern: Er muss die Zahl der abgerechneten Stunden oder Tage erhöhen. Als Einzelkämpfer erreicht er das, indem er das Hamsterrad weiter beschleunigt; als Beratungsunternehmer, indem er zusätzliche Mitarbeiter einsetzt.

Man kann auch sagen: Der Berater steckt in der Linearitätsfalle. Um mehr zu verdienen, muss er den Umsatz erhöhen. Mit dem Umsatz steigt der Ertrag — allerdings immer nur linear, denn proportional zum Umsatz steigen auch die Mitarbeiterkosten. Selbst wenn der Kundennutzen sehr hoch ist und der Berater das berechtigte Gefühl hat, dieser Nutzen wird mit seinem Tagessatz nicht abgedeckt: Solange er Zeit gegen Geld abrechnet, kann er aus der Linearität nicht aussteigen.

Weitere negative Effekte kommen hinzu. Einem Einzelkämpfer fehlt immer mehr die Zeit für Positionierung, Markenaufbau und Marketing, was am Ende sein ganzes Geschäftsmodell gefährden kann. Ein Beratungsunternehmer hingegen stellt Mitarbeiter ein, um die zusätzlichen Umsätze realisieren zu können. Damit erwartet ihn nicht nur ein größerer Führungsaufwand, auch der Aufwand für Qualitätsmanagement nimmt zu, ebenso dürfte die Zahl der Feuerlöscheinsätze bei Kunden steigen. Und das alles bei einem weiterhin nur linear steigenden Ertrag!

Das wohl größte Problem stellt jedoch das Risiko dar, das bei kleinen Beratungsunternehmen mit jedem zusätzlichen Mitarbeiter signifikant steigt. Fällt beispielsweise ein wichtiger Großkunde aus, braucht es eine gewisse Zeit, die Auftragslücke wieder zu füllen. Schlagartig ist dann ein Teil der Berater nicht mehr produktiv tätig, muss aber weiterbezahlt werden. Aus variablen Kosten sind teils recht hohe Fixkosten geworden, die das Unternehmen nur schwer verkraftet.

Der Unternehmer muss im Falle einer Auftragslücke nicht nur schnell neue Aufträge beschaffen, sondern sich auch um die unbeschäftigten Mitarbeiter kümmern. Sollen sie Marketing betreiben, zum Beispiel Artikel schreiben oder Vorträge halten? Lassen sie sich in der Akquise einsetzen, obwohl das eigentlich nicht ihre Aufgabe ist? Als Chef zerbrechen Sie sich den Kopf, wie Sie Ihre Leute sinnvoll auslasten. Ein paar Monate später, wenn sich die Auftragslage gedreht hat, fehlt es wieder an Personal. Aber macht es wirklich Sinn, jetzt einen weiteren Mitarbeiter einzustellen und so das Risiko noch weiter nach oben zu treiben?

Deutlich wird: Weitere Ertragssteigerungen lassen sich nur mit immer größeren Risiken erzielen. Das Modell »Zeit gegen Geld« stößt hier an seine Grenze.

Einladung zum Preisvergleich

Auch wenn bei Beratungsleistungen eine Vergleichbarkeit nur bedingt möglich ist, lädt die Angabe von Zeiten und Tagessätzen zum Preisvergleich geradezu ein. Angenommen ein Kunde sucht für eine bestimmte Leistung einen Experten und Sie können ihm diese Leistung anbieten. Ihren Aufwand veranschlagen Sie auf zehn Tage à 1.800 Euro. Was wird er tun?

Ziemlich sicher wird der Kunde Ihr Angebot mit anderen Angeboten vergleichen. Damit sitzen Sie in der Vergleichbarkeitsfalle.

Zwar kann der Kunde die Qualität Ihrer Beratungsleistung anhand des Angebots nicht beurteilen; die Zeit-gegen-Geld-Abrechnung suggeriert ihm jedoch genau das. Am Ende seines Auswahlprozesses hat er zum Beispiel drei Angebote vor sich liegen, die für ihn inhaltlich alle gleich wirken. Also vergleicht er die Aufwände und entscheidet sich für den günstigsten Anbieter. Oder er favorisiert den Anbieter, bei dem er das bessere Bauchgefühl hat — steigt dann aber in Preisverhandlungen ein.

Stufe 2: **Pauschal-Honorar**

Mit Pauschal-Honoraren wird in der Beraterbranche durchaus immer wieder gearbeitet. Vor allem wenn der Kunde Sicherheit durch einen festen Preis wünscht, bietet sich diese Möglichkeit an. Meistens liegt hinter dem Festpreis aber doch wieder eine Zeit-gegen-Geld-Kalkulation. Der Berater kalkuliert zum Beispiel zehn Tage à 1.600 Euro und bietet die Leistung zu einem festen Honorar von 15.000 Euro an.

Ein »echtes« Pauschal-Honorar, wie wir es für unser Pauschalmodell definieren, ist demgegenüber von allen Zeit- und Mengenangaben entkoppelt. Dem Kunden wird für ein bestimmtes Beratungsergebnis allein das Honorar genannt, also ohne den Aufwand in Stunden, Tagen, Anzahl der Workshops oder anderen Quantitäten anzugeben. Selbstverständlich kann der Berater intern weiterhin wie gewohnt seinen Aufwand kalkulieren, doch er schreibt diese Kalkulation nicht mehr in sein Angebot.

Beispiel pauschales Honorar

Das folgende Beispiel erläutert die Schlüsselelemente eines solchen Angebots. Im ersten Schritt ermitteln Sie im Gespräch mit dem Kunden das Ergebnis, das die Beratung erzielen soll. Wie Sie dabei vorgehen und welche Gesprächstechniken sich hier bewährt haben, erfahren Sie in Kapitel 10. Meistens lässt sich das Ergebnis in Teilergebnisse gliedern, die Sie im Angebot einzeln aufführen:

→ *Ergebnis 1:* Senkung der Reklamationsquote von 10 auf 5 Prozent.

→ *Ergebnis 2:* Reduzierung der internen Rückfragen durch den Vertrieb auf maximal drei pro Woche.

→ *Ergebnis 3:* Das persönliche Gefühl als Geschäftsführer, sich um wesentliche Themen kümmern zu können, steigt auf einer Skala von 0 bis 10 von einer geschätzten 3 auf eine geschätzte 8.

Im nächsten Schritt notieren Sie die Methoden, mit denen Sie die Ergebnisse erreichen wollen:

→ Interviews mit den Schlüsselpersonen

→ Gemeinsamer Strategieworkshop

→ Empfehlung für einen Prozess

Schließlich nennen Sie das Honorar, für das Sie Ihre Leistung anbieten. Wie schon betont, enthält das Angebot keine Zeiten, keine Zahl der Workshops, auch keine Anzahl der Termine, die im Unternehmen vorgesehen sind. Dem Kunden gegenüber nennen Sie keine Quantitäten, sondern nur die Methoden und die Honorarsumme, also zum Beispiel 25.000 Euro.

Mehr Ertrag durch effizienteres Arbeiten

Wenn für ein bestimmtes Ergebnis ein festes Honorar vereinbart wird, ohne dazu den Aufwand zu nennen, hört sich das zunächst eher harmlos an. Tatsächlich sind die Folgen für die Arbeitsweise und den Beratungsprozess weitreichend: Da kein Aufwand genannt ist, steht der Aufwand auch nicht mehr im Zentrum der Aufmerksamkeit. Anders als beim Modell »Zeit gegen Geld« muss der Berater sich nicht auf die Zahl der fakturierten Stunden konzentrieren, sondern kann sich überlegen, wie er den Kundennutzen auf eine möglichst effiziente Weise erreicht.

Wie die Erfahrung zeigt, ist das dadurch entstehende zusätzliche Ertragspotenzial beachtlich. Wenn alle Beteiligten sich gemeinsam darauf konzentrieren, das Ergebnis auf dem bestmöglichen Weg zu erreichen, lassen sich durchaus 20 bis 25 Prozent des Aufwands einsparen. Der Wechsel zur pauschalen Honorierung bietet damit die Chance, den Ertrag allein schon durch effizienteres Arbeiten zu steigern, also auch ohne das Honorar selbst zu erhöhen.

Oft scheuen Berater reflexhaft davor zurück, ein Ergebnis mit wenig Aufwand zu erreichen, dafür aber das »volle« Honorar zu verlangen. Sie haben das Gefühl, unanständig zu handeln. Mit diesem Reflex sollte man sich auseinandersetzen. Er zeigt, wie tief die Idee verwurzelt ist, dass der Kunde den Aufwand bezahlt und nicht das Ergebnis.

Mit dem Umstieg auf das Pauschalmodell steht der Nutzen des Kunden im Vordergrund. Wenn für diesen Nutzen ein hoher Aufwand nötig ist, müssen wir als Berater immer in den hohen Aufwand gehen. Lässt sich das Ergebnis aber mit niedrigerem Aufwand erreichen, sollten wir davor nicht zurückscheuen. Ein geringerer Aufwand kommt nicht nur dem Berater zugute, sondern bindet auch beim Kunden weniger Ressourcen.

Die Haltung, die ein Berater im Falle eines Pauschal-Honorars einem Kunden gegenüber einnimmt, lässt sich etwa so formulieren: »Wir versuchen, unseren und Ihren Aufwand so gering wie möglich zu halten, damit wir möglichst effizient Ihr Ziel erreichen. Alles was nötig ist, um dieses Ziel zu erreichen, werden wir tun, alles Unnötige vermeiden — auch was Ihre Ressourcen angeht. Das heißt, wir werden Ihre Mitarbeiter nur so weit in Anspruch nehmen, wie es benötigt wird und werden den Prozess auch für Sie so effizient wie möglich gestalten.«

Mehr Ertrag durch höheres Honorar

Neben dem Effizienzhebel bietet auch das Honorar eine Möglichkeit, den Ertrag zu steigern. Das setzt voraus, den Nutzen für den Kunden sehr klar herauszuarbeiten (mehr hierzu beim Thema »Gesprächstechniken« in Kapitel 10). Oft ist dem Kunden das Ergebnis mehr wert, als die Kalkulation Zeit-gegen-Geld ergeben hat. Dann lässt sich meist problemlos eine Honorarerhöhung von zehn bis 20 Prozent durchsetzen.

Dieser Spielraum für eine Honorarerhöhung ergibt sich, weil ein Pauschalangebot das Augenmerk des Kunden weg vom Aufwand hin zum Ergebnis lenkt. Solange in einem Angebot Angaben wie »3 Tage à 1.200 Euro« oder »2 Tage à 1.400 Euro« stehen, denkt ein Kunde zwangsläufig darüber nach, inwieweit dieser Aufwand gerechtfertigt ist und sich vielleicht noch reduzieren lässt. Im Gegensatz lenkt das Pauschalangebot die Aufmerksamkeit auf das Ergebnis und die allein entscheidende Frage: »Bin ich bereit, für das Ergebnis diesen Betrag zu zahlen?«

Anstatt um Tage und Stunden zu feilschen, überlegt sich der Kunde, welche Summe ihm das versprochene Ergebnis wert ist. Erscheint ihm der Nutzen sehr hoch und vermittelt der Berater einen guten Eindruck, können erhebliche Preisspielräume entstehen.

Den Pauschalpreis festlegen

Die Preisfindung ist bei der pauschalen Honorierung eine diffizile Aufgabe. Mögliche Spielräume möchten Sie ja nutzen, das Spiel aber auch nicht überreizen. Als Hilfestellung bietet sich eine Annäherung aus zwei Richtungen an:

→ Einerseits überlegen Sie, welchen Wert das Ergebnis für den Kunden haben dürfte. Lässt sich der Nutzen irgendwie abschätzen und beziffern? Welches Honorar erscheint mit Blick auf den Kundennutzen gerechtfertigt und realistisch? Diese Überlegungen weisen bereits in Richtung der dritten Modellstufe, der wertbasierten Honorierung.

→ Andererseits kalkulieren Sie das Honorar wie gewohnt nach dem Aufwand, der erforderlich ist, um das Ergebnis zu erzielen. Sie erhalten damit das Honorar, das Sie im Falle einer Zeit-gegen-Geld-Honorierung verlangen würden. Er sollte die Untergrenze bei der Festlegung des Pauschal-Honorars bilden. Es empfiehlt sich, diese Zeit-gegen-Geld-Kalkulation für sich zu behalten und auch nicht unbedingt den Mitarbeitern offenzulegen. Andernfalls wird es schwer, sich allein am Nutzen des Kunden zu orientieren und das Ergebnis mit einem möglichst geringen Aufwand zu erreichen. Der Effekt ist hier vergleichbar mit Kofferräumen: Fahren Sie mit einem kleinen Auto in den Urlaub, ist der Kofferraum voll, nehmen Sie ein großes, ist er ebenfalls voll. Genau so werden Ihre Mitarbeiter jeden Zeitraum, der ihnen zu Verfügung steht, voll nutzen. Wenn Sie für ein Projekt offiziell zehn Tage veranschlagen, werden sie diese zehn Tage auch ausschöpfen.

Stufe 3: **Wert-Honorar**

Das Wert-Honorar geht davon aus, dass ein Kunde ein bestimmtes Ergebnis erzielen will und dieses Ergebnis für ihn einen bestimmten Wert hat. Der Kunde möchte zum Beispiel eine Ertragssteigerung erzielen, einen Rückgang der Reklamationsquote, weniger Konflikte mit seinen Mitarbeitern, das erfolgreiche Gelingen eines Imageprojektes oder auch mehr persönlich verfügbare Zeit. Die Ziele können also sehr unterschiedlich sein und sowohl geschäftliche wie auch persönliche Wünsche betreffen. So unterschiedlich die Ziele sind, so unterschiedlich ist natürlich auch ihr Wert für den Kunden.

Der Grundgedanke einer wertbasierten Vergütung liegt nun darin, dass ein Kunde seine Ziele zusammen mit dem Berater klar definiert und gleichzeitig auch einen Wert für diese Ziele bestimmt. Dieser in Euro ausgedrückte Wert leitet sich aus dem Gespräch mit dem Kunden und der Erfahrung des Beraters ab — wobei es hier sehr auf Geschick und Gesprächsführung durch den Berater ankommt (mehr hierzu in Kapitel 10).

Die Idee, mit Wert-Honoraren zu arbeiten, ist weit mehr als eine bloße Honorierungsfrage. Mit ihr verbunden ist eine eigene Arbeitsphilosophie, die das Ergebnis des Kunden in den Mittelpunkt stellt. Was zählt, ist allein das Ergebnis, das der Kunde für sein Unternehmen und für sich persönlich definiert hat. Klar ist aber auch: Wenn der gemeinsam ermittelte Wert des Ergebnisses hoch ist, erhält der Berater ein entsprechend hohes Honorar, wenn er niedrig ist, ein niedrigeres Honorar. Im zweiten Fall muss der Berater überlegen, ob er den Auftrag übernehmen will oder nicht.

Beispiel wertbasiertes Honorar

Wie beim Pauschal-Honorar definieren Berater und Kunde die Teilergebnisse, die sie nun aber in einem weiteren Schritt bewerten. Je nach Teilergebnis kann das ein errechneter Wert sein oder ein vom Kunden empfundener subjektiver Wert. Die Zahlen im folgenden Beispiel sind wieder fiktiv und sollen allein den Mechanismus erklären.

Zunächst definieren Sie wie beim Pauschal-Honorar die Ergebnisse, die beim Kunden erzielt werden sollen:

→ *Ergebnis 1:* Senkung der Reklamationsquote von 10 auf 5 Prozent.

→ *Ergebnis 2:* Reduzierung der internen Rückfragen durch den Vertrieb auf maximal drei pro Woche.

→ *Ergebnis 3:* Das persönliche Gefühl als Geschäftsführer, sich um wesentliche Themen kümmern zu können, steigt auf einer Skala von 0 bis 10 von einer geschätzten 3 auf eine geschätzte 8.

Im Gespräch mit dem Kunden finden Sie heraus, welchen Wert der Kunde den einzelnen Teilergebnissen beimisst. Die Bewertungen können dann wie folgt ausfallen:

→ *Ergebnis 1:* Senkung der Reklamationsquote von 10 auf 5 Prozent, bringt dem Unternehmen 200.000 Euro pro Jahr.

→ *Ergebnis 2:* Reduzierung der internen Rückfragen, erspart dem Unternehmen künftig einen Aufwand von zwei Stunden pro Woche; eine Stunde kostet 300 Euro, macht rund 30.000 Euro pro Jahr.

→ *Ergebnis 3:* Das persönliche Gefühl als Geschäftsführer, sich um wesentliche Themen kümmern zu können: Hier handelt es sich um ein subjektives Ergebnis, dessen Wert Sie nur abschätzen können. Nehmen wir an, Sie setzen den Nutzen für den Kunden mit 50.000 Euro pro Jahr an.

Im nächsten Schritt notieren Sie die Methoden, mit denen Sie die Ergebnisse erreichen wollen, also zum Beispiel Interviews mit den Schlüsselpersonen, gemeinsamer Strategieworkshop, Empfehlung für einen Prozess.

Im Unterschied zum Pauschal-Honorar richtet sich das Honorar jetzt nach dem Wert, den Sie gemeinsam mit dem Kunden ermittelt haben. Im Beispiel ergibt er sich aus der Summe der Teilwerte von Ergebnis 1 bis 3, bezogen auf drei Jahre: 600.000 Euro plus 90.000 Euro plus 150.000 Euro, macht 840.000 Euro. Davon zehn Prozent ergibt ein Wert-Honorar von 84.000 Euro.

Welchen Betrag Sie am Ende in Ihr Angebot schreiben, bleibt auch Ihrem Fingerspitzengefühl überlassen. Da gibt es keine feste Regel, und natürlich darf der Betrag nicht utopisch sein. Letztlich müssen Sie experimentieren, um mit der Zeit ein Gefühl für die richtige Größenordnung zu erhalten. Wie die Erfahrung zeigt, lässt sich sehr oft ein deutlich höheres Honorar erzielen, als die meisten Berater zunächst denken.

Die fairste Form der Vergütung

Das Wert-Honorar ist meines Erachtens die fairste Form der Vergütung. Der Kunde erhält einen bestimmten Nutzen — und bezahlt dafür so viel, wie es in Relation zu dem Nutzen auch angemessen ist. Im Gegenzug bekommt der Berater ein Honorar, das dem Wert entspricht, den er für den Kunden erbracht hat.

Der Fokus aller Überlegungen richtet sich immer auf den Nutzen des Kunden. Im Vordergrund stehen der Nutzen und der Wert der Beratungsleistung. Darin liegt der Kern der Arbeitsphilosophie, die sich mit dem Wert-Honorar verbindet. Im Vordergrund steht für den Berater nicht, wie das Modell manchmal suggeriert, wie er mit möglichst wenig Aufwand viel Geld verdienen kann. Vielmehr zielt sein Denken und Handeln immer auf den Kundennutzen ab: »Wie kann ich den gewünschten Nutzen bieten? Und was wäre eine faire Vergütung, die in einer vernünftigen Relation zu diesem Nutzen steht?« Es geht um eine klare Definition von Zielen und Nutzen — und um ein Honorar, das für beide Seiten in einem fairen Verhältnis zu diesem Nutzen steht.

Erst dann birgt das Wert-Honorar ein großes Potenzial für Ertragssteigerungen des Beraters. Wie beim Pauschalmodell ist das Honorar vom zeitlichen Aufwand abgekoppelt und eröffnet damit die Möglichkeit für Effizienzgewinne. Der wirklich große Sprung lässt sich jedoch meistens beim Honorar erzielen. Die Wertorientierung bietet die Chance, auch als Einzelkämpfer die magische Grenze von einer Millionen Euro Honorar zu sprengen — und das mit einem verträglichen Maß an Arbeitseinsatztagen.

Ein so hohes Honorar setzt natürlich voraus, dass der Berater für den Kunden tatsächlich einen entsprechend hohen Nutzen erbringt und es zudem versteht, dem Kunden den Wert dieses Nutzens zu vermitteln. Wenn das Modell funktionieren soll, muss der Kunde jederzeit den Wert und den Nutzen der Beratungsleistung erkennen können. Bewährt hat sich hier ein regelmäßiger Jour fixe, bei dem Berater und Entscheider Ziele und aktuellen Projektstand reflektieren und auch anpassen. Auf diese Weise kann der Entscheider auch während des Beratungsprozesses immer wieder erkennen, welchen Nutzen er für sein Honorar im Gegenzug erhält.

Das Modell koppelt den Ergebniswert an das Honorar. Je mehr Nutzen der Berater erbringt, desto höher steigt sein Honorar. Bietet er für seinen Kunden einen sehr hohen Nutzen, bezahlt der Kunde auch ein sehr hohes Honorar. Im Umkehrschluss heißt das aber auch: Ein Berater, der nur wenig Nutzen bietet, hat mit dem Wertmodell kaum eine Chance.

Eine sehr faire Form der Vergütung. Aber nicht nur das, auch die damit verbundene Arbeitsphilosophie setzt positive Impulse. Das Modell spornt dazu an, ständig über die wichtigste Frage nachzudenken, die den Beratungsprozess und die langfristige Zusammenarbeit mit dem Kunden voranbringt: Wie erhöhe ich den Nutzen für meinen Kunden?

Ein Fall für den Trusted Advisor

Das Wert-Honorar ist ein sehr attraktives Modell, das aber einen gewissen Aufwand in der Umsetzung erfordert und vor allem auch als Arbeitsphilosophie wirklich in Fleisch und Blut übergehen muss. Der Weg dahin kostet deshalb viel Zeit und Energie. Fehler sind unvermeidlich, hin und wieder werden Aufträge oder auch Kunden verloren gehen. Insgesamt stellt der Umstieg auf eine wertbasierte Honorierung einen Kraftakt dar, verbunden mit einem mühsamen Umerziehungsprozess aller Beteiligten. Der Kunde muss sich auf das Modell einlassen, aber auch die eigenen Mitarbeiter müssen es verstanden haben und mittragen.

Für den Beratungsunternehmer bedeutet das, vor dem Umstieg auf das Wertmodell seine »Hausaufgaben« zu machen. Die strategische Rolle des Experten genügt nicht mehr — notwendig ist die Entwicklung zum Trusted Advisor, der sich sowohl durch hohe fachliche Expertise als auch durch hohe Beziehungsqualität auszeichnet (siehe Kapitel 4).

Mit Wert-Honoraren zu arbeiten, setzt eine veränderte Arbeitseinstellung voraus, die den gesamten Prozess mit dem Kunden prägt. Das heißt vor allem, von Anfang an der Beziehung zum Entscheider vor einem Abschluss den Vorrang zu geben. Der Berater spricht ausführlich mit dem Entscheider und arbeitet dessen geschäftliche und persönliche Ziele heraus.

Die veränderte Arbeitseinstellung bedeutet auch, dem Kunden erst ein Angebot zu machen, wenn das gewünschte Beratungsergebnis und dessen Wert definiert sind. Ziele und Nutzen des Kunden sind der einzig mögliche Maßstab, um ein Angebot zu machen. Möchte der Kunde seine Ziele nicht darlegen, kann der Berater kein Angebot erstellen. Dann investiert er weiter in die Beziehung, führt weitere Gespräche, damit sein Gegenüber Vertrauen fasst und sich öffnet. Kennt er endlich die Ziele und deren Wert, schreibt er das Angebot — erst jetzt erfährt der Kunde das geforderte Honorar.

Häufig entsteht auf diese Weise eine lange Phase der Unsicherheit, in der Berater und Entscheider zueinander in enger Beziehung stehen, der mögliche Auftrag aber in der Schwebe bleibt. Diese Ambivalenz, einerseits eine gute Beziehung aufzubauen, andererseits völlig im Unklaren über die Chancen des Auftrags zu bleiben, muss der Berater aushalten können. Die Verlockung ist groß, relativ früh eine Honorarspanne zu nennen und so den ambivalenten Zustand zu beenden. Dies widerspräche jedoch der Idee des Wert-Honorars, denn die Aufmerksamkeit des Kunden würde dadurch vom Nutzen der Beratung abgelenkt und sich nun der Honorarfrage widmen.

Modell mit Risiken

Das Wertmodell ist nicht für jede Zielgruppe und jede Arbeitsweise geeignet. Es kann immer wieder vorkommen, dass ein Kunde eine standardisierte Beratungsleistung einkaufen möchte. Zum Beispiel sucht ein Kunde für eine gewisse Zeit einen IT-Projektleiter, dessen Aufgabe und Expertise klar definiert sind. In diesem Fall macht es wenig Sinn, ein Wert-Honorar ins Spiel zu bringen. Der Kunde möchte einen Experten kaufen, aber keinen Trusted Advisor. Die Entwicklungschance des Beraters liegt hier eher in der Frage: Will ich mich zum Trusted Advisor entwickeln? Und was müsste ich dafür verändern?

Ebenso wird es Kunden geben, die den Schritt zum Wert-Honorar nicht mitgehen wollen und stattdessen lieber einen Berater beauftragen, der nach dem vertrauten Zeit-gegen-Geld-Modell abrechnet. Solche Reaktionen wird es geben, davon dürfen Sie sich nicht irritieren lassen. Der Weg zum Wert-Honorar lässt sich nicht ohne Risiken gehen.

Wenn sich die negativen Reaktionen jedoch häufen, ist das ein Warnzeichen. Es deutet auf einen Fehler in der Umsetzung des Wertmodells oder auf ein Defizit beim Geschäftsmodell hin. Vielleicht ist das Nutzenversprechen nicht klar oder die Gesprächsführung war nicht gut. Oder der Berater ist in einer Expertenschublade gelandet und der Kunde glaubt, ihn durch einen anderen, preiswerteren Experten ersetzen zu können. Einem echten Trusted Advisor würde das nicht passieren!

Wohlige Gewohnheit versus Leben in Ambivalenz

Selbstverständlich ist es völlig in Ordnung, »Zeit gegen Geld« abzurechnen. Wichtig erscheint mir nur, sich dann auch bewusst für dieses Modell zu entscheiden — in Kenntnis der Alternativen, der Vor- und Nachteile, der Chancen und Risiken. Es kann sich allerdings lohnen, Zeit und Energie zu investieren und die wohlige Gewohnheit hier einmal zu hinterfragen.

Das Modell »Zeit gegen Geld« ist eingeführt, einfach zu handhaben und beim Kunden etabliert. Das sind unbestreitbare Vorteile. Doch fassen wir auch die Nachteile noch einmal zusammen:

→ *Die Bezahlung richtet sich nach dem Aufwand und nicht nach dem Nutzen.* Sie ist daher eher unfair — für den Berater, wenn das Ergebnis mehr, für den Kunden, wenn es weniger wert ist als der kalkulierte Aufwand.

→ *Die Konzentration auf den Aufwand lenkt den Fokus in eine falsche Richtung.* Anstatt den Schulterschluss zu suchen und gemeinsam um das bestmögliche Ergebnis zu ringen, beeinträchtigen gegensätzliche Interessen den Beratungsprozess. Der Berater möchte möglichst viele Stunden verkaufen, der Kunde den Aufwand möglichst gering halten.

→ *Der Berater gerät in die Linearitätsfalle.* Um mehr Ertrag zu erhalten, muss er den Umsatz erhöhen — wobei der Ertrag immer nur proportional zum Umsatz steigt. Die Folge: Entweder sein Hamsterrad dreht sich immer schneller — oder seine Risiken steigen, weil er mehr Mitarbeiter einstellen muss.

→ *Der Tagessatz führt in die Vergleichbarkeitsfalle.* Der Kunde kann das Angebot problemlos mit anderen Angeboten vergleichen. Das gibt ihm die Möglichkeit, den Preis zu drücken oder sich gleich für das günstigste Angebot zu entscheiden.

Mit einer Pauschal- oder Werthonorierung lassen sich diese Nachteile vermeiden und es eröffnen sich neue Ertragschancen. Andererseits erfordert der Umstieg einen großen Kraftakt. Schon die Zwischenstufe einer pauschalen Honorierung stellt hohe Anforderungen, die alle erfüllt sein müssen:

→ *Die Hausaufgaben sind erledigt.* Die persönlichen Ziele und die Unternehmensziele sind definiert; Sie wissen, wohin Sie wollen. Nutzenversprechen und Marke sind klar herausgearbeitet.

→ *Der Kunde will Sie als Berater haben.* Das impliziert einen funktionierenden Wertemagnet. Zudem ist der Kunde überzeugt, dass Sie sein Problem lösen können.

→ *Der Kunde akzeptiert das Pauschalmodell.* Meistens erfordert die Akzeptanz eines Pauschal-Honorars ohne Angabe des kalkulierten Aufwands viel Überzeugungskraft, weil das Zeit-gegen-Geld-Honorar eingespielt und vertraut ist.

→ *Sie beherrschen das Handwerkszeug.* Dazu gehören vor allem Gesprächstechniken, um die Ziele des Kunden zu ermitteln. Ebenso zählen der Umgang mit Einwänden und das Erstellen der Angebote zum Handwerkszeug.

Noch einmal deutlich höhere Ansprüche stellt das Wertmodell. In der Praxis hat sich immer wieder gezeigt, dass es dafür eine veränderte Arbeitshaltung braucht und auch den unbedingten Wunsch, als Trusted Advisor zu arbeiten.

Wer mit Wert-Honoraren arbeitet, muss auch mit Ambivalenz und Angst leben können — ein häufig unterschätzter Aspekt. Im Vorfeld des Angebots baut der Berater über längere Zeit eine Beziehung zum Entscheider auf, ohne das Honorarthema anzusprechen. Bis zum Schluss gibt es keinerlei Signal, ob der Auftrag zustande kommt.

Wie entscheiden Sie? Möchten Sie die erforderliche Zeit und Energie investieren, auch die Risiken in Kauf nehmen, die mit dem Umstieg auf Pauschal- und Wert-Honorare verbunden sind? Die Antwort hängt in erster Linie von Ihren persönlichen Zielen ab.

Einem Einzelkämpfer, für den das Ertragsziel im Vordergrund steht und der eine hohe sechsstellige oder gar eine siebenstellige Summe Ertrag erzielen möchte, bleibt wohl nur die Möglichkeit, den Hebel des Wert-Honorars zu nutzen. Mit »Zeit gegen Geld« ist dieses Ziel kaum erreichbar. Wer hingegen sein Geschäft eher klein halten und sich mehr inhaltlichen Themen widmen möchte, verzichtet möglicherweise bewusst auf den Wechsel zu einem anderen Honorarmodell. Um seine Ziele zu erreichen, reicht es ihm, die Honorare stabil zu halten.

Kapitel 6

Positionierung

Positionierung

Ein kleines Beratungsunternehmen feierte erste Erfolge. Zwei langjährige Projektleiter aus der Industrie hatten sich zusammengefunden und als Projektmanagement-Berater selbstständig gemacht. Die ersten Aufträge kamen; hoch motiviert bauten sie das Geschäft weiter aus. Noch im ersten Jahr meldete sich ein Kunde, der offensichtlich sehr zufrieden war, mit einem weiteren Anliegen: Die Abläufe im Einkauf müssten dringend optimiert werden, erklärte er. »Da Sie unser Unternehmen ja bereits kennen, habe ich an Sie gedacht. Das können Sie doch auch?«

Eigentlich ist Prozessoptimierung nicht das Feld, auf dem die beiden Berater zu Hause sind. Ihr Thema ist Projektmanagement. Doch was spricht dagegen, auch einmal einen Auftrag zu übernehmen, bei dem man nicht sofort eine Antwort parat hat? Ist es nicht ureigene Aufgabe einer Unternehmensberatung, Lösungskompetenz zu entwickeln und Antworten auf neue Probleme zu finden? Die Berater sahen die Anfrage als Herausforderung und Chance, sich weiterzuentwickeln. Sie zögerten nicht lange und sagten zu.

Zunächst dachten die beiden Inhaber daran, sich das Wissen für diesen Auftrag selbst anzueignen, entschieden sich aber doch, einen Berater mit

Erfahrung in der Prozessoptimierung hinzuzuziehen. Das Projekt verlief erfolgreich, ebenso die Zusammenarbeit mit dem neuen Kollegen — und so entschied man sich, diesen Berater einzustellen. Das Beratungsunternehmen verfügte damit neben dem Projektmanagement über einen weiteren Kompetenzbereich.

Wenig später gesellte sich das Thema Personalplanung hinzu. Eigentlich hatte man auch damit bislang nichts zu tun. Doch während eines Projekts bei einem großen Mittelständler stellte sich Handlungsbedarf in der Personalplanung heraus. Also bot man das gleich mit an, erhielt den Auftrag — und erweiterte das Portfolio erneut. Nach diesem Muster ging es weiter. Eins ergab das andere. Unter anderem kamen die Beratungsfelder Qualitätsmanagement und Risikomanagement hinzu.

Alles in allem agierte das Beratungsunternehmen recht erfolgreich. Immer wieder erweiterte es sein Aufgabenfeld und stellte dazu neue Mitarbeiter ein. Doch die Entwicklung war zufallsgetrieben. Auch mit Blick auf die Zielgruppe: Angetreten waren die Inhaber mit einem Angebot für Großunternehmen, doch schon bald kamen die interessanteren Aufträge von Mittelständlern. Die Folge dieser Entwicklung war nach wenigen Jahren ein völlig zerfranstes Portfolio aus Leistungen und Zielgruppen.

Die Lage stimmte die Inhaber nachdenklich. »Wie soll das weitergehen? Wo stehen wir in drei Jahren? Mit welchen Leistungen und Zielgruppen sollen wir unseren Wachstumskurs fortsetzen?« Die beiden verabredeten sich zu einem Strategietag, um sich ernsthaft mit der Positionierung ihres Unternehmens auseinanderzusetzen. Als Grundlage dienten ihnen die Empfehlungen einschlägiger Marketingexperten, die Beratern seit jeher einflüstern: Du brauchst eine Alleinstellung, du musst dich positionieren, du musst eine Nische besetzen.

Nische heißt, sich auf bestimmte Zielgruppen und bestimmte Leistungen ausschließlich zu konzentrieren. Und zwar sehr eng gefasst, sonst wäre es keine Nische. Unserer beiden Berater drehten und wendeten das Nischenthema. Sie bildeten Szenarien, spielten Varianten durch — und stießen jedes Mal auf ein großes Aber. »Nische A wäre eine Möglichkeit, aber was machen wir dann mit Mitarbeiter Müller? Bei Nische B könnten wir unsere Berater alle mitnehmen, aber dann würden wir drei unserer treuesten A-Kunden verlieren. Dieses Potenzial dürfen wir auf keinen Fall vergeben!« So überlegten sie hin und her und kamen zu keinem Schluss.

Also wandte man sich der Suche nach einem Alleinstellungsmerkmal zu. Vielleicht bot sich ja damit die Möglichkeit, eine klare Positionierung zu finden. Alleinstellung heißt: Wir können etwas, was andere nicht können. Diese Besonderheit muss zudem leicht kommunizierbar sein und vor allem auch dem Kunden einen Nutzen bieten. Die Inhaber gingen ihr Portfolio durch. Projektmanagement, Prozessoptimierung, Personalplanung, Qualitätsmanagement, Risikomanagement — alles Angebote, in denen das Unternehmen erfolgreich war. Doch worin bestand das Alleinstellungsmerkmal? Sie überlegten, diskutierten — und gaben schließlich auf. Am Ende des Strategietages hatten sie weder eine Nische noch eine Alleinstellung gefunden.

Was die Inhaber dieses Beratungsunternehmens durchlebten, ist ein Beispiel für die klassische Positionierungs-Odyssee. Nur wenige Beratungsunternehmen sind in der glücklichen Lage, eine Nische zu finden oder die Bedingungen einer Alleinstellung zu erfüllen. Die allermeisten Berater führt die Suche danach strategisch in die Irre, weil es diese Nische oder Alleinstellung für sie kaum gibt. Eine frustrierende Situation!

Doch es gibt eine Möglichkeit, die Odyssee zu beenden. Letztlich wollen wir Berater doch nur eines: Der Entscheider soll an uns denken, wenn er ein Problem hat, das wir lösen können. Ziel ist es, zu den drei oder vier Namen zu gehören, die ihm in dieser Situation einfallen — also auf seiner »mentalen Shortlist« zu stehen. Um auf diese Liste zu kommen, braucht es zweierlei:

→ Eine Positionierung mit einem klaren Nutzenversprechen, das den Kopf des Entscheiders anspricht.

→ Eine Marke mit einer klaren Markenemotion, die den Bauch des Entscheiders anspricht.

Beides zusammen bildet das Vehikel, mit dem es möglich ist, bis auf die mentale Shortlist des Entscheiders vorzudringen. Mit dem ersten Teil der Strategie, dem sachlichen Nutzen, befassen wir uns in diesem Kapitel; anschließend folgt in Kapitel 7 die Markenemotion.

Mit diesem Ansatz rücken wir ab von der klassischen Positionierungsidee, die auf eine Alleinstellung im Markt abzielt. Anstatt gegenüber den Wettbewerbern krampfhaft nach einem Unterscheidungsmerkmal zu suchen, konzentrieren wir uns auf den potenziellen Kunden: Bei ihm wollen wir den Unterschied machen, ihm wollen wir auffallen und im Gedächtnis haften bleiben.

Der Lkw-Satz

Wie kommen wir nun in den Kopf des Entscheiders? Zwei Bedingungen müssen erfüllt sein. Erstens benötigen wir eine Botschaft, die an etwas Vorhandenes andockt; nur dann wird ein potenzieller Kunde uns überhaupt wahrnehmen. Zweitens müssen wir ihm etwas Einprägsames und Merkenswertes anbieten; nur dann wird er die Botschaft im Gedächtnis behalten.

Bedingung 1: **Andocken — und in die richtige Schublade gesteckt werden**

An einem Januarmorgen 2007 zur Rushhhour. In einer U-Bahn-Station in Washington D.C. steht ein Mann im Straßenanzug, eine Baseballkappe auf dem Kopf, eine Violine in der Hand. Er beginnt mit Johann Sebastian Bachs anspruchsvoller Chaconne in d-Moll. Sein Spiel ist außergewöhnlich gut. Doch die Menschen strömen achtlos vorbei. Sie kommen die Rolltreppe hochgefahren und eilen wie gewohnt den Ausgängen zu.

Drei Minuten lang passiert nichts, dann wirft jemand ein Geldstück in den offenen Geigenkasten. Der Musiker lässt sich nicht beirren. Er fährt fort mit Stücken von Franz Schubert und anderen Komponisten klassischer Musik. Nur sehr wenige Menschen bleiben stehen, hören eine Weile zu und geben etwas Kleingeld. Nach 43 Minuten beendet er das Konzert, sammelt die Münzen ein, verstaut sorgfältig sein Instrument und verlässt den unwirtlichen Ort.

Was die Passanten nicht wussten: Der Mann war der weltberühmte Violonist Joshua Bell, der diesen Auftritt zusammen mit einem Journalisten der Washington Post inszeniert hatte. Er verkleidete sich als Straßenmusiker, stellte sich in die Metrostation und trat dort inkognito mit seiner Stradivari-Violine auf. Das Experiment wurde mit einer versteckten Kamera aufgenommen. Von fast 1.100 Personen, die an ihm vorbeigingen, blieben sieben stehen. Eine Person erkannte ihn. Joshua Bell, der weltweit schon mit nahezu allen bedeutenden Orchestern und Dirigenten unserer Zeit aufgetreten ist, verdiente mit seinem Auftritt 32,17 Dollar — plus weitere 20 Dollar von der Person, die ihn erkannt hatte.[7]

Wir docken immer an unseren Vorerfahrungen an, so zeigt diese Erfahrung von Joshua Bell. Er spielt auf der Straße und nicht in der Carnegie-Hall. Damit ist er für uns ein Straßenmusiker, was automatisch etwas über seine Wertigkeit aussagt. Wir stecken ihn in die Schublade »Straßenmusiker«, nicht in die Schublade »weltberühmter Musiker«. Und damit ist er auch nicht so viel wert wie ein berühmter Musiker.

Das Experiment führt eindrucksvoll vor Augen, wie sehr dieses Schubladendenken unsere Wahrnehmung prägt. Und es lehrt uns, übertragen auf die Positionierung eines Beraters: Wir müssen im Kopf des Entscheiders von vornherein die richtige Schublade bedienen. Die Herausforderung liegt darin, mit der eigenen Botschaft im Kopf des Entscheiders nicht nur auf eine vertraute Schublade zu treffen, sondern zugleich auf die richtige.

Mit diesem Problem kämpften auch lange Zeit systemische Berater. Viele Kunden nahmen sie zu unrecht als eher kompliziert und praxisfern wahr, weil sie sich viel mit Theorie beschäftigten und ihren theoretischen Hintergrund als Differenzierungsmerkmal herausstellten. Im Kopf des Entscheiders ent-

---

[7] Wolfgang Schreiber: »Kleingeld für den Star«, Süddeutsche Zeitung, 13. Dezember 2008.

stand dadurch eine Schublade mit dem Etikett »sehr theoretisch«. Wer nunmehr mit systemischer Beratung warb, landete sofort in dieser Schublade und hatte oft große Mühe, mit seinem Angebot noch Gehör zu finden.

Wann immer Sie sich im Kopf eines Menschen positionieren wollen, gilt es vorher zu überlegen: »Was weiß er bereits von mir und meinem Thema? Und wie kann ich daran anknüpfen?« Jeder potenzielle Kunde verfügt bereits über ein bestimmtes Wissen oder bestimmte Erfahrungen, an die Sie mit Ihrem Angebot andocken können. Es gilt also, eine vorhandene Schublade zu finden, die zudem zu Ihrer Botschaft passt.

Bedingung 2: **Im Gedächtnis haften bleiben**

Andocken alleine genügt nicht. Ihr Angebot muss sich auch im Kopf des Entscheiders einprägen. Schließlich soll er an Sie denken, wenn er Ihre Dienstleistung eines Tages benötigt. Angenommen Ihr Unternehmen optimiert Geschäftsprozesse. Dann sollte sich im Gedächtnis möglichst vieler Interessenten die Botschaft festsetzen, dass Sie genau für dieses Thema der beste Berater sind.

Wie kann das gelingen? Am ehesten mit einem einzigen Satz, der den Kernnutzen Ihres Angebots ausdrückt und zudem auffällt. Stellen Sie sich einen Lkw vor, auf dem in großen Lettern dieser eine Satz steht. Zwei Entscheider sitzen im Auto, der Lkw fährt an ihnen vorbei, und der eine sagt zum anderen: »Sieh mal, das könnten wir doch auch gut gebrauchen!«

Es geht also darum, »Lkw-Aufmerksamkeit« zu erzeugen. Mit einem einzigen Nutzensatz. Hier einige Beispiele:

→ Eine Projektmanagement-Beratung: »Wir drehen Projekte.« Mit nur drei Worten bringt dieses Beratungsun-

Abbildung 6.1: Kernnutzen auf einen Blick: Der Lkw-Satz

ternehmen seinen Kernnutzen auf den Punkt — nämlich Projekte kurz vor dem Scheitern noch einmal herumzureißen.

→ Eine Organisationsberatung: »Wir senken die Prozesskosten mindestens um 20 Prozent.« Das ist eine steile Ansage, aber eben doch viel einprägsamer als die schlichte Mitteilung: »Wir bieten Prozesskostenoptimierung.«

→ Eine Strategieberatung: »Wir finden drei Geschäftschancen, an die Sie garantiert nicht gedacht haben.« Das ist weit mehr als ein nüchternes Nutzenversprechen! Der Satz formuliert einen hohen Anspruch, der neugierig macht und im Gedächtnis haften bleibt.

→ Ein Führungsberater: »Ihre Mitarbeiter wollen Ihren Erfolg, wenn Sie mit mir arbeiten.« Auf bemerkenswerte Weise hebt sich dieser Satz von den üblichen Versprechungen ab, Führung oder Motivation der Mitarbeiter zu verbessern.

→ Eine Business-Intelligence-Beratung: »Wir sind die BI-Elite-Truppe.« In diesem Satz beschreibt »Business Intelligence« das Tätigkeitsfeld, während das Nutzenversprechen im Begriff »Elite-Truppe« steckt. »Mit uns bekommen Sie die Elitetruppe für besondere Fälle«, lautet die damit verbundene Botschaft. Sie richtet sich an potenzielle Kunden, die sich selbst als elitär bezeichnen und deshalb auf diese Besonderheit ansprechen.

Der Grundgedanke liegt darin, aus dem gesamten Angebot einen Kernnutzen auszuwählen und in einem Satz auszudrücken. Die Anforderungen an diesen scheinbar einfachen Satz sind hoch: Er spricht etwas Vertrautes an, um an einer vorhandenen Schublade anzudocken, ist aber ungewöhnlich genug, um in der Flut der Nutzenversprechen aufzufallen. Zugleich enthält er eine selbstbewusste Botschaft des Beraters zur eigenen Wirksamkeit — letztlich eine Vision des eigenen Unternehmens. Sätze wie »Wir drehen Projekte« oder »Wir senken Prozesskosten um 20 Prozent« sind eine echte Ansage. Sie enthalten ein selbstbewusstes Voranschreiten, das den Berater selbst, seine Organisation und ebenso seine Kunden antreibt.

Lösung für ein sehr breites Portfolio

Viele Beratungsunternehmen verfügen über ein sehr breitgefächertes Portfolio und tun sich deshalb schwer, ihr gesamtes Angebot unter einem zentralen Nutzenversprechen zu subsumieren. Sehr oft hilft hier der Versuch, einen übergeordneten Nutzen zu finden. Mit einer Aussage wie »Wir drehen Projekte« oder »Wir sind die BI-Elite-Truppe« lässt sich eine breite Palette an Angeboten abdecken. Vielleicht schaffen Sie es, ein attraktives übergeordnetes Nutzenversprechen zu finden, dem sich zumindest 70 bis 80 Prozent Ihrer Leistungen zuordnen lassen. Sofern darin die Ertragsprodukte enthalten sind, lässt sich die damit verbundene Einschränkung verschmerzen.

Gelingt das nicht, bleibt die Möglichkeit, das Portfolio in Geschäftsfelder aufzuteilen und für jedes Geschäftsfeld ein eigenes Nutzenversprechen zu definieren (Abbildung 6.2). Eine Strategieberatung mit rund vierzig Beratern hat ihr Portfolio zum Beispiel in folgende drei Geschäftsfelder gegliedert und hierfür jeweils ein eigenes Nutzenversprechen festgelegt:

Geschäftsfelder einer Strategieberatung	Zentrales Nutzenversprechen (»Lkw-Spruch«)
Geschäftsfeld 1: Geschäftschancenentwicklung	»Wir finden mindestens drei neue Geschäftschancen für Sie«
Geschäftsfeld 2: Strategische Weiterentwicklung	»Mit uns bleiben Sie vorne im Verdrängungswettbewerb«
Geschäftsfeld 3: Benchmarking für Innovationsprozesse	»Wir bringen Ihnen Lösungen aus anderen Branchen, die Sie so nicht erwartet hätten«

Abbildung 6.2: Ein eigenes Nutzenversprechen für jedes Geschäftsfeld

Drei unterschiedliche Geschäftsfelder mit jeweils einem eigenen Lkw-Spruch: Dem Unternehmen ist es gelungen, ein breites Angebot strategisch sauber zu gliedern. Jedes Geschäftsfeld kann einen eigenen Bereich auf der Webseite erhalten und eigenständig beworben werden.

In meiner Beratung habe ich den Anspruch, ein übergreifendes Nutzenversprechen zu finden. Fast immer gelingt das auch. In Einzelfällen kann es aber sinnvoll sein, das gesamte Portfolio in mehrere Geschäftsfelder aufzuteilen.

Den Kernnutzen erarbeiten

Der Kernnutzen ist Dreh- und Angelpunkt der Kommunikation für das Unternehmen oder des einzelnen Geschäftsfelds, je nachdem wie es entschieden wurde.

Dem Kernnutzen auf die Spur zu kommen, ist jedoch ein recht aufwendiger Prozess. Die Vorgehensweise folgt auch hier keiner exakt wissenschaftlichen Methodik wie etwa bei einer Rechenaufgabe, bei der man A und B bearbeitet und C erzielt. Vielmehr nähern wir uns dem Ergebnis anhand einer Reihe praxisbewährter Übungen an.

Zunächst spüren Sie die verschiedenen potenziellen Nutzen auf, über die Ihr Unternehmen ganz generell verfügt. Im zweiten Schritt wählen Sie anschließend daraus genau einen Nutzen aus, den Sie sich zukünftig als Kernnutzen für Ihr Unternehmen oder für Ihren jeweiligen Geschäftsbereich auf die Fahne schreiben.

Identifikation der potenziellen Nutzen

Welchen unterschiedlichen Nutzen erbringen Sie Ihren Kunden? Ziel der folgenden Übungen ist es, die verschiedenen potenziellen Nutzen Ihres Unternehmens herauszufinden. Wählen Sie aus den sieben Übungen zwei oder drei aus. Es kann sich lohnen, hier nicht nur vertraute Übungen herauszugreifen, sondern auch eine, die ungewohnt erscheint und etwas Überwindung kostet, vielleicht sogar Widerstände auslöst. Oft erweist sich gerade diese Übung als besonders ertragreich.

Sofern Sie nicht Alleinunternehmer sind, sollten Sie auch Ihre Partner einbeziehen.

Übung 1: **Liste der vergangenen Projekte**

Listen Sie die Projekte der letzten sieben Jahre auf. Versetzen Sie sich dann zurück in jedes einzelne Projekt, und rekapitulieren Sie:

→ Welche Entscheider haben Sie gebucht?

→ Wie lautete der Auftrag? Wie genau hatte der Kunde sein Anliegen beschrieben? Notieren Sie möglichst wörtlich seine Formulierung.

→ Was war die Ausgangssituation gemäß Ihrer Analyse?

→ Wie sind Sie vorgegangen?

→ Was war das Ergebnis des Projektes? Woran wurde das Ergebnis gemessen oder nachgewiesen? Welche spürbaren Veränderungen hat das Projekt gebracht?

→ Was hat das Projektergebnis dem Entscheider gebracht? Welchen persönlichen Nutzen hatte er davon?

→ Welche Quick Wins wurden erzielt?

→ Welche überraschenden Ergebnisse gab es, mit denen keiner gerechnet hatte?

→ Angenommen der Entscheider hätte nach Abschluss des Projekts einen Kollegen abends an der Bar getroffen: Was hätte er ihm über das Projekt erzählt? Und was hätte er später am Abend, nach dem vierten oder fünften Bier darüber gesagt?

Zugegeben, es ist ein ziemlicher Aufwand, alle diese Fragen für jedes Projekt zu beantworten. Haben Sie sich aber erst einmal in die Übung hineingefunden, können Sie mit einem sehr anregenden Erkenntnisprozess rechnen. Viele Dinge sind uns selbstverständlich und fallen erst auf, wenn wir sie uns bewusst machen. Genau das bezweckt diese Übung: Sie listen die zahlreichen Selbstverständlichkeiten auf, die Ihr Unternehmen ausmachen. Das Ergebnis liegt schwarz auf weiß vor Ihnen — und jetzt fallen Ihnen Häufungen auf, die auf Besonderheiten Ihres Unternehmens hinweisen.

Am Ende der Übung ziehen Sie ein Fazit. Welchen unterschiedlichen Nutzen erbringt Ihr Unternehmen? Welche kleinsten gemeinsamen Nenner lassen sich über alle Projekte hinweg feststellen? In der Regel ergibt sich eine Liste von drei oder vier potenziellen Nutzen.

Übung 2: **Typische Kundenprobleme**

Notieren Sie typische Probleme Ihrer Kunden. Und zwar wortwörtlich — genau so, wie es der Kunde formulieren würde. Blicken Sie dabei nicht nur zurück und in die Gegenwart, sondern auch in die Zukunft: Mit welchen Problemen wird der Kunde da kämpfen? Und wie würde er diese Probleme artikulieren?

Befassen Sie sich nun eingehender mit den einzelnen Problemen. Gehen Sie dabei in zwei Stufen vor:

→ *Stufe 1:* Überlegen Sie, welche Antwort der Kunde normalerweise auf dieses Problem erhält. Was bietet ihm der durchschnittliche Berater? Beschreiben Sie diese Lösung.

→ *Stufe 2:* Überlegen Sie, was der Kunde bei Ihnen über die typische Lösung hinaus noch erhält. Was sind die zehn bis 20 Prozent Mehrnutzen, mehr an Problemlösung, mehr an Überraschung, die Sie anbieten?

Dieses Mehr können besondere Inhalten sein, aber auch besondere Fähigkeiten, Erfahrungen, Verhaltensweisen und Kontakte, die Ihr Unternehmen in den Beratungsprozess einbringt. Greifen Sie hierzu auf Ihre Überlegungen bei der Erarbeitung des Geschäftsmodells zurück (Kapitel 4, Abschnitt »Die Tätigkeit«, Unterabschnitt »Stärken und Fähigkeiten«).

Ergebnis der Übung können Aussagen etwa in der Art sein: »Wir verfügen über exzellente Kontakte zu möglichen Kapitalgebern, die unseren Kunden helfen können.« – »Durch unser Vorgehen erreichen wir deutlich höhere Ergebnisse, als der Kunde es erwartet. Oft 10 bis 20 Prozent mehr.« — »Unsere Berater sind jung, daher besonders flexibel und einsatzfreudig. Das sorgt zwar manchmal für Irritationen, bringt die Organisation beim Kunden aber am Ende deutlich weiter.«

Wenn Sie die Aussagen durchgehen, dürften auch hier wieder drei bis vier besondere Nutzenaspekte ins Auge fallen.

Übung 3: **Großes Plakat**

Nehmen Sie ein DIN-A1-Blatt, also ein großes leeres Plakat. Schreiben Sie darauf alle Adjektive, die Ihnen zu Ihrem Unternehmen einfallen. Zum Beispiel: super-dynamisch, elitär, besonders unterhaltsam, humorvoll, nahbar, sehr persönlich ...

Notieren Sie im nächsten Schritt zu jedem Adjektiv eine kurze Erläuterung. Was meinen Sie zum Beispiel mit »sehr persönlich«? Die Antwort kann sein: »Ich bin zu jedem Zeitpunkt für den Kunden erreichbar, auch privat am Wochenende.«

Zusätzlich zu den Adjektiven notieren Sie auf dem Plakat einige Leitsprüche, die für Ihr Unternehmen typisch sind. Fügen Sie auch hier jeweils eine kurze Erklärung hinzu, beispielsweise: »Früher Vogel fängt den Wurm«, und dazu ergänzend den Hinweis: »Wir sind dem Kunden gedanklich und von unserem Einsatz her immer einen Schritt voraus — und können ihm daher besonders gut helfen.«

So entsteht ein auf dem Plakat ein Potpourri aus Adjektiven, Leitgedanken und kurzen Erläuterungen. Markieren Sie nun Eigenschaften und Aussagen, die Ihnen besonders wichtig erscheinen — und bilden Sie wieder gemeinsame Nenner. Auch diese Übung lässt sich sehr schön zusammen mit den Mitinhabern durchführen.

Übung 4: **Collage**

Entwerfen Sie eine Collage, die Ihr Unternehmen charakterisiert. Möglichst wieder gemeinsam mit den Mitinhabern. Vereinbaren Sie dazu einen Termin in zwei Wochen. Bis dahin bekommt jeder die Aufgabe, Bilder zu suchen, auszuschneiden und mitzubringen. Und dann heißt es: puzzeln, kleben, malen und diskutieren!

Die Übung wirkt gewöhnungsbedürftig. Sie hat sich jedoch als hervorragende Möglichkeit bewährt, den verschiedenen potenziellen Nutzen auf die Spur zu kommen. Beim Basteln an einer Collage verlassen wir Berater unseren gewohnten kopflastigen Arbeitspfad. So eröffnen wir Neuem eine Chance — und entdecken Möglichkeiten, auf die wir bei rationalem Nachdenken nicht kommen.

Blättern Sie also in den nächsten zwei Wochen in Zeitungen, Zeitschriften oder Katalogen. Sammeln Sie Bilder, die Sie mit Ihrem Unternehmen oder mit der Qualität Ihrer Arbeit assoziieren.

Da entdeckt Berater A in einer Zeitung ein Bild von einem Mann, der nachts im Büro sitzt und konzentriert im Schein einer Lampe arbeitet. Seine Assoziation ist: »Wir beißen uns durch. Selbst bei Nacht, wenn wir müde sind, ist das für uns kein Problem.« Berater B sieht das Bild eines Gepards und denkt: »So sind wir auch! Wir schlagen für den Kunden blitzartig zu.« Dann fällt ihm eine Uhr auf: »Ja, genau, Status ...«

Berater C schneidet eine Excel-Tabelle aus. »Das trifft es«, denkt er. »Wir sind ja besonders gut darin, Fakten zusammenzutragen und für den Kunden aufzubereiten.« Auch eine Mindmap zählt zu seiner Sammlung — »weil wir für unsere Kunden nachhaltige Strukturen schaffen.«

Nach zwei Wochen stehen Sie vor der fertigen Collage. Überlegen und diskutieren Sie, welche Besonderheiten ins Auge stechen. Was charakterisiert Ihr Unternehmen besonders gut? Vielleicht dreht sich vieles um Bewegung, Veränderung oder Geschwindigkeit. Dann scheint Dynamik ein Punkt zu sein, der für Ihr Unternehmen typisch ist.

Die Ergebnisse helfen, das Nutzenversprechen zu identifizieren, geben aber auch schon wertvolle Hinweise auf die Markenemotion (siehe Kapitel 7).

Übung 5: **Nebensätze der Kunden**

Manchmal sind Bemerkungen, die ein Kunde so einfach dahinsagt, besonders wertvoll:

→ »Ich finde das toll, Sie sind immer zur Stelle, wenn wir Sie brauchen.«

→ »Mir ist aufgefallen, dass sich Ihre Leute wirklich reinknien.«

→ »Es gelingt Ihnen gut, unsere Sprache zu sprechen.«

→ »Wenn's darum geht, ein Ergebnis auch mal nach oben zu dokumentieren, lassen Sie uns nie im Stich.«

→ »Uns gefällt, wie Sie immer noch die letzten 2 Prozent rausholen.«

Solche Aussagen fallen oft nebenbei. Kleine Sätze, die wir Berater meistens schnell wieder vergessen. Oft sind es Aspekte, die wir selbstverständlich finden, der Kunde aber als etwas Besonderes erlebt. Sie deuten möglicherweise auf einen Kernnutzen hin, den wir bislang völlig übersehen haben.

Sammeln Sie also eine Zeit lang diese »Nebensätze der Kunden«. Oder holen Sie Ihre Mitinhaber zusammen und tragen Sie die Sätze aus dem Gedächtnis zusammen. Und überlegen Sie dann: Welche Besonderheiten stehen dahinter, die auf einen Kernnutzen hinweisen? Natürlich können Sie hierzu auch das Gespräch mit den betreffenden Kunden suchen und gezielt nachhaken: »Sie haben doch einmal gesagt, dass wir so gut Ihre Sprache treffen. Was meinen Sie eigentlich genau damit?«

Übung 6: **Helden- und Horrorgeschichten sammeln**

Aus Ihrem Berateralltag kennen Sie jede Menge Geschichten. Wie das X-Projekt gerade noch ein gutes Ende nahm. Oder wie das Y-Projekt komplett aus dem Ruder lief. Zu Ihrem Fundus zählen Storys von Projekten, die fantastisch funktioniert haben, aber auch von Projekten, die gescheitert oder beinahe gescheitert sind. Also Helden- und Horrorgeschichten.

Schreiben Sie jeweils Ihre sieben aufregendsten Helden- und Horrorgeschichten auf. Was haben Sie dabei erlebt? Wie ist es Ihren Mitarbeitern und Partnern ergangen?

Überlegen Sie zu jeder Erfolgsgeschichte:

→ Was haben wir Besonderes gemacht und geleistet?

→ Warum hat etwas so gut funktioniert? Was hat es uns, was dem Kunden gebracht?

Genauso nehmen Sie sich die Horrorgeschichten vor und überlegen als Nächstes:

→ Woran ist das Projekt gescheitert? Was genau ist schiefgelaufen?

→ Warum waren wir da so genervt?

→ Warum konnten wir unsere Leistung nicht entfalten?

→ Gegen welche unserer Werte oder Vorstellungen hat das Projekt möglicherweise verstoßen?

Indem Sie sich über die Geschichten Gedanken machen, erfahren Sie viel sowohl über Ihre Arbeitsweise als auch über den Nutzen, den Sie Ihren Kunden erbracht haben.

Ein Beispiel. Beim Vergleich der Erfolgs- und Horrorgeschichten fällt dem Geschäftsführer einer IT-Beratung ein interessantes Muster auf: Unbefriedigend verliefen regelmäßig die Projekte, bei denen der Kunde starre Strukturen vorgab und auf fest geregelten Abläufen bestand. Die besten Ergebnisse gab es hingegen bei Projekten, in denen die Berater weitgehend freie Hand hatten. »Wir agieren eher wie ein Start-up«, folgert der Geschäftsführer, »wir sind sehr schnell, sehr wendig und experimentieren viel.«

Schnell, wendig, experimentierfreudig — diese Begriffe drücken auch schon aus, in welcher Richtung das Nutzenversprechen, aber auch die Markenemotion dieses Beratungsunternehmens liegen dürfte.

Übung 7: **Flow-Momente und Ärger-Momente**

Wann haben Sie sich während der Arbeit besonders gut, besonders sinnerfüllt gefühlt? Welche Situationen haben das richtige Maß an Herausforderung gebracht? Was waren die Momente, in denen es in Projekten wirklich gut lief? Notieren Sie diese Flow-Momente.

Tragen Sie die schönsten zehn Situationen der letzten zwei Jahren zusammen, gerne auch gemeinsam mit anderen. Brechen Sie die Übung nicht ab, suchen Sie wirklich zehn Flow-Momente. Nur so tauchen Sie wirklich tief ins Geschehen ein, und die Gedanken beginnen zu fließen:

→ »Ja, damals hatten wir ein Projekt, bei dem der Kunde uns voll vertraut hat. Er hat uns machen lassen, wir hatten totale Gestaltungsfreiheit. Deswegen ist das so gut gelaufen.«

→ »Das war ein Kunde, der das Projekt gleich auf zwei Jahre angelegt hat. Dass wir das so langfristig angehen konnten, war richtig gut.«

→ »Bei diesem Projekt wollte der Kunde die Ergebnisse laufend ganz genau wissen. Und das ist genau unsere Stärke! Wir können immer messen und zeigen, wo wir stehen und was wir machen.«

→ »Das war ein politisch hochanspruchsvolles Projekt! Genau in diesem politisch komplizierten Umfeld bewegen wir uns wie ein Fisch im Wasser. Das kriegen wir wirklich gut hin.«

Die Übung ist eine bewährte Möglichkeit, die eigenen Stärken und Werte aufzuspüren. Wieder erhalten Sie Hinweise auf besondere potenzielle Nutzen.

Nun bietet es sich an, die Übung noch einmal analog mit Ärger-Momenten durchführen: Listen Sie die Situationen auf, in denen Sie sich besonders geärgert haben. Als Ergebnis erhalten Sie Hinweise auf Vorgänge, die gegen Ihre Motive oder Werte verstoßen.

Wahl des zentralen Nutzenversprechens

Nach zwei oder drei Übungen dürften Sie ziemlich genau wissen, welche unterschiedlichen potenzielle Nutzen Sie Ihren Kunden anbieten. In der Regel haben sich drei oder vier Aspekte herauskristallisiert. Nun gilt es zu entscheiden: Welchen Einzelnutzen wollen Sie herausgreifen und zu Ihrem zentralen Nutzenversprechen oder zum Nutzenversprechen Ihrer jeweiligen Geschäftsfelder machen?

Alternativen noch einmal überprüfen

Bevor Sie entscheiden, sollten Sie die Alternativen noch einmal auf den Prüfstand stellen. Finden Sie hierzu jeweils konkrete Beispiele, wie sie Ihren Kunden genutzt haben oder in Zukunft nutzen könnten.

Angenommen, Sie haben Kostenoptimierung als besonderen Nutzen ausgemacht. Überlegen Sie, worin der Nutzen liegt. Der Kunde hat weniger Kosten, sicher. Aber was heißt das? »Na ja, in allen Projekten mindestens 10 Prozent«, das ist schon konkreter! Oder Sie stellen fest: »Weniger Kosten helfen dem Kunden, sein Unternehmen erfolgreicher zu machen.« Warum? »Weil damit mehr Geld für Neuentwicklungen frei wird.« Warum sind diese wichtig? »Weil er damit in seiner entwicklungsintensiven Branche die Nase vorne hat.«

Indem Sie die einzelnen Nutzen-Alternativen hinterfragen und weiter konkretisieren, erhalten Sie eine gute Entscheidungsgrundlage. Wählen Sie nun den Nutzen aus, den Sie zu Ihrem zentralen Nutzenversprechen machen.

Mit der Wahl des Nutzenversprechens treffen Sie eine wichtige Entscheidung. Der Lkw-Satz sollte daher zukunftsgerichtet sein und möglichst eine Vision ausdrücken, die das eigene Unternehmen wie die Kunden antreibt.

Wenn die Entwicklung des Nutzenversprechens auf Anhieb nicht befriedigend gelingt, ist das kein Grund zu verzweifeln. Wir sollten den Suchprozess sorgfältig durchlaufen, aber etwas Lockerheit wahren. Warum nicht etwas ausprobieren und gegebenenfalls korrigieren? Zum Beispiel können Sie ein Nutzenversprechen zunächst im Elevator-Pitch einige Male testen und die Reaktionen auswerten, bevor Sie damit in den Markt gehen.

Im Übrigen gilt der Leitsatz: Wir wollen Erfolg, keine Perfektion. Die letzten Nuancen bringen Perfektion, haben aber keinen Einfluss auf den Erfolg.

Grundregeln für den Lkw-Satz

Das zentrale Nutzenversprechen — das ist der Satz, der auf dem Lkw steht. Natürlich gibt es keine Zauberformel, um diesen zu formulieren. Grundlage sind jedoch die beiden Bedingungen, die erfüllt sein müssen, um in das Bewusstsein des Entscheiders zu kommen. Wir erinnern uns: Erstens braucht es eine Botschaft, die an vorhandenem Wissen anknüpft. Zweitens muss der Satz irgendwie auffallen; er braucht etwas Einprägsames.

Hieraus lassen sich zwei Kernregeln für das Formulieren des zentralen Nutzenversprechens ableiten:

→ *Regel 1:* Docken Sie an die Welt des Kunden an.

→ *Regel 2:* Bauen Sie einen Stolperer ein.

Um das Nutzenversprechen im Kopf des Kunden zu positionieren, braucht es zweierlei: Zum einen muss der Lkw-Satz auf Vorwissen treffen, damit der Interessent damit etwas anfangen und die Botschaft als vertrauenswürdig einstuft. Zum anderen darf er nicht völlig reibungslos am Vorwissen andocken. Es braucht etwas, was beim Gegenüber Aufmerksamkeit erregt — eben einen Stolperer. Der Satz, der auf dem Lkw steht, muss also gut anknüpfen und dennoch überraschen. Einige Beispiele zeigen, wie sich beide Kriterien erfüllen lassen:

→ »Wir optimieren Ihre Prozesse« lautet eine klassische Botschaft von Beratern. Da bleibt nichts hängen. Schon seltener hört der Kunde: »Wir senken Ihre Kosten«. Das ist ein einfacher Satz, der in einem von Beraterdeutsch geprägten Umfeld bereits auffällt. Trotzdem ist dieser Satz noch sehr nahe an dem, was der Kunde kennt; er dockt an, enthält aber noch keinen Stolperer. Ganz anders, wenn die Botschaft lautet: »Wir senken Ihre Kosten um mindestens zehn Prozent.« Da merkt der Interessent auf und fragt sich sofort: »Wie kann denn dieser Berater das versprechen?«

→ »Wir entwickeln Ihr Marktpotenzial!« Ein klassischer Beratersatz! »Wir finden Marktchancen« ist schon konkreter, hat aber keinen Stolperer. »Wir finden mindestens drei Marktchancen, mit denen Sie noch nicht gerechnet haben« ist hingegen ein Versprechen, das unerwartet kommt und aufhorchen lässt. Der Interessent wundert sich und ist neugierig auf mehr.

→ »Wir bieten Projektmanagement« ist ein weiteres klassisches Versprechen. »Wir machen Ihre Projekte erfolgreich« ist näher am Kunden, aber ganz ohne Stolperer. »Wir drehen Projekte« lässt aufmerken: »Hm, was heißt drehen? Warum denn drehen?« Die Neugier ist geweckt!

Diese Beispiele zeigen: Das zentrale Nutzenversprechen muss genug Vertrautes enthalten, um im Kopf des Kunden andocken zu können — braucht aber auch einen Stolperer, um Aufmerksamkeit zu erregen. Beides gleichzeitig!

Die mentale Shortlist erobern

Mit dem Nutzenversprechen, darin liegt das ehrgeizige Ziel, wollen Sie den Kopf Ihrer potenziellen Kunden erobern. Hierzu richten Sie nach einer Testphase die gesamte Kommunikation auf dieses Nutzenversprechen hin aus. Auf der Startseite des Internetauftritts, auf Ihren Broschüren, auf Ihrer Visitenkarte, in der Signatur Ihrer E-Mails, in den Profilen sozialer Medien — überall steht Ihr Claim mit dem Lkw-Spruch. Auch wenn Sie eine Rede halten, einen Artikel schreiben oder ein Buch schreiben, dreht sich das Thema stets um das Nutzenversprechen.

Wo immer ein potenzieller Kunde auf Sie trifft, nimmt er das Nutzenversprechen wahr. Je öfter er es hört, desto mehr prägt es sich bei ihm ein. Und desto größer ist Ihre Chance, es auf seine mentale Shortlist zu schaffen.

Mentale Shortlist — das sind die drei oder vier Namen, die einem Entscheider einfallen, wenn er plötzlich einen Beratungsbedarf verspürt. Selbst wenn Ihr Angebot auf grundsätzliches Interesse stößt, können Sie mit einem Auftrag erst rechnen, wenn ein echter Bedarf entstanden ist. Echter Bedarf heißt: Der Gewinn bricht weg, ein großer Kunde verlangt den Nachweis einer neuen Qualitätsnorm, ein großes Projekt läuft aus dem Ruder, eine Fusion muss gemanagt werden. Das sind Situationen, in denen ein Unternehmer echten Leidensdruck verspürt. Erst jetzt sucht er einen Berater und geht in Gedanken die Namen durch, die er bereits kennt. Sind Sie dabei?

Im richtigen Augenblick präsent sein, auf der Liste dieser drei oder vier Namen zu stehen: Genau darauf zielt das zentrale Nutzenversprechen ab, mit dem Sie sich im Kopf des Interessenten positionieren. Unterstützt durch die Markenemotion (siehe Kapitel 7) wird der Lkw-Satz fest im Bewusstsein des potenziellen Kunden verankert. Gelingt das, haben Sie es zusammen mit wenigen Mitbewerbern auf seine mentale Shortlist geschafft.

Das hat enorme Vorteile. Wenn ein Beratungsbedarf entsteht, sind Sie automatisch im Spiel. Der Ratsuchende kennt Sie bereits; er ist Ihnen gegenüber positiv eingestellt und wird zwischen Ihnen und wenigen Mitbewerbern seine Wahl treffen. Das sind vergleichsweise hervorragende Bedingungen, an denen sich der Verkaufsprozess ausrichten kann.

Kapitel 7

Zur Marke werden

Zur Marke werden

Es gibt eine magische Zahlenfolge, die viel über die Notwendigkeit einer guten Marke aussagt: 3 — 30. Binnen drei Sekunden bildet sich der potenzielle Kunde einen ersten Eindruck — ein erstes Bauchgefühl zu einem Auftritt entsteht. Spricht ihn dieser an, wendet er weitere 30 Sekunden auf, um seine Meinung zu festigen. Bestätigt sich nun auch rational der positive Eindruck, bleibt er weiterhin interessiert und ist bereit, tiefer in das Thema einzusteigen.

Die Bedeutung der ersten drei Sekunden ist wissenschaftlich belegt. »Das Gehirn überprüft ständig, was es Neues in der Welt gibt«, erklärt der Gehirnforscher Ernst Pöppel in einem Interview mit der Online-Ausgabe der Wirtschaftswoche (7. Juli 2008). »Ganz unbewusst fallen deswegen alle zwei bis drei Sekunden Entscheidungen: Bleibe ich dran oder wende ich mich einer anderen Sache zu? In etwa wie beim Fernseh-Zapping: Nach drei Sekunden habe ich genug Informationen und kann entscheiden, ob ich umschalte.«

Das gilt auch für Angebote von Beratungsunternehmen. Die ersten drei Sekunden sprechen das Gefühl an — und der Interessent entscheidet spontan, ob er sich dem Angebot zuwendet. Wenn ja, spielen sich die folgenden 30 Sekunden vor allem im Kopf ab: Der Interessent setzt sich mit dem versprochenen Kernnutzen auseinander und möchte feststellen, ob der erste Eindruck trägt. Hierzu liest er zum Beispiel einen Text oder sieht sich ein kurzes Video an.

Es kommt also darauf an, in den ersten drei Sekunden die Neugier des Gegenübers zu wecken. Genau hierin liegt eine zentrale Funktion einer Marke: Sie sendet eine emotionale Botschaft, die binnen drei Sekunden ein Gefühl auslöst, das neugierig macht. Nun zieht der Verstand nach und der Interessent wendet sich dem eher rationalen Nutzenversprechen zu; er sucht nach weiteren Informationen, denen er maximal 30 Sekunden widmet. Die ersten 33 Sekunden sind für den Erfolg entscheidend.

Es braucht also eine Emotion, die zusammen mit dem Nutzen vermittelt wird. »Wir senken die Kosten um mindestens 20 Prozent« — ein solcher Satz formuliert nur einen sachlichen Nutzen. Ihm fehlt das emotionale »Wow«, das Gefühl »diese Beratung bringt mich weiter«. Das Nutzenversprechen bleibt weitgehend im Sachlichen stehen. Es ist alleine kaum in der Lage, genügend Aufmerksamkeit zu erregen, um das Drei-Sekunden-Fenster zu nutzen. Hier kann nun die mit der Marke verbundene Emotion weiterhelfen: Während das Nutzenargument, jener Lkw-Spruch, eher den Kopf erreicht, spricht die Markenemotion den Bauch an; beides zusammen ergibt die Marke. Aufgabe der Marke ist es, die mentale Shortlist des Gegenübers zu erobern.

Und darum geht es ja: auf die mentale Shortlist möglichst vieler Entscheider zu kommen. »Ein Interessent soll an mich denken, wenn er einen Beratungsbedarf hat«, lautet das ehrgeizige Ziel, von dem wohl die meisten Berater träumen. Die Antwort darauf ist die Marke.

Ein zentraler strategischer Baustein, um auf die Shortlist zu kommen, ist die Positionierung — jener Lkw-Spruch, der sich im Gedächtnis potenzieller Kunden einprägt. Doch er reicht nicht aus, dazukommen muss die Markenemotion. Das lässt sich bereits beim Versuch erkennen, mit dem bloßen Nutzenversprechen einen Marktauftritt zu gestalten. Der Lkw-Satz taugt zwar als Grundlage, um einen guten Claim zu finden, ebenso um dazu passende Texte zu verfassen. Aber schon als Vorgabe für die Bildsprache des Internetauftritts genügt er nicht mehr. Grafik und Bilder sprechen Gefühle an. Doch welche Emotionen möchten Sie zusammen mit Ihrer Positionierung vermitteln? Auf welche Weise wollen Sie Ihre Kunden emotional berühren? Auf diese Frage gibt Ihnen das bloße Nutzenversprechen keine Antwort. Oder zumindest nur einen Ausblick auf die Antwort.

Eine gute Marke wirkt emotional; mit ihr lassen sich Gefühle und Werte ausdrücken. Entscheidend ist nun, die Marke mit dem aufzuladen, was Ihnen wichtig ist — also mit Ihren Haltungen und Werten. Für Hermann Simon, der die Strategien der »hidden Champions« untersucht hat, liegt hier ein zentrales Erfolgsgeheimnis: »Versuchen Sie nicht, etwas Künstliches zu schaffen«, rät er, »sondern in der Marke Ihre eigenen Werte lebendig werden zu lassen.«[8]

Genau darum geht es, hier liegt der entscheidende Mechanismus: Die Marke enthält Ihre Werte und strahlt diese nach außen — der Wertemagnet beginnt zu wirken. Menschen mit gleichen oder ähnlichen Werten werden angezogen; die gemeinsamen Werte bilden eine Basis, auf der stabile Kundenbeziehungen entstehen können.

Während sich die Positionierung mit dem Nutzenversprechen in erster Linie an den Kopf richtet, zielt die Markenemotion auf den Bauch des Entscheiders ab. Für die Entwicklung Ihrer Strategie bedeutet das, die sachliche Beschreibung von Nutzen und Angebot zu ergänzen. Sie schildern nicht nur, was Sie machen und wie Sie es machen, sondern fragen auch nach dem Warum: »Warum machen wir, was wir tun? Wofür treten wir eigentlich an?« Auf diese Weise gelangen Sie zu den Werten und den Motiven, die hinter Ihrem Angebot stehen.

Aus diesem Warum ergibt sich die Markenemotion. Sie entsteht aus den eigenen Werten und Motiven — und sie ist damit das zentrale Instrument, um den Wertemagnet in Gang zu setzen und für eine anhaltende Attraktivität zu sorgen.

[8] Interview mit Hermann Simon, in Hermann H. Wala: Meine Marke. Redline, 2016.

Die Entdeckung des Bauchs

In den Nachkriegsjahren und -jahrzehnten des vorigen Jahrhunderts waren Markenemotionen kaum ein Thema. Damals bestand ein großer Nachholbedarf an Gütern. Die Nachfrage war enorm, die Produktion hinkte hinterher; der Absatz war im Grunde nur ein Verteilungsproblem. Das Sagen hatten die Anbieter: Sie setzten die Preise und verkauften ihre Produkte. Über viele Jahre profitierten sie von den traumhaften Verhältnissen eines Verkäufermarktes. Aus Sicht der Verbraucher war die Auswahl ziemlich begrenzt. Man ging in den Laden vor Ort, und es gab es eben das, was es da gab. Mehl, Butter, Waschmittel, eine Taschenlampe, Batterien — das Angebot war überschaubar und weitgehend selbsterklärend.

Marken definierten sich damals vor allem über Produkteigenschaften und eine zuverlässige Qualität. »Persil — da weiß man was man hat«, hieß es — und der »Persil-Mann« informierte im Fernsehen wie ein Nachrichtensprecher über die Produktvorteile des Waschmittels. Die Marke »Indanthren«, ein von der BASF erfundener Farbstoff für Textilien, warb mit dem Slogan »unübertroffen waschecht lichtecht wetterecht«, die Langnese-Eiskrem mit »natursahnig pasteurisiert«. Auch der Schokoriegel Mars stellte Produkteigenschaften in den Mittelpunkt: »Mars bringt verbrauchte Energie sofort zurück! ... denn Mars enthält Traubenzucker, Milch und feine Schokolade.«

Während der 1970er- und 1980er-Jahre änderten sich die Machtverhältnisse. Das Angebot überstieg immer öfter die Nachfrage, aus Verkäufermärkten wurden Käufermärkte. Hinzu kamen immer mehr Medien und auch ein zunehmender Blick auf internationale Märkte. Das brachte die Hersteller in die recht unbequeme Lage, nunmehr um ihre Kunden werben zu müssen. Zudem glich sich die Qualität der Produkte immer weiter an. Ob Auto, Staubsauger oder Waschmaschine — der Kunde erwartete bestimmte Qualitätsstandards, die ein Hersteller erfüllen musste, um überhaupt noch im Spiel zu bleiben.

Die Marketingstrategen benötigten neue Wege, um ihre Produkte zu verkaufen — und entdeckten den »Bauch« des Kunden. Wenn eine Marke emotional berührt, so die Überlegung, erinnert man sich besser an sie — und wenn sie starke positive Gefühle auslöst, wird sie am ehesten gekauft. Eine Erkenntnis, die später die Gehirnforschung bestätigte: »Nur Dinge und Ereignisse, die Emotionen auslösen, haben für unser Gehirn Wert und Bedeutung«, resümiert der Neuropsychologe Hans-Georg Häusel.[9]

Sieht man sich diesen Wandel etwas näher an, lassen sich rückblickend drei Stufen der Emotionalisierung unterscheiden.

Stufe 1: **Eigenlob**

Die erste Stufe der Emotionalisierung lässt sich als emotional verpacktes Eigenlob charakterisieren. Meist war dieses Lob aufwendig inszeniert. Um eine einprägsame Botschaft zu schaffen, zogen die Werber alle Register bei Text, Ton und Bild. Der Siegeszug des Fernsehens, das die Spots in immer mehr Wohnzimmer transportierte, kam da gerade recht.

Ein Wettlauf um das beste Produkt beginnt. »Das neue Dash wäscht sichtbar weißer«, behauptet etwa Procter & Gamble, während Henkel für Persil die Kampagne »Unser Bestes« startet. Ein VW »fährt und fährt und fährt«, Jacobs-Kaffee ist »der mit dem Verwöhnaroma«, Dr. Oetker verkündet »Qualität ist das beste Rezept«, die Unternehmensgruppe Theo Müller landet einen

---

[9] Hans-Georg Häusel: Kauf mich! Wie wir zum Kaufen verführt werden. Haufe, 2013.

Ohrwurm mit »Müllermilch, Müllermilch, Müllermilch die schmeckt — Müller-milch, Müllermilch, die weckt, was in Dir steckt!«

In den 1980er- und 1990er-Jahren nahm die Produktvielfalt weiter zu, ebenso explodierte die Anzahl der Medien. In Fernsehen und Hörfunk, in Zeitungen und Zeitschriften, auf Plakatwänden, an Bussen und Bahnen, über Leuchtschriften in den Städten — eine wahre Flut an Werbebotschaften schlug nun den Konsumenten entgegen. Kein Mensch konnte und wollte all das auch nur annähernd aufnehmen und verarbeiten. Gleichzeitig überlebte sich das Rezept »Produktlob plus Emotion«. Ein neuer Kaffee soll noch vollendeter schmecken, ein neues Waschmittel noch strahlend weißer waschen, eine neue Creme die Haut noch länger jung halten? Immer weniger Menschen glaubten das und fanden diese Botschaften interessant.

Während die Unternehmen immer mehr für Werbung ausgaben, nahm ihre Wirkung stetig ab. Für die Marketingleute entstand wieder ein entsprechender Handlungsbedarf.

Stufe 2: **Emotionalisierung des Produkts**

Die Idee der Emotionalisierung wurde weiterentwickelt und verfeinert. Anstatt einfach ein Produktlob zu inszenieren, definierte man für eine Marke einen festen Markenkern und verband ihn gezielt mit einer dazu passenden Emotion. Der Gedanke dahinter: Wenn Markenemotion und Produkt gemeinsam kommuniziert werden, verknüpft das Gehirn beides miteinander. Das Produkt wird positiv emotional aufgeladen. Und je besser das gelingt, »je mehr Emotionen eine Marke auslöst, desto mehr sind wir bereit, für das entsprechende Markenprodukt zu zahlen«, folgert der Psychologe Hans-Georg Häusel.

Man denke an Apple — an seine hohen Preise und die dennoch begeisterten Kunden, die stundenlang Schlange standen, um ein neues iPad oder ein neues iPhone zu ergattern. In unvergleichlicher Weise ist es dem Unternehmen gelungen, seine Produkte mit Status, Design und Einfachheit emotional aufzuladen. Auch die drei deutschen Premium-Automarken sind Beispiele einer gezielten Emotionalisierung: Audi wirbt mit »Vorsprung durch Technik«,

BMW definiert als Markenkern »Freude am Fahren« und Mercedes setzt auf Sicherheit und Qualität. Alle drei Marken versprechen Status und Individualität, sind aber mit unterschiedlichen Emotionen aufgeladen und unterscheiden sich deshalb klar voneinander.

Starken Marken ist es gelungen, Produkte erfolgreich mit positiven Emotionen zu besetzen. Dazu verknüpfen sie das Produkt beispielsweise mit einem Sicherheitsgefühl, einem Genussversprechen, mit etwas Neuem, Aufregendem oder einem Statusversprechen.

Die Emotionalisierung von Produkten hat den besonderen Charme, dass sie sich gezielt auf bestimmte Zielgruppen hin ausrichten lässt. Ein Produkt wird mit genau den Werten und Gefühlen aufgeladen, die eine bestimmte Käufergruppe anspricht.

Ein bekanntes Beispiel sind zwei doch sehr ähnliche Cola-Getränke, von denen das eine sich an Frauen, das andere an Männer richtet: Das zuckerfreie Coca-Cola light wird vorwiegend von jungen Frauen getrunken. Der Markenauftritt wirkt leicht und verspielt, setzt auf Sommer, Sonne, gute Laune. Als der Markt für zuckerfreie Produkte expandierte, wollte der Hersteller mit einem vergleichbaren Getränk auch die figurbewussten Männer erreichen. Man kreierte Coca-Cola Zero, das männliche Gegenstück zur leichten Cola für Frauen. Ebenfalls komplett zuckerfrei, doch emotional anders aufgeladen: männliches Design, in Schwarz gehalten; Spots, die auf Action, Abenteuer, Explosionen, Dramatik setzen.

Stufe 3: **Sinnbasierte Emotionalisierung**

Etwa seit der Jahrtausendwende bestimmt das Internet mehr und mehr die Kommunikation. E-Mail, Newsletter und Soziale Medien bieten den Unternehmen neue Möglichkeiten, um Kunden zu erreichen und Beziehungen aufzubauen. Gleichzeitig profitieren die Konsumenten von einem hohen Maß an Transparenz: Sie können Angebote und Preise vergleichen, sie können sich über Produkte informieren, Bewertungen abgeben, und sie können sich untereinander austauschen.

Die schnelle Informationsbeschaffung und der schnelle Austausch aufseiten der Nachfrage haben den Wettbewerb weiter verschärft. Die Unternehmen reagierten darauf, indem sie ihrerseits die neuen Möglichkeiten nutzten, um mit ihren Kunden zu interagieren und feste Bindungen aufzubauen. Letztlich ist es das Ziel, die Kunden noch stärker emotional zu binden.

Das ist ein anspruchsvolles Unterfangen. »Damit eine Marke funktioniert, genügt es nicht mehr, Produktversprechen einzuhalten und die passenden sachlichen und emotionalen Markenbotschaften zu lancieren«, beobachtet der Markenexperte Hermann Wala.[10] »Viele Verbraucher schauen inzwischen genauer hin, stehen Werbeversprechen gleichgültig bis kritisch gegenüber und bewerten Marken in einem größeren Kontext hinsichtlich ihrer Glaubwürdigkeit.«

Doch wie lässt sich zu solchen kritischen und gut informierten Konsumenten eine emotionale Verbundenheit erzeugen? Die Antwort führt zur dritten Stufe der Emotionalisierung: Die Marke knüpft an den Werten und Lebenshaltungen der Kunden an. Sie bietet etwas, was der Kunde als sinnstiftend wahrnimmt und deshalb besonders wertschätzt. Unternehmen und Kunden verschmelzen zu einer »Glaubensgemeinschaft, in der die Produkte nicht mehr im Mittelpunkt stehen«, wie es Markenexperte Wala formuliert. »Das Produkt wird zum Vehikel eines höheren Zwecks.«

Beispiel Fair Trade. Viele Menschen sehen einen Sinn darin, Produkte aus fairem Handel zu kaufen. Anstatt ein T-Shirt mit dem Bild eines Top-Models zu emotionalisieren, wird es mit einer sinnstiftenden Botschaft verknüpft: »Mit diesem T-Shirt unterstütze ich faire Löhne.« Wer dieses T-Shirt kauft, befriedigt nicht nur sein Konsumbedürfnis. Er hat auch das Gefühl, ein bisschen dazu beizutragen, dass die Welt besser wird.

Natürlich bieten nicht nur soziale oder ökologische Themen den Kontext, um eine Marke mit sinnstiftenden Emotionen aufzuladen. Es gibt vielfältige Möglichkeiten, in einer Sache einen Sinn zu sehen. So packte Apple seine Fans bei dem Gefühl, etwas Besonderes zu sein, aus dem Mittelmaß herauszuragen — Teil einer Gemeinschaft zu sein, die das Bestehende revolutioniert.

---

[10] Hermann H. Wala: »Meine Marke: Was Unternehmen authentisch, unverwechselbar und langfristig erfolgreich macht.« Redline, 2016.

Fazit für Berater

Sie ahnen es schon — gerade für Berater ist die dritte Stufe der Emotionalisierung interessant. Die Verknüpfung der Markenemotion mit einem tieferen Sinn bietet die Chance, stabile und auch persönlich befriedigende Kundenbeziehungen aufzubauen. Dabei ist eines entscheidend: Dieser tiefere Sinn entspringt Ihnen und Ihrem Unternehmen — entspricht also Ihren Zielen, Motiven und Werten. Er richtet quasi den Wertemagnet aus, der nun anfängt, Interessenten und potenzielle Kunden anzuziehen und zu binden.

Der Effekt lässt sich am Beispiel des Fair-Trade-T-Shirts erklären. Die dahinter stehende Haltung zieht Menschen an, denen fairer Handel wichtig ist. Der Verkäufer vermittelt über die Marke sein Anliegen, die Welt ein bisschen besser zu machen — und gewinnt damit Kunden, die dieses Anliegen teilen. »Die Marke ist der Geist der Gemeinsamkeit von Unternehmen und Kunden, ein Heimatrevier, das Sinn stiftet«, bringt es der Publizist Wolf Lotter im Magazin Brand eins (02/2010) auf den Punkt.

Deutlich wird damit auch, was Marke nicht ist. Oft wird Marke als eine Aneinanderreihung von Markenzeichen verstanden, etwa in der Art: »mein Logo ist meine Marke«, »meine CI ist meine Marke«, »mein angemeldeter Name ist meine Marke«, »meine Methode ist meine Marke«. Das alles sind Möglichkeiten, die Marke zum Ausdruck zu bringen — ist jedoch nicht die Marke selbst. Vielmehr ist Marke das, was sich in Kopf und Bauch der Kunden abspielt, was die Kunden über Sie denken und fühlen. Demzufolge ist es das Ziel von Markenführung, diese Gedanken und Gefühle der Kunden so zu beeinflussen, dass Sie auf deren mentaler Shortlist stehen.

Funktionen einer Marke

Eine starke Marke lässt sich in ihrer Bedeutung nicht hoch genug einschätzen. Sie zieht die richtigen Menschen an, baut Vertrauen auf und macht aus den Kunden treue Fans, die selbst in Krisen fest zu ihrer Marke stehen. So gesehen sind starke Marken eine Form von Versicherung, da loyale Kunden gemeinsam mit ihrer Marke durch wirtschaftlich schwierige Zeiten gehen.

Das gilt auch für Beratermarken. Für beide Seiten, den Kunden ebenso wie den Anbieter, kann eine Marke hier wichtige Funktionen erfüllen.

Entscheidungshilfe für den Kunden

Wer nach einem Berater sucht, tut sich meistens schwer. Die Internetseiten der Anbieter gleichen sich. Um sie durchzuarbeiten, fehlt meistens die Zeit. Wer es dennoch schafft, ertrinkt in einer Fülle von Informationen, die am Ende nicht weiterhelfen. Noch immer bleibt unklar, welcher Berater der richtige ist. Anhand seines Internetauftritts lässt sich die Qualität eines Beraters vielleicht zu etwa 60 Prozent erkennen — und diese 60 Prozent sind Standards, die alle Berater erfüllen. Was darüber hinausgeht, bleibt im Dunkeln.

Ein sachlicher Vergleich der Angebote bringt den Ratsuchenden meistens nicht weiter. Eine Entscheidung ist nicht möglich. Was hilft ihm in dieser Lage?

Die Marke. Und das mit ihr verbundene Gefühl, das ihm sagt: »Das könnte der richtige Berater für mein Problem sein.« Der Bauch hilft dem Ratsuchenden, sofort eine intuitive Vorselektion zu treffen. Auch später, bei der endgültigen Entscheidung, führt ein sachlicher Vergleich oft zu keinem klaren Ergebnis — und die Marke gibt den Ausschlag. »Bei wem habe ich welches Bauchgefühl?«, lautet dann das Kriterium, »wer passt eher zu mir?«

Die Marke ermöglicht einen intuitiven Werteabgleich. Sie bringt die Motive und Werte des Beraters zum Ausdruck — und der Ratsuchende spürt, ob seine Werte zu denen des Beraters passen. Ist das der Fall, dürfte man einander verstehen und gut zusammenarbeiten. Damit steigt die Wahrscheinlichkeit, die Beratungsziele zu erreichen. So gesehen stellen zueinanderpassende Werte für potenzielle Kunden ein hartes Erfolgskriterium dar. Auch deshalb ist es so wichtig, die Markenemotion zu kommunizieren. »Marken sind Vertrauensanker in einer immer komplexer werdenden Umwelt«, konstatiert treffend der Marketingprofessor Dr. Franz-Rudolf Esch in einem Interview mit dem Internetportal marconomy (12. Juli 2016).

Aufbau eines positiven Vorurteils

Kehren wir zurück zur Perspektive des Beraters. Sein Ziel ist es, auf die mentale Shortlist möglichst vieler potenzieller Kunden zu kommen. Das Vehikel dafür kann die Marke sein, die hier gleich mehrere Funktionen erfüllt: Eine gute Beratermarke fällt auf, sie brennt sich im Gedächtnis ein, ermöglicht einen Wertecheck und lässt sich weitererzählen. Sie setzt sich in der Wahrnehmung des Kunden als positives Vorurteil fest.

Effekt 1: **Weckt Aufmerksamkeit**

Eine gute Marke fällt aus der Reihe; sie ragt heraus aus der großen Zahl einander gleichender Beraterauftritte. Was heißt das?

Ein Ratsuchender ruft die Internetseiten verschiedener Anbieter auf — und bleibt bei Ihrer Seite hängen. Dann sucht er nach Informationen zu einem Thema, das ihn derzeit beschäftigt — und stößt auf einen Fachartikel von Ihnen, den er studiert und einer Mappe ablegt. Er abonniert einige Beraterbriefe, die er nach und nach wieder abbestellt — mit Ausnahme Ihres Newsletters. Er sichtet einen Stapel an Beraterinformationen, die er sich hat kommen lassen; Ihre Broschüre legt er beiseite, den Rest wirft er in den Papierkorb.

So oder so ähnlich läuft es ab, wenn die Marke funktioniert und tatsächlich Aufmerksamkeit weckt. Erst jetzt eröffnet sich überhaupt die Chance, im Gedächtnis eines Interessenten haften zu bleiben.

Effekt 2: **Prägt sich ein**

Es ist nicht damit getan, immer wieder einmal aufzufallen. Daraus entstehen bestenfalls lose Kontakte. Ein potenzieller Kunde findet Sie dann vielleicht »ganz spannend«, ist aber noch längst nicht bereit, Sie zu buchen. Das geschieht erst, wenn Sie auf seine Shortlist kommen und dort auch bleiben.

Eine Marke kann auch das leisten, sofern sie einen ausreichenden Wiedererkennungswert ausgebildet hat. Dahin zu kommen, ist ein längerer Prozess. Je öfter ein potenzieller Kunde von Ihnen etwas sieht, liest oder hört, desto tiefer prägt sich die Marke ein. Jede neue Berührung mit der Markenbotschaft hängt sich im Kopf des Interessenten an die vorangegangene an. So wächst die Marke und gewinnt an Stärke. Man kann sich das wie eine Lokomotive vorstellen, an die ständig neue Waggons angehängt werden.

Hier wiederholt sich das Prinzip, das wir beim Nutzenversprechen kennengelernt haben. Auch der Lkw-Spruch ist im Kopf des Kunden verankert; auch hier wird jede erneute Information daran angedockt. Marke und Nutzenversprechen wirken daher zusammen und verstärken einander. Das Nutzenversprechen wird Hand in Hand mit der Markenemotion kommuniziert und unterstützt so den Effekt der Marke.

Effekt 3: **Ermöglicht einen Wertecheck**

In Ihrem Unternehmen spiegeln sich Ihre persönlichen Werte wider. Jedenfalls dann, wenn Sie die Grundstrategie Ihres Unternehmens daran ausgerichtet haben. Eine gute Beratermarke bringt diese Werte zum Ausdruck — und ermöglicht potenziellen Kunden einen Wertecheck.

Diese Werte können ganz unterschiedlich sein. Der eine Berater möchte gemeinsam mit seinen Kunden Erfolge feiern; ihm geht es darum, für seine Kunden die Beratungsziele zu erreichen. Das andere Beratungsunternehmen ist von Innovationsfreude getrieben: »Wir entwickeln laufend tolle Ideen und befeuern damit den Erfolg unserer Kunden.« Das dritte Beratungsunternehmen besteht aus ehemaligen Managern, die nach eigenen leidvollen Erfahrungen für mehr Freiheitsgrade in Organisationen eintreten.

Was immer die Motive und Werte sind, die den Berater treiben: Die Marke trägt sie nach außen. Sie ermöglicht den Abgleich mit den Werten potenzieller Kunden und erfüllt damit die Funktion des Wertenmagneten. Gemäß dem Motto »gleich und gleich gesellt sich gern« sorgt die Marke dafür, dass die richtigen Kunden anklopfen.

Effekt 4: **Wird weitererzählt**

Eine gute Marke hat eine klare Botschaft, die sich in Geschichten packen lässt. So wird die Marke weitererzählbar und lässt sich in immer neuen Variationen ins Gedächtnis der Kunden transportieren — sodass sie sich tatsächlich einprägt. Entscheidend dabei ist die Konsistenz: Die Kommunikation folgt einer einheitlichen Linie, damit die Marke in allen Kontakten und auf allen Marketingkanälen klar erkennbar ist.

Gemäß der 3-30-Regel bildet sich in den ersten drei Sekunden ein erster Eindruck, der anschließend bestätigt und verstärkt werden muss. Hierfür braucht es eine ständige Wiederholung, die Marke muss immer wieder erzählt werden — natürlich in angemessenen Variationen. Je öfter dies geschieht, desto fester verankert sie sich.

Die Weitererzählbarkeit gilt für das Nutzenversprechen mit dem Lkw-Satz ebenso wie für die Markenemotion. Wo immer ein potenzieller Kunde auf Sie trifft, sollte er beides wahrnehmen. Dabei geht es nicht darum, die Marke immer auf die gleiche Weise zu erzählen. Die Kunst liegt darin, intelligent zu variieren und trotzdem immer den Kern der Erzählung zu wahren.

Angenommen der Nutzensatz lautet »Ihre Mitarbeiter wollen Ihren Erfolg, wenn Sie mit mir arbeiten« — dann gilt es, diese Aussage kontinuierlich in unterschiedlichen Variationen zu spielen. Auf der Internetseite berichten Sie von Beispielen, in denen das Ziel erreicht wurde; Ihre Fachartikel drehen sich um das Thema Mitarbeitermotivation; vielleicht erstellen Sie hierzu auch ein Kundenmagazin, schreiben ein Weblog, halten zu einem spannenden Teilaspekt einen Vortrag oder veröffentlichen ein Buch. Entscheidend ist, insgesamt eine konsistente Linie einzuhalten und so den Wiedererkennungseffekt sicherzustellen.

Effekt 5: **Stiftet Identität**

Eine Marke strahlt auch nach innen. Sie stiftet Identität. Geschäftsführung und Mitarbeiter begreifen, wofür sie sich engagieren. Wenn in einem Beratungsunternehmen erstmals eine Marke entwickelt wird und der neue Marktauftritt fertig ist, ist unter den Beteiligten häufig ein Aufatmen spürbar: »Endlich können wir auf den Punkt bringen, wofür wir antreten.« Jeder Mitarbeiter hat nun ein Bild vor Augen, wofür das Unternehmen steht. Er ist stolz, seine Visitenkarte weiterzugeben oder auf die Webadresse hinzuweisen. Im Unternehmen entsteht eine vorwärts gerichtete visionäre Kraft — man weiß jetzt, wofür man antritt.

Ebenso wirkt die Marke nach außen identitätsstiftend und unterstützt dadurch das Anwerben neuer Mitarbeiter. Eine starke Marke kann auch auf dem Arbeitsmarkt einen Sog erzeugen. Kleine Beratungsunternehmen tun sich nämlich oft schwer, auf dem Arbeitsmarkt mit den Großen der Branchen zu konkurrieren. Eine attraktive Marke stellt jedoch eine starke Motivation dar, sich auch bei einem kleinen Beratungsunternehmen zu bewerben. Große weite Welt, Karriere, Gehalt, Kontakte, Status, Aufstieg — an vielen Stellen kann eine kleine Beratung nicht mithalten. Was sie aber bietet, ist der Wind, der bei ihr weht, der Spirit, der sie ausmacht, die Werte, die sie mit ihren Mitarbeitern teilt. Eben ihre Marke.

Zusammenwirken der fünf Markeneffekte

Wenn die fünf Effekte zusammenkommen, kann eine Marke eine starke Wirkung entfalten. Das belegen Untersuchungen aus unterschiedlichen Branchen.[11] Hierzu der Vergleich dreier inhaltlich nahezu identischer Energy-Drinks. Koffeingehalt, Tauringehalt, Kohlenhydrate, Zucker — bei allen gleich. Allein die Marke macht den Unterschied: Zwei Marken sind weitgehend unbekannt und werden für 45 und 40 Cent verkauft, für die Dose Redbull hingegen bezahlt man von 99 Cent bis 1,29 Euro. Hier spiegelt der Preis die Stärke der Marke wider.

Ein anderes Beispiel: Acetylsalicylsäure ist ein schmerzstillender Wirkstoff, der unter dem Markennamen Aspirin von der Bayer AG hergestellt wird. Eine Tablette Aspirin kostet etwa 29 Cent; andere Hersteller, die den Markennamen nicht verwenden können, müssen sich für die inhaltlich identische Tablette mit 7 bis 11 Cent begnügen.

Eindrucksvoll zeigt auch ein viel zitierter Blindtest, welchen Einfluss eine starke Marke auf das Bewusstsein der Menschen hat (siehe Abbildung 7.1). Die

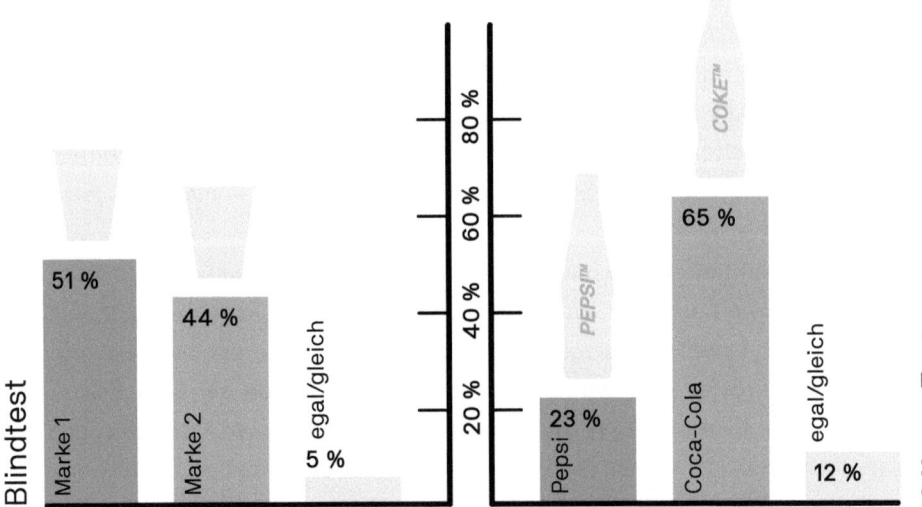

Abbildung 7.1: Coca-Cola versus Pepsi: Blindtest belegt den Einfluss einer starken Marke (Quelle: De Chernatony, Leslie; McDonald, Malcom: Creating Powerful Brands, Oxford, 2003, S. 14)

[11] Die folgenden Beispiele Redbull, Aspirin und Coca-Cola sind entnommen aus: Präsentation »Der Wert der Marke« (Jörg Bürkle, Giuseppe Sorrentino), Sitzung des BDU Fachverbands Sanierungs- und Insolvenzberatung, Kufstein, 3. Juni 2016.

Probanten sollten zwei ihnen unbekannte Limonaden beurteilen; 51 Prozent fanden Getränk eins besser, 44 Prozent bevorzugten Getränk zwei, 5 Prozent fanden beide gleich gut. Bei einem zweiten Test kosteten die Teilnehmer dieselben Getränke, kannten jedoch die Marken. Die Präferenzen verschoben sich komplett: Getränk eins, Pepsi-Cola, stürzte auf 23 Prozent ab, Getränk zwei, Coca-Cola, schnellte auf 65 Prozent hoch. Jugend, Coolness, American Way of Life — die Emotionen der stärkeren Marke gaben den Ausschlag.

Wie diese Beispiele zeigen, gelangt die Markenemotion zusammen mit dem Nutzenversprechen in die Wahrnehmung des Kunden und setzt sich dort als *positives Vorurteil* fest. Übertragen auf eine Beratermarke heißt das: Der Ratsuchende hat sich eine positive Meinung von Ihrem Beratungsunternehmen gebildet, obwohl er noch gar nicht mit Ihnen zusammengearbeitet hat. Er unterstellt, dass Sie sein Problem gut lösen.

Die Markenemotion aufspüren

Hinter der Markenemotion steht das Warum — der tiefste Grund, die eigentliche Motivation, warum Sie mit Ihrem Unternehmen das tun, was Sie tun. Das Anliegen, mit dem Sie als Beratungsunternehmen in die Welt gehen. Einerseits.

Andererseits ist die Markenemotion auch eine Festlegung. Wenn Sie Ihre Markenemotion definieren wollen, werden Sie vermutlich schnell feststellen: Ähnlich wie beim Nutzenversprechen kommen verschiedene Emotionen infrage. Das gilt umso mehr, wenn auch noch Mitinhaber oder Mitberater existieren, die ihre eigenen Vorstellungen einbringen. Meistens stehen Sie vor der Aufgabe, sich auf eine von mehreren denkbaren Emotionen festzulegen.

Was kann diese tiefste Motivation sein, für die Sie mit Ihrem Unternehmen antreten? Hier einige Beispiele:

→ *»Ich möchte Nähe zu meinen Kunden haben.«* Das besondere Anliegen ist es, Nähe zum Kunden zu erzeugen — etwa in dem Tenor: »Ich begleite meinen Kunden und möchte zusammen mit ihm erleben, wie er auf sein Unternehmen stolz ist.«

→ *»Wir wollen es besser machen als andere Berater.«* Der Antrieb kann darin liegen, das Maximum für den Kunden herauszuholen. Zum Beispiel, wenn es darum geht, für das Kundenunternehmen Kosten einzusparen oder Marktpotenziale auszuschöpfen.

→ *»Ich will die größte Freiheit für meine Kunden schaffen.«* Die tiefste Motivation kann Freiheit sein, durchaus auch der eigene Wunsch nach Freiheit. Ein Berater macht sich zum Beispiel selbstständig, weil er sich als Angestellter zu sehr eingeengt fühlt. Diese Motivation kann er als Markenemotion nutzen, indem er festlegt: »Als Berater helfe ich anderen Unternehmern, freier zu agieren.«

Um die Markenemotion festzulegen, bietet sich eine ähnliche Vorgehensweise an wie bei der Ermittlung des zentralen Nutzenversprechens. Im ersten Schritt überlegen Sie, welche Emotionen grundsätzlich infrage kommen — und im zweiten Schritt wählen Sie eine der Alternativen aus.

Greifen Sie hierzu zunächst auf die Ergebnisse des ersten Kapitels zurück. Dort haben Sie sich eingehend mit Ihren persönlichen Zielen und Motiven befasst. Wenn Sie den Berater-Selbsterfahrungszyklus (Kapitel 1) durchlaufen haben, kennen Sie Ihre Werte und Antreiber. Überlegen Sie nun: Was davon könnte Ihre tiefste Motivation sein, für die Sie mit Ihrem Unternehmen antreten?

Ihre Antwort können Sie nun in zwei Schritten ergänzen und absichern:

→ Gehen Sie noch einmal Ihre Unterlagen aus der Ermittlung der potenziellen Nutzen durch (Kapitel 6, Abschnitt »Den Kernnutzen erarbeiten«). Sie finden dort vermutlich eine Reihe an Hinweisen auf die Emotion, die Sie mit Ihrem Unternehmen vermitteln wollen.

→ Verfassen Sie die Gründungsgeschichte Ihres Unternehmens. Wie kam es zur Gründung? Mit welcher Idee fing es an? Wo, wie und mit wem haben Sie das Geschäft gestartet? Was passierte dann?

Das Niederschreiben der eigenen Gründungsgeschichte und das Nachdenken darüber bringen meistens viel Klarheit über den tieferen Sinn des eigenen Unternehmens. Zudem lässt sich die Gründungsgeschichte später nutzen, wenn es darum geht, die Marke in Wort und Bild zu inszenieren. Es lohnt sich also auf jeden Fall, die Story einmal aufzuschreiben!

Wie eine Gründungsgeschichte Klarheit schaffen und Impulse für die Gestaltung der Marke geben kann, zeigt das folgende Beispiel einer IT-Beratung. Innovativ sein, neue Geschäftsmodelle erfinden, die Dinge anders machen — so lässt sich in diesem Fall die tiefe innere Motivation zusammenfassen, die hinter der Gründung steht. Die Werte, die in dieser Geschichte deutlich werden, unterscheiden die IT-Beratung von anderen Beratungsunternehmen; sie lassen sich als Markenemotion nutzen und ausgestalten.

Der Markenemotion auf der Spur: Beispiel einer Gründungsgeschichte

Die beiden Geschäftsführer einer IT-Beratung haben schon zusammen im Sandkasten gespielt. Sie gingen zusammen zur Schule, machten auch sonst viel miteinander, verreisten zusammen — und spornten sich auch immer wieder gegenseitig an. Nach der Schule hielten sie Kontakt, gingen aber unterschiedliche Wege. Sie studierten in verschiedenen Städten und arbeiteten dann unabhängig voneinander bei großen Beratungsunternehmen.

Über ihre Tätigkeit in derselben Branche fanden sie auch beruflich wieder stärker zueinander. Sie diskutierten eifrig, entwickelten laufend neue Geschäftsideen, auch jenseits des Beratungsgeschäfts. Schließlich brachte ihr Tatendrang sie dazu, aus der großen Beratung auszusteigen und gemeinsam etwas ganz Neues zu machen: Geschäftsmodelle entwickeln, coole Start-ups gründen. Tatsächlich gründeten sie zwei Firmen, die bis heute existieren, während andere Projekte am Ende nicht funktionierten.

Mit der Zeit merkten die beiden Jungunternehmer, dass ihnen die Beratertätigkeit fehlte. Und so fingen sie an, ein eigenes Beratungsunternehmen aufzubauen und es zu ihrem Hauptstandbein zu machen. Was aber blieb, war diese Start-up-Mentalität — dieser Drang, anders und besser zu sein, die Dinge weiterzutreiben, neue Ideen und neue Geschäftsmodelle zu entwickeln. Das zeigt zum Beispiel ihr unkonventionelles Auftreten in Konzernen, wo sie als IT-Berater Innovationen begleiten. Deutlich wird es auch, wenn sie mit Mittelständlern zusammenarbeiten: Da kommt es vor, dass sie sich anstelle eines Honorars auch einmal mit 20 Prozent am Projekterfolg einer Projektgesellschaft beteiligen.

Das Unternehmerische, diese Start-up-Idee, der stete Drang zu Neuem lebt im Beratungsunternehmen weiter — und weist auf die eigentliche Motivation der beiden Geschäftsführer hin.

Die Marke in der Anwendung

Die Marke — das sein Logo, Text, Webseite, Broschüre, Corporate Identity. So denken viele Berater. Und es stimmt ja auch, all das bringt die Marke zum Ausdruck. Unser Ausflug in die Markengeschichte hat gezeigt: Marke ist das Bauchgefühl, das positive Vorurteil, das der Entscheider Ihnen oder Ihrem Unternehmen gegenüber entwickelt hat. Je mehr Entscheider dieses Bauchgefühl haben, desto stärker ist die Marke.

Diese Erkenntnis hat eine weitreichende Konsequenz. Angenommen Sie haben eine Markenemotion definiert und Ihr Marketing daraufhin ausgerichtet. Dann haben Sie zwar Ihre Hausaufgaben gemacht — können aber trotzdem nicht davon ausgehen, dass die Marke tatsächlich existiert. Sie haben zwar die Basis gelegt, die Marke selbst besteht aber erst, wenn die Markenemotion bei einem signifikanten Teil der Zielgruppe angekommen ist.

Und das ist keineswegs selbstverständlich. Mit Marketingmaßnahmen lässt sich eine Zielgruppe zwar beeinflussen, nicht jedoch steuern. Es gibt kein Instrument, mit dem Sie bestimmen können, was ein potenzieller Kunde denkt und fühlt. Deswegen gibt es auch kein richtig oder falsch in der Markenführung. Es lässt sich lediglich sagen, was handwerklich wahrscheinlich sinnvoll ist. Ansonsten lautet die Devise: experimentieren, Feedback beobachten, anpassen. Wie im klassischen Experimentierzyklus von Start-ups.

Handwerklich sinnvoll — gemeint sind damit vor allem drei Grundregeln für die Markenarbeit:

→ *Regel 1:* Machen Sie einen Unterschied.

→ *Regel 2:* Sorgen Sie für einen Stolperer.

→ *Regel 3:* Achten Sie auf Konsistenz.

Regel 1: **Unterschiede gestalten**

Wenn ein Auftritt so ist, wie ihn alle erwarten, fällt er nicht auf. Daraus kann keine Marke entstehen. Machen Sie also einen Unterschied.

Diese Regel klingt banal. Doch die meisten Berater neigen zu Auftritten, die im weiten Meer der Beraterangebote untergehen. Oft möchten sie gar nicht auffallen, weil sie Angst haben, damit Kunden zu verschrecken. Also machen sie es wie alle. Die Folge sind austauschbare Auftritte mit unkonkreten, einander ähnelnden Texten. Meist sind diese auch noch im eigenen »Beraterdeutsch« geschrieben anstatt in der Sprache des Kunden.

Nehmen wir an, ein mittelständischer Geschäftsführer steht unter Kostendruck und sucht einen Weg, die Abläufe effizienter zu gestalten. Er ruft die Webseiten verschiedener Managementberater auf und fängt an zu lesen:

Beratungsunternehmen A:
»Wir legen unseren Schwerpunkt immer in Richtung umsetzbarer und nachhaltig wirkender Optimierungsansätze. Unser Ziel ist es, die erarbeiteten Ansätze gemeinsam mit unseren Kunden auch in der betrieblichen Praxis nachhaltig und wirksam umzusetzen. Um diesem Anspruch, das heißt einer nachhaltigen Veränderung in Unternehmen — vom Konzept bis zur messbaren Umsetzung und sogar über das Projektende hinaus —, gerecht zu werden, haben wir mit der Steuerung von Veränderungsprozessen und dem Personalmanagement zwei weitere, zentrale Beratungsschwerpunkte in unserem Portfolio, sodass wir auch in Projekten unterschiedliche, auf die Bedürfnisse

des Mandanten zugeschnittene Rollen, vom Berater bis zum Coach oder Interimsmanager, übernehmen können.«

Beratungsunternehmen B:

»Als inhabergeführte Beratungsgesellschaft begleiten wir mittelständische Unternehmer und Unternehmen unabhängig, neutral und objektiv bei der Verbesserung ihrer Geschäftsprozesse, Führungskonzepte und betrieblichen Strukturen. Gemeinsam mit unserem Mandanten erarbeiten wir die jeweilige Aufgabenstellung, legen die zu erreichenden Ziele fest und betreuen effektiv die praxisgerechte, dauerhaft wirkungsvolle Umsetzung der individuell entwickelten Lösungen in den betrieblichen Alltag.«

Beratungsunternehmen C:

»Unser Name steht für qualifizierte Unternehmensberatung. Wir betreuen und unterstützen Sie bei sämtlichen Abläufen und Strukturen Ihres Unternehmens — von der kurzfristigen Einzelmaßnahme bis zum langfristigen Gesamtprojekt. Wir sind im Mittelstand zu Hause. Wir stehen für ganzheitliche, nachhaltige und gemeinsam mit Ihnen realisierte Lösungen von A bis Z. Am Nutzen unserer Kunden orientierte Beratung mit Erfahrung, Kompetenz und Kreativität sowie klare Branchenfokussierung auf Industrieunternehmen — das zeichnet uns aus.«

Beratungsunternehmen D:

»Mit unseren Erfahrungen und unseren Kenntnissen unterstützen wir hilfreich Unternehmen in den verschiedensten Situationen. Auf die gemeinsam mit unseren Auftraggebern festgelegten Ziele arbeiten wir sicher und konsequent zu und setzen die Methoden moderner Unternehmensführung problemadäquat ein.«

»Nachhaltig wirkende Optimierungsansätze«, »ganzheitliche und nachhaltige Lösung«, »effektiv die dauerhaft wirkungsvolle Umsetzung betreuen«, »hilfreich unterstützen«, »problemadäquat umsetzen« — unser Geschäftsführer kämpft sich durch die Worthülsen typischer Beraterphrasen. Jeder dieser Berater dürfte in der Lage sein, Prozesse zu restrukturieren und das Problem zu lösen. Doch so richtig angesprochen fühlt er sich von keinem.

Machen Sie es anders, wenn Sie eine Beratermarke aufbauen. Sorgen Sie für einen deutlichen Unterschied im Kopf des potenziellen Kunden, der ihm das gute Gefühl gibt: »Das ist der richtige Berater für mich.«

Regel 2: **Design mit Stolperer**

Markenarbeit ist immer Design — Design von Wort und Bild, um den Marktauftritt zu gestalten. Dabei bewegt sie sich zwischen den Polen Vertrautheit und Andersartigkeit:

→ Das Design muss im Kopf des potenziellen Kunden anschlussfähig sein, denn nur im Vergleich mit Vertrautem kann er den Unterschied erkennen.

→ Das Design muss anders sein, einen Unterschied zum Vertrauten machen. Nur so fällt es auf und kann sich einprägen.

Für den Designer ist das eine Gratwanderung. Wirkt das Design zu vertraut, nimmt es der Kunde nicht wahr; die Botschaft gelangt gar nicht erst in sein Gedächtnis. Ist das Design übertrieben anders, hält er es für verrückt. Es ergibt für ihn keinen Sinn und kann nirgends im Gedächtnis andocken.

Regel zwei lautet daher: Das Design braucht einen Stolperer. Der Interessent erblickt Ihren Internetauftritt: »Oh! Ist ja spannend, was ist denn das?« Nun beginnt er, sich damit zu beschäftigen. Ohne diesen Stolperer würde er zum nächsten Anbieter weiterklicken. Ist der Auftritt jedoch zu abwegig, stolpert er nicht nur darüber, sondern fühlt sich vermutlich sogar abgestoßen: »Uh, was ist denn das? Das will ich nicht.« Er wendet sich ebenfalls ab.

Markenarbeit heißt, den richtig dosierten Kontrast darstellen. Wie das gelingen kann, zeige ich auf meinem Weblog weyand-schreibt.com.

Regel 3: **Konsistenz im Erscheinungsbild**

Die dritte wichtige Regel: Achten Sie auf Konsistenz. Internetseiten, Vorträge, Beraterbrief, Broschüren, Artikel, Präsentationen — alles sollte aufeinander abgestimmt sein und die Markenemotion unterstützen. Das Erscheinungsbild muss einheitlich sein und darf niemals der Marke widersprechen. Auch hierzu finden Sie Beispiele im Weblog weyand-schreibt.com.

Fallen bei der Ausgestaltung der Marke

Aufbau und Führung einer Marke verlangen vor allem eines: Konsequenz. Das fängt bei der Konzeption der Marke an, bei der es darauf ankommt, sich auf ein einziges Nutzenversprechen und eine einzige Markenemotion zu beschränken. Und gilt ebenso für die Umsetzung: Eine Marke entwickelt sich nur, wenn das Unternehmen auf möglichst vielen Kanälen die Markenbotschaft kontinuierlich und konsistent kommuniziert.

Die Ausgestaltung der Marke erweist sich damit als ein andauernder Prozess, der uns Mut, Disziplin und langen Atem abverlangt. So sehr die Vorteile einer starken Marke einleuchten, so sinnvoll ihr Aufbau gesehen wird — so anstrengend ist dieser Prozess auch und wird in der Praxis deshalb häufig abgebrochen oder unterschätzt. Es lohnt sich deshalb, einen Blick auf die typischen Fallen zu werfen, in die viele Beratungsunternehmen immer wieder geraten und die den Aufbau und die Entwicklung der Marke gefährden. Alle Fallen gelten für alle Umsetzungen der Markenidee in allen Bereichen wie Webauftritt, PR, Vertrieb et cetera.

Falle 1: **Auf den Profi verzichten**

Die Hausaufgaben sind erledigt, das Geschäftsmodell steht; Nutzenverspre-chen und Markenemotion sind definiert. Es ist klar, wohin die Reise gehen soll, nun steht die Umsetzung an. Der Fehler, der an dieser Stelle häufig begangen wird: Man beginnt, die Marke mit Bordmitteln zu gestalten — und glaubt, auf professionelle Unterstützung verzichten zu können.

Lesen Sie hierzu mein Plädoyer!

»Ich bitte doch darum …«

Neulich ging es bei einem Kunden um die Fotos für den In-ternetauftritt. »Nehmen wir diese Tierbilder, die sind doch to-tal schön …« Immer wieder kam einer der Beteiligten darauf zurück. Eine falsche Diskussion! Es geht hier nicht darum, was als schön und weniger schön, als passend und weniger passend empfunden wird. Sondern allein um die Frage: Was erzeugt die Wirkung, die wir erzielen wollen?

Meine Bitte: Überlassen Sie die Antwort den Profis!

Wenn wir beim Zahnarzt sind, kommen wir nicht auf die Idee, mit ihm über Wahl und Anwendung seiner Instrumen-te zu diskutieren. Wir vertrauen darauf, dass er weiß, was er tut. Auch einem Tischler reden wir nicht drein, welche Scharniere er an einem Garderobenschrank anbringt. Das zu beurteilen, ist seine Aufgabe. Es ist schließlich sein Beruf.

Auch für Designer, Fotografen und Texter gilt: Einen Marktauftritt zu gestalten, ist ihr Beruf. Doch anders als beim Zahnarzt oder Tischler glauben viele Menschen, sie wüssten es bei Texten und Bildern besser. Jeder von uns hat schon einmal ein Foto geknipst, einen Satz geschrieben oder irgendwelche Logos angesehen. Das verleitet dazu, sich als Experte zu fühlen und das Design selbst bestimmen zu wollen. Das Ergebnis sind meist langweilige und erfolglose Marktauftritte.

Warum ist es gerade für Berater so wichtig, für das Design einen Profi zu engagieren?

Es gibt einen Leitsatz des Sprachlehrers und Journalistenausbilders Wolf Schneider. »Herr Weyand«, hat er gesagt, »denken Sie immer daran: Sie schreiben über ein mäßig interessantes Thema für ein mäßig interessiertes Publikum.« Was er damit meinte: Berater bieten in aller Regel ein mäßig interessantes Produkt einer äußerst mäßig interessierten Zielgruppe an.

Diese Feststellung hat für das Design eines Beraterauftritts eine klare Konsequenz: Es kommt auf absolute Professionalität an. Jede Kleinigkeit zählt. Der Marktauftritt braucht einen Unterschied, der auffällt, aber nicht überzieht. Dieser Balanceakt ist nichts für Amateure.

Engagieren Sie für Ihren Marktauftritt deshalb echte Profis, geben Sie ihnen ein gutes Briefing an die Hand — und vertrauen Sie darauf, dass sie ihr Handwerk verstehen.

Falle 2: **Bestehende Kunden fragen**

Um Sicherheit zu gewinnen, fragt man bestehende Kunden nach ihrer Meinung. Eine weitverbreitete Ansicht. Zum Beispiel liegt der Entwurf für die neue Webseite vor, und nun möchte der Berater hören, was einige seiner Kunden dazu sagen. Das Vorgehen liegt nahe, hat aber einen großen Nachteil: Diese Kunden haben bereits Projekte mit ihm umgesetzt, kennen ihn zum Teil schon sehr gut. Damit zählen sie nicht zu seiner Zielgruppe — denn mit dem neuen Marktauftritt möchte er Interessenten ansprechen, die ihn bislang noch nicht kennen, zumindest noch nicht mit ihm zusammengearbeitet haben.

Bestehende Kunden zu befragen, erbringt keine neutralen Urteile. Möglicherweise haben einige Kunden in Erinnerung, wie Sie einen erfolgreichen Kriseneinsatz gefahren haben und bemängeln deshalb, das Thema Krisenmanagement sei im geplanten Webauftritt viel zu wenig berücksichtigt. Möglicherweise widerspricht es aber Ihrer Markenvision, ständig den Feuerwehrmann beim Kunden zu spielen; Sie machen das nur, weil es eben zum Handwerkszeug gehört.

Natürlich können Sie bestehende Kunden befragen. Doch Sie sollten die Antworten nicht überbewerten und sich vor allem nicht beirren lassen. Wenn die befragte Person Sie kennt, wird sie immer vor dem Hintergrund ihrer persönlichen Erfahrungen antworten, nicht jedoch vor dem Hintergrund Ihrer Markenvision. Deshalb können die Antworten bestehender Kunden zu irreführenden Ergebnissen führen.

Die Befragung bestehender Kunden birgt vor allem die Gefahr, in die Ausgestaltung der Marke zusätzliche Aspekte einzubeziehen, die nicht zur Marke passen und deshalb den Markenkern verwässern. Zumindest jedoch stiften die Meinungen der Kunden viel Verwirrung: In einem aufwendigen Prozess haben Sie Kernnutzen und Markenemotion festgelegt, und nun meinen zwei befragte Kunden, da fehle doch noch der Aspekt Krisenmanagement. Also fangen Sie wieder an nachzudenken, drehen noch eine Schleife und noch eine Schleife. Das macht es wirklich nicht besser!

Die Empfehlung, auf die Befragung bestehender Kunden eher zu verzichten, heißt jedoch nicht, den neuen Marktauftritt nicht zu testen. Dies sollte jedoch unter realen Marktbedingungen erfolgen und eben nicht bei bekannten Personen. Konkret heißt das: Zunächst lassen Sie einen Webauftritt erstellen, von dem Sie überzeugt sind, dass er Ihre Markenvision verkörpert. Anschließend beobachten Sie, wie der Markt darauf reagiert — welche Reaktionen Sie erhalten oder wie sich etwa die Aufrufzahlen verändern. Das heißt, Sie registrieren sorgfältig die weichen Feedbacks und passen Ihren Auftritt gegebenenfalls an.

Falle 3: **Gefällt mir nicht**

»Ich mag kein Grün.« – »Ich finde diese Art von Fotos unschön.« – »Da hätte ich doch gerne mehr Text.« Im Umgang mit Agenturen sind solche Sätze Klassiker — und ein Totschlagargument bei der Umsetzung einer Markenstrategie. Das Argument »gefällt mir nicht« oder »ich würde es gerne anders haben wollen« ist die dritte Falle, die man meiden sollte.

Mit der Äußerung »gefällt mir nicht« fokussiert sich ein Berater auf seinen eigenen Geschmack. Bei der Beurteilung eines Webauftritts, einer Broschüre oder eines Artikels geht es jedoch niemals um den Geschmack des Anbieters, sondern darum, wie die Botschaft beim Gegenüber ankommt: Transportiert das Design Nutzen und Werte? Kommt die Art, wie es gemacht ist, beim Empfänger an? Ist es geeignet, sein Gefühl und sein Denken in der gewünschten Weise zu beeinflussen?

Persönlicher Geschmack darf kein Kriterium sein. Die Leitfrage lautet vielmehr: Erzielt das Design die Wirkung, die es erzielen soll?

Im Umgang mit Werbeagenturen und anderen Dienstleistern empfiehlt es sich, eine Diskussion über »gefällt mir« oder »gefällt mir nicht« zu vermeiden und sich stattdessen auf die einzig entscheidende Frage zu konzentrieren: Was wirkt im Sinne des Zieles besser? Wenn Sie drei Entwürfe auf dem Tisch haben, lautet die Frage also nicht: »Was gefällt am besten?«, sondern: »Was wird die gewünschte Wirkung am besten erzielen? Was transportiert am ehesten unseren Kernnutzen und unsere Markenemotion?« Eine Werbeagentur sollte klar argumentieren können, warum die eine Version ihren Zweck besser erfüllen dürfte als die andere.

Falle 4: **Gefällt meinem Partner nicht**

Falle vier ähnelt der dritten Falle, ist aber manchmal noch gefährlicher. Sie lautet: »Das Design gefällt meinem Mann nicht« beziehungsweise »meiner Frau nicht«.

Angenommen, Sie zeigen den neuen Webauftritt zu Hause Ihrem Partner. Oder guten Freuden. Personen also, die Sie im privaten Rahmen kennen und nichts mit Ihrer beruflichen Rolle zu tun haben. Was wird die Reaktion sein? Vermutlich fallen Äußerungen wie diese: »Du guckst da aber verbissen auf dem Foto.« Oder: »Das gefällt mir nicht, das ist ja gar nicht unser Stil.« Oder: »Ich verstehe den Text nicht, der ist aber kompliziert geschrieben.«

Das ist wenig hilfreich. Die gesamten Bemühungen der Markenführung richten sich an Ihre Rolle als professioneller Berater, während die Urteile Ihres Partners oder Ihrer Freunde im privaten Kontext erfolgen. Das passt nur begrenzt zusammen.

Falle 5: **Schleichende Anpassung an Branchengewohnheiten**

Den Branchengewohnheiten folgen — unter Beratern ist das ein weitverbreiteter Reflex. Jeder kann zwar nachvollziehen, dass sich der eigene Auftritt vom Wettbewerb unterscheiden sollte. Dass es einen Stolperer braucht, um überhaupt wahrgenommen zu werden. Das leuchtet ein. Theoretisch.

Wenn es aber konkret wird, wenn die Webseite, eine Broschüre, ein Artikel oder ein Vortragsthema gestaltet werden soll, obsiegt meistens jener Reflex. »Oh, das ist vielleicht ein bisschen zu viel«, heißt es dann. Oder: »Da müssen wir noch einmal überlegen — ich weiß nicht, ob das geht.« Was am Ende dabei herauskommt, ähnelt allen anderen Beraterauftritten. Man passt sich den Branchengewohnheiten an. Die fünfte Falle.

Typisch ist zum Beispiel die Diskussion um die Firmenfarbe, bei der am Ende — nach vielen Schleifen — oft Blau herauskommt. Gewohnheit der Branche. Ebenso siegt am Ende der etwas fachlichere Text vor dem Text, der ein markantes Statement abgeben würde. Oder das eher allgemein formulierte Artikelangebot anstelle des provokativen. Besonders schön lässt sich der Anpassungsprozess beobachten, wenn ein Text durch die Reihe der Mitgeschäftsführer und Berater geht. Am Anfang ist der von einem Profi verfasste Artikel noch knackig geschrieben und kommt präzise auf den Punkt. Das gefällt vielleicht sogar dem Geschäftsführer. Nun wird der Text intern weitergereicht — und mit jedem, der darin »Verbesserungen« anbringt, ein bisschen normaler. Und am Ende steht da ein Text, der sich in Stil und Duktus von anderen Beratertexten nicht mehr unterscheidet.

Die Folge aller dieser Anpassungen: Man ist zufrieden, eckt nirgends an. Doch der Unterschied, den die Marke machen sollte, ist verloren gegangen. Die schleichende Anpassung an die Branchengewohnheiten hat den notwendigen Stolperer eliminiert.

Gegen die Falle hilft das MAYA-Prinzip. MAYA steht für »Most Advanced Yet Acceptable«: Entscheiden Sie sich immer für das Fortschrittlichste, das Sie gerade noch akzeptieren können.

Falle 6: **Man muss es dem Gegenüber möglichst leicht machen**

»Der Interessent muss es einfach haben« — so hört man immer wieder und glaubt, danach auch handeln zu müssen. Das Gegenüber hat wenig Zeit, ist von Medien umzingelt, ertrinkt in der Informationsflut. Ein Artikel muss deshalb kurz, eine Internetseite leicht konsumierbar sein; eine Broschüre sollte sofort zum Download bereitstehen, ohne den Umweg über eine Bestellung. Es gilt, alle Hürden aus dem Weg zu räumen, die einen Interessenten fordern könnten. Er soll es möglichst leicht haben, schließlich möchte man ihn ja als Kunden gewinnen.

Klingt einleuchtend, ist aber eine weitere Falle. Natürlich ist es gut, einen kurzen, eingängigen Text zu verfassen, der eine Botschaft präzise auf den Punkt bringt. Es gibt aber auch Themenfelder, bei denen es sinnvoll ist, ausführlich auf Hintergründe und Zusammenhänge einzugehen. Das Argument, man dürfe dies einem Interessenten nicht zumuten, greift hier nicht. Ist erst einmal gemäß der 3-30-Regel das generelle Interesse geweckt, besteht durchaus die Bereitschaft, tiefer in ein Thema einzusteigen.

Das Entscheidende ist nun: Diese Bereitschaft gilt es zu nutzen, um den oberflächlichen ersten Kontakt zu vertiefen. Indem Sie anspruchsvollere Informationen anbieten, kann sich der Interessent mit Ihnen und Ihrer Denkweise auseinandersetzen. Damit muten Sie ihm zwar zu, gewisse Hürden zu überspringen. Doch dadurch intensiviert sich die Beziehung — und die Schwelle für eine mögliche Kontaktaufnahme und spätere Zusammenarbeit sinkt.

Natürlich gilt der Satz von Wolf Schneider: »Einer muss sich quälen, der Schreiber oder der Leser« — und es ist klar, dass der Leser eines Artikels oder der Betrachter der Webseite sich am Ende nicht quälen wird. Bevor er sich abquält, springt er ab. Deshalb ist ein wirklich gut gemachter Auftritt so wichtig: Wenn eine Internetseite, ein Artikel, ein Weblog oder ein Beraterbrief spannend inszeniert ist, wenn das Thema zudem für den Empfänger relevant ist und einen echten Nutzen bietet, entsteht eine hohe Attraktivität. Dann sind einem Interessenten ausführliche Informationen durchaus zumutbar..

Falle 7: **Die Marke ist in Stein gemeißelt**

»Die Marke muss in Stein gemeißelt sein« — auch dieser Gedanke behindert die erfolgreiche Entwicklung einer Marke. Meist schwingt er unbewusst mit, wenn an einzelnen Markenelementen gearbeitet wird. Ob bei Webseite, Präsentationen, Broschüren oder anderen Materialien, die der Kunde erhalten soll: Manchmal wird an Texten und Design gefeilt, als seien sie für die Ewigkeit gedacht. Endlos wird über Details diskutiert — mit dem Ergebnis, dass der Markenprozess sich immer mehr in die Länge zieht und die Abstimmungen immer komplizierter werden. Das Streben nach Perfektion kann dazu führen, dass die Marke am Ende nie wirklich zum Leben erweckt wird.

Da hilft es, sich immer wieder klar zu machen: Eine Marke ist eben nicht in Stein gemeißelt. Sie kann und wird sich über die Jahre ändern. Auf längere Sicht sollte zwar der Kern der Marke feststehen, also das Nutzenversprechen und die Markenemotion. Wie sich dieser feste Kern aber in den einzelnen Markenelementen ausdrückt, kann sich durchaus verändern. Logo, CI, Briefpapier, Visitenkarten, Präsentationsmaterial, Internetauftritt — all das lässt sich im Nachhinein immer wieder anpassen.

Natürlich braucht es Sorgfalt und Zeit, um eine schlüssige Markenstrategie zu entwickeln. Das gilt ebenso für das Design, das die Marke zum Ausdruck bringen soll. Überflüssig sind aber lange Diskussionen über einzelne Formulierungen oder andere Details. Eine Marke darf sich entwickeln und verändern. Es geht nicht darum, alles von vornherein für die Ewigkeit festzulegen.

Und wenn dann Markenbotschaft und -emotion mit dem Anbieter wachsen und sich verändern, können auch jene einer Evolution unterworfen sein.

Falle 8: **Wenig Zukunftsvision**

Bei der Entwicklung einer Marke fällt der Blick zunächst auf das Bestehende. Ausgangspunkt sind zurückliegende Projekte und die dabei gemachten Erfahrungen; oft stützen sich große Teile des Geschäftsmodells auf bestehende Kontakte und Produkte. Daraus resultiert die Gefahr, die Marke zu sehr am Bestehenden auszurichten — mit der Folge, dass es ihr an einer Zukunftsvision fehlt. »Wir erbringen diesen Nutzen und haben diese Werte«, so die Überlegung, »also bilden wir genau das auch mit unserer Marke ab.«

Hier lohnt es sich, etwas weiter zu denken. Die Marke soll ja die Kunden und Projekte anziehen, die Sie in Zukunft haben wollen; sie soll das Honorarmodell befördern, das Sie in Zukunft etablieren wollen. Die Marke soll also auch den Weg in die Zukunft weisen — sozusagen der Fixstern sein, auf den sich das Unternehmen zubewegt. Wenn aber eine Marke diese Funktion erfüllen soll, muss sie sich vom Bestehenden unterscheiden.

Ob Logo, Farben, Fotos oder Texte: Der Auftritt sollte die Zukunft ein Stück vorwegnehmen und deshalb etwas fortschrittlicher wirken, als es die derzeitigen Verhältnisse vielleicht noch nahelegen. Eine starke Marke erzeugt frischen Wind. Das kann zum Beispiel durch ein modernes Design geschehen oder durch pointierte Botschaften, die zum Voranschreiten motivieren. Sätze wie »Wir drehen Projekte« oder »Wir senken die Prozesskosten mindestens um 20 Prozent« fallen nicht nur auf, sondern enthalten eine visionäre Kraft. Für Sie, Ihren Kunden und Ihre potenziellen Mitarbeiter.

Falle 9: **Angst vor dem Polarisieren**

Wenn es um die Darstellung nach außen geht, ist für unsere Branche eine gewisse Übervorsicht bezeichnend. Zum Ausdruck kommt das in der Zusammenarbeit mit PR-Agenturen, Grafikern oder Textern, bei der vonseiten der Berater ein Einwand häufig vorkommt: »So geht das nicht, das können wir so nicht machen.« Diese Farbe, diese Formulierung oder diese Botschaft schrecke ab, komme nicht gut an, berücksichtige diese oder jene Befindlichkeit nicht ausreichend. Der Einwand kann berechtigt sein; meistens steht dahinter die Angst, mit einem etwas zu gewagten Auftritt zu polarisieren.

Auch diese Falle ist gefährlich: Die Angst, jemanden vor den Kopf zu stoßen, nimmt dem Marktauftritt seine Ecken und Kanten. Am Ende wird er tatsächlich niemanden erschrecken, aber auch keinem auffallen. Es gibt keinen Unterschied mehr, keinen Stolperer — mit der Folge, dass die Markenbotschaft in der großen Zahl ähnlicher Auftritte untergeht und die Marke sich nicht entwickeln kann.

Halten Sie deshalb einen Augenblick inne, wenn bei Farbe, Logo, bei einem Foto oder einem Text reflexhaft Bedenken aufkommen. Überlegen Sie noch einmal: Was ist der Grund für die abwehrende Haltung? Ist es diese diffuse, aber letztlich unbegründete Angst, zu polarisieren und die 20 Prozent Gegenwind zu erzeugen? Oder haben die Bedenken eine rationale Begründung? Wenn Sie feststellen, das neue Design ist zu provokativ und würde Ihre Zielgruppe verschrecken, sollte es natürlich geändert werden. Aber nur dann.

Die Faustregel an dieser Stelle lautet: lieber 80 Prozent Rückenwind und 20 Prozent Gegenwind als gar kein Wind. Wenden Sie hier wieder die MAYA-Formel an — und entscheiden Sie sich für gewagteste Variante, die Sie gerade noch akzeptieren können.

Kapitel 8

Die Brücke zum Kunden — Marketing, PR und Vertrieb

Die Brücke zum Kunden — Marketing, PR und Vertrieb

Viele Ratschläge, aber kein System. Wenn es um Marketing, PR und Vertrieb geht, lassen sich die meisten Beratungsunternehmen eher von Vorlieben und Zufällen leiten, als einer klaren Strategie zu folgen. An dieser Stelle erzähle ich gerne die Geschichte eines mittelgroßen Beratungsunternehmens — und erlebe regelmäßig, wie sich viele Zuhörer darin wiederfinden.

Beim jährlichen Strategietreffen kommt der Geschäftsführer zum Tagesordnungspunkt »Marketing«, es geht um die Planung von Werbung und PR für das kommende Jahr. Eine lebhafte Diskussion beginnt. »Wir haben im Frühjahr einen Artikel geschrieben, da haben sich drei Leute gemeldet. Das sollten wir wieder machen«, meint ein Teilnehmer aus der Runde. »Ja, stimmt«, entgegnet ein Kollege. »Aber die Anzeige in der Personalwirtschaft hat gar nichts gebracht.« — »Auch die Mailingaktion im Frühjahr war komplett rausgeworfenes Geld.« — »Dafür waren wir im Telefonvertrieb doch eigentlich ganz gut.« — »Ja, stimmt.« — »Berater Müller wird immer mehr unser Konkurrent. Jetzt war er wieder in der FAZ. Mit seinem neuen Buch. Da müssten wir endlich etwas unternehmen.« — »Thema Studie — vielleicht sollten wir das mal angehen, das stünde uns eigentlich gut an.« — »Wäre es nicht besser, unseren

Newsletter zu reaktivieren? Den haben wir dieses Jahr nur einmal verschickt, geplant waren drei Mal.« — »Vorträge! Ich habe doch diesen Vortrag bei den Personalern gehalten, der hat gut funktioniert.« ...

So zieht sich die Diskussion hin, bis der Geschäftsführer unterbricht: »Schön und gut, was machen wir jetzt?« Einer der Beteiligten geht zum Flipchart und bringt Ordnung in die vielen Aussagen. Links notiert er die Maßnahmen, die funktioniert haben. Die Runde ist sich schnell einig, dass man diese Maßnahmen fortführen sollte. Rechts schreibt er die Punkte auf, über die man sich besonders geärgert hat. Müllers Buch, der nicht mehr verschickte Newsletter, die resonanzlose Anzeige. Nun packt die Berater der Ehrgeiz: Also das Buch, das muss jetzt sein! Auch der Newsletter, so beschließen sie, soll nun vierteljährlich erscheinen. In einem kurzen Brainstorming legen sie auch schon erste Themen fest.

Wie im vergangenen Jahr wird für jede Maßnahme ein Verantwortlicher bestimmt. Was da schließlich auf der Tafel steht, sieht richtig gut aus — wie ein durchdachter Marketingplan. Die Runde setzt das Budget in Höhe des Vorjahrs an — und geht mit dem guten Gefühl auseinander, die Hausaufgaben im Marketing erledigt zu haben.

Im neuen Jahr publiziert der Geschäftsführer wie geplant einen Artikel, doch anders als im Vorjahr gibt es keine Reaktionen darauf. Das empfindet er als ziemlich ernüchternd. Der für den Newsletter verantwortliche Berater macht sich engagiert ans Werk. Doch fällt es enorm schwer, die Texte in der gebotenen Kürze auf den Punkt zu bringen. Die erste Nummer erscheint zwei Wochen später als geplant. Um es besser zu machen, wird für die zweite Ausgabe ein Journalist engagiert. Seine Texte lösen einen internen Streit aus: Viel zu salopp, zu oberflächlich, überhaupt nicht unser Stil, meinen die einen, während andere den Stil gewagt, aber doch erfrischend finden. Das Thema bleibt erst einmal liegen.

Zusammen mit einem Partner der Beratung macht sich der Geschäftsführer an das Buchprojekt, das sich aber als weit komplizierter erweist, als man angenommen hat. Die beiden stellen fest, dass sie erst noch einen Verlag finden müssen. Eine Weile versuchen sie sich am Exposé für das Buch, dann wird das Projekt verworfen. Dafür hält der Geschäftsführer im September einen Vortrag bei der Zukunft Personal in Köln. Ein voller Erfolg! Die Branchenpresse wird auf ihn aufmerksam, drei Artikel entstehen daraus. Sogar ein Auftrag lässt sich darauf zurückführen.

So neigt sich das Jahr dem Ende zu, wieder trifft man sich zu einem Strategietag. Der Geschäftsführer ruft den Tagesordnungspunkt »Marketing« auf, um die Maßnahmen für Werbung und PR zu planen. Das Buch hat man wieder einmal nicht geschafft. Und Müller? Der war erneut in der FAZ. Doch gab es auch einige Erfolge: zwei Artikel mit ziemlich guter Resonanz, dann die Rede auf dem Kongress ...

Das Spiel beginnt von vorne. Aus der Diskussion über Erfolge und Misserfolge entsteht der Plan für das Folgejahr. Maßnahmen, die gut gelaufen sind, werden wieder in den Plan eingestellt. Anderes wird verworfen, weil es offenbar nicht funktioniert oder weil es, wie das Buchprojekt, zu aufwendig erscheint. Letztlich ist die Auswahl wieder eher zufällig.

Wie diesem Beratungsunternehmen ergeht es vielen. Sie sehen sich mit einer Vielzahl an möglichen Maßnahmen und Instrumenten konfrontiert, deren Wirkung sich weder vorhersehen noch messen lässt. Meist sind es daher die eigenen, eher zufälligen Erfahrungen, auf denen die Marketingplanung aufbaut. Letztlich betreibt man ein unbefriedigendes »Marketing by Zufall«, das keinen optimalen Zugang zum Markt ermöglicht.

In den zurückliegenden Kapiteln haben Sie persönliche Ziele, Unternehmensziele, Nutzenversprechen und Marke festgelegt sowie das Geschäftsmodell erarbeitet. Was noch fehlt, ist die Brücke zum Kunden. Um hier die Dinge nicht mehr oder weniger dem Zufall zu überlassen, braucht es ein funktionierendes System für Marketing, PR und Vertrieb. Die Leitfrage dieses Kapitels lautet daher: Welche Pfeiler sind zu setzen, um eine solide Brücke zum Kunden zu schlagen?

Es gibt zahlreiche Anleitungen und Bücher (einschließlich meiner eigenen), die ausführlich beschreiben, wie Sie eine Webseite erstellen, einen Fachartikel schreiben, ein Buch publizieren, einen Vortrag halten oder ein Mailing durchführen können. Im Folgenden verzichte ich deshalb darauf, einzelne Marketingkanäle im Detail zu beschreiben. Wirklich relevant für den Erfolg ist die Frage der Anwendung mit den Problemen, die dabei auftauchen und ein systematisches Marketing verhindern. Auf diese Aspekte möchte ich mich konzentrieren.

Die Brücke zum Kunden

Pfeiler 1	Pfeiler 2	Pfeiler 3
Persönliche Überwindung	Beziehungs- orientierung	Laufendes System
Der Berater überwindet persönliche Vorlieben und ist bereit, die Komfortzone zu verlassen	Der Berater handelt langfristig beziehungs- orientiert	Der Berater hat ein System für Marketing, PR und Vertrieb etabliert, das er laufend pflegt
Pfeiler 4	Pfeiler 5	Pfeiler 6
Experimentierfreude	Meinungsführerschaft	Inszenierung
Der Berater experimentiert mit unterschiedlichen Marketingkanälen	Der Berater gilt in einem eng begrenzten Themenfeld als Meinungsführer	Der Marktauftritt ist ausreichend stark inszeniert, um vom Kunden wahrgenommen zu werden

Abbildung 8.1: Voraussetzungen für eine solide Brücke zum Kunden

Brückenpfeiler für den Erfolg in Marketing und Vertrieb

Wahrscheinlich empfinden auch Sie ein gewisses Déjà-vu, wenn Sie an das eingangs geschilderte Strategietreffen denken. Bis zu einem gewissen Grad ergeht es den meisten Beratungen wie diesem Unternehmen, das jedes Jahr zwar Maßnahmen beschließt, letztlich aber sein Marketing doch eher dem Zufall überlässt. Damit drängt sich die Frage auf, wie sich Marketing und Vertrieb systematischer und effektiver gestalten lassen.

Der im Folgenden beschriebene Weg setzt beim Gedanken des Wertemagneten an. Marketing, PR und Vertrieb sollen darauf ausgerichtet sein, jenen Sog zu erzeugen, der die richtigen Kunden anzieht. Im Zentrum steht daher der langfristige Vertrauens- und Beziehungsaufbau zu potenziellen Kunden, um auf deren mentale Shortlist zu kommen. Für viele Beratungsunternehmen, die bislang eher kurzfristig-verkaufsorientiert agieren, hat das weitreichende Folgen; sie müssen ihre Haltung in Marketing und Vertrieb grundlegend umstellen, wenn sie diesen Weg mitgehen möchten.

Um unter dieser Prämisse eine solide Brücke zum Kunden zu schlagen, sind eine Reihe an Voraussetzungen zu erfüllen: die Überwindung der eigenen Komfortzone, eine langfristig angelegte Beziehungsorientierung, der Aufbau eines laufenden Marketing- und Vertriebssystems, das Experimentieren mit Marketingkanälen, der Aufbau einer Meinungsführerschaft und eine ausreichend starke Inszenierung des Marktauftritts.

Um im Bild zu bleiben: Damit die Brücke zum Kunden fest stehen kann, braucht sie die eben genannten sechs Pfeiler (siehe Abbildung 8.1).

Der Schritt aus der Komfortzone

Einmal mehr holt uns Berater hier das Thema »Erfolgsbetäubung« ein. Wenn die Dinge gut laufen, fehlt oft die Energie, etwas Neues anzupacken — wir lassen uns von der »Droge Erfolg« betäuben. Das war so beim Geschäftsmodell, als der strategische Sprung auf ein höheres Erfolgsplateau anstand, und das gilt auch jetzt wieder beim Marketing. Anstatt konsequent von der Zielgruppe her zu denken und das Marketing auf eine neue Stufe zu stellen, lassen wir uns gerne von persönlichen Vorlieben und Glaubenssätzen leiten. Wir glauben zu wissen, welche Themen auf welchen Kanälen bei den Kunden ankommen.

Das ist bequem — und die Verlockung ist groß, den eigenen Vorlieben zu viel Raum zu geben. Das birgt jedoch die Gefahr, am Bedarf der Zielgruppe zumindest teilweise vorbei zu agieren: Die Inhalte treffen nicht wirklich den Leidensdruck des potenziellen Kunden oder werden über Marketingkanäle kommuniziert, die ihn gar nicht erreichen. Es entsteht jenes »Marketing by Zufall«, wie es sich so oft beobachten lässt.

Die Alternative kostet Überwindung, verlangt, die eigene Komfortzone zu verlassen. Sie erfordert, mit dem Kunden in einen Dialog zu treten, ihn zu kontaktieren, seine Probleme zu erkennen, die Beziehung zu pflegen. Das fällt oft schwer. Die Alternative verlangt auch, Inhalte zu strukturieren, mediengerecht aufzubereiten, sich hierfür genügend Zeit freizuhalten. Auch das ist ungewohnt und fällt den meisten Beratern schwer. Systematisches Marketing bedeutet zudem, mit neuen Marketingkanälen zu experimentieren, ohne bereits zu wissen, welche Ergebnisse sie bringen. Ebenfalls ein ungewohntes Unterfangen.

Es braucht also den Schritt aus der Komfortzone. Für eine tragfähige Brücke zum Kunden ist er eine Grundvoraussetzung.

Beziehungsorientierung zur Haltung machen

Wenn Marketing und Vertrieb einen Sog erzeugen sollen, erhält die Beziehung zum Kunden eine besondere Bedeutung. Ein Entscheider fragt in der Regel nur dann von sich aus bei einem Berater an, wenn er diesem vertraut, das anstehende Problem zu lösen. Deshalb braucht es aus Sicht des Beraters einen langfristig angelegten Beziehungsaufbau, um das Vertrauen des Entscheiders zu gewinnen.

Wie solide der Brückenschlag zum Kunden ausfällt, hängt daher in hohem Maße von der Qualität der Beziehung ab. Je langfristig-beziehungsorientierter ein Beratungsunternehmen handelt, desto belastungsfähiger wird die Brücke zum Kunden.

Beziehungsorientierung ist in erster Linie eine Frage der Haltung. Überlegen Sie einmal kurz, wo Sie stehen — und verorten Sie sich hierzu in Abbildung 8.2. Ist Ihr Verhalten den Kunden gegenüber eher kurzfristig verkaufsorientiert? Oder legen Sie zwar Wert auf eine gute Beziehung, aber doch eher nur vorübergehend, etwa während eines Projektes oder solange Sie noch mit einem Auftrag rechnen? In der Praxis nur selten anzutreffen ist eine Position

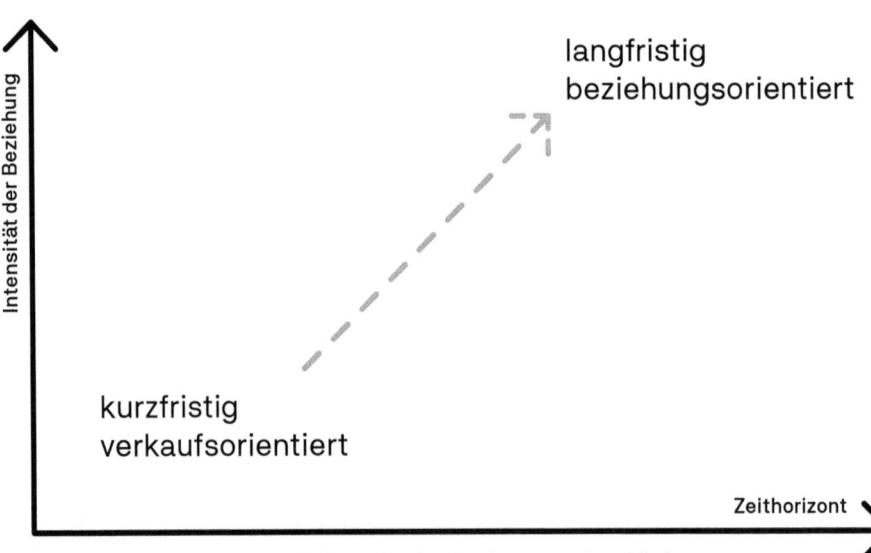

Abbildung 8.2: Von der kurzfristig-verkaufsorientierten zur langfristig beziehungsorientierten Haltung

oben rechts im Diagramm — eine langfristig- beziehungsorientierte Haltung. Doch genau diese Haltung sollten wir Berater anstreben!

Der kurzfristig-verkaufsorientierte Berater

In der Realität des Beratermarketings ist ein eher kurzer Zeithorizont weit verbreitet. Man möchte möglichst schnell zu einem Abschluss kommen und legt deshalb auf eine langfristig gute Beziehungsqualität erst einmal weniger Wert. Auf diese eher kurzfristig-verkaufsorientierte Haltung lässt sich zumindest schließen, wenn man das Verhalten oder die Gepflogenheiten an unterschiedlichen Stellen des Marketing- und Vertriebsprozesses beobachtet.

Etwa bei der Akquise, wenn Berater einen potenziellen Kunden anrufen: Am liebsten würden viele von ihnen schon beim ersten Kontakt einen Termin vereinbaren. Die Erwartung, gleich einen Gesprächstermin beim Entscheider zu bekommen, weist auf eine kurzfristig-verkaufsorientierte Haltung hin, die wenig Aussicht auf Erfolg hat: Warum sollte der Angerufene gerade jetzt einen Bedarf haben und zudem gerade diesen ihm unbekannten Berater zum Gespräch einladen? Höchst unwahrscheinlich.

Typisch für eine kurzfristig-verkaufsorientierte Haltung ist es auch, weniger aussichtsreiche Kontakte nicht weiter zu verfolgen. Wenn ein Akquiseanruf unbefriedigend verläuft, fehlt oft die Motivation, sich weiter um diesen potenziellen Kunden zu bemühen. Das mag einerseits der persönlichen Komfortzone geschuldet sein, ist aber auch Ausdruck einer generell niedrigen Beziehungsorientierung. Anstatt sich die Zeit zu nehmen, Vertrauen aufzubauen und eine Öffnung des Gegenübers zu erreichen, legt man den Vorgang ad acta, etwa in der Haltung: »Wenn jetzt kein Interesse besteht, brauche ich mich nicht weiter darum zu kümmern. Da habe ich Wichtigeres zu tun.«

Ganz ähnlich lässt sich diese Haltung nach einem verlorenen Pitch beobachten. Der Berater bricht den Kontakt ab, weil der Auftrag anderweitig vergeben ist und er deshalb von diesem Interessenten in den nächsten ein bis zwei Jahren nichts erwarten kann. Ein langfristig beziehungsorientierter Berater hingegen würde die Situation als Anknüpfungspunkt nutzen, um eine Beziehung aufzubauen. Den negativen Ausgang des Pitchs hätte er als Signal gewertet, den Kunden nicht richtig oder noch nicht ausreichend über sein Angebot informiert zu haben.

Auch ein vernachlässigtes Kontaktmanagement, wie es bei Beratungsunternehmen oft anzutreffen ist, weist auf eine gering ausgeprägte Beziehungsorientierung hin. Es existiert kein einheitlich gepflegtes CRM-System, stattdessen hantiert man mit Excel-Listen oder anderen unzulänglichen Lösungen. Oder es gibt zwar eine Kundendatenbank, in die man Kontakte aus Messen, Vorträgen und anderen Gelegenheiten eingibt. Doch dabei bleibt es dann, keiner kümmert sich mehr um diese Personen. So verlieren die Kontakte, eigentlich das wertvollste Kapital eines Beratungsunternehmens, sukzessiv an Wert. Erst wenn das Unternehmen eines Tages Aufträge braucht, geht man die Namen durch und versucht, die inzwischen erkalteten Kontakte zu reaktivieren.

Aus Sicht der potenziellen Kunden mutet dieses kurzfristig motivierte Verhalten manchmal recht befremdlich an. Berater klopfen an, wenn sie Aufträge benötigen, um sogleich wieder für längere Zeit zu verschwinden. Das erinnert an das Spiel, das wir gelegentlich auf Jahrmärkten antreffen: Da tauchen aus einer Box ständig Männchen auf, die man blitzschnell mit einem Hammer wieder in ihre Löcher zurückschlagen muss. Die meisten Berater sind wie diese Kirmesmännchen. Kaum dass sie da sind, sind sie schon wieder weg.

Viele Berater leisten inhaltlich hervorragende Arbeit, legen aber wenig Wert auf kleine Gesten wie etwa eine handgeschriebene Karte zum Geburtstag oder einen gelegentlichen persönlichen Anruf bei einem A-Kunden. Es liegt ihnen eher fern, Geburtstage und andere Anlässe zu nutzen, um eine Beziehungsbotschaft zu senden. Auch darin spiegelt sich eine gering ausgeprägte Beziehungsorientierung wider.

Typisch sind hier die alljährlichen Diskussionen um die Weihnachtskarte. Angesichts der vielen Karten, die von überall her eintreffen, zweifelt man in vielen Beratungsunternehmen am Sinn der Aktion. Ein langfristig beziehungsorientierter Berater denkt hier ganz anders: Für ihn ist eine Weihnachtskarte schon deshalb notwendig, weil es nach seiner Überzeugung sehr wohl auffällt, wenn man von einem Geschäftspartner keine Karte erhält. Nicht das »Ob« steht für ihn zur Diskussion, sondern es geht allein um das »Wie«: Welche Besonderheit könnte die Karte aufweisen, damit sie beim Kunden unter der Vielzahl der übrigen Weihnachtspost hervorsticht?

Das eher kurzfristig-verkaufsorientierte Denken, so illustrieren diese Schlaglichter aus dem Berateralltag, ist weit verbreitet. Um dieses Denken zu ändern und der Beziehung zum Kunden einen höheren Stellenwert zu geben, braucht es einen Haltungswechsel in der ganzen Organisation: weg von der Kurzfristigkeit hin zu einem langfristig-beziehungsorientierten Verhalten. »Neben dem Nutzen, den wir bieten, ist Beziehung unser wichtigstes Gut« — so sollte die neue Überzeugung lauten, an der sich alle Mitarbeiter orientieren.

Ob ein Unternehmen diesen Haltungswechsel tatsächlich vollzogen hat, lässt sich gut in Phasen besonders schlechter und besonders guter Auftragslage erkennen. Fehlt es an Aufträgen, fallen Unternehmen, in denen das alte Denken noch vorherrscht, in das gewohnte kurzfristig-verkaufsorientierte Verhalten zurück. Bei voller Auslastung hingegen neigen Inhaber und Berater dazu, auf die Beziehungsarbeit ganz zu verzichten; sie erscheint weder notwendig, noch findet man die Zeit dazu. Einem Beratungsunternehmen, das die neue Haltung verinnerlicht hat, würde beides nicht passieren. Haltung bedeutet, den Beziehungsaufbau zu praktizieren — ganz gleich in welcher Geschäftslage.

Was braucht es nun, um eine langfristig beziehungsorientierte Haltung einzunehmen? Die wesentlichen Aspekte sind der Aufbau von Vertrauen, das Wahren von Augenhöhe, eine systematische Kontaktpflege sowie der ständige, aber achtsame Einsatz der Dialoginstrumente.

Vertrauen zu Menschen aufbauen

Langfristig beziehungsorientiert handeln — in der gelebten Praxis heißt das vor allem, Vertrauen zu Menschen aufzubauen. Vertrauen entsteht mit der Zeit durch viele kleine JAs des Gegenübers. Wann spricht es Ihnen innerlich oder tatsächlich ein solches kleines JA aus? David Maister führt in »The Trusted Advisor«[12] elf Punkte auf, denen es nichts hinzuzufügen gibt:

Prinzip 1: **Den ersten Schritt machen**
Wenn Sie zu einer Person eine Beziehung aufbauen möchten, ist es an Ihnen, den ersten Schritt zu machen. Indem Sie auf ihn zugehen, ihm zum Beispiel einen Gefallen erweisen, zeigen Sie Ihre Bereitschaft, in eine Beziehung mit ihm zu investieren. Natürlich — den ersten Schritt zu machen, birgt immer

---

[12] David Maister u. a.: The Trusted Advisor. Free Press, 2001.

auch das Risiko der Zurückweisung. Zugleich signalisieren Sie aber auch: »Ich bin bereit, mich zu engagieren, um mir Ihre Gunst zu verdienen. Es würde mir Freude machen, mit Ihnen eine Beziehung einzugehen.«

Prinzip 2: **Zeigen statt sagen**

Es reicht nicht, einfach nur zu sagen: »Ich bin zuverlässig«, »Ich habe Ihre Situation verstanden«, »Ich bin eine angenehme, hilfsbereite Person«, »Ich habe viel Erfahrung mit Ihrer Art von Problemen«. Wenn Ihr Gegenüber Vertrauen zu Ihnen fassen soll, müssen Sie ihm zeigen, dass Sie zuverlässig sind, seine Situation verstanden haben oder sein Problem lösen können. Zeigen und vormachen, nicht nur davon reden!

Eine gute Möglichkeit hierzu bietet die Art, Fragen zu stellen. Die richtigen Fragen können Ihrem Gegenüber deutlich machen, dass Sie erfahren und kompetent sind, sich auf das Gespräch gründlich vorbereitet haben und es verstehen, schnell zum Kern des Themas zu kommen. Etwa in der Art: »Vor zwei Jahren haben Sie ja die Firma X übernommen und sind seitdem Marktführer. Gerne würde ich mehr darüber wissen, wie Ihnen die Integration der Mitarbeiter von X gelungen ist und wie Sie die doch sehr unterschiedlichen Firmenkulturen zusammengeführt haben.«

Auch Gesten können viel ausdrücken, sofern sie nicht zu eingeübt wirken. Das kann eine Karte zum Geburtstag sein oder eine kleine Aufmerksamkeit ohne konkreten Anlass. Zum Beispiel können Sie einem Kunden eine Information zusenden oder ihn anrufen und nach seiner Meinung für eine Idee fragen. Damit zeigen Sie, dass Sie diesen Kunden wertschätzen; dass Sie in seinen Kategorien, nicht in Ihren eigenen denken; dass Sie für ihn eine Quelle guter Ideen und Anregungen sind; dass Sie mit ihm in Kontakt bleiben möchten. All das sagen Sie nicht, sondern Sie zeigen es mit einer einfachen Geste!

Prinzip 3: **Auf den Unterschied achten**

Für den Aufbau einer Beziehung ist es wichtig, das Gegenüber als Individuum zu sehen — und nicht als Mitglied einer Gruppe. Die Leitfrage lautet daher: »Was unterscheidet diese Person von meinen anderen Kunden?« Aus diesen Unterschieden ergibt sich, wie Sie sich ihm gegenüber verhalten.

Das Problem ist nur: Wir neigen dazu, gerade das Gegenteil zu tun. Anstatt auf die individuellen Unterschiede zu achten, richten wir das Augenmerk auf das Bekannte. Wir knüpfen an Erfahrungen an, nutzen vertraute Herangehensweisen und Instrumente. Wir glauben zu wissen, »was der Kunde wünscht« — und versuchen ihn zu beeinflussen, genau das zu denken und zu tun.

Mit Blick auf den Beziehungsaufbau ist dieses Verhalten wenig hilfreich. Geben Sie Ihrem Gesprächspartner stattdessen die Gelegenheit, über seine Themen, Sorgen und Ziele zu sprechen. Auf diese Weise erfahren Sie, was ihn von andern Kunden unterscheidet; Sie bekommen heraus, wo seine Interessen, Präferenzen, Vorlieben und Abneigungen liegen.

Das hat große Vorteile: Zum einen können Sie entscheiden, ob Ihr Gegenüber als Kunde zu Ihnen passt und Sie mit ihm überhaupt eine tiefere Beziehung eingehen möchten. Zum anderen verstehen Sie den Anderen jetzt viel besser; Sie können beurteilen, worauf es ihm wirklich ankommt — und was Sie tun müssen, damit er Sie schätzt.

Prinzip 4: **Keine ungebetenen Ratschläge**

»Ich weiß, wie Ihr Problem zu lösen ist. Sie müssen Folgendes tun ...« Die nun vorgetragene Lösung mag brillant sein — doch es gibt Situationen, in denen das Gegenüber keine Ratschläge hören möchte. Wichtiger sind ihm oft emotionale Unterstützung, Verständnis für das Problem oder auch die Gelegenheit, die eigenen Gedanken zu ordnen, indem er sie in einem angstfreien Umfeld ausspricht.

Achten Sie darauf, Ihrem Gegenüber nur dann Rat zu erteilen, wenn Sie sicher sind, dass es ihn akzeptiert. Vielleicht möchte es in der aktuellen Situation gar keine Ratschläge hören, sondern einfach nur, dass Sie ihm Ihr Ohr schenken. Menschen wünschen sich Bestätigung, Unterstützung, Wertschätzung — selten ungebetene Ratschläge. Das gilt auch für Kunden.

Prinzip 5: **Keine voreiligen Ratschläge**

Eine Beziehung braucht Zeit, um sich zu entwickeln. Vom Stand der Beziehung hängt es ab, wie vertraut man einander ist — und welche Themen bereits angebracht sind oder auf welche Weise sie angesprochen werden sollten. Der häufigste Verstoß gegen diese Regel liegt darin, voreilig Rat zu geben. Auf ein wichtiges Problem scheinbar leichthin eine Antwort zu geben, wirkt im frühen Stadium einer Beziehung wenig vertrauenerweckend. Dem Gegenüber fällt es schwer, solche Ratschläge ernst zu nehmen.

Ein Berater muss sich gewissermaßen erst noch das Recht verdienen, Rat anbieten zu dürfen. Dazu sind drei Voraussetzungen zu erfüllen: Er hat die

Situation des Kunden verstanden, ebenso hat er verstanden, wie der Kunde die Situation sieht — und es ist ihm gelungen, ein gemeinsames Verständnis der Situation herzustellen. Erst dann ist der Zeitpunkt gekommen, mögliche Problemlösungen zu skizzieren.

Prinzip 6: **Nachfragen**

Es führt schnell zu Konflikten und schadet einer Beziehung, wenn Dinge im Vagen bleiben. Fragen Sie deshalb höflich, aber bestimmt nach, wenn sich Ihr Gegenüber unklar ausdrückt.

Wenn Ihr Kunde zum Beispiel meint, »Ich bin mir nicht sicher, ob das funktioniert«, kann das zum Beispiel bedeuten:

→ »Der Vorschlag gefällt mir nicht.«

→ »Das gefällt mir. Aber ich glaube nicht, dass ich davon meine Kollegen überzeugen kann.«

→ »Das könnte funktionieren. Aber nicht in der Form, wie Sie es vorgestellt haben.«

→ »Ich bin nicht überzeugt, aber erzählen Sie mir mehr davon.«

→ »Lassen Sie das Thema fallen, oder Sie fangen an, mich ernsthaft zu verärgern.«

Um Missverständnisse zu vermeiden und richtig reagieren zu können, braucht es Klarheit darüber, was der Kunde wirklich meint. Fragen Sie deshalb nach, etwa indem Sie sagen: »Stimmt, ich kann mir da einige Gründe vorstellen, dass dieser Vorschlag nicht funktioniert. Was macht Sie denn so skeptisch?«

Prinzip 7: **Klartext reden**

Die Gefahr, sich unklar auszudrücken, besteht natürlich auch aufseiten des Beraters. Auch dann entstehen leicht Missverständnisse, die zu einem Vertrauensverlust führen und die Beziehung stören können. Stellen Sie deshalb sicher, dass Ihr Gegenüber versteht, was Sie sagen wollen oder was Sie von ihm erwarten. Vermeiden Sie es, im Ungefähren zu bleiben. Ein guter Ratgeber versteht sich so auszudrücken, dass er verstanden wird.

Das Prinzip der klaren Worte bedeutet auch, wenn notwendig dem Kunden zu widersprechen oder eine kritische Situation offen darzustellen. Ein Trusted

Advisor spricht die Wahrheit aus, auch wenn sie unangenehm ist. Mit Taktge-fühl, aber doch sehr klar.

Prinzip 8: **Um Hilfe fragen**

Ein Berater muss nicht allwissend sein, um das Vertrauen des Kunden zu ge-winnen. Im Gegenteil: Hilfreicher ist es, bei der Problemlösung gelegentlich auch nach dem Rat des Kunden zu fragen. Beratung ist keine Alleinvorstel-lung, sondern eher mit einem Duett vergleichbar, das Berater und Kunde ge-meinsam spielen. Beide stellen sich aufeinander ein und stärken so ihre Be-ziehung.

Anstatt zu sagen: »Überlassen Sie das Problem mir, ich werde alles lösen«, ist es sinnvoller, den Kunden einzubeziehen und ihn auch einmal um Hilfe zu bitten: »Ich bin mir an dieser Stelle nicht ganz sicher, wie das zu handhaben ist. Können wir darüber einmal sprechen?«

Der Punkt ist: Wenn Sie auf diese Weise um Hilfe fragen, behalten Sie den Fokus zuverlässig auf dem Thema des Kunden. Sie laden Ihr Gegenüber ein, sein Problem gemeinsam zu lösen. Auf diese Weise fördern Sie auf besonders effektive Weise den Aufbau von Vertrauen.

Prinzip 9: **Interesse am Gegenüber zeigen**

Wenn Sie die Zuneigung eines Menschen gewinnen möchten, gibt es einen bewährten Weg: Sie müssen erreichen, dass er über sich selbst spricht. Auf diese Weise erhalten Sie die Gelegenheit, viel über ihn zu erfahren. Dieses Wissen können Sie im weiteren Verlauf der Beziehung nutzen, um sich auf Ihr Gegenüber einzustellen und seine Situation richtig zu verstehen.

Zeigen Sie deshalb aufrichtiges Interesse an Ihrem Gesprächspartner. Stellen Sie Fragen. Und noch mehr Fragen. Forschen Sie nach, wenn er eine Ansicht äußert: »Was bringt Sie zu dieser Schlussfolgerung?« — »Warum den-ken Sie das?« — »Meinen Sie, das stimmt immer? Oder nur unter bestimmten Umständen?« Je mehr der Andere auf solche Fragen eingeht, desto besser verstehen Sie ihn. Und genau darauf kommt es an, wenn Sie Vertrauen auf-bauen wollen. Es gilt beim Gegenüber das Gefühl zu wecken: »Dieser Berater versteht mich.«

Natürlich reicht es nicht, nur Fragen zu stellen. Ebenso wichtig ist es, gut zuzuhören und sich die Antworten des Gesprächspartners zu merken. Nur so lässt sich bei späteren Begegnungen daran anknüpfen. Es empfiehlt sich deshalb, nach jedem Kontakt Notizen zu machen — als Hilfsmittel, um später das ehrliche Interesse am Gegenüber zeigen zu können.

Prinzip 10: Komplimente machen

Achten Sie auf Gelegenheiten, die sich dazu eignen, dem Gegenüber ein aufrichtig gemeintes Kompliment zu machen. Auch damit stärken Sie die Beziehung. Vermeiden Sie jedoch Phrasen; beziehen Sie das Kompliment auf eine konkrete Situation: »Ich glaube, Sie sind eine gute Führungskraft. Ich habe gehört, was im Unternehmen über Sie gesprochen wird ...«

Prinzip 11: Wertschätzung zeigen

Menschen erwarten für Ihr Denken und Tun Anerkennung — sie möchten wertgeschätzt werden. Jedenfalls dann, wenn sie es verdient haben. Indem Sie gegenüber Ihren Kunden ehrliche Wertschätzung ausdrücken, festigen Sie nachhaltig die Beziehung mit ihnen. Umgekehrt leidet eine Beziehung, wenn das Verhältnis durch Gleichgültigkeit gegenüber dem Tun und Lassen des Gegenübers geprägt ist.

Beziehung auf Augenhöhe

Für einen Berater gibt es gute Gründe, im Verhältnis zum Entscheider eine Partnerschaft auf Augenhöhe anzustreben. Deutlich wurde das bereits in Kapitel 2, als es um die hinderlichen Glaubenssätze ging: Solange der Kunde König ist, besteht keine Augenhöhe. Dann wird es schwer, die Rolle eines Ratgebers oder Problemlösers einzunehmen, der vom Kunden als gleichwertiger Partner akzeptiert wird.

Der langfristig angelegte Beziehungsaufbau, auf den Marketing und Vertrieb abzielen, sollte daher von Anfang an ein Verhältnis auf Augenhöhe wahren. Am ehesten gelingt das in der Haltung eines Trusted Advisors (siehe Kapitel 4, Abschnitt »Die persönliche Rolle«), der sich ehrlich für sein Gegenüber und dessen Problem interessiert. Ihm geht es niemals um den schnellen Abschluss. Vielmehr bedeutet Vertrieb für ihn, schon beim ersten Kontakt in einen gleichberechtigten Dialog mit dem Entscheider zu kommen.

Wichtig ist natürlich auch der nächste Schritt — nämlich diesen Dialog weiterhin aufrecht zu erhalten.

Kontakte systematisch pflegen

»Pflege deine Kontakte und melde dich regelmäßig!« So lässt sich ein weiterer wesentlicher Baustein für eine langfristige Beziehungsorientierung auf den Punkt bringen. Als Faustformel hat sich bewährt, jeden Kontakt jährlich drei bis vier Mal anzusprechen. Ausnahmslos — wenn auch mit unterschiedlichen Mitteln und unterschiedlicher Intensität. Wichtige Kontakte erhalten eine persönliche Ansprache, bei weniger wichtigen Kontakten genügt in der Regel eine standardisierte Ansprache.

Um die Kontakte systematisch zu pflegen, hat sich eine einfache A-, B- und C-Kategorisierung bewährt. Jeder Kontakt wird in eine der drei Kategorien eingeordnet und erhält einen Verantwortlichen. A-Kontakte sind Geschäftsleitungskontakte, meist von Entscheider zu Entscheider. Die weniger wichtigen B-Kontakte pflegen in der Regel die Seniorberater, während die C-Kontakte durch standardisierte Instrumente wie einen Newsletter oder einen Beratungsbrief regelmäßig erreicht werden können.

Oft besteht die Neigung, einen neuen Kontakt zunächst eher niedrig einzustufen. »Ich habe diese Person gerade erst kennengelernt«, so die Überlegung, »daraus könnte vielleicht einmal ein A-Kontakt werden. Aber jetzt behandle ich ihn erst einmal als B- oder C-Kontakt und warte ab, was daraus wird.« Das Problem dabei: Wenn ein hochwertiger Kontakt unter B oder C läuft, wird er nur wenig beachtet und das Risiko ist groß, sein Potenzial zu verkennen.

Deshalb empfiehlt es sich, einem neuen Kontakt grundsätzlich einen Vertrauensvorschuss zu gewähren und ihn unter A einzuordnen. Der Kontakt wird genauso behandelt wie die Premiumkunden — erhält wie diese die handgeschriebene Weihnachts- und Geburtstagskarte, individuell zugeschnittene Informationen, vielleicht auch einen persönlichen Anruf. Stellt sich nach 12 bis 18 Monaten heraus, dass er die A-Priorität nicht verdient, wird er in die B-Kategorie herabgestuft. Aber eben erst dann.

Eine verlässliche Kontaktpflege braucht ein professionelles Customer-Relationship-Management (CRM); Excel-Tabellen reichen hierfür, wie bereits erwähnt, nicht aus. Erst mithilfe eines CRM-Systems ist es möglich, zu jedem Kontakt systematisch Informationen zu sammeln und alle Informationen einheitlich und ortsunabhängig zur Verfügung zu stellen. So kann sich jeder Berater, der Zugang zu dem System hat, auf Kundengespräche vorbereiten, ganz gleich wo er sich aufhält.

Damit das CRM-System seine Funktion erfüllen kann, sind klare Regeln erforderlich. Zum Beispiel sollte jeder Berater wissen, wie er einen neuen Kontakt kategorisiert, welche Informationen er einträgt und wann er einen Vorgang auf Wiedervorlage setzt. Ein gut gepflegtes CRM-System enthält neben projektbezogenen Informationen auch persönliche Angaben wie Geburtstage, Hochzeitstage oder andere Daten, die für die Beziehungspflege wichtig sind.

Zudem bietet es die Möglichkeit, für jeden Kontakt eine »emotionale Protokollierung« zu führen: Wer mit einem Interessenten ein Gespräch geführt hat, notiert nicht nur Inhalte, sondern auch »Zwischentöne«, die ihm aufgefallen sind. Wird das emotionale Protokoll vom ersten Gespräch an konsequent geführt, entsteht mit der Zeit ein detailliertes Bild der betreffenden Person. Das emotionale Protokoll bietet damit eine wertvolle Hilfe, um sich jederzeit auf einen Kunden oder Interessenten individuell einstellen zu können und auch den Ton von Gesprächen zu erinnern. Hier ein Beispiel:

»Oh, wieder ein angenehmes und positives Telefonat. Hr. S. kann sich heute gut erinnern, lobt meine Ansprache am Telefon (professionell, angenehm). Wir wärmen das Thema Markenstrategie nochmals auf, diesmal schlage ich den Weg Fachpublikationen ein (das haben sie auf der HP noch nicht). Da liege ich zum Glück ganz richtig, und wir besprechen, dass er damit die Fachkompetenz von XYZ GmbH noch besser unterstreichen kann. Das ist auch das Thema, mit dem er sich in den nächsten Wochen befassen will. Denn: Das Hanseatisch-Zuverlässige und das traditionelle Werteverständnis der Schifffahrt (das Weiche im Markenkern) bringen sie schon ganz gut rüber, das Fachliche müssen sie noch zuspitzen, um sich bei den verschiedenen Verkehrsträgern, mit denen sie arbeiten (Schiff, Flugzeug, Bahn) noch besser zu positionieren. Genau dafür ist PR gut. Ich verspreche Herrn S. den WiWo-Artikel von GW, weil er gut passt. (XYZ GmbH ist immerhin Tochter von ABC, die ja auch Beratungsleistungen erbringt und muss sich gegen sie auch abgrenzen.) Außerdem bekommt er den Beratungsbrief und will sich melden, wenn er aktiv werden will. Der bekommt von mir ein B: Wird zwar dauern, hat aber gewisse Erfolgsaussichten.«

Dialoginstrumente systematisch und mit Augenmaß einsetzen

Um Beziehungen aufzubauen und zu pflegen, stehen einem Beratungsunternehmen vielfältige Dialoginstrumente zur Verfügung. Sie reichen von persönlichen Aufmerksamkeiten durch den Geschäftsführer über die Zusendung inhaltlicher Informationen bis zur standardisierten E-Mail. Ein langfristig-beziehungsorientierter Berater versteht es, diese Instrumente gekonnt einzusetzen, wann immer sich hierzu eine Gelegenheit bietet. Da liest er zum Beispiel einen Zeitungsartikel, der einen seiner A-Kontakte interessieren dürfte — also sendet er ihm eine Kopie oder ein PDF mit ein paar persönlichen Worten zu. Vielleicht entdeckt er in einer Buchhandlung ein Buch, bei dem er an einen seiner Kunden denken muss. Er kauft es und schickt es ihm zusammen mit ein paar handschriftlichen Zeilen.

Oder ihm kommt ein Gedanke, wie er ein Beratungsprodukt verbessern könnte. Sogleich ruft er zwei oder drei A-Kunden an — einfach, um deren spontane Meinung zu hören. In aller Regel reagiert der Angerufene positiv überrascht. Es gefällt ihm, bei einer interessanten Idee, um seine Ansicht gefragt zu werden. Indem der Berater auf diese Weise wichtige Kunden aktiv in seine Überlegungen einbindet, erhält er nicht nur ein qualitativ hochwertiges Feedback, sondern festigt zugleich die Beziehung.

Ebenso bieten sich die laufenden Aktivitäten in PR, Werbung und Vertrieb an, um daraus Anlässe für die Kontaktpflege zu kreieren. Wenn der Berater etwa einen Artikel verfassen möchte, kann er einen seiner A-Kontakte einbeziehen, indem er ihn als Co-Autor gewinnt oder im Artikel zitiert. Schreibt er ein Buch, kann er Zitate oder Interviews mit Experten aus seinen A-Kontakten in den Text mit einbauen.

Für den erfolgreichen Beziehungsaufbau kommt es darauf an, die Dialoginstrumente konsequent, aber auch mit Augenmaß einzusetzen. So kann eine standardisierte E-Mail ein effektives Instrument sein, weil sie alle Kontakte gleichzeitig erreicht; sie kann aber auch Schaden anrichten, wenn der Inhalt nicht für alle Empfänger gleichermaßen geeignet ist. Meist ist es notwendig, differenziert vorzugehen: Auf welche Kontakte passt der Inhalt dieser E-Mail, welche Namen streicht man besser aus dem Verteiler, welche sollte man individuell anschreiben?

Dialogmarketing erfordert einen achtsamen Einsatz der Instrumente. Es sollte immer auf die Persönlichkeit und die Situation des Gegenübers abgestimmt sein. Im einen Fall kann ein persönliches Geschenk richtig sein und die Beziehung stärken, bei einem anderen ist es vielleicht eher die inhaltliche Einbindung in ein Buchprojekt.

System für Marketing, PR und Vertrieb etablieren

Der dritte Pfeiler der Brücke zum Kunden ist ein etabliertes System für Marketing, PR und Vertrieb. Etabliertes System heißt: Die Kontakte werden systematisch gepflegt, die Inhalte für Marketing und PR kontinuierlich erarbeitet und die ausgewählten Marketingkanäle regelmäßig bespielt. Die dafür notwendigen Zeiten sind reserviert und in den Terminkalendern des Geschäftsführers und seiner Berater entsprechende Zeiten blockiert.

Ein solches, wirklich etabliertes System ist eher die Ausnahme. Meistens ist Marketing und Vertrieb ein Thema, wenn Aufträge fehlen; doch sobald sich die Auftragslage gebessert hat, findet sich hierfür keine Zeit mehr. Wenn ich in der Strategiearbeit mit Beratern das System vorgestellt habe, sind die Reaktionen fast immer ganz ähnlich: »Das ist alles sehr schön, aber um das jetzt umzusetzen, haben wir zu viel zu tun.« Ich plädiere in diesem Fall dafür, das System trotzdem einzuführen, denn genau darin liegt sein Zweck: Es soll die laufenden Marketing- und Vertriebsaktivitäten auch dann sicherstellen, wenn dafür scheinbar keine Zeit ist.

Konstantes Marketing während einer Auftragsflaute zu betreiben, ist keine große Kunst. Wirklich spannend wird es erst bei Vollauslastung, wenn sich der Geschäftsführer in jeder Minute überlegt, ob er lieber einen Feuerwehreinsatz macht oder seine Marketingaufgaben erledigt. Jetzt zeigt sich, ob das System für Marketing, PR und Vertrieb wirklich etabliert ist und seine Bewährungsprobe besteht.

Worauf kommt es an, damit das System fest etabliert ist und auch in solchen kritischen Phasen funktioniert?

A-Kontakte sind Chefsache

Als Beratungsunternehmer gehört es zu Ihren Hauptaufgaben, für das Unternehmen Kunden zu gewinnen und Aufträge zu bekommen. Das Potenzial dafür liegt vor allem bei den A-Kontakten — und so ist es nur folgerichtig, dass Sie sich auch persönlich um diese Kontakte kümmern. A-Kontakte sind Chefsache, sie werden vom Chef persönlich und kontinuierlich gepflegt. Darin liegt der wohl wichtigste Baustein für ein reibungslos laufendes System.

Eine Ausnahme vom Prinzip »A-Kontakte sind Chefsache« ergibt sich, wenn anstelle des Geschäftsführers einer seiner Berater einen Entscheider kennt und zu ihm eine Beziehung aufgebaut hat. In diesem Fall gehört der Kontakt diesem Berater, muss aber auch von ihm gepflegt werden. Hierauf wiederum sollte der Geschäftsführer achten.

Genügend Zeit blockieren

Ein laufendes Marketingsystem beansprucht viel Zeit, die sich alle Beteiligten nehmen und organisieren müssen. Es macht keinen Sinn, mit Marketing und Beziehungspflege zu warten, bis sich dafür vielleicht einmal ein Zeitfenster öffnet — denn das passiert so gut wie nie. Blocken Sie stattdessen feste Zeiten. Für den Anfang können das Zeitfenster zwischen einem und drei Tagen pro Woche sein, verteilt auf Blöcke von zwei oder drei Stunden. Diese Zeiten sollten nur verschiebbar, nicht jedoch löschbar sein.

Für Ihre Arbeitseinteilung als Geschäftsführer können die Folgen weitreichend sein. Wenn Sie das Marketing- und Vertriebssystems am Laufen halten wollen, bleibt zwangsläufig etwas weniger Zeit für operative Aufgaben wie Projektarbeit oder Feuerwehreinsätze beim Kunden. Daher wird es sich kaum vermeiden lassen, einen Teil Ihres operativen Geschäfts an Ihre Mitarbeiter zu delegieren.

Auch Einzelberater können ein Marketing- und Vertriebssystem nur etablieren, wenn sie feste Zeiten einplanen. Das gelingt natürlich nicht immer; es wird immer Ausnahmen geben, bei denen ein Kundenauftrag Vorrang hat. Dennoch kann auch ein Einzelberater grundsätzlich entscheiden, ob er sechs Tage oder nur vier Tage in der Woche operativ arbeiten möchte.

Wer als Einzelberater sich für systematische Marketing- und Vertriebsarbeit entscheidet und die dafür erforderliche Zeit blockt, verzichtet ganz bewusst auf mögliche Umsätze. Auf längere Sicht dürfte sich der Verzicht aber auszahlen, weil er interessantere Kunden gewinnt und höherwertige Aufträge erhält. Sehr oft gilt hier tatsächlich der Satz: »Ich verzichte auf die schnelle Belohnung, damit ich in der Zukunft die große Belohnung erhalte.«

Unterstützung im Vertrieb holen

Um die »Vertriebsmaschinerie« in Gang zu halten, hat es sich bewährt, einen Mitarbeiter als Vertriebsassistenten zu verpflichten. Seine Hauptaufgabe ist es, den Geschäftsführer und die Seniorberater daran zu erinnern, wenn sie ihre Kontakte nicht wie festgelegt pflegen. Außerdem kann er Aktionen für die Kontaktansprache vorbereiten und die Pflege der C-Kontakte selbst übernehmen.

Natürlich bleibt es Ihnen als Geschäftsführer nicht erspart, die wichtigen A-Kontakte persönlich zu pflegen. Ein versierter Assistent kann dennoch vieles abnehmen und so eine merkliche Entlastung bringen. Er überblickt die »Kontaktlage«, erstellt Vorlagen oder macht Vorschläge, welche Aktion sich für den jeweiligen Anlass besonders gut eignen könnte. Auch die emotionale Protokollierung im CRM-System kann er übernehmen, indem Sie die Informationen diktieren, anstatt diese selbst in das System einzugeben. Ihr Assistent hört dann das Diktat ab, ergänzt das Protokoll und hält sich damit zugleich inhaltlich auf dem Laufenden.

Auch Ihre Berater können eine wichtige Unterstützung bei der Pflege der A-Kontakte sein. Oft lernen sie während der Projektarbeit die Entscheider vor Ort näher kennen. Hat zum Beispiel einer Ihrer Berater in seiner Eigenschaft als Projektleiter häufig mit Entscheider Müller zu tun, können Sie gemeinsam mit ihm überlegen, wie man die Kontaktpflege zu Herrn Müller gestalten könnte. Auch sollten Sie Ihre Mitarbeiter dazu anleiten, vor Ort auf Eigenarten und Wünsche der Entscheider zu achten und ihre Beobachtungen in das CRM-System einzupflegen.

Mit den Kanälen experimentieren

Das eingangs des Kapitels geschilderte Strategietreffen macht noch etwas deutlich: die Neigung, zu sehr auf die Wirkung einzelner Kanäle zu setzen. Die Runde einigt sich auf eine ganze Reihe von Maßnahmen — und das immer in der Hoffnung, damit eine klare Wirkung zu erzielen. Der eine Berater schreibt einen Artikel und erwartet, dass sich Interessenten melden. Der andere hält einen Vortrag und hofft, den einen oder anderen Zuhörer als Kunden zu gewinnen. Der dritte aus dem Team erstellt einen Newsletter und glaubt, so Aufträge zu generieren. Und der Geschäftsführer quält sich monatelang mit seinem Buchprojekt, weil er hofft, dass die Leser ihm eines Tages diese Mühe danken werden und die Nachfrage nach seinen Beratungsleistungen steigt.

Alle hoffen, mit ihren Aktivitäten Kunden zu gewinnen — und werden fast immer enttäuscht. Selbst wenn Artikel, Vortrag, Newsletter oder Buch handwerklich hervorragend gemacht sind und die Zielgruppe tatsächlich erreichen, entstehen alleine daraus in aller Regel noch keine Aufträge. Ein einzelnes Instrument ist für sich genommen kaum in der Lage, direkte Umsätze zu generieren. Erst im Zusammenwirken entsteht die Durchschlagskraft, um überhaupt das Interesse eines Entscheiders zu wecken. Und selbst dann kann es noch ein langer Weg sein, bis vielleicht ein Auftrag kommt.

Das eigentliche Ziel aller Marketingaktivitäten liegt darin, bei möglichst vielen potenziellen Kunden auf die mentale Shortlist zu kommen — also zu den drei oder vier Namen zu gehören, die dem Entscheider einfallen, wenn ein Beratungsbedarf entsteht (siehe Kapitel 6, Abschnitt »Die mentale Shortlist erobern«). Je mehr Marketingkanäle Sie nun nutzen, desto öfter erreichen Sie einen potenziellen Kunden bei unterschiedlichsten Gelegenheiten — und desto besser prägen sich ihm Nutzenversprechen und Markenemotion ein. In seinem Kopf bildet sich auf diese Weise ein Netz von Kontexten, in denen Sie und Ihr Angebot immer fester verankert sind.

Viel erreicht haben Sie, wenn sich nach einigen Jahren Werbung und PR Interessenten etwa in dem Tenor melden: »Ich bin auf Sie aufmerksam geworden, habe schon öfter von Ihnen gehört. Ich habe folgendes Anliegen ...« Oder: »Ich weiß gar nicht mehr, wie ich auf Sie aufmerksam geworden bin, ich bin immer mal wieder auf Sie gestoßen ...« Solche Sätze belegen, dass die Summe der Einzelmaßnahmen greift: Ein Interessent ist an verschiedenen Stellen auf Sie aufmerksam geworden. Irgendwann hat er sich Ihren Namen gemerkt und irgendwann später den Kontakt gesucht. Wie stark jedoch ein einzelner Kanal zum Erfolg beigetragen hat, bleibt im Verborgenen.

Eine klare Schlussfolgerung lässt sich ziehen. Anstatt alle Energie auf einen oder zwei Marketingkanäle zu konzentrieren, empfiehlt es sich, möglichst viele Kanäle auszuprobieren und parallel zu bespielen. Damit sind wir beim vierten Pfeiler der Brücke zum Kunden: Es braucht Experimentierfreude, um neue Marketingkanäle zu erschließen und die Entscheider auf möglichst vielen Wegen zu erreichen.

Das Marketingziel festlegen

Bevor erste Aktionen anlaufen können, ist es Aufgabe der Geschäftsführung, ein Marketingziel festzulegen. Dieses Ziel kann ganz unterschiedlich sein; in jedem Fall leitet es sich aber aus den Unternehmenszielen ab (siehe Kapitel 3).

Das Marketingziel kann darin liegen, den Bekanntheitsgrad zu erhöhen. Zum Beispiel legt eine IT-Beratung fest, innerhalb eines Jahres in der engen Zielgruppe der IT-Leiter bekannt zu werden. Der Maßstab, der bei der Wahl der Kanäle und Maßnahme angelegt wird, lautet dann: »Kommen wir auf diesem Weg in direkten Kontakt mit IT-Leitern?«

Das Ziel kann auch darin bestehen, neue Kontakte für die CRM-Datenbank zu gewinnen. In diesem Fall macht es wenig Sinn, die Ressourcen auf das Schreiben von Artikeln oder Büchern zu verwenden; eher geeignet sind Vorträge oder Networking in den Sozialen Medien. Oder das Ziel ist Imageaufbau: Dann könnten Artikel in renommierten Wirtschaftsmedien ein geeigneter Kanal sein, ebenso ein Buch in einem namhaften Verlag.

Testen und softes Feedback nutzen

Steht das Marketingziel fest, können die Umsetzung und damit zugleich auch die Experimentierphase starten. Überlegen Sie hier nicht zu lange. Anstatt Bedenken auszutauschen, ob nun der eine oder andere Marketingkanal richtig ist, fangen Sie einfach an. Ermuntern Sie sich gegenseitig zum Handeln: »Starten wir das Weblog und schauen wir mal, wie es funktioniert!« Oder: »Lasst uns zusammen das Buchprojekt anpacken und sehen, was es bringt!« Investieren Sie im Zweifel einfach einmal Energie in einen Kanal — und registrieren Sie, was passiert.

In welchem Maß ein einzelner Kanal am Ende zum geschäftlichen Erfolg beträgt, lässt sich nicht sagen. Wohl aber erhalten Sie ein »softes Feedback«, mit dem sich nach einer gewissen Zeit die Effektivität eines Marketinginstruments recht gut beurteilen lässt. Werden Sie zum Beispiel auf Artikel, Vorträge oder Ihr Buch angesprochen? Haben persönlich bekannte Kunden oder Kollegen Ihren Artikel gelesen oder von Ihrem Vortrag gehört? Gibt es Anfragen von Journalisten, die über Ihren Artikel, Ihr Buch, Twitter oder einen anderen Kanal auf Sie aufmerksam wurden? Gibt es Rezensionen Ihres Buchs, etwa bei Amazon? Gibt es Kommentare zu Beiträgen Ihres Weblogs? Wie entwickeln sich die Zahl der Kontakte oder Follower in den Sozialen Medien?

An solchen weichen Signalen lässt sich abschätzen, welche Resonanz Werbe- und PR-Maßnahmen in den einzelnen Kanälen finden — und ob Sie mit Ihrem Marketing vermutlich auf dem richtigen Weg sind. Es hat sich bewährt, die Reaktionen zu protokollieren und in einem zentralen Dokument für alle Mitarbeiter zu hinterlegen. Daraus lässt sich ein kleiner Bericht erstellen, den Sie am Jahresende mit Ihren Mitberatern diskutieren. So bekommen Sie ein gutes Gespür dafür, ob der Marketingkurs stimmt.

Halten Sie eine Weile durch, wenn Sie mit einem neuen Marketingkanal experimentieren. Sondieren Sie das Feedback, reagieren Sie darauf, aber brechen Sie nicht gleich ab. Es gibt keine Regel dafür, wie lange ein einzelner Kanal bespielt werden sollte. Feststellen lässt sich nur: Der Erfolg entsteht aus dem Zusammenspiel verschiedener Marketingkanäle.

Meinungsführerschaft erringen

Ähnlich wie ein Sternekoch braucht ein Berater so etwas wie ein Signaturgericht — also eine Besonderheit, für die er steht und in der Öffentlichkeit bekannt ist. Ein Sternekoch hat sein Repertoire, auch seinen eigenen Stil, und im Detail sind die Speisen natürlich völlig anders als bei seinen Kollegen. Doch in der Kommunikation nach außen sind diese Unterschiede schwer vermittelbar; wie die anderen Spitzenköche verspricht er eben ein Erlebnis auf Sterneniveau. Eines jedoch macht ihn unverwechselbar und ist eine Art Markenzeichen: sein Signaturgericht. Tim Raue beispielsweise, Zwei-Sterne-Koch in Berlin, ist für seine Pekingente bekannt. Sie ist das Signaturgericht, das seine Zielgruppe sofort mit ihm in Verbindung bringt und das selbstverständlich fester Bestandteil seiner Speisekarte ist.

Auch ein Berater bereitet seine »Speisen« auf eigene Weise zu, auch er unterscheidet sich im Detail von seinen Wettbewerbern. Doch wie beim Sternekoch gleichen sich die Leistungen in den Augen potenzieller Kunden. Deshalb benötigt auch er ein Signaturgericht, um aufzufallen und sich mit einer Besonderheit zu profilieren. Signaturgericht bedeutet hier: Der Berater hat ein klar umrissenes Thema, für das er als Meinungsführer bekannt ist.

Meinungsführerschaft in einem eng begrenzten Thema — das ist der fünfte Pfeiler der Brücke zum Kunden. Ein Berater wählt ein eng begrenztes Thema, das er sich zu eigen macht und in dem er eine gewisse Meinungsführerschaft aufbaut. Sein Ziel ist es, auf diese Weise bei seiner Zielgruppe in größerem Umfang wahrgenommen zu werden. Denn nur wer bei potenziellen Kunden bekannt ist, kann auch Anfragen erhalten. Meinungsführerschaft ist somit eine Voraussetzung, damit ein Sog überhaupt erst entstehen kann.

Häufig wird der Einwand vorgebracht, die Kommunikation lasse sich nicht auf ein einziges Thema einschränken. Man trete mit einem relativ breiten Angebot auf, und deshalb sei es falsch, das Marketing nun auf ein Thema zu konzentrieren: »Wir sind doch eine Strategieberatung und wollen nicht als reine Spezialisten für Pricing wahrgenommen werden!«

Dem lässt sich entgegenhalten: Ein Strategieberater kann für das Thema Pricing Meinungsführer sein, aber dennoch ein breites Portfolio aus Strategie- und Marketingthemen anbieten. Es geht lediglich darum, mit einem spitzen Thema die notwendige Durchschlagskraft am Markt zu erzielen. Ein breites, sehr allgemeines Thema wie Unternehmensführung oder neue Marketingstrategien hätte viel zu wenig Unterscheidungskraft; eine Profilierung wäre damit nicht möglich.

Die Positionierung kann breit angelegt sein und, wie in Kapitel 6 dargelegt, eine große Palette an Dienstleistungen umfassen. Dessen ungeachtet können Sie ein Teilthema daraus zum Inhalt Ihrer Meinungsführerschaft machen. Also keine Angst vor spitzen Themen, sie verwässern nicht Ihre Positionierung! Nur eines gilt es natürlich zu beachten: Das Meinungsführer-Thema sollte zur Positionierung passen, also das Nutzenversprechen und die Marke unterstützen.

Nur wenige schaffen es

Der Weg zum Meinungsführer ist steinig. Das Strukturieren und mediengerechte Aufbereitung eines Themas ist für die meisten Berater fremdes Terrain. Oft arbeiten sie sich in ihr Thema zwar ein, doch es will ihnen nicht gelingen, ihr Wissen für einen Artikel, ein Buch, einen Vortrag oder einen anderen Marketingkanal aufzubereiten. »Das wurde doch alles schon gesagt«, stellen sie resigniert fest.

Nun mag es stimmen, dass in der Beraterbranche alles schon einmal gesagt wurde. Doch darum geht es nicht; als Meinungsführer müssen Sie nichts wirklich Neues in die Welt bringen. Es genügt, Vorhandenes aus einem andern Blickwinkel zu sehen, auf neue Weise zu kombinieren und um eigene Erfahrungen anzureichern. Ein bekanntes Thema bekommt meistens schon dadurch einen neuen Dreh, indem Sie es aus Ihrem eigenen Blickwinkel und anhand selbst erlebter Beispiele darstellen.

Als Berater sind wir es gewohnt, Kundenprobleme zu lösen, doch Themen zu entwickeln und mediengerecht aufzubereiten, gehört nicht zu unserem Kerngeschäft. Zunächst denken wir, originelle Thesen etwa für Artikel oder Vorträge zu haben — und entdecken bei näherem Hinsehen, dass sie nicht wirklich tragen. Der Prozess, Inhalte für Redaktionen, Verlage oder auch nur das eigene Weblog aufzubereiten, erweist sich als viel mühsamer und aufwendiger als zunächst gedacht. Plötzlich wird klar, wie viel inhaltliche Auseinandersetzung es braucht, um überhaupt erst einmal die Voraussetzung für eine Meinungsführerschaft zu schaffen. Und wie viel strukturierte inhaltliche Arbeit erforderlich ist, damit sich ein Journalist oder ein Buchverlag für unser Thema interessiert.

Oft entstehen tragfähige Thesen und Einzelthemen erst in einem intensiven Dialog mit Menschen, die im jeweiligen Themengebiet ebenfalls zu Hause sind. Diffuse Inhalte lassen sich manchmal erst im Gespräch mit anderen Menschen auf eine klare These hin verdichten. Das kostet Zeit und Nerven.

Nicht immer fällt es leicht, einen guten Kontakt anzurufen, um eine Themenidee vorzustellen und offen zu diskutieren.

All das erklärt, warum zu früh aufgegeben wird. Die Schwierigkeiten sind nachvollziehbar; es ist tatsächlich ein langer und aufwendiger Prozess. Und doch sollten diese Hürden nicht davon abhalten, den Weg zur Meinungsführerschaft konsequent zu gehen.

Eigenschaften eines Meinungsführers

Was macht einen Meinungsführer aus? Charakteristisch für ihn sind drei Eigenschaften, die für eine recht hohe Messlatte sorgen.

→ *Mut.* Ein Meinungsführer braucht den Mut, Themen zuzuspitzen und immer wieder Farbe zu bekennen — denn kein Journalist und kein Buchverlag interessieren sich für langweilige Thesen. Meistens sind wir Berater, gerade wenn es um Thesen zu unserem Fachgebiet geht, zu ängstlich. »Wenn ich das so schreibe, dann ärgert das ja ...« Nur: Wer so gar nicht aneckt, der fällt auch so gar nicht auf!

→ *Ausdauer.* Wer eine Meinungsführerschaft aufbaut, sollte zumindest über einige Jahre an seinem Thema festhalten und die Inhalte ständig weiterentwickeln. Das erfordert Ausdauer. Ein paar Artikel und ein Buch genügen da nicht. Ein Meinungsführer vermittelt seiner Zielgruppe das Gefühl, in seinem Bereich stets ganz vorne dabei zu sein und die neuesten Entwicklungen einschätzen zu können. In gewisser Weise hat er sich mit seinem Thema verheiratet.

→ *Kontextfähigkeit.* Ein Meinungsführer versteht es, sein Thema in unterschiedliche Kontexte zu setzen. Er unternimmt Ausflüge in die Psychologie, Geschichte, Kunst oder Politik und stellt dabei Zusammenhänge zu seinem Thema her. So bricht er aus seiner engen Wirtschaftsnische aus und zeigt, wie souverän er sein Thema beherrscht. Ein Projektmanagement-Berater könnte zum Beispiel eine Anleihe bei den alten Ägyptern machen und den Bau der Pyramiden thematisieren: Wie unterscheidet sich das damalige Projektmanagement vom heutigen?

Das Thema eingrenzen

Zur Meinungsführerschaft gehört zunächst ein tragfähiges Thema, mit dem Sie über längere Zeit unterschiedliche Kanäle bespielen und Ihre Zielgruppe erreichen können. Ausgangpunkt hierfür ist Ihre Positionierung mit dem zentralen Nutzenversprechen. Sie steckt das Feld ab, aus dem das Thema für die Meinungsführerschaft stammt.

Wählen Sie das Thema spitz, um genügend Durchschlagskraft zu erhalten. Wenn das Nutzenversprechen lautet: »Mit uns wollen Ihre Mitarbeiter Ihre Unternehmensziele erreichen« — dann ist der erste Gedanke oft, das generelle Thema aufzugreifen, in diesem Fall die Motivation der Mitarbeiter zur Zielerreichung. Dieses Thema wäre jedoch zu breit angelegt, um damit auffallen und eine Meinungsführerschaft erreichen zu können. Es gilt also, tiefer in das Thema des Nutzenversprechens einzusteigen und nach spannenden Teilaspekten zu fahnden. Leitfragen könnten in diesem Fall sein:

→ Wie genau kommuniziere ich Unternehmensziele?

→ Wie beteilige ich Mitarbeiter an der Unternehmenszielfindung?

→ Wie gehen andere Unternehmen bei diesem Thema vor?

Auf diese Weise lassen sich aus dem generellen Thema Teilthemen herauslösen, bei denen die Chance besteht, die erforderliche Durchdringungskraft zu erreichen. Möglich ist auch, ein Thema auf eine Teilzielgruppe zu beschränken. Wenn das Nutzenversprechen zum Beispiel besonders gut bei Werbeagenturen ankommt, ließe sich das Thema hierauf zuspitzen: »Zielfindung und Engagement von Mitarbeitern in Werbeagenturen.«

Wählen Sie aus der Palette an Möglichkeiten, die sich aus dem Nutzenversprechen ableiten lassen, ein Teilthema aus. Um es nochmals zu betonen: Die Wahl des Teilthemas heißt nicht, das Unternehmen nun mit diesem eng gesteckten Thema zu positionieren. Sie nutzen lediglich ein zugespitztes Thema, um die damit verbundene Bekanntheit zu erreichen. Dieses Thema lässt sich ändern oder weiterentwickeln und muss keineswegs die Leistungspalette Ihres Unternehmens abdecken. Etwa können Sie sich als Meinungsführer im digitalen Change-Management einen Namen machen und mit Ihrem Unternehmen gleichzeitig die gesamte Palette eines Organisationsberaters anbieten.

Nebenbei bemerkt: Das Prinzip, breit aufgestellt sein, aber den Markt spitz zu durchdringen, hat sich generell in der Marketingarbeit bewährt. Mit begrenzten Ressourcen lässt sich eine ausreichende Marktdurchdringung oft nur erreichen, wenn man die Aktivitäten für ein oder zwei Jahre auf ein Teilgebiet oder eine bestimmte Zielgruppe konzentriert. Angenommen Ihr Beratungsunternehmen ist auf Change-Management spezialisiert und branchenübergreifend tätig, hat aber zuletzt einige größere Projekte bei Banken umgesetzt. Dann können Sie überlegen, ein Jahr lang speziell die Bankenbranche vertrieblich zu »bearbeiten«. So durchdringen Sie dieses spezielle Marktsegment, ohne jedoch auf Dauer auf den Bankensektor festgelegt zu sein. Sie haben lediglich die PR-, Werbe- und Vertriebsaktivitäten vorübergehend in diese Richtung gelenkt.

Inhalte entwickeln — Nutzen bieten

Das Thema, mit dem Sie zum Meinungsführer werden möchten, steht fest. Jetzt kommt es darauf an, aus diesem Thema laufend Inhalte zu generieren und mediengerecht aufzubereiten. Die erste und wichtigste Regel, Grundvoraussetzung für den Erfolg, lautet hierbei: Erzeugen Sie für Ihre Zielgruppe einen Nutzen. Ob Sie einen Artikel, ein Buch oder ein Whitepaper verfassen, einen Vortrag halten, einen Podcast produzieren, Networking betreiben oder in einer Facebook-Gruppe mitdiskutieren — Ihr gesamtes Denken und Handeln als Meinungsführer dreht sich immer um die Frage: Welchen Nutzen kann ich meinen Lesern oder Zuhörern mitgeben?

Häufig wird eingewendet, man dürfe nicht zu viel von seinem Wissen preisgeben, sonst werde man nicht gebucht. Ich halte diese Argumentation für falsch. Je mehr Nutzen ein Berater mit seinen Marketingaktivitäten stiftet, desto mehr Vertrauen gewinnt er bei seiner Zielgruppe. Und je mehr potenzielle Kunden einem Berater vertrauen, ein Problem lösen zu können, desto eher werden sie ihn buchen. Einen hohen Nutzen zu bieten, ist damit auch eine wichtige Voraussetzung, um den gewünschten Sog zu erzeugen.

Doch reicht es nicht aus, über Inhalte mit einem hohen Nutzen zu verfügen. Ebenso wichtig ist es, dass diese Inhalte die Zielgruppe auch erreichen — und deshalb zielgruppen- und mediengerecht aufbereitet werden. Darin liegt nach meiner Erfahrung die größte Hürde auf dem Weg zum Meinungsführer.

News / Information
- Aktualität / Trends
- Nachrichtenwert / Neues
- Ereignisbezogen
- Schnelligkeit / Echtzeit
- Schnell konsumierbar
- Kurz und knackig

Funktional

Wissen / Enabling
- Entscheidungshilfe
- Orientierungshilfe
- How-tos und Do-hows
- Kontext / Zusammenhänge
- Ausführlichkeit und Tiefe
- Kompetenz

Vordergründig
kurze Lebensdauer

Story

Tiefgründig
lange Lebensdauer

Unterhaltung / Spaß
- Ausgefallen und »anders«
- Sensationell (oft gekünstelt?)
- Kurioses
- Aufmerksamkeitsstark
- Lustig / Humor
- Selbstdarstellung ermöglichen

Emotional

Beziehung / Sinn
- Werte, Motive, Überzeugungen
- Bestätigung und Anerkennung
- Charaktere und Identifikation
- Sympathie und Empathie
- Transparenz und Wahrhaftigkeit
- Community und Tribe

Abbildung 8.3: Content-Radar: Orientierungshilfe für die Aufbereitung von Inhalten
(Quelle: Mirko Lange, talkabout/Scompler)

Die Möglichkeiten, einen Inhalt aufzubereiten und zu kommunizieren, sind fast unübersehbar. Es existieren nicht nur viele Medien, die ihre eigenen Gesetzmäßigkeiten haben. Ebenso vielfältig sind die Situationen, in denen die Zielgruppe erreicht wird — und die jeweils eine unterschiedliche Ansprache erfordern. Ein gutes Hilfsmittel, ein Thema erfolgreich aufzubereiten, kann das in Abbildung 8.3 wiedergegebene Content-Radar sein, das Content-Marketing-Experte Mirko Lange entwickelt hat. Dem Content-Radar folgend lässt sich ein Inhalt oder eine Story auf sehr unterschiedliche Weise aufbereiten:

→ *Das Thema kann funktional-tiefgründig aufbereitet sein.* Die Form der Aufbereitung zielt vor allem auf Wissen und Befähigung ab — sie will Entscheidungs- und Orientierungshilfe geben oder Zusammenhänge darstellen. Typische Formate sind hier Fachartikel, Fachbuch, Studie oder Whitepaper. Es geht hier um Ausführlichkeit und Tiefe, auch das Zeigen von Kompetenz. Der Leser möchte einen Zusammenhang verstehen; nach der Lektüre stellt er fest: »Ich habe etwas gelernt.«

→ *Das Thema kann tiefgründig-emotional aufbereitet sein.* Die Aufbereitung zielt auf Beziehung und Sinn. Sie stellt Motive, Motivationen und Überzeugungen heraus, um beim Empfänger den Wertemagneten anzusprechen und eine gegenseitige emotionale Anziehung zu erreichen. Typische Formate sind eine Veranstaltung mit Erfahrungsaustausch, ein Vortrag, live oder als Video, eine professionell moderierte Community, ein authentisches Interview oder eine gut erzählte Geschichte. Das Thema geht nicht nur in die Tiefe, sondern berührt emotional; nach der Veranstaltung oder Lektüre stellt der Teilnehmer oder Leser fest: »Das bewegt mich.«

→ *Das Thema kann funktional-vordergründig aufbereitet sein.* Die Form der Aufbereitung zielt auf eine schnelle, kurze Information ab, um die Zielgruppe über das Thema auf dem Laufenden halten. Typische Formate sind Newsblog, Newsletter, Tweets und Einträge in Xing oder Facebook. Es geht hier um kurze Nachrichten mit Neuigkeitswert und Nutzwert; nach der Lektüre stellt der Leser fest: »Ich weiß Bescheid.«

→ *Das Thema kann vordergründig-emotional aufbereitet sein.* Die Form der Aufbereitung zielt auf Unterhaltung und Spaß ab — und möchte so auch Aufmerksamkeit gewinnen. Ein Projektmanagement-Berater kann zum Beispiel eine kleine Podcast-Serie über die sieben größten Projektmanagement-Katastrophen machen oder eine Glosse über ein missglücktes Großprojekt schreiben. Typische Formate sind Facebook-Postings, Bilder oder kurze Videos. Der Empfänger möchte gut unterhalten werden; nach der Lektüre stellt er fest: »Das hat mir Spaß gemacht.«

Ein Thema lässt sich ganz unterschiedlich spielen. Das Content-Radar ist ein hilfreiches Instrument, um sich zu verorten: Wo siedle ich einen geplanten Vortrag, einen Artikel oder mein Weblog an? In Kombination mit den unterschiedlichen Kanälen (siehe Abschnitt 8.2) lassen sich ganz unterschiedliche Variationen eines Themas entwickeln — mal eher emotional, mal eher funktional, mal eher tiefgründig, mal eher vordergründig.

Beispiel Jörg Bürkle:
Auf dem Weg zum Meinungsführer

Der Weg vom Eingrenzen des Themas, über die Entwicklung der Inhalte bis zur Meinungsführerschaft lässt sich sehr schön am Fall eines auf Restrukturierungen fokussierten Interim Managers zeigen. Ausgehend vom Kernnutzen

Restrukturierung suchte Jörg Bürkle nach einem Thema, das die Chance auf eine Meinungsführerschaft bot. Er nahm sich viel Zeit, um die Projekte der zurückliegenden Monate und Jahre anzusehen: Worauf kam es da an, was waren da die Besonderheiten? Als er dabei ein Projekt bei einem renommierten Markenunternehmen in Gedanken noch einmal Revue passieren ließ, fiel ihm eine große Wechselwirkung zwischen Marke und Restrukturierung auf.

Das brachte ihn auf die Idee für sein Thema. Er kombinierte seine Positionierung als »Interim-Restrukturierer« mit dem Thema Marke. Wie eine kleine Internetrecherche bestätigte, gab es diese Kombination so noch nicht, gleichzeitig versprach das Thema einen hohen Nutzen für Markenartikel-Unternehmen: Wie schützt man den Markenwert in der Krise? Welche besonderen Anforderungen werden da an die Markenführung gestellt? Was tun, wenn das Unternehmen seine Marke über viele Jahre vernachlässigt hat und auch deshalb in die Krise geraten ist? Fragen über Fragen, die sich aus dem Thema ergaben und für viele potenzielle Kunden von hoher Relevanz sind.

Jörg Bürkle packte das Thema an. Er schrieb Fachartikel, verfasste ein Whitepaper, erstellte dazu eine Ausgabe seines Kundenmagazins. Zusammen mit einer großen Markenberatung veranstalte er einen Fachkongress. So fand sein Thema immer größere Resonanz, bis auch die Wirtschaftspresse aufmerksam wurde: Handelsblatt und Wirtschaftswoche berichteten.

Als im Januar 2017 das Einrichtungshaus Butlers Insolvenz anmeldet, griff eine Redakteurin der Wirtschaftswoche das Thema Marke und Restrukturierung erneut auf und stellte die Frage, wie sich der Wert einer Marke unter einer drohenden Pleite bewahren lässt. In ihrem Artikel zitierte sie Jörg Bürkle ausführlich über mehrere Abschnitte. Seine Aussagen zeigen Kompetenz — und bieten zugleich einen konkreten Nutzen.

Mehr Mut zur Inszenierung

»Als Berater«, so gab mir einmal der Gründer der Henri-Nannen-Journalistenschule, Wolf Schneider, mit auf den Weg, »schreiben Sie über ein mäßig interessantes Thema für eine mäßig interessierte Zielgruppe.« Diese Feststellung sollten wir uns immer ins Gedächtnis rufen, wenn wir mit unseren Botschaften die Entscheider unserer Kundenunternehmen erreichen wollen. Was wir zu sagen haben, dürfte dort bestenfalls auf mäßiges Interesse stoßen.

Diese Überlegung führt zum sechsten Pfeiler: Erforderlich ist ein Marktauftritt, der auffällt. In einer Zeit, in der zahlreiche Dienstleister um Aufmerksamkeit kämpfen, braucht es eine starke Inszenierung, um mit einer nur mäßig interessanten Botschaft Gehör zu finden. Zudem darf der Auftritt nicht überinszeniert sein, indem er durch grelle Farben oder schreierische Überschriften zwar auffällt, aber unseriös wirkt oder die Zielgruppe irritiert.

Mit Inszenierung ist der sichtbare Part des Marktauftritts gemeint, der vom Design der Webseite über die Optik der Materialien bis zur Struktur eines Artikels oder Vortrags reicht.

Eine gute Inszenierung erfüllt zwei wichtige Funktionen: Sie sorgt für die gewünschte Aufmerksamkeit, ist zugleich aber auch ein Ausdruck von Sorgfalt. Je schöner eine Internetseite gestaltet oder je verständlicher ein Text verfasst ist, desto mehr Sorgfalt vermittelt sich dem Entscheider — und desto vertrauenswürdiger erscheint ihm der Auftritt insgesamt. Je sorgfältiger Sie einen Vortrag ausarbeiten und inszenieren, desto mehr vertrauen die Zuhörer den Inhalten und dem Vortragenden. Die Form beeinflusst auch das Vertrauen.

Kleiner Schritt über die Schmerzgrenze

Insgesamt sind Berater eher vorsichtig, was die Dominanz von Inszenierung angeht. Sie scheuen sich, einen Vortrag »Die sieben größten Projektmanagement-Katastrophen« zu nennen; der Titel klingt ihnen nicht seriös genug. Sie befürchten, eine These könnte zu sehr provozieren, ein Buch zu stark in eine Richtung gehen, ein Design zu ungewohnt sein. Sie haben Angst, einen Schritt zu weit zu gehen.

Natürlich ist diese Vorsicht begründet. Eine überzogene Inszenierung verunsichert die Zielgruppe und kann unseriös wirken. Es gilt die Balance zu wahren zwischen »vertraut genug« und »anders genug«: Wie vertraut muss eine Inszenierung sein, damit etwa ein Internetauftritt einen Entscheider anspricht — wie anders muss sie sein, damit er den Auftritt überhaupt wahrnimmt? Es ist wichtig, diese Frage zu stellen und intensiv zu diskutieren.

Bei der Diskussion um den richtigen Inszenierungsgrad hilft ein Erfahrungswert, der beachtet werden sollte: Die Schmerzgrenze der Zielgruppe

Abbildung 8.4: Unterhaltsam inszeniert und dennoch inhaltlich tiefgehend:
Das Kundenmagazin von Bürkle, Scharunge + Partner

liegt meistens höher als die eigene. Wo wir Berater bereits Angst haben, zu weit zu gehen, fangen Kunden und Interessenten erst an, die Sache interessant zu finden. Die Empfehlung lautet daher: Wagen Sie einen kleinen Schritt aus Ihrer Komfortzone. Gehen Sie davon aus, dass die Schmerzgrenze des Gegenübers, was Inszenierung oder mutige Thesen angeht, immer ein bisschen höher liegt als die eigene. Agieren Sie nach der bereits erwähnten MAYA-Formel: Das Akronym steht für »Most Advanced Yet Acceptable« — und fordert dazu auf, sich für das Fortschrittlichste zu entscheiden, das Sie gerade noch akzeptieren können.

Jeder Kanal braucht seine eigene Inszenierung

Jeder Kanal hat seine eigene Form — und damit seine eigene Inszenierung. Eine Facebook- oder Xing-Gruppe zu einem bestimmten Thema folgt anderen Regeln als ein Fachartikel in einem Branchenmedium. Dieser wiederum ist anders inszeniert als ein Vortrag zum selben Thema oder ein Buch.

Wer einen Kanal bespielt, sollte daher auch dessen Gesetzmäßigkeiten beherrschen. Wenn in Ihrem Unternehmen ein Mitarbeiter Vorträge hält, sollte er das Gestalten und Halten von Vorträgen beherrschen. Wer Artikel schreibt, sollte gut Artikel schreiben können — ist aber oft ungeeignet, die Vorlage für ein Mailing oder einen werblichen Webseitentext zu verfassen. Achten Sie darauf, für die einzelnen Kanäle die geeigneten Mitarbeiter einzusetzen.

Wenn das notwendige Wissen für einen Kanal fehlt, empfiehlt es sich, hierfür einen Inszenierungsprofi von außen zu engagieren. Es genügt allerdings nicht, ihm nur ein Thema vorzugeben. Um den Kanal effektiv zu bespielen, benötigt er umfassende Informationen: Er muss Positionierung und Markenemotion verstanden haben, ebenso wie die Unternehmensziele und das Geschäftsmodell. Erst so ist er in der Lage, Inhalte im Sinne des Beratungsunternehmens kanal- und zielgruppengerecht aufzubereiten.

Den Interessenten in seiner Situation abholen

Entscheidend für eine erfolgreiche Inszenierung ist die Überlegung, in welcher Situation der Empfänger angesprochen wird. Möchte man einen Interessenten an seinem PC bei der Arbeit erreichen? Soll er einen Inhalt zu Hause oder in der Freizeit lesen? Oder unterwegs auf dem Smartphone? Je nach Entscheidung fallen inhaltliche Aufbereitung, Wahl des Kanals und Inszenierung unterschiedlich aus.

Eine gute Hilfe kann hier wieder das Content-Radar sein (siehe Abbildung 8.3). Soll der Interessent in der Arbeitssituation erreicht werden, eignet sich am ehesten eine funktional-tiefgründige Aufbereitung etwa als Fachartikel oder Whitepaper. Dem folgt auch die Inszenierung: Der Text behandelt das Thema ausführlich, geht in die Tiefe und ist sauber gegliedert. Anders wenn der Leser das Thema in der Freizeit konsumieren soll. Dann zielen Inhalt und Aufmachung mehr in Richtung Unterhaltung und Spaß, also auf das linke untere Feld im Content-Radar.

Ein schönes Beispiel für eine mehr auf Unterhaltung zielende Inszenierung ist das Kundenmagazin einer Partnerschaft von Interim-Managern, die bewusst kein weiteres Fachmedium zum Thema Restrukturierung herausgeben wollte. Design, Aufmachung und Inhalte sollten so gestaltet sein, dass der Kunde das Magazin in die Bahn, ins Flugzeug oder sogar nach Hause mitnimmt.

Die Macher des Magazins haben sich bewusst für eine Mischung aus Wissensvermittlung und Unterhaltung entschieden. So geht das Interview mit einem Unternehmenschef durchaus inhaltlich in die Tiefe. Insgesamt liegt der Akzent aber auf einer eher vordergründig-emotionalen Inszenierung. Mit einem hochwertigen Papier und einer großzügigen, edlen Aufmachung möchte das Magazin eher in der Privatsphäre des Lesers ankommen.

Bleibt festzuhalten: Eine erfolgreiche Inszenierung hängt nicht nur davon ab, die Gesetzmäßigkeiten des einzelnen Kanals zu beherrschen. Es gilt auch die Situation zu berücksichtigen, in der die Empfänger eine Botschaft konsumieren sollen. Das alles ist aufwendig. Doch ohne diese Mühe wird Ihre Zielgruppe Ihr Angebot kaum wahrnehmen. Ganz gleich wie gut eine Idee ist — um den Kunden zu erreichen, muss sie sorgfältig aufbereitet und richtig inszeniert sein. Wolf Schneider hat das einmal so formuliert: »Einer muss sich quälen, der Leser oder der Schreiber.«

Die neun Klassiker unter den Marketing-kanälen

Ein Kamingespräch mit ausgewählten Kunden, ein Messeauftritt, das eigene Buch, Fachartikel, Newsletter, das eigene Weblog, Soziale Medien wie Xing, LinkedIn und Facebook — die Möglichkeiten für Berater, ihre Marketingbotschaft zu kommunizieren, sind vielfältig und kaum überschaubar. Content-Marketing-Experte Mirko Lang gliedert die Möglichkeiten, Inhalte aufzubereiten und zu vermitteln, in vier Kategorien: persönlicher Kontakt, klassische Medien, Internet und Soziale Medien. Abbildung 8.5 vermittelt einen Eindruck von der Fülle möglicher Kanäle, hier generell bezogen auf die strategische Planung der Content-Veröffentlichung. Beratern kann diese Übersicht als Inspirationsquelle für das eigene Marketing dienen.

Doch welche Marketingkanäle eignen sich nun speziell für Beratungsunternehmen? In den folgenden Abschnitten habe ich mich auf neun Klassiker konzentriert und diese kurz beschrieben. Natürlich gibt es viel mehr Kanäle. Doch es hat es sich bewährt, mit diesen Klassikern zu beginnen und Erfahrungen zu sammeln. Stellen Sie daraus einen Mix aus mehreren Kanälen zusammen, den Sie immer wieder überprüfen und anpassen, vielleicht auch durch einen weiteren Kanal ergänzen. Dabei ist es entscheidend, nicht in jährlichen

Planungshorizonten zu denken, sondern den Einsatz der Kanäle langfristig auszulegen. Wie oben beschrieben: Experimentieren Sie mit den Kanälen und steuern Sie den Marketingprozess anhand des Feedback-Zirkels!

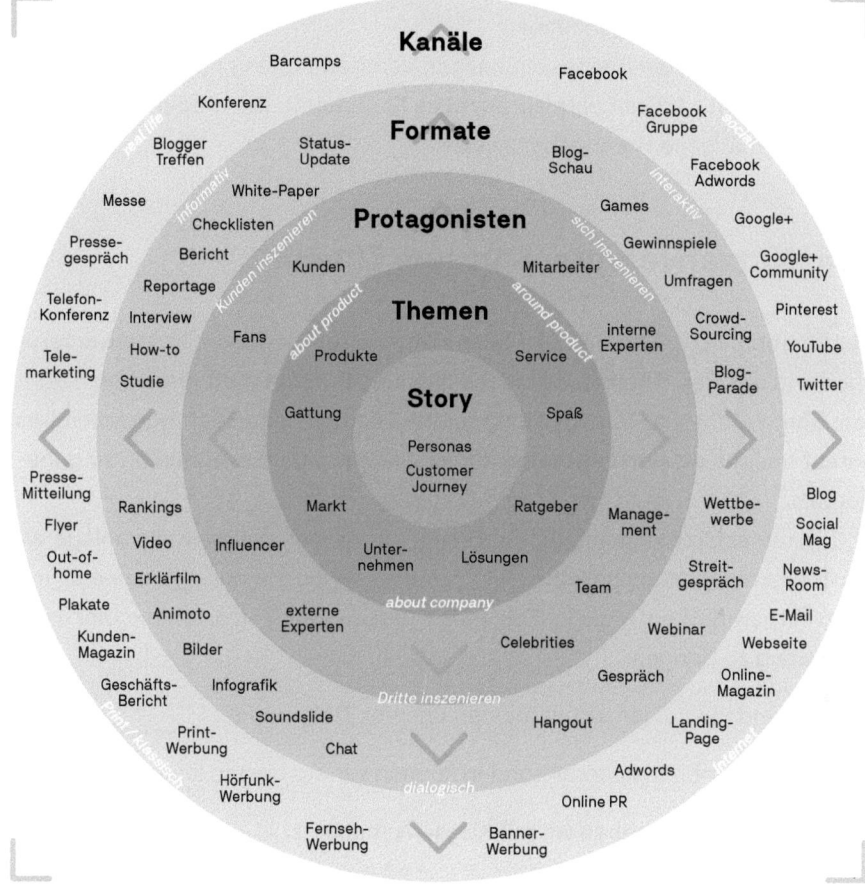

Abbildung 8.5: Strategische Planung der Produktion und Veröffentlichung von Content (Quelle: Mirko Lange, talkabout/Scompler)

Kanal 1: **Fachartikel**

Artikelschreiben hat sich aus verschiedenen Gründen als Einstieg in die PR-Arbeit bewährt. Zum einen ist der Aufwand im Vergleich zu anderen Marketing-kanälen überschaubar. Zum anderen bieten Fach- und Branchenzeitschriften gute Chancen, Artikel zu platzieren. Diese Publikationen werden meist von kleinen Redaktionen erstellt, die offen für extern angebotene Themen sind. Nicht zuletzt lässt sich die Zielgruppe mit Artikeln meistens gut erreichen; zumindest die besseren Branchenmedien werden durchaus auch von Geschäftsleitungen wahrgenommen.

Allerdings ist es mit einer einmaligen Veröffentlichung nicht getan. Damit das Instrument »Artikel« wirkt, braucht es Kontinuität. Die wiederum erfordert eine systematische Herangehensweise.

Vom Nutzenversprechen zum Thema

Das Themenfeld für Ihre Artikel ergibt sich aus dem zentralen Nutzenversprechen und aus dem Thema, in dem Sie Meinungsführerschaft erreichen möchten. Damit steht die Grundrichtung für die Themensuche fest. Nun kommt es darauf an, aus diesem Leitthema immer wieder neue Einzelthemen zu generieren.

Um tatsächlich regelmäßig publizieren zu können, hat sich die Anlage einer Themensammlung bewährt. Die Themen können Sie auch gemeinsam mit Ihren Mitberatern entwickeln. Folgende Fragen eignen sich, um die Diskussion in Gang zu bringen:

→ Was sind die Leidensdruckthemen unserer Zielgruppe?

→ Welches Problem unserer Kunden können wir am besten lösen?

→ Welche Projekte haben wir mit Kunden umgesetzt?

→ Was wird auf unserem Gebiet immer wieder falsch gemacht?

→ Welche aktuellen Themen und Trends gibt es derzeit auf unserem Themenfeld — und wie denken wir darüber?

→ Was sind die drei provokativsten Thesen, die wir derzeit zu unserem Fachbereich formulieren können?

→ Worüber schreiben und referieren Wettbewerber und andere Experten? Welche Aspekte könnten wir aufgreifen und mit unseren Erfahrungen »weiterdrehen«?

Machen Sie es sich zur Gewohnheit, die Themensammlung laufend fortzu-schreiben. Ergänzen Sie die Liste, wenn Ihnen eine Idee begegnet — sei es nach einem Gespräch beim Kunden, in der Diskussion mit Kollegen oder bei der Lektüre einer Fachzeitschrift.

Bewerten Sie die gesammelten Themen nach den Aspekten Relevanz und Neuigkeitswert: Hat das Thema in der aktuellen Situation einen konkre-ten Nutzen für sehr viele Leser? Enthält das Thema interessante Aspekte, die wirklich neu sind? Auf diese beiden Kriterien kommt es an, wenn Sie im nächsten Schritt ein Thema einer Redaktion anbieten.

Die Zeitschrift auswählen

Generell lassen sich zwei Gruppen von Publikationen unterscheiden. Auf der einen Seite gibt es die Fach- und Branchenzeitschriften, die kleine Redaktio-nen haben und deshalb auch Namensartikel externer Autoren veröffentlichen. Auf der anderen Seite stehen die großen Medien, die über gut besetzte Re-daktionen verfügen und die Artikel in der Regel selbst schreiben. Zu diesen großen Medien zählen Branchen-Leitmedien wie zum Beispiel Automobilwo-che, Textilwirtschaft oder Wirtschaftsmedien wie Wirtschaftswoche oder Ma-nager Magazin und die großen Tageszeitungen wie FAZ, Süddeutsche Zeitung und Handelsblatt.

Im Falle des eigenen Artikels kommen die kleineren Redaktionen infrage, die an Namensartikeln von Fremdautoren interessiert sind. Hierunter fallen Branchenmedien (Automobilbranche, Handel, Banken und Versicherungen, Chemie et cetera), Fachmedien (für Personalverantwortliche, Marketingex-perten, Controller et cetera), Magazine von Verbänden und IHK-Zeitschriften, aber auch Unternehmermedien, die sich branchenübergreifend an Unterneh-mer oder Führungskräfte richten. Auch Online-Medien veröffentlichen Na-mensartikel und werden zunehmend wahrgenommen.

Es gibt eine einfache Methode, die infrage kommenden Zeitschriften zu identifizieren: Erkundigen Sie sich bei einigen Ihrer Kunden, welche Publikati-onen sie lesen. Mit einer kleinen Internetrecherche können Sie sich anschlie-ßend näher über die genannten Zeitschriften informieren. Lassen Sie sich ein Probeexemplar zuschicken, um zu analysieren, ob und in welcher Form hier ein Artikel von Ihnen erscheinen könnte.

Den Artikel einer Redaktion anbieten

Ist die Zeitschrift ausgewählt, benötigen Sie eine Strategie, den geplanten Artikel der Redaktion zu »verkaufen«. Verfassen Sie hierzu ein etwa halbseitiges Exposé, das den Titel des geplanten Artikels, eine kurze Inhaltsangabe und eine Information zum Autor einschließlich Kontaktdaten enthält. Senden Sie das Exposé mit einer kurzen Begleitmail an die Redaktion — und warten Sie etwa eine Woche ab. Wenn der Redakteur nicht antwortet, hat es sich bewährt, direkt telefonisch nachzufassen. Gehen Sie vorher noch einmal die Argumente durch, die für Ihren Themenvorschlag sprechen: Was ist das Neue an dem Thema? Warum ist das Thema so wichtig? Warum sollte gerade diese Zeitschrift das Thema gerade jetzt aufgreifen?

Besteht an dem Artikel Interesse, vereinbart der Redakteur mit Ihnen Inhalt, Umfang, Abgabetermin des Artikels sowie einige weitere Formalia, die oft auch in den »Autorenrichtlinien« der Zeitschrift zusammengefasst sind.

Den Artikel aktiv einsetzen

Wenn der Artikel erschienen ist, ist das ein schöner Erfolg. Nutzen Sie ihn nun gezielt für Marketing und Vertrieb. Zum Beispiel können Sie in den Sozialen Medien auf den neu erschienenen Artikel hinweisen und auf diese Weise einen Multiplikatoreffekt erzielen. Denn es ist sehr unwahrscheinlich, dass Ihre Xing-Kontakte oder Twitter-Follower zufällig das Magazin mit Ihrem Artikel bereits gesehen haben.

Auch für die Akquise und den regelmäßigen Dialog lassen sich selbst geschriebene Publikationen hervorragend einsetzen. Sie können möglichen Kunden anstelle einer Broschüre Ihre neuesten Veröffentlichungen schicken. Oder Sie wärmen bestehende Kontakte auf: Gehen Sie Ihre Kontaktliste durch und überlegen Sie, für wen ein bestimmtes Thema interessant sein könnte. Senden Sie diesen Kontakten den passenden Artikel mit einem kurzen Anschreiben zu. Verfahren Sie mit jedem Artikel auf diese Weise, denn Sie wissen ja: Nur durch wiederholte Kontakte erobern Sie die Shortlist des Entscheiders.

Kanal 2: **Präsenz in größeren Medien**

Wer träumt nicht als Berater von einer Präsenz in großen Medien? Und es hat ja wirklich etwas für sich, wenn Sie auf Ihrer Webseite oder in Ihrem Lebenslauf sagen können: »Die FAZ sagt über mich ...« Oder wenn die Wirtschaftswoche davon spricht, dass Sie als »Vorzeigeberater der Branche« gelten. Solche Zitate sind für Ihr Marketing Gold wert.

Die Präsenz in großen Medien ist für einen Berater umso sinnvoller, je höher in der Hierarchie die Entscheider angesiedelt sind, die über seine Beratungsaufträge befinden — denn je höher die Entscheidungsebene, desto mehr beschäftigt man sich mit Wirtschafts- und Branchenleitmedien und desto weniger mit Fach- und Branchenmagazinen.

Die Redakteure der großen Magazine und Zeitungen schreiben in aller Regel die Artikel selbst, Fremdautoren kommen nur in begründeten Ausnahmefällen oder einigen wenigen Rubriken zum Zuge. Damit ist klar: Einen eigenen Artikel werden Sie hier kaum platzieren. Ihr Ziel kann deshalb nur sein, hin und wieder mit Name, Funktion und Unternehmen zitiert zu werden. In erster Linie geht es also darum, dass Sie sich bei den Redaktionen als Experte für Ihr Thema ins Spiel bringen.

Redakteure schätzen praxisnahe Experten

Die großen Medien sind eine eigene Welt. Die Themenauswahl erfolgt sehr sorgfältig. Meist verfügen die Redaktionen über weit mehr Stoff, als sie auf den vorhandenen Seiten unterbringen können. Hin und wieder fallen dadurch auch gute Themen unter den Tisch. In der Redaktionskonferenz versucht jeder Redakteur, seine Themenvorschläge gegen die kritischen Argumente der Kollegen und des Chefredakteurs zu verteidigen. Das Thema muss aktuell sein, Neuigkeiten enthalten, dem Leser Nutzen bringen — und selbstverständlich exklusiv sein. Nur wenn es diese Kriterien erfüllt, hat ein Thema überhaupt eine Chance, den Flaschenhals Redaktionskonferenz zu passieren und seinen Weg ins Blatt zu finden.

Die Kernkompetenz einer Redaktion liegt darin, nicht nur neue Themen aufzuspüren, sondern auch Themen selbst zu gestalten — sprich: »die Story zu machen.« Hat ein Redakteur eine interessante These entdeckt, sucht er Belege und Beispiele. Er benötigt Expertenzitate, die seine These untermauern, Studien, die seine These belegen und Praxisbeispiele, die seine These illustrieren. Genau an dieser Stelle sind Berater für ihn interessant. Er schätzt sie als praxisnahe Experten, die nicht nur über eigenes Wissen verfügen, sondern auch Ansprechpartner aus der Praxis vermitteln können.

Das Problem ist nur: Jeden Tag wenden sich Berater an die Redaktionen, die letztlich alle darauf aus sind, dass ihr Name in einem Artikel erscheint. So entsteht bei Redakteuren gelegentlich eine eher ablehnende Haltung. Zumindest versucht ein Redakteur, die Spreu vom Weizen zu trennen. Er fragt dann gerne, ob der Berater zu seinem Thema einige Unternehmensbeispiele mit Ansprechpartner nennen kann. Die meisten Berater müssen an dieser Stelle passen, und damit hat sich die Anfrage in der Regel erledigt.

Lassen Sie es den Redakteur deshalb wissen, wenn Sie über gute Unternehmenskontakte verfügen — und lassen Sie auch durchblicken, dass Sie gerne bereit sind, bei Interesse Namen zu nennen und ein Gespräch zu vermitteln. Kontakte zu Unternehmenschefs, die nicht medienscheu sind und gerne einmal in der Wirtschaftswoche oder im Manager Magazin stehen, sind für die »große Medienarbeit« ein besonders wertvolles Kapital. Manchmal entsteht dann ein Geschäft auf Gegenseitigkeit: Der Redakteur erhält vom Berater hin und wieder ein heißes Thema oder einen interessanten Kontakt, wofür er ihn gelegentlich in seinen Artikeln zitiert.

Große Medien haben ihre Tücken

Der Umgang mit den Redaktionen der großen Medien ist nicht gefahrlos. Während sich bei den kleinen Fach- und Branchenblättern das Risiko in der Regel darauf beschränkt, dass die Redaktion den Artikel ablehnt, kann es Ihnen bei einem großen Magazin passieren, dass der Redakteur Ihre Informationen in einen unerwarteten, für Sie möglicherweise unangenehmen Zusammenhang stellt.

Ein Beispiel aus der Wirtschaftswoche: Ein Eventberater erzählte dem Redakteur stolz von einer gelungenen Incentive-Veranstaltung, die er in einem großen Unternehmen organisiert hatte. Wie es der Zufall wollte, arbeitete der Redakteur gerade an einer kritischen Geschichte, die den Nutzen solcher Incentives infrage stellte. Er hatte hierzu eine brandaktuelle Studie auf dem Tisch liegen. Was war die Folge? Der Berater fand sich als prominentes Beispiel in einer Story wieder, bei der es um das Thema »hinausgeworfenes Geld bei Firmenveranstaltungen« ging. Fakten und Zitate stimmten. Doch der Zusammenhang, in dem dieser Berater zitiert wurde, schadete seiner Positionierung.

Ein weiteres Risiko, das im Umgang mit der Presse häufig übersehen wird: Ein Journalist behält sich vor, eine Information, die er im Gespräch erhält, auch zu verwenden. Gesagt ist gesagt. Auf die nachgeschobene Bitte, eine Aussage nicht zu veröffentlichen, können Sie sich im Zweifel nicht verlassen. Anders als bei den meisten Fachzeitschriften ist es bei den großen Magazinen und Tageszeitungen zudem absolut unüblich, einen Artikel vor Drucklegung noch einmal zur Durchsicht zu erhalten. Der Redakteur wird Ihnen diesen Wunsch in aller Regel abschlagen. Allenfalls können Sie darum bitten, dass er die wörtlichen Zitate noch einmal mit Ihnen abstimmt. Doch auch darauf muss er sich nicht einlassen.

Überlegen Sie deshalb, was Sie sagen — und vertrauen Sie dann darauf, dass der Redakteur sein Handwerk beherrscht und Ihre Aussagen korrekt wiedergibt. Diese Souveränität kommt beim Redakteur gut an. Sie kann ein wichtiger Baustein sein, um ein langfristiges Vertrauensverhältnis aufzubauen.

Der Weg in die großen Medien

Bauen Sie Ihre Kontakte zu den großen Medien ebenso kontinuierlich wie behutsam auf. Der beste Weg dahin sind gute Themenvorschläge, denen die Eigen-PR nicht anzumerken ist. Überprüfen Sie eine Themenidee deshalb kritisch, bevor Sie die Mail an den Redakteur abschicken:

→ Ist das angebotene Thema relevant, aktuell, neu, exklusiv und Nutzen bringend?

→ Kann ich belegen, dass ich Experte für das vorgeschlagene Thema bin?

→ Kann ich dem Redakteur Projektbeispiele zu meinem Thema nennen, und zwar mit Namen und Ansprechpartner?

→ Habe ich das Thema und damit die zentrale These des Artikelvorschlags zugespitzt und spannend formuliert?

Den großen Medien können Sie sich auch indirekt nähern, indem Sie bei weniger bedeutenden Magazinen oder Plattformen publizieren, die aber von den Redakteuren der Großen wahrgenommen werden. Es geht also darum, über die Bande zu spielen: Ein Artikel in einem kleinen Online-Magazin wird von einem Redakteur der Wirtschaftswoche gelesen, der daraufhin das Thema aufgreift, um eine eigene Story daraus zu machen.

Auch die Onlineredaktionen der großen Medien sind eine Möglichkeit, über die Bande zu spielen. Dort »unterzukommen« ist deutlich einfacher als in der Printredaktion. Wenn Sie es bis Wirtschaftswoche Online oder FAZ.net geschafft haben, kann das bereits ein Fuß in der Tür zur gedruckten Ausgabe sein.

Die Redakteure großer Magazine schreiben teilweise eigene Blogs, die wiederum von Kollegen anderer Redaktionen verfolgt werden. Dort immer wieder einen Diskussionsbeitrag oder einen Gastbeitrag zu publizieren, kann ebenfalls eine gute Strategie sein, um in den Redaktionen aufzufallen.

Eine weitere Möglichkeit sind freie Journalisten, die für große Medien tätig sind. Sie benötigen für ihre Arbeit laufend gute Themen, die sie ihren Redaktionen anbieten können. Wenn Sie einen freien Journalisten von einem Thema überzeugen, wird er versuchen, es in einer seiner Redaktionen etwa bei FAZ oder Wirtschaftswoche unterzubringen. Die Chancen stehen dann gut, dass er Sie in seinem Artikel zitiert.

Kanal 3: **Der Vortrag**

Der Vortrag hat sich als sehr effektives Marketinginstrument bewährt, weil der Kontakt zur Zielgruppe besonders intensiv ist. Zum einen kommen Sie gleich mehrmals mit Ihrer Zielgruppe in Berührung: Erst lesen die Interessenten Ihren Namen in der Ankündigung, dann stellt der Veranstalter Sie vor — und schließlich hört das Publikum Ihnen zu. Zum anderen kommen Sie direkt mit der Zielgruppe in Kontakt. Eine Besonderheit des Vortrags liegt ja darin, dass die Anwesenden eine Stunde lang in einem Raum eingesperrt sind und Ihnen zuhören müssen. So bietet sich eine einzigartige Gelegenheit, das Publikum zu begeistern und von Ihrem Unternehmen zu überzeugen.

Eine gute Rede stellt zwei wichtige Anforderungen: Sie reißt das Publikum mit — und bietet einen konkreten Nutzen. Nach einem gelungenen Vortrag haben die Zuhörer nicht nur Spaß gehabt, sondern nehmen auch zwei oder drei Aspekte mit, die sie wirklich interessant finden und über die sie noch weiter nachdenken möchten.

Im Regionalen einsteigen — und systematisch ausbauen

Als Einstieg in das »Vortragsgeschäft« hat es sich bewährt, unten anzufangen. Suchen Sie gezielt Vortragsforen, bei denen Sie im Kleinen beginnen können, zum Beispiel bei Regionaltreffen der Unternehmer- oder Branchenverbände. So können Sie zunächst im kleineren Rahmen Erfahrungen sammeln und sich an eine optimale Vortragsweise herantasten.

Haben Sie bei zwei oder drei dieser regionalen Foren gesprochen, ist der Weg zu einer deutschlandweiten Veranstaltung relativ einfach. Nach einem gelungenen Vortrag spricht der Regionalkreis-Vorsitzende gerne eine Empfehlung aus, wenn die »Muttergesellschaft« des betreffenden Verbands eine große Konferenz plant. So schaffen Sie den Aufstieg in die bundes- oder europaweiten Veranstaltungen dieser Verbände.

Weitere Gelegenheiten finden Sie bei Messen und Kongressen oder bei Vortragsveranstaltern der freien Wirtschaft. Prüfen Sie auch, ob es bei Ihren Kunden Anlässe gibt, als Redner aufzutreten, etwa bei einer Jahrestagung, bei einem Mitarbeitertreffen oder einem Kundenforum.

Bewährt hat es sich, regelmäßig auf die »Call for Papers« zu antworten, die von großen Veranstaltern verschickt werden, wenn für einen Kongress nach Rednern gesucht wird. Es lohnt sich, diese Fragebögen für die wichtigsten Kongresse auf Ihrem Gebiet regelmäßig auszufüllen, auch wenn Sie im ersten oder zweiten Jahr nicht zum Zuge kommen. Damit bringen Sie auf jeden Fall Ihren Namen ins Spiel — und werden auf diese Weise bekannter.

Den Vortrag anbieten: Exposé und Video

Wie bei einem Artikel benötigen Sie auch für einen Vortrag ein Exposé, um Ihr Thema einem Veranstalter anzubieten. Einen wichtigen Unterschied gibt es allerdings: Beim Exposé eines Fachartikels genügt ein einfaches Textdokument, denn einem Redakteur kommt es ausschließlich auf den Inhalt an. Demgegenüber richtet sich das Redeexposé an Veranstalter und direkt an die Zielgruppe, wird also auch selbst zum Transporteur der Marke. Es sollte daher, wie der Marktauftritt insgesamt, aus der Hand eines Grafikers gestaltet sein.

Um gerade auch größere Veranstalter für ein Vortragsangebot zu begeistern, kann ein Video hilfreich sein, mit dem Sie zeigen, dass Sie ein guter Redner sind und wirklich Unterhaltung und Nutzen bieten. Zeichnen Sie hierzu einen Ihrer Vorträge auf — und achten Sie auf die Qualität. Der Veranstalter sollte erkennen, dass Sie ein mitreißender Redner sind.

Kanal 4: **Das eigene Buch**

Nach wie vor ist das Buch die Königsdisziplin des Berater-Marketings. Wenn Ratsuchende nicht so recht wissen, was sie von einem Berater halten sollen und sich fragen, ob er wirklich kompetent ist: Sobald er sein Buch auf den Tisch legt, sind Diskussionen und Zweifel in der Regel beendet. Kein anderes Medium begründet so stark den Ruf des Experten. Das Buch ist auch Eintrittskarte zu großen Medien, Radio und TV, denn auch Journalisten sehen darin einen Kompetenzausweis. Einem Autor trauen sie zu, dass er Experte auf seinem Gebiet ist.

Doch der Weg zum eigenen Buch ist steinig. Das fängt damit an, ein tragfähiges Thema zu finden und zu formulieren, geht weiter mit dem Ausarbeiten eines Exposés für den Verlag — und hört mit der Abgabe des Manuskripts noch lange nicht auf. Es folgen Abstimmungen mit dem Lektor, Überarbeitungen und Nachrecherchen, das Erstellen von Grafiken und das Korrekturlesen der Fahnen. Schließlich wird erwartet, dass der Autor sich am Marketing seines Buchs beteiligt. Von der ersten Idee bis zum Erscheinen eines Buchs können leicht zwei bis drei Jahre vergehen.

Die Vorteile eines renommierten Verlags

Die erste große Schwierigkeit liegt darin, einen Verlag zu gewinnen. Sicher: Man kann es sich an dieser Stelle einfach machen und im Selbstverlag publizieren — auch dafür gibt es Argumente (siehe Kanal 5). Vieles spricht aber doch für den anstrengenden Weg, bei einem renommierten Verlag zu erscheinen. Zu nennen sind hier vor allem drei Argumente.

Erstens sind Verlage ein guter Filter. Ein Verlag weiß in der Regel, was am Markt ankommt. Entscheidet sich ein Verlag für das Buchprojekt, besteht eine gute Chance, dass das Thema die Zielgruppe wirklich interessiert. Verlage sind hier vergleichbar mit den Redaktionen der großen Wirtschaftsmedien: Publiziert wird nur, was eine harte Prüfung bestanden hat. Wenn daher ein großer Verlag das Buch verlegen möchte, können Sie daraus schließen, dass die Idee höchstwahrscheinlich gut ist. Nicht zulässig ist jedoch der Umkehrschluss — dass die Idee schlecht ist, wenn ein Verlag sie ablehnt. Möglicherweise passt das Projekt nur nicht ins Verlagsprogramm.

Zweitens gilt die Veröffentlichung in einem renommierten Verlag als Qualitätsauszeichnung. Ein starkes Argument! Immerhin geht es darum, dass Sie sich als Experte positionieren wollen. Wenn Sie bei einem renommierten Verlag erscheinen, hat das einen ähnlichen Effekt wie Zitate in der FAZ oder der Süddeutschen Zeitung. Sie profitieren dann vom Qualitätsanspruch und Renommee des Mediums.

Drittens hilft der Verlag bei der Vermarktung. Der Verlag versendet Pressemitteilungen über einen Presseverteiler, den er in vielen Jahren aufgebaut hat. Auf diese Weise gelangt Ihr Name direkt zu den Redakteuren, die sich speziell für Ihr Thema interessieren. Zudem erscheinen Rezensionen, über die Ihr Name zusammen mit der Botschaft des Buchs verbreitet wird — in Zeitungen und Zeitschriften, auf Onlineplattformen oder bei Amazon.

Nicht ganz einfach: Den richtigen Verlag finden

Bevor Sie ein Buch schreiben, benötigen Sie einen Verlag. Nun hat es ein Lektor Tag für Tag mit vielen unverlangt eingesandten Angeboten zu tun. Zudem warten Lektoren nicht auf eingehende Manuskripte, sondern betreiben eine aktive Programmstrategie — denn nur mit einem eigenen Verlagsprogramm kann sich der Verlag auf dem Buchmarkt positionieren. Eine Buchidee muss daher nicht nur gut sein, sondern auch ins Verlagsprogramm passen.

Anstatt selbst einen Verlag zu suchen und die Verhandlungen mit dem Verlag zu führen, können Sie diesen Part auch einem Literaturagenten oder spezialisierten Berater überlassen. Ein Agent stellt in der Regel etwa 20 Prozent des Autorenhonorars in Rechnung, sodass Ihnen im Vorfeld keine Kosten entstehen und Sie auch kein finanzielles Risiko eingehen. Der Berater hat den Vorteil, dass er nicht nur die Verlagsseite kennt, sondern gleichzeitig auch Ihre Positionierung im Blick behält. Er bezieht das Buchprojekt in den Gesamtkontext Ihrer Marketingstrategie ein, ist also in erster Linie Anwalt Ihrer Interessen.

Während Ihr vorrangiges Ziel der Aufbau Ihrer Marke ist, möchte der Agent das Buchkonzept möglichst auf das Programm des avisierten Verlags zuschneiden. Am Ende der Verhandlungen kann daher leicht ein Buchkonzept herauskommen, das nicht mehr wirklich auf Ihre Marke einzahlt. Bevor Sie Ihre Buchidee zu sehr verbiegen, kann es sinnvoll sein, auf eine Veröffentlichung im Selbstverlag auszuweichen.

Fast immer unterschätzt: Der Aufwand des Schreibens

Die meisten Buchprojekte geraten in Zeitnot. Kundenprojekte haben Vorrang, und die für das Buchprojekt eingeplanten Zeiten schmelzen dahin. Oft hilft es, das Zeitproblem einmal aus einer anderen Perspektive zu betrachten: Begreifen Sie das Buchprojekt als Chance, sich mit Ihrem Kernthema ernsthaft auseinanderzusetzen.

Vielleicht veranstalten Sie zusammen mit Ihren Mitberatern drei oder vier kleine Workshops, die Sie langfristig terminieren. Wenn Sie die Inhalte des Buchs auf diese Weise gemeinsam erarbeiten und reflektieren, wirkt das nicht nur motivierend, sondern gibt dem Schreibprozess auch eine zeitliche Struktur.

Der Aufwand für das Schreiben hängt von Thema, Umfang und Schreiberfahrung ab, wird aber fast immer unterschätzt. Wer sein erstes Buch schreibt, sollte ganz grob eine reine Schreibzeit von 60 bis 90 Tagen veranschlagen.

Das Schreiben eines Buchs verlangt nicht nur Ausdauer, sondern ist mit Blick auf den Zeitaufwand und die dadurch entstehenden Umsatzausfälle auch teuer. Alternativ können Sie einen Ghostwriter engagieren, dessen Honorar in der Regel zwischen 15.000 und 30.000 Euro liegt.

Kanal 5: **Das Buch im Selbstverlag**

Immer öfter entdecken Berater die Möglichkeit, ein Buch im Selbstverlag oder ein »Book on Demand« herauszugeben. Auf diese Weise ersparen sie sich die Suche nach einem etablierten Verlag. Doch auch strategisch kann diese Variante sinnvoll sein: Das selbst hergestellte Buch hat der Autor zu 100 Prozent unter Kontrolle. Inhalt und Form können sich strikt an den eigenen Interessen, also vor allem an der Markenemotion des Unternehmens ausrichten.

Ein weiterer Vorteil: Auch kleinere Umfänge sind möglich. Kein Fachbuchverlag druckt ein »Büchlein« von 60 Seiten. Für das Marketing eines Beratungsunternehmens kann das aber eine schöne Option sein. Ein so kleines »Werk« lässt sich sehr gut im Vertrieb einsetzen. Zum Beispiel können Sie es im Nachgang einer Messe an die neu geknüpften Kontakte schicken. Oder Sie bieten bei einem Vortrag an, es gegen Visitenkarte zuzusenden.

Sicher: Wer ein solches Büchlein etwas despektierlich als »bessere Broschüre« bezeichnet, hat damit nicht ganz unrecht. Das Buch im Eigenverlag ist dann aber eben doch die bessere Broschüre, weil es fundiertes Wissen vermittelt und durch seine Form Seriosität ausstrahlt.

Ein selbstverlegtes Buch lässt sich nutzen, um mit Interessenten ins Gespräch zu kommen. Es spricht ein spannendes Thema an und geht inhaltlich in die Tiefe. Es wirkt dadurch weniger werblich als eine Broschüre, und doch sind Inhalt und Design exakt auf die Markenemotion zugeschnitten. Während Sie beim Buchverlag auf dessen Standardformate angewiesen sind, können Sie als Selbstverleger entscheiden, ob Sie hochglanz-vierfarbig drucken und ein edles Cover mit Prägung, angepasst an die Farbe Ihrer Firma einsetzen möchten.

Eine interessante Option kann darin liegen, eine kleine Reihe im Selbstverlag herauszugeben. Angenommen Ihr Unternehmen beschäftigt mehrere

Berater, die auf eigene Themen spezialisiert sind und immer wieder einmal einen Vortrag halten. Warum sollte man diese ohnehin erarbeiteten Inhalte nicht nutzen, um jedes halbe Jahr ein kleines Buch daraus zu machen?

Kanal 6: **Der eigene Messeauftritt**

Als Berater besuchen Sie vermutlich gelegentlich auch Messen, um dort Kunden zu treffen oder sich über neue Trends zu informieren. Mit dem Marketingkanal »Messe« ist jedoch etwas anderes gemeint: Ihr Unternehmen tritt selbst auf der Messe auf.

Im Unterschied zu Instrumenten wie Artikel oder Bücher ist ein Messeauftritt direkt auf persönliche Begegnungen angelegt. Potenzielle Kunden erhalten die Gelegenheit, Sie und Ihre Mitberater kennenzulernen und bekommen so ein unmittelbares Bild von Ihrer Persönlichkeit, Ihrem Auftreten und Ihren Methoden.

Die Wahl der richtigen Messe

Wenn Sie einen Messeauftritt erwägen, gibt es zwei Möglichkeiten. Zum einen können Sie eine Messe wählen, bei der sich Beratungsunternehmen präsentieren. Typisches Beispiel sind Personalmessen, bei denen sich traditionell Berater darstellen, um Kontakte zu Personalverantwortlichen zu knüpfen. Die zweite Möglichkeit ist deutlich spannender: Sie treten auf Messen auf, bei denen nur wenige Beratungsunternehmen präsent sind. Dazu zählen Branchenmessen, Fachmessen und regionale Wirtschaftsmessen.

Der Auftritt auf einer Branchenmesse bietet sich an, wenn Ihr Unternehmen sich auf eine Branche spezialisiert hat. Etwas anders gelagert sind Fachmessen. Dort treffen sich weniger die Entscheider als die Spezialisten. Dennoch ist es erwägenswert, etwa bei einer IT-Fachmesse Flagge zu zeigen, wenn Ihr Unternehmen hoch spezialisierte IT-Beratungsleistung anbietet. Mit Ihrem Auftritt demonstrieren Sie Ihre Expertise. Ist Ihr Beratungsunternehmen regional aufgestellt, kann auch der Auftritt bei einer regionalen Wirtschaftsmesse sinnvoll sein. Vor allem zu mittelständischen Unternehmen der Region lassen sich hier Kontakte knüpfen.

Kosten und Nutzen einer Messebeteiligung

Ein Messeauftritt beansprucht einen relativ großen Teil des Marketingbudgets, was kleine Beratungsunternehmen oder gar alleine arbeitende Berater häufig abschreckt. Andererseits dürfte es kaum eine bessere Möglichkeit geben, mit potenziellen Kunden so viele Gespräche in so kurzer Zeit zu führen. Ob ein Messeauftritt sich lohnt, lässt sich meist nur recht grob abschätzen. Dazu ist es sehr wichtig, die Reaktionen der Besucher des Messestands sorgfältig auszuwerten.

Eine Messebeteiligung kann auch ein Vertriebsinstrument sein, um Aufträge zu generieren. Doch auch dann sollte der Beziehungsaufbau stets Vorrang vor dem schnellen Geschäftsabschluss haben. Drängen Sie deshalb nicht auf eine Beauftragung, sondern suchen Sie stattdessen den Dialog mit potenziellen Kunden. Umso größer ist die Chance, dass ein Interessent sich später an Sie erinnert, wenn er Ihre Beratungsleistung tatsächlich benötigt.

Kanal 7: **Soziale Medien**

Facebook, Twitter, Xing, LinkedIn, Google+: Was bringen die Sozialen Medien für Berater? Die Diskussion darüber wird oft ideologisch geführt. Die einen wollen auf keinen Fall bei Facebook vertreten sein, das sei doch viel zu unseriös, ohnehin sei die Kundschaft dort nicht vertreten. Andere Berater möchten dagegen unbedingt mitmachen, können diesen Wunsch aber nicht wirklich begründen.

Fest steht: Das pauschale Argument, »meine Zielgruppe ist da nicht«, hat seine Gültigkeit verloren. Anstatt zu diskutieren, ob und bei welchen Sozialen Medien eine Teilnahme sinnvoll ist, sollte man das Thema nüchtern betrachten. Dabei hilft es, folgende vier Fragen zu stellen:

Frage 1: **Ist meine Zielgruppe dort präsent?**

Machen Sie sich klar, wer genau zu Ihrer Zielgruppe zählt. Denken Sie dabei nicht nur an die Entscheider, die über Ihre Beratungsleistung entscheiden, sondern auch an die anderen relevanten Zielgruppen wie Mittler, Multiplikatoren und Meinungsbildner (siehe Kapitel 4, Abschnitt »Die Zielgruppe«). Und fragen Sie dann: Sind diese Entscheider, Mittler und Multiplikatoren tatsächlich in den Sozialen Medien präsent?

Legen Sie sich hierzu gegebenenfalls auch einen privaten Account etwa bei Facebook oder Twitter an. Wahrscheinlich werden Sie einige Überraschungen erleben. Selbst Geschäftsführer sind gelegentlich in Facebook präsent. Ziemlich sicher treffen Sie auf Redakteure und Journalisten, die Sie aus FAZ, Handelsblatt oder den Branchenmedien kennen. Für Journalisten sind die Sozialen Medien längst ein Rechercheinstrument geworden sind.

Frage 2: **Bin ich bereit, dafür Geld zu investieren?**

Das zweite Kriterium, um über eine Teilnahme an den Sozialen Medien zu entscheiden, ist der finanzielle Aufwand. Sind Sie bereit, dafür Geld zu investieren? Die Firmenseite auf Facebook darf dem Eindruck Ihrer Homepage nicht nachstehen. Maßstab sind auch hier die Regeln der Marke. Um einen durchdachten und professionellen Auftritt sicherzustellen, kommen Sie kaum ohne die Unterstützung einer Agentur aus.

Frage 3: **Bin ich bereit, dafür Zeit zu investieren?**

Soziale Medien sind zeitaufwendig. Es kommt also darauf an, mit der »Online-Gemeinde« zu interagieren — Themen zur Diskussion zu stellen, zeitnah Kommentare zu beantworten, mitzudiskutieren. Die entscheidende Frage lautet: Sind Sie dazu bereit? Haben Sie Lust darauf?

Es genügt nicht, »ein bisschen Facebook« zu machen und einen Praktikanten, Werkstudenten oder Juniorberater damit zu betrauen. Das ist ähnlich unsinnig wie der Auftrag an den Juniorberater, »ein bisschen Buch zu schreiben«. Vielmehr sollten Sie als Geschäftsführer in den Foren oder Gruppen der Sozialen Medien selbst präsent sein. Stellen Sie sich Facebook als einen großen Besprechungsraum vor, in dem sich Kunden und andere Persönlichkeiten aus Ihrer Zielgruppe treffen. Wollen Sie da wirklich einen Praktikanten hinschicken? Wenn Sie Ihre Gäste nicht selbst empfangen und mit ihnen diskutieren, macht die Veranstaltung wenig Sinn.

Frage 4: **Habe ich in den vertrauten Kanälen schon etwas gemacht?**

Für die meisten Kunden sind die Sozialen Medien noch eher ungewohnt. Daher empfiehlt es sich nur in Ausnahmefällen, im Marketing allein mit den Sozialen Medien zu beginnen und voll darauf zu setzen. Das kann sinnvoll sein, wenn Sie Technologie-Start-ups beraten. In der Regel sollte das Marketing jedoch in Kanälen schon angelaufen sein, die den Kunden vertrauter sind.

Bespielen Sie zunächst die vertrauten Kanäle, die Sie dann durch Soziale Medien ergänzen. So können Sie Ihren Messeauftritt mit Twitter-Meldungen begleiten oder einen Vortrag bei Facebook ankündigen. Oder Sie führen am Rande eines Kongresses ein Interview, das Sie als Audiodatei auf Ihr Weblog stellen, für Ihren Podcast nutzen und zugleich über Twitter bewerben.

Schon diese wenigen Beispiele zeigen: Soziale Medien können gerade in der Kombination mit anderen Kanälen sehr spannend sein.

Achten Sie darauf, beim Bespielen der unterschiedlichen Kanäle die Inhalte mediengerecht aufzubereiten. Jeder Kanal ist auf ein bestimmtes Nutzerverhalten ausgerichtet. Deshalb lässt sich etwa ein Fachartikel, den Sie in einer Zeitschrift veröffentlicht haben, nicht einfach auf die Facebook-Seite übernehmen.

Eine Hilfestellung kann hierbei wieder das Content-Radar sein. In einem Fachmedium werden Sie die Inhalte eher funktional-tiefgründig aufbereiten, während Facebook als »schnelles Medium zwischendurch« eher eine vordergründig-emotionale Aufbereitung erfordert. Twitter wiederum ist eher funktional-vordergründig angelegt — ein sehr schnelles Medium, das vom Dialog und »Retweeten« spannender Twitter-Nachrichten lebt. Beim eigenen Weblog haben Sie die Wahl: Soll es ein Fachblog sein, das der Interessent bei der Arbeit liest? Oder möchten Sie ihn eher in seiner privaten Sphäre erreichen, etwa zu Hause oder unterwegs, wenn er mit seinem Smartphone die Neuigkeiten checkt? Dementsprechend richten Sie Ihre Inhalte aus.

Kanal 8: **Anzeigen**

Anzeigen kommen bei Beratern nur wenig zum Einsatz — und sind gerade deshalb interessant. Wenn Sie als kleines Beratungsunternehmen auf Anzeigen setzen, ist das ungewohnt, fällt deshalb auf und kann einen guten Image-Effekt haben. Doch auch hier kommt es auf Kontinuität an; eine einmalige Anzeige bringt kaum einen Nutzen. Der Effekt der Wiedererkennung, der für den Markenaufbau so wichtig ist, erfordert alle zwei bis drei Monate eine Anzeige — und das über mehrere Jahre.

Um die Wirkung zu verstärken, hat es sich bewährt, über längere Zeit im selben Medium zu annoncieren. Anstatt also in der FAZ den ganzen Etat mit einer einzigen Anzeige zu verpulvern, ist es die bessere Alternative, ein Jahr lang regelmäßig Anzeigen in einer Fachzeitschrift zu buchen. Auf diese Weise ist es möglich, zu vergleichsweise günstigem Anzeigenpreis die eigene Zielgruppe tatsächlich zu erreichen.

Die Inhalte einer Anzeigenreihe können ganz unterschiedlich sein. Wenn Sie einen Vortrag halten oder auf einer Messe auftreten, bietet es sich an, mit einer Anzeige darauf aufmerksam zu machen. Aber auch eine aktuelle Entwicklung oder neue Gesetzeslage kann ein Aufhänger sein. Entscheidend ist: Das Thema muss Ihre Zielgruppe bewegen — und zugleich Ihre Positionierung unterstützen.

Kanal 9: **Mailings**

Die meisten Entscheider werden mit E-Mails, Newslettern und anderer elektronischer Post eingedeckt. Ein klassisches Mailing, per Briefpost verschickt, ist da etwas Besonderes. Genau deshalb fällt ein Mailing auf und kann ein interessanter Marketingkanal sein.

Mailings haben meistens den Zweck, bei Interessenten in Erinnerung zu bleiben — sind also in der Regel ein reines Dialoginstrument. Möglich ist aber auch ein Einsatz in der Akquise. Ein Beispiel: Sie versenden einen aktuellen Artikel an ausgewählte, von Ihnen selbst recherchierte Adressen. Der Artikel beschreibt ein Problem, von dem Sie annehmen, dass es die Empfänger bewegt. Im Anschreiben deuten Sie an, dass Sie für dieses Problem eine Lösung entwickelt haben und bei Interesse gerne ein Gespräch hierüber führen. Einige Tage nach der Aussendung fassen Sie telefonisch nach.

Für ein Mailing benötigen Sie einen Anlass, zudem eine gute Ansprache und möglichst auch eine originelle Idee, die beim Empfänger haften bleibt. Ein auf Sicherheitssysteme spezialisierter Berater verschickte zum Beispiel eine rote Karte. Darauf hatte er die Notfälle aufgelistete, zu denen er Rat anbietet — ergänzt um seine Telefonnummer. Der Gedanke dahinter: Die hochwertig und originell gemachte Karte wird ein potenzieller Kunde kaum wegwerfen. Wenn dann tatsächlich einmal ein akutes Sicherheitsproblem eintritt, erinnert er sich an die Karte und ruft die darauf angegebene »Notfallnummer« an.

Kapitel 9

Die Mitarbeiter einbinden

Von Olaf Hinz, Lotse für Führungskräfte, Projektleiter und Organisationen im Wandel, Hamburg

Die Mitarbeiter einbinden

Von Olaf Hinz, Lotse für Führungskräfte, Projektleiter und Organisationen im Wandel, Hamburg

Die meisten Beratungsunternehmer entwickeln ihre Strategie zunächst ohne ihre Mitarbeiter — also alleine oder allenfalls im Kreise der Geschäftsführung. Doch irgendwann, spätestens wenn die Umsetzung ansteht, müssen sie ihre Berater mit an Bord holen. Eine diffizile Aufgabe. Wie bei jedem größeren Veränderungsprozess lassen sich Widerstände kaum vermeiden. Die große Herausforderung liegt darin, mit diesen Widerständen richtig umzugehen — und sie möglichst sogar als Chance zu nutzen (mehr dazu im Abschnitt »Widerstände nutzen — denn sie zeigen Energie« in diesem Kapitel).

Häufig ergibt sich folgendes Szenario: Der Unternehmer hat sich wochenlang intensiv mit Unternehmenszielen, Positionierung und Marke auseinandergesetzt; auch die Diskussionen mit den anderen Inhabern sind ausgefochten. Der Kurs ist klar, nun möchte man Fahrt aufnehmen und braucht hierzu die Mitarbeiter.

Bei diesem Vorgehen wären die Mitarbeiter über eine lange Zeit vom Entstehungsprozess der Strategie ausgeschlossen gewesen. Vermutlich stünden sie dem, was sich der Geschäftsführerkreis ausgedacht hat, erst einmal zurückhaltend, skeptisch, vielleicht auch ablehnend gegenüber. Der Unternehmer befürchtet deshalb, mit seinen Plänen die Berater vor den Kopf zu stoßen. Aus Angst, möglicherweise seine besten Mitarbeiter und mit ihnen wichtige Kunden zu verlieren, macht er große Zugeständnisse und rückt dabei vom Kern seiner Strategie ab.

Die Folgen können fatal sein. Über Wochen hat der Unternehmer seine persönlichen Ziele, Motive und Werte erarbeitet, Unternehmensziele definiert und ein Geschäftsmodell entwickelt. Sein Ziel war es, mit seinem Unternehmen einen Sog zu erzeugen und seine persönliche Erfüllung zu finden. Das alles setzt er jetzt aufs Spiel, wenn er seine Mannschaft nicht gut »mitnimmt«, weil er sich und seine Strategie den Mitarbeitern nicht zuzumuten traut, sich zurückhält, um Widerstände zu vermeiden. Nötig ist vielmehr die Einbeziehung absichtsvoll und wohlüberlegt anzugehen.

Deutlich wird: Die Einbeziehung der Mitarbeiter erfordert eine bewusste Vorgehensweise, viel Geschick und eine sehr gute Vorbereitung. Der richtige Weg hängt dabei von unterschiedlichen Faktoren ab — vom Umfang der Veränderung, den Erwartungen der Mitarbeiter und vor allem auch von Ihrem Anspruch als Unternehmer.

Alternativen der Mitarbeiter-Einbindung

Ab wann und wie sollte man seine Mitarbeiter in den Strategieprozess einbeziehen? Eine Hilfestellung bietet ein Modell, das vier Ebenen unterscheidet (siehe Abbildung 9.1). Sie reichen von der bloßen Information und Anweisung (Ebene 1) bis zur Einbindung der Mitarbeiter in den gesamten Prozess der Strategieentwicklung (Ebene 4). Die meisten Beratungsunternehmen entscheiden sich für ein Vorgehen, das zwischen diesen beiden Extremen liegt.

Die unterste Ebene lässt sich als ein Mindestniveau interpretieren, das in jedem Fall erfüllt sein muss. Sie bildet zugleich die Basis für die folgenden beiden Ebenen, denn auch dort ist eine umfassende und nachvollziehbare Information der Mitarbeiter notwendig. Während es in Ebene eins bei der bloßen Information bleibt, steigt mit den folgenden Ebenen der Grad der Einbeziehung in den Strategieprozess. Die Mitarbeiter sollen die neue Strategie nicht nur verstehen, sondern auch mittragen (Ebene 2) oder sogar zu ihrer Sache machen (Ebene 3). In der vierten Variante entwickeln Unternehmer und Mitarbeiter die Strategie gemeinsam (Ebene 4).

Bei den unteren beiden Ebenen müssen die Mitarbeiter die neue Strategie so akzeptieren, wie sie ist. Es besteht kein Spielraum, etwas zu ändern.

Anders bei Ebene drei. Hier laden Sie Ihre Berater ein, die Strategie mitzugestalten. Oft finden die Mitarbeiter die neue Strategie gut und es reicht aus, kleine Änderungswünsche zu erfüllen. Doch es kann auch ungemütlich werden. Etwa dann, wenn die fünf Berater, an denen 80 Prozent des Umsatzes hängen, das neue Geschäftsmodell ablehnen und Widerstand signalisieren: »Unter dieser Markenbotschaft fühlen wir uns nicht wohl, damit gehen wir nicht mehr zum Kunden.«

In diesem Fall steht Ihnen der Umgang mit Widerständen bevor. Wenn Sie die fünf »Widerständler« doch noch für die Strategie gewinnen wollen, müssen Sie wohl Positionierung und Markenentwicklung gemeinsam mit ihnen noch einmal von vorne aufrollen. Dabei besteht die hohe Kunst darin, die Mitarbeiter in den Entwicklungsprozess einzubeziehen, aber gleichzeitig den Kern des Geschäftsmodells zu wahren. Ein aufwendiges Prozedere, das Sie aber bewusst in Kauf genommen haben. Mit der Wahl der dritten Ebene öffnen Sie ein Fenster, ohne zu wissen, ob draußen das gleiche Klima herrscht oder kalte Luft einströmt.

Möglichkeit 1: **Informieren und anweisen**

»Meine Mitarbeiter sind über unsere Entscheidungen informiert — und ich erwarte, dass sie die Veränderungen auch umsetzen.« So lässt sich der Anspruch eines Unternehmers beschreiben, der die erste Ebene wählt. Es handelt sich um eine klassische Top-down-Kommunikation, eine absichtsvolle und professionell inszenierte Information der Mitarbeiter: Der Unternehmer legt nachvollziehbar dar, was die neue Strategie ausmacht, wie sie funktioniert und welche Konsequenzen daraus folgen. Zügig gelangt er an den Punkt, an dem er darlegt, was er künftig von seinen Beratern erwartet.

Die Mitarbeiter können Verständnisfragen stellen, an der Sache selbst aber nicht rütteln. Sie müssen die Strategie unverändert akzeptieren und umsetzen. Es gilt das Motto: Take it or leave it. Wenn ein Mitarbeiter die neue Strategie für den »größten Irrsinn des Jahrhunderts« hält, den er »auf keinen Fall mittragen« kann, wird man wohl über eine gute Trennung sprechen.

Kompakte Präsentation an einem Termin

Ebene eins bedeutet: die Mitarbeiter informieren, Verständnisfragen beantworten, sich jedoch auf keine inhaltlichen Diskussionen einlassen. Dieser Anspruch spiegelt sich in der Vorgehensweise wider: Die Information erfolgt an einem einzigen Termin, meistens innerhalb weniger Stunden. Es bietet sich an, das Thema in die Regelkommunikation zu integrieren, wenn ohnehin ein Jour fixe mit den Mitarbeitern ansteht.

Es geht um Ihr Unternehmen — und deshalb fällt es Ihnen zu, die Veränderungen vorzustellen. Hängen Sie das Thema nicht zu hoch, kündigen Sie keine große Revolution an, sondern bleiben Sie sachlich und eher zurückhaltend. In etwa so: »Wir haben uns im Kreis der Geschäftsführer mit der Frage befasst, welchen Nutzen wir unseren Kunden eigentlich bringen. Was sind die Dinge, die dem Kunden wirklich nützen? Dabei haben wir folgenden Hauptnutzen unseres Unternehmens herausgearbeitet ...«

Nun stellen Sie diesen Kernnutzen vor. Sie beschreiben, wie er sich aus der bisherigen Tätigkeit ergibt und welche Nutzenargumente für den Kunden entscheidend sind. Weiter führen Sie aus, wie dieser Nutzen kommuniziert werden soll. Benennen Sie, worauf die Mitarbeiter künftig achten müssen. Machen Sie es konkret: »Wenn ich künftig zum Beispiel auf einer Messe gefragt werde, was wir tun, sage ich Folgendes ...« Jetzt tragen Sie den neuen Elevator-Pitch vor, blicken in die Runde und fügen hinzu: »Wir wissen alle, was wir bislang so alles gesagt haben. Das ist jetzt der Unterschied!«

Abschließend können Sie noch auf den neuen Internetauftritt hinweisen, den es bald geben wird. Sofern bereits ein Entwurf existiert, bietet es sich an, die Veränderungen daran noch einmal zu verdeutlichen: »Wir haben uns Gedanken gemacht, wie wir das neue Nutzenversprechen umsetzen und unseren Marktauftritt inszenieren. Ich zeige Ihnen hierzu jetzt die Kernelemente unserer neuen Internetseite und was wir uns dabei gedacht haben. Unser Anliegen war es, beim Bauchgefühl der Zielgruppe anzudocken ...« Anhand der noch nicht online gestellten Webseite lässt sich sehr schön erklären, wie die Markenemotion in Text, Bild und Design zum Ausdruck kommt.

Grad der Einbeziehung

Ebene 4: Gemeinsam entwickeln

Unternehmer-Anspruch: Wir alle haben die neue Strategie entwickelt — es ist unser gemeinsames Vorgehen.

Umsetzung:
→ Unternehmer und Mitarbeiter legen Entscheidungsregeln fest
→ Strategie (Unternehmensziele, Geschäftsmodell, Positionierung, Markenemotion ...) wird gemeinsam entwickelt
→ Umsetzung der Strategie (Internetseite, Marketing, Haltung gegenüber dem Kunden ...) wird gemeinsam realisiert

Ebene 3: Identifikation erreichen

Unternehmer-Anspruch: Meine Mitarbeiter haben die neue Strategie verstanden und machen sie zu ihrer Sache.

Umsetzung:
→ Information durch den Unternehmer
→ Mitarbeiter werden ermuntert, Fragen zu stellen
→ Erklärungsschleifen, intensive Verständnisarbeit
→ Mitarbeiter können Veränderungen vorschlagen
→ Unternehmer akzeptiert die Veränderungen, sofern sie nicht den Kern der Strategie berühren

Ebene 2: Verständnis schaffen

Unternehmer-Anspruch: Meine Mitarbeiter haben die neue Strategie verstanden und tragen sie mit.

Umsetzung:
→ Information durch den Unternehmer
→ Mitarbeiter werden ermuntert, Fragen zu stellen
→ Erklärungsschleifen, intensive Verständnisarbeit
→ Mitarbeiter müssen die Strategie unverändert mittragen und umsetzen

Ebene 1: Informieren und anweisen

Unternehmer-Anspruch: Meine Mitarbeiter sind über die neue Strategie informiert — und ich erwarte, dass sie die Veränderungen auch umsetzen.

Umsetzung:
→ Information durch den Unternehmer
→ nur Verständnisfragen möglich
→ Mitarbeiter müssen die Strategie unverändert akzeptieren und umsetzen

Abbildung 9.1: Von der bloßen Information bis zur gemeinsamen Strategie-entwicklung: Mögliche Varianten für die Einbeziehung der Mitarbeiter

Entscheidend ist die Vorbereitung

Es steht viel auf dem Spiel. Ihre Berater sollen eine neue Strategie akzeptieren, neue Regeln befolgen, neue Verhaltensweisen annehmen. Ein anspruchsvolles Ziel, das eine extrem gute Vorbereitung erfordert. Bei einem Dialog mit den Mitarbeitern, der sich über einen ganztägigen oder zweitägigen Workshop hinzieht, wäre ein Nachsteuern noch möglich. Anders hier, im Falle eines einzigen Termins: Die Information muss gleich beim ersten Mal sitzen. Eine zweite Chance, die Mitarbeiter zu überzeugen, gibt es in der Regel nicht.

Umso mehr kommt es jetzt auf eine wohlüberlegte Inszenierung an, in der Sie nachvollziehbar darlegen, wie das neue Nutzenversprechen entstanden ist und künftig angewandt wird. Zeigen Sie auf, wie Sie den Kernnutzen aus zurückliegenden Projekterfolgen hergeleitet habe: »Was wir jetzt hier auf den Punkt bringen, diesen besonderen Nutzen, haben wir im Grunde schon immer erbracht ...« Nun sollten Sie drei bis fünf Beispiele aus früheren Projekten parat haben, die den Kernnutzen belegen.

Möglicherweise werden Ihre Mitarbeiter nicht nur Verständnisfragen stellen, sondern doch noch versuchen, Änderungswünsche anzubringen: »Wäre es nicht besser, das Thema A im Portfolio zu halten? Sollten wir nicht doch Kundengruppe B weiterhin ansprechen?« Auf solche Fragen sollten Sie gefasst sein und souverän reagieren können. Eine mögliche Antwort: »Wir haben das neue Konzept im Geschäftsführerkreis geprüft und möchten jetzt so auch in die Umsetzung gehen. Gerne können wir aber nach einem halben Jahr die Erfahrungen miteinander reflektieren und prüfen, wo es noch hängt.«

Dieses Zugeständnis können Sie problemlos machen — nach einem halben Jahr müssen Sie ohnehin eine Zwischenbilanz ziehen.

Empfehlungen zu Ebene 1

Stellen Sie die Änderungen selbst vor. Es geht um Ihre Ziele, die Sie mit dem Unternehmen erreichen möchte. Deshalb ist es auch Ihre Aufgabe, die Mitarbeiter über die Ergebnisse und Konsequenzen des Entwicklungsprozesses zu informieren.

Halten Sie den Ball eher flach. Verkünden Sie vor Ihren Mitarbeitern keine großartigen Veränderungen, sondern bleiben Sie sachlich und zurückhaltend. Für die tatsächliche Tragweite des neuen Konzepts werden die Mitarbeiter ohnehin erst allmählich ein Gespür entwickeln, wenn sie die Veränderungen umsetzen.

Bleiben Sie standfest. Die Mitarbeiter können Verständnisfragen stellen, aber jedem muss klar sein: Das Ergebnis steht und kann nicht mehr verändert werden. Reagieren Sie souverän auf Versuche der Mitarbeiter, eigene Wünsche durchzusetzen.

Gehen Sie bei Bedarf differenziert vor. Prüfen Sie zum Beispiel, ob Sie mit Ihren Seniorberatern bereits im Vorfeld der Präsentation ein Gespräch führen, um sie auf die Veränderungen vorzubereiten.

Möglichkeit 2: **Verständnis schaffen**

Wer sich für Ebene zwei entscheidet, möchte mehr als nur informieren und anweisen. »Meine Mitarbeiter haben die neue Strategie verstanden und tragen sie mit«, lautet der Anspruch. Der Unternehmer möchte erreichen, dass seine Berater die Veränderungen wirklich mittragen. Sein Ziel ist es, Einsicht und Unterstützung der Mitarbeiter zu gewinnen.

Auch hier informiert der Unternehmer zunächst über die neue Strategie und legt seine Erwartungen dar. Darüber hinaus ermuntert er seine Mitarbeiter, Fragen zu stellen. Er setzt auf intensive Verständnisarbeit, indem er zum Beispiel Erklärungsschleifen vorsieht: Die Mitarbeiter erhalten Gelegenheit, sich zurückzuziehen, das Gehörte zu »verdauen« und danach erneut Fragen zu stellen. Auf diese Weise stößt der Unternehmer einen Prozess an, für den er sich ausreichend Zeit nimmt. Nicht nur einige Stunden, sondern ein oder zwei Tage, vielleicht auch aufgeteilt über mehrere Tage.

Der Unternehmer geht ausführlich auf alle Fragen ein, macht den Mitarbeitern aber auch unmissverständlich klar: Änderungen an der Strategie sind nur marginal möglich. Auch in Ebene zwei muss ein Mitarbeiter daher am Ende entscheiden, ob er die neuen Ideen mitträgt oder eine Trennung möglicherweise der bessere Weg ist.

Übungen, Trainings und Hausaufgaben

Während die Vorgehensweise in Ebene eins den Charakter einer bloßen Mitteilung hat, initiiert der Unternehmer in Ebene zwei einen Prozess, der aus mindestens zwei, eher drei oder vier Teilen besteht. Zunächst informiert er über Nutzenversprechen, Marke und die daraus resultierende Haltung gegenüber den Kunden. Im nächsten Schritt vermittelt er durch Praxisbeispiele und situatives Üben, wie sich das Neue anfühlt — etwa indem er ein Verkaufsgespräch nachstellt, das die neue Haltung gegenüber dem Kunden illustriert. Die Änderungen werden reflektiert, neue Verhaltensweisen trainiert.

Der Übergang vom Informieren zum Üben und Trainieren kann fließend erfolgen. Soeben hat der Unternehmer das Nutzenversprechen erklärt, da ruft ihm einer seiner Berater entgegen: »Das ist doch banal!« Der Unternehmer nimmt den Ball auf und entgegnet: »Machen wir ein kleines Rollenspiel! Sie sind der Kunde, ich der Berater.« In einer Eins-zu-eins-Situation macht der Unternehmer vor, wie er den Nutzen kommuniziert. So erhalten die Mitarbeiter ein erstes Gefühl davon, wie das scheinbar banale Nutzenversprechen wirkt und angewendet wird.

Bewährt hat es sich, den Mitarbeitern für den Folgetermin eine Hausaufgabe mitzugeben. Hat der Unternehmer zum Beispiel erklärt, wie sich im Gespräch mit den Kunden deren Ziele herausfinden lassen, kann er darum ersuchen, dieses Vorgehen nun in der Praxis auszuprobieren: »Machen Sie nach jedem Kundengespräch Notizen. Wenn wir uns in drei Monaten wiedertreffen, werden wir die Erfahrungen austauschen und können das gemeinsame Training auf einer neuen Ebene fortsetzen.« Oder der Unternehmer fordert jeden seiner Berater auf, in den nächsten Monaten einen Artikel zu veröffentlichen, in dem die Kernbotschaft der neuen Strategie enthalten ist. Um seine Leute mit der Aufgabe nicht allein zu lassen, nennt er einen Ansprechpartner, der Erfahrung im Publizieren von Artikeln hat und als Hilfe zur Verfügung steht.

Auch die folgenden Termine haben Workshopcharakter. Im Mittelpunkt stehen die Erfahrungen der letzten Wochen und die Fragen, die sich die Mitarbeiter in der Zwischenzeit gestellt haben. Bewährt hat es sich auch, Zweier-

oder Dreiergruppen zu bilden, um Teilaspekte diskutieren und weitere Fragen erarbeiten zu lassen.

Empfehlungen zu Ebene 2

Nehmen Sie sich ausreichend Zeit. Anders als bei einer bloßen Information der Mitarbeiter stoßen Sie einen Prozess an, der sich über mehrere Termine hinzieht und eine Reihe von Verständnisschleifen benötigt, um ans Ziel zu kommen.

Arbeiten Sie mit Beispielen und Übungen. Nutzenversprechen und Markenemotion prägen sich am ehesten ein, wenn die Mitarbeiter ein Gefühl für die Konsequenzen entwickeln. Zeigen Sie zum Beispiel im Rollenspiel auf, wie der Auftritt beim Kunden künftig aussieht oder wie das Nutzenversprechen kommuniziert werden soll.

Terminieren und Aufgaben vergeben. Steuern Sie den Prozess, indem Sie die Folgetreffen terminieren und Aufgaben vergeben. So können die Mitarbeiter das Gelernte zwischenzeitlich in der Praxis trainieren und ihre Erfahrungen beim nächsten Termin einbringen.

Erwägen Sie Einzelcoachings. Das Angebot eines Coachings kann sinnvoll sein, um einer Schlüsselperson den Übergang in das neue Geschäftsmodell zu erleichtern — etwa wenn sich ein Seniorberater, von dem ein Großteil des Umsatzes abhängt, bei der Umsetzung der neuen Strategie unsicher fühlt.

Möglichkeit 3: **Identifikation erreichen**

»Meine Mitarbeiter haben die neue Strategie verstanden und machen sie zu ihrer Sache.« Wenn ein Unternehmer diesen Anspruch stellt, wählt er die dritte Ebene. Der Grad der Mitarbeiter-Einbeziehung ist hier noch einmal deutlich höher als in Ebene zwei. Der Unternehmer präsentiert ebenfalls seine neue Strategie, verbindet damit aber zugleich die Botschaft an die Mitarbeiter, dass Änderungen noch möglich sind.

Während in Ebene zwei der Unternehmer seine Berater auf die Reise mitnehmen möchte, hierzu auch viel Verständnisarbeit leistet, möchte er in Ebene drei noch mehr erreichen: Die Mitarbeiter sollen sich die neue Strategie zu ihrer eigenen machen, etwa nach dem Motto: »Ich finde die Veränderungen sinnvoll und gut, deshalb gehen wir sie gemeinsam an und ziehen an einem Strang.« Der Unternehmer möchte ein starkes Zusammengehörigkeitsgefühl schaffen, das nach innen die Mitarbeiter zusammenschweißt und gleichzeitig nach außen ausstrahlt und vom Kunden positiv empfunden wird.

Um dahin zu kommen, beteiligt der Unternehmer seine Mitarbeiter an der Ausgestaltung der Strategie. Jeder Berater erhält die Möglichkeit, seine individuellen Stärken und Kompetenzen in das Konzept einzubringen. Das ist ohnehin sinnvoll — schließlich kommt es der Beratungsqualität zugute, wenn die Mitarbeiter ihr Bestes geben können. Vor allem aber stärkt es die Identifikation mit der neuen Strategie, weil die Berater ihre eigenen Anliegen darin wiederfinden.

Bei aller Gestaltungsfreude gilt es aber zu beachten: Das Wesen der Strategie bleibt unantastbar. Änderungen sind an der Peripherie, also in der Ausgestaltung möglich, jedoch nur wenig am Kern der Strategie. Auch bei Ebene drei muss der Unternehmer daher mit Widerstand rechnen, wenn ein Mitarbeiter sich die Strategie nicht zu seiner eigenen machen kann.

Änderungen möglich, aber kein Kurswechsel

Das Vorgehen entspricht zunächst dem von Ebene zwei. Der Unternehmer erklärt die neue Strategie und sorgt dafür, dass die Mitarbeiter sie wirklich verstanden haben und nachvollziehen können. Zugleich signalisiert er aber auch, sich noch Änderungen vorstellen zu können. Er lädt seine Berater ein, Vorschläge zu machen — akzeptiert diese aber nur, wenn die strategische Grundrichtung erhalten bleibt. Konkret heißt das: Die Unternehmensziele stehen fest und dienen (wie in Kapitel 3 ausgeführt) als Kompass für alle weiteren Entscheidungen. Widerspricht ein Vorschlag diesem Kompass, wird er abgelehnt.

Demzufolge zählt vor allem die Markenemotion zum unveränderlichen Kern. Wenn der Inhaber sein Unternehmen als »die Beratung, die Sicherheit schafft« positionieren möchte, folgt er mit dieser Botschaft seinen eigenen Werten und Motiven. Die Emotion »Sicherheit« muss sich daher auch in seinem Unternehmen wiederfinden und bleibt unantastbar, über ihre Ausgestaltung lässt sich jedoch diskutieren: Worin drückt sich der Wert »Sicherheit« aus? Welche Botschaften sind damit verbunden? Was bedeutet das für die Ansprache der Kunden? Hierzu kann der Unternehmer zu einem kleinen Workshop einladen, in dem jeder einbringen kann, was »Sicherheit« für ihn bedeutet.

Gemeinsames Briefing für die Webseite

Wenn die Mitarbeiter die Grundidee verstanden haben, bietet es sich an, die Umsetzung gemeinsam zu planen und zu gestalten: Wie können wir mit unserem Nutzenversprechen neue Kunden gewinnen? Auf welche Weise sollen wir künftig die Marketingkanäle bespielen? Wie soll die Internetseite gestaltet sein? Oft entstehen in der gemeinsamen Arbeit neue Ideen, auf die der Unternehmer alleine nicht gekommen wäre.

Vor allem aber festigt sich dadurch die Identifizierung der Mitarbeiter mit dem neuen Geschäftsmodell. Hat ein Mitarbeiter erst einmal an der Webseite mitgearbeitet, einen Artikel im Sinne des neuen Nutzenversprechens verfasst oder einen Podcast dazu gestartet, wird es ihm fernliegen, die Grundrichtung der Unternehmensstrategie noch infrage zu stellen.

Eine hervorragende Gelegenheit, Nutzenversprechen und Markenemotion zu verinnerlichen, bietet die Entwicklung der neuen Webseite. Sobald Sie Kernnutzen und Emotion vermittelt haben, können Sie fortfahren: »Als nächster Schritt steht jetzt unsere neue Webseite an. Bevor wir den Auftrag an eine Agentur vergeben, möchte ich gerne Ihre Ideen dazu hören. Wie können wir den Nutzen und die Markenemotion über unsere Internetseite vermitteln?« Lassen Sie nun in Gruppenarbeit Ideen für das Briefing der Internetagentur entwickelt. Eine Gruppe kann sich mit Design und Bildern auseinandersetzen, eine andere Gruppe befasst sich mit den Texten, eine dritte überlegt, welche Projektbeispiele zum Nutzenversprechen passen und deshalb genannt werden sollten.

Der Unternehmer entscheidet

Der Kommunikationsprozess in Ebene drei kann sich über Monate hinziehen. Zwischen den Treffen liegen Phasen, in denen die Mitarbeiter ihre Aufgaben ausführen und das Gelernte einüben. Die Gruppe erhält die Gelegenheit, Varianten vorzuschlagen, zu entwickeln und zu testen. Um während dieses Prozesses die strategische Grundrichtung zu wahren, ist vor allem eines wichtig: Über jeden Änderungsvorschlag entscheidet in letzter Instanz der Unternehmer.

Prinzipiell gibt es bei einem Änderungsvorschlag drei Möglichkeiten. Im Idealfall passt der Vorschlag nahtlos ins Konzept und Sie können ihn direkt übernehmen. Im zweiten Fall akzeptieren Sie den Vorschlag, müssen das Paket aber wieder aufschnüren — also noch einmal in die Positionierungs- oder Markenarbeit einsteigen, um gemeinsam mit den Mitarbeitern die Variante zu integrieren. Es kann aber auch sein, dass der Vorschlag den Kern der Strategie gefährdet und Sie ihn deshalb ablehnen: »Das erkläre ich gerne noch einmal. Die Variante passt nicht, wir haben sie schon verworfen, weil ...«

Alles in allem ein schwieriger Balanceakt. Der Unternehmer möchte einerseits die Mitarbeiter für sein Vorhaben gewinnen; sie sollen das neue Geschäftsmodell zu ihrer Idee machen. Andererseits muss er darauf bestehen, dass er mit dem Unternehmen seine eigene Idee verwirklichen und deshalb nicht jeden Vorschlag annehmen kann. Immer wieder steht er vor der Entscheidung, an welcher Stelle er sich ehrlich überzeugen lässt und mikropolitisch ein Zugeständnis macht — und an welcher Stelle er ganz klar Nein sagt.

Empfehlungen zu Ebene 3

Achten Sie darauf, den Kern der Strategie zu wahren. Es geht in erster Linie um Ihre Ziele und Ihr Unternehmen, das Ihnen Erfüllung geben soll. Verlieren Sie diesen Anspruch in der Diskussion mit Ihren Mitarbeitern nicht aus dem Auge.

Behalten Sie das Steuer fest in der Hand. Als Unternehmer entscheiden Sie, ob ein Änderungswunsch umgesetzt wird oder nicht. Ein pro-

fessioneller Prozessbegleiter kann hilfreich sein, den Prozess erfolgreich zu steuern.

*Beziehen Sie die Mitarbeiter in das Briefing für die Internetseite mit
ein.* Das gemeinsame Briefing für die neue Webseite bietet eine gute
Gelegenheit, die Mitarbeiter in die Umsetzung einzubeziehen und eine
Identifikation mit der neuen Strategie zu erreichen.

Möglichkeit 4: **Gemeinsam entwickeln**

Die vierte Ebene beschreibt den höchstmöglichen Grad einer Mitarbeiter-
Einbeziehung. Der Anspruch eines Unternehmers lässt sich hier etwa so
formulieren: »Wir alle haben die neue Strategie entwickelt — es ist unser
gemeinsames Vorgehen.« Zusammen mit seinen Beratern geht der Inhaber
völlig offen in die Strategieentwicklung. Das einzige, was für ihn feststeht
und er als unveränderlich einbringt, sind seine persönlichen Ziele.

Der gemeinsame Prozess beginnt bei der Entwicklung der Unternehmensziele, reicht über Positionierung und Marke bis hin zur Umsetzung. Der
Unternehmer setzt auf kollegiale Führung und Selbstorganisation; er sieht
seine Rolle nicht als Entscheider, sondern eher als Sinnstifter und Inspirator.
Die notwendigen Entscheidungen trifft die Gruppe gemeinsam.

Der gemeinsame Anspruch sollte Sie nicht daran hindern, den Strategieprozess im Vorfeld gründlich zu durchdenken. Bevor Sie in die Gruppenarbeit einsteigen, lohnt es sich, die einzelnen Schritte von den persönlichen
Zielen bis zur Markenemotion alleine durchzuarbeiten. Das ist vergleichbar
mit der Vorbereitung auf einen Marathon: Auch da trainieren Sie erst alleine
oder mit einem Trainer und gehen dann mit der Gruppe an den Start. So stellen Sie sicher, dass Sie laufen können und sich nicht blamieren werden.

Gönnen Sie sich als Unternehmer und Inhaber diesen »Vorsprung«, indem Sie sich mit dem Prozess vertraut machen und Ihre eigene Position
erarbeiten. Klar ist aber: Der eigentliche Entwicklungsprozess beginnt erst
danach, gemeinsam mit Ihren Mitarbeitern. Ergebnis offen.

Entscheidungsregeln festlegen

In gemeinschaftlich geführten Unternehmen lässt sich immer wieder die Haltung beobachten, man könne doch alles freundschaftlich regeln — etwas in dem Tenor: »Bei uns läuft alles super, wir sind doch einer Meinung, wir streiten uns nie. Wenn wir etwas zu entscheiden haben, bekommen wir das gemeinsam hin.« Der Realität hält dieses Friede-Freude-Eierkuchen- und Pippi-Langstrumpf-Prinzip meistens nicht lange stand. Früher oder später steht eine strittige Entscheidung an, und dann einigt man sich über eines nie: die Entscheidungsregeln. Das Thema wird nur noch mit Blick darauf diskutiert, sich in der Streitfrage durchzusetzen.

Bestehen Sie also darauf, zu Beginn verbindliche Entscheidungsregeln zu vereinbaren. Wie werden Beschlüsse gefasst? Mehrheitlich? Einstimmig? Haben Sie als Inhaber des Unternehmens ein Vetorecht? Die folgende Übersicht (Abbildung 9.2) zeigt die möglichen Varianten bei Gruppenentscheidungen mit ihren Vor- und Nachteilen.

Überlegen Sie also, welche Entscheidungsregeln Sie für angebracht halten und führen Sie vor Beginn des Projekts im Team eine verbindliche Vereinbarung darüber herbei.

Prototypen im Markt testen

Sind die Regeln festgelegt, steigen Sie mit einer offenen Haltung in den Prozess ein, etwa so: »Was ich euch jetzt vorstelle, ist eine Möglichkeit. Gemeinsam werden wir überlegen, ob es noch bessere Ideen gibt.« Nun führen Sie aus, was Sie dazu treibt, das Treffen einzuberufen, welche Ziele Sie damit verfolgen und welche Gedanken Sie sich bereits gemacht haben. Ihre Einschätzung der Situation gibt den Anstoß für den gemeinsamen Prozess: Was bedeutet das jetzt? Was machen wir damit? Was sind die nächsten Arbeitsschritte?

Es folgt ein gemeinsamer Entwicklungsprozess, bei dem das klassische Handwerkszeug der Prozessberatung zum Einsatz kommt. Zusammen mit Ihren Mitarbeitern beschäftigen Sie sich mit Unternehmenszielen, Nutzenversprechen und Markenemotion. In ersten Grundzügen entsteht ein Geschäfts-

Entscheidungsprozess	Vorteile	Nachteile
Autoritätsorientierte Entscheidung	Schnell, bestätigt das soziale Rollengefüge der Gruppe, die Rolle des »Chefs«	Risiko, dass Entscheidung nicht mitgetragen wird und demotivierend wirkt
Mehrheitsentscheidung	Schnell, Mehrheitsverfahren, wird meist als »demokratisch« oder »gerecht« beurteilt; kann mit Zweidrittel-Regel als qualifizierte Mehrheit gestaltet werden	Es wird nicht unbedingt die sachgerechte Alternative gewählt, sondern die populärste. Die Implementierung leidet dann ggf. darunter
Konsensentscheidung	Jeder wird gehört, da explizite Zustimmung erforderlich ist; Widerstände werden aktiv aufgedeckt	Zeitaufwändig; Einzelne können die Entscheidung »blockieren«
Schweigen bedeutet Ablehnung	Schnell, unauffällig (besonders bei »abstrusen« Vorschlägen); weit verbreitet	Vorschläge fallen ohne Erörterung und Diskussion durch
Schweigen bedeutet Zustimmung	Schnell, Neues kann gut eingeführt werden, Widerstände werden überwunden	Gefühl der »Überrumpelung«; kann zu nachhaltigem Umsetzungsproblem führen
Expertise	Schnell und akzeptiert, sofern Expertentum als positiv beurteilt wird	Widerstände gegen »Herrschaft der Bürokraten«
Zufallsentscheidung (zum Beispiel durch Münzwurf)	Schnell, löst Situationen, die verfahren sind	Willkürlich, Widerstände zu erwarten
Konsultation (eine Person entscheidet, nachdem sie eine Mindestanzahl von Teilnehmern angehört hat)	Klare Entscheidungsverantwortung bei gleichzeitiger Einbindung	Nicht alle werden konsultiert und fühlen sich ggf. »nicht vertreten«

Abbildung 9.2: Mögliche Varianten bei Gruppenentscheidungen

modell, das Sie zügig im Markt testen. So schält sich heraus, was funktioniert und in welche Richtung die Gruppe weitergehen möchte.

Es geht also nicht darum, ein nahezu perfektes Geschäftsmodell auszuarbeiten, sondern zunächst Prototypen zu schaffen. Es gilt das Prinzip »good enough«: Wenn etwas gut genug erscheint, gehen wir nach draußen und probieren es aus.

Empfehlungen zu Ebene 4

Legen Sie Entscheidungsregeln fest. Vereinbaren Sie zu Beginn des gemeinsamen Entwicklungsprozesses verbindliche Regeln, nach denen die Gruppe Entscheidungen trifft. Wenn erst einmal der erste Dissens auftritt, ist es dafür meist zu spät.

Vermeiden Sie eine Überidentifizierung. Wer als Unternehmer kollegial führt, neigt manchmal dazu, sich zu sehr mit der Gruppe zu identifizieren und somit seiner Rolle als Führungskraft nicht mehr gerecht zu werden.

Gute Vorbereitung braucht es trotzdem. Beschäftigen Sie sich im Vorfeld mit Unternehmenszielen, Positionierung und Marke, um während des Entwicklungsprozesses überzeugend agieren zu können.

Holen Sie externe Unterstützung. Als Mitglied des Entwicklungsteams bringen Sie Ihre inhaltlichen Vorstellungen ein. Daher empfiehlt es sich, die Steuerung des Prozesses einem professionellen Prozessbegleiter zu übertragen. Beide Rollen in einer Person können schnell zu Konflikten führen, verbunden etwa mit dem Vorwurf der Mitarbeiter: »Der steuert den Prozess doch so, dass er seine inhaltlichen Vorstellungen durchsetzt.«

Widerstände nutzen — denn sie zeigen Energie

Wenn Sie Veränderungen wie eine neue Strategie umsetzen möchten, werden Sie immer auch mit dem Phänomen des Widerstandes konfrontiert sein. »Es gibt keine Veränderung ohne Widerstand«, formulierten es Klaus Doppler und Christoph Lauterburg in ihrem Klassiker »Change Management«. Die betroffenen Mitarbeiter sorgen sich um ihre Interessen oder fürchten, an Autonomie, Macht und Einfluss zu verlieren.

Es ist also ganz normal, wenn der Prozess nicht reibungslos verläuft. Misstrauisch sollten Sie eher sein, wenn es keine Widerstände gibt. Denn Widerstand zeigt, dass es um etwas Wesentliches im Unternehmen geht. Bleibt er aus, müssen Sie befürchten, dass Ihre Mitarbeiter die neue Strategie nicht ernst nehmen. Womöglich glauben sie gar nicht an eine Veränderung und denken, es wird alles im üblichen Trott weitergehen.

Wenn Menschen sich gegen etwas Sinnvolles oder sogar Notwendiges sträuben, drücken sie damit in aller Regel Bedenken, Befürchtungen oder Ängste aus; die Ursachen der Widerstände liegen also im emotionalen Bereich. Die Aufgabe des Unternehmers liegt darin, dieses Problem zur Sprache zu bringen. Andernfalls muss er damit rechnen, dass die Widerstände wachsen und die Mitarbeiter schließlich den Veränderungsprozess blockieren. Anstatt motiviert ihrer Arbeit nachzugehen, setzen sie ihre Energie dafür ein, die Veränderung obsolet zu machen.

Das Thema zur Sprache bringen bedeutet jedoch nicht, den Widerstand zu bekämpfen oder ihn gar brechen zu wollen. Die hohe Kunst liegt vielmehr darin, ihn »abzufangen« und für das gemeinsame Vorhaben zu nutzen. Das heißt: Sie nehmen die unterschwellige emotionale Energie, die Ihre Berater zum Widerstand antreibt, ernst und verstehen es, diese Energie sinnvoll zu kanalisieren.

Damit das gelingt, kommt es vor allem auf drei Verhaltensweisen an. Zunächst fahren Sie Ihre Antennen aus, treten also in den Dialog mit den Mitarbeitern und erforschen die Ursachen der Widerstände. Im nächsten Schritt nehmen Sie Druck weg, geben dem Widerstand quasi mehr Raum. Drittens schließlich polen Sie die Energie um und lenken sie in die richtige Richtung.

Die Antennen ausfahren und Druck wegnehmen

Nur sehr selten äußert ein Mitarbeiter offen seinen Widerstand. So kommt es, dass Widerstände sich eher verdeckt und indirekt zeigen. Erkennbar sind sie an Symptomen, die allerdings auch anderen Ursachen zugeordnet werden können. Welche Anzeichen auf Widerstände hindeuten können, zeigt die folgende Übersicht (Abbildung 9.3).

	Verbal (Reden)	Non-verbal (Verhalten)
Aktiv (Angriff)	Widerspruch, Gegenargumentation, Vorwürfe, Drohungen, Polemik, sturer Formalismus	Aufregung, Unruhe, Streit, Intrigen, Gerüchte, Cliquenbildung
Passiv (Flucht)	Ausweichen, schweigen, bagatellisieren, blödeln, ins Lächerliche ziehen, Unwichtiges debattieren	Lustlosigkeit, Unaufmerksamkeit, Müdigkeit, fernbleiben, Innere Emigration, Krankheit

Abbildung 9.3: Anzeichen für Widerstände bei Mitarbeitern

Wenn Sie in Ihrem Beraterteam solche Symptome bemerken, sollten Sie weiter forschen: Wo liegen die Ursachen für dieses Verhalten? Versetzt man sich in die Lage der Betroffenen, ist es meist gar nicht so schwer, die Gründe zu finden. Überlegen Sie, welche der drei folgenden Mechanismen im konkreten Fall greifen:

→ Der Mitarbeiter hat die Ziele, Hintergründe oder Motive einer Maßnahme nicht verstanden.

→ Der Mitarbeiter hat verstanden, worum es geht, aber er glaubt nicht, was man ihm sagt.

→ Der Mitarbeiter hat verstanden und glaubt auch, was gesagt wird — aber er will oder kann nicht mitgehen, weil er sich von den vorgesehenen Maßnahmen keine positiven Konsequenzen verspricht.

Der erste Fall kann gut durch offene Fragen diagnostiziert werden. Die Ursache »Nicht-Verstanden« zeigt, dass der Gesprächspartner für einen Dialog aufgeschlossen und auf der Argumentationsebene gut zu erreichen ist. Doch Vorsicht: Wiederholen Sie jetzt nicht einfach die Argumentation, die schon früher nicht verstanden wurde. Empfehlenswert ist hier die Technik des aktiven Zuhörens, in der Ihr Gesprächspartner Ihnen erläutert, was er verstanden hat und was ihm noch fehlt. Genau auf diese Punkte können sie dann mit veränderten Argumenten und zusätzlichen Informationen eingehen — und damit den Druck aus der Situation nehmen.

Schwieriger ist der zweite Fall. Wenn ein Mitarbeiter die Glaubwürdigkeit der beabsichtigten neuen Entwicklung anzweifelt, kommt es entscheidend auf die Stimmigkeit von Sagen und Handeln im gesamten Team an. Hier sind Vorbilder sehr wirksam, die das Neue vormachen und damit zeigen, dass »es wirklich passiert«.

Bleiben die Widerstands-Symptome dennoch bestehen oder verhärten sich sogar, liegt häufig die dritte Ursache vor: Der Mitarbeiter befürchtet, die neue Strategie könnte sich auf ihn persönlich negativ auswirken. Prüfen Sie zunächst sorgfältig im Dialog mit Ihrem Mitarbeiter, ob dieser Fall wirklich zutrifft — denn er stellt Sie vor die vergleichsweise größten Probleme. Stabile negative Erwartungen können nämlich weder durch zusätzliche Erklärungen noch durch stimmiges und glaubwürdiges Vorbildverhalten aus der Welt geschafft werden.

In solchen Situationen empfehle ich, in den Modus des aktiven Handelns und Vorlebens zu wechseln: Es kommt darauf an, weniger durch Gespräche als durch Taten zu überzeugen. Dadurch kann der Mitarbeiter begreifen, um was es geht — und seine negativen Erwartungen revidieren. Konkret bedeutet das: Gemeinsam mit den überzeugten Mitgliedern Ihres Teams gehen Sie voran und stellen Ergebnisse heraus, die positiv erlebt werden. Als »Gruppe der Willigen« setzen Sie Zeichen im Sinne der Veränderung.

Die Energie umpolen und nutzen

Im Auftreten von Widerstand liegt auch die Chance, die betreffende Person oder Gruppe auf der Motivationsebene, das heißt im Gespräch, zu erreichen. Widerstand ist eine kraftvolle Reaktion, bei der sich ein Mitarbeiter mit dem Thema aktiv auseinandersetzt und das »Dagegen« mobilisiert. Der Mitarbeiter verweigert sich nicht einfach, sondern handelt aktiv, um den vorgeschlagenen Weg nicht mit voller Kraft und Aufmerksamkeit zu gehen.

Es ist also nicht notwendig, jemanden aus seiner Agonie zu holen — dann wären die Erfolgsaussichten, ihn zum Mitmachen zu motivieren, eher gering. Wenn ein Mitarbeiter aber Energie mobilisiert, um die neue Strategie aktiv zu verhindern, ist das oft eine versteckte Aufforderung zum Tanz. Meist steht dahinter ein Gesprächsangebot, das er nur nicht offen artikuliert.

Entscheidend ist, dieses Signal zu erkennen und auf das versteckte Gesprächsangebot einzugehen. Andernfalls drohen echte Blockaden: Wer sich nicht ernst genommen fühlt, greift oft zum Mittel der Eskalation — er steigert seinen Widerstand so lange, bis er genügend Beachtung erfährt.

Gehen Sie im Dialog mit Ihrem Mitarbeiter den Ursachen seines Widerstands auf den Grund, um die verschlüsselte Botschaft zu erkennen. Vielleicht befürchtet er, mit der neuen Strategie vertraute Kunden zu verlieren. Oder er fühlt seine Stärken und Erfahrungen ungenügend berücksichtigt.

Wenn diese Punkte offen auf den Tisch kommen, besteht eine gute Chance, die in den Widerstand fließende Energie von Zug auf Schub »umzupolen« und für die Entwicklung des Neuen nutzbar zu machen. Gelingt das, wird eine Einbeziehung im Sinne von Ebene drei (siehe Abbildung 9.1) möglich: Der Mitarbeiter schlägt Veränderungen vor, die sein Problem berücksichtigen — und macht im Idealfall die neue Strategie am Ende sogar zu seiner Sache.

Die Wahl der richtigen Option

Die meisten Inhaber eines Beratungsunternehmens haben gute Gründe, wenn sie ihre Strategie ohne die Mitarbeiter entwickeln. Vor allem wollen sie einen schwierigen, befürchteten chaotischen Prozess vermeiden, bei dem jeder Berater seine Meinung einbringt. Am Ende stünde keine optimale Strategie, sondern ein unbefriedigender Kompromiss — und das Ziel, das Unternehmen bestmöglich aufzustellen, wäre verfehlt.

Ohnehin gestaltet sich die Strategieentwicklung in den meisten Fällen schon schwierig genug, wenn es darum geht, die Ansprüche der Mitgeschäftsführer zu integrieren. Da auch noch die Mitarbeiter hinzuzuholen, erscheint deshalb wenig sinnvoll.

Sobald aber Ziele, Geschäftsmodell und Marke erarbeitet sind, stellt sich die Frage: Wie sage ich es meinen Mitarbeitern? Die meisten Inhaber wählen eine Vorgehensweise auf der zweiten Ebene (siehe Abbildung 9.1). Sie wollen nicht einfach nur informieren und anweisen; das lässt sich weder mit ihren Ansprüchen noch mit denen ihrer Berater vereinbaren. Vielmehr ist es ihnen wichtig, Verständnis für die neue Strategie zu wecken und ihre Mitarbeiter wirklich auf die Reise mitzunehmen.

Eher vorsichtig entscheiden sich Unternehmer für ein Vorgehen auf der dritten oder vierten Ebene. Der Aufwand einer noch stärkeren Einbeziehung der Mitarbeiter erscheint oft zu hoch. Auch möchte man vermeiden, zu sehr auf die Wünsche der Mitarbeiter einzugehen und dabei die Grundrichtung der eigenen Strategie zu gefährden.

Dennoch kann die vierte Ebene eine spannende Option sein. Es gibt durchaus Unternehmer, die mit alternativen Führungsmodellen experimentieren, Stichworte sind hier Soziokratie oder Holokratie. So sind im Bereich der »New Digital-Agenturen« kollegiale Führungsstrukturen keineswegs ungewöhnlich, vielleicht sogar die Regel. Auch bei typischen Expertenberatern lassen sich Beispiele finden. Man denke an Ingenieurbüros, die aus gleichberechtigten Fachberatern bestehen.

Zwischen Anweisung und kollegialer Führung

Für welche Ebene Sie sich entscheiden, hängt zunächst vom Umfang der Veränderung ab. Natürlich werden Sie keinen mehrtägigen Verständnis- und Überzeugungsprozess einleiten, wenn lediglich eine Präzisierung oder kleinere Korrektur der bisherigen Strategie ansteht. Dann genügt in der Regel eine gut vorbereitete Information der Mitarbeiter.

Anders bei einer grundlegend neuen Strategie. Zur Wahl stehen prinzipiell die vier beschriebenen Ebenen. Welche die richtige ist, hängt in erster Linie von Ihrem Anspruch als Unternehmer, aber auch von der Erwartung Ihrer Mitarbeiter ab. Die folgende Übersicht dient als Orientierungshilfe (Abbildung 9.4).

Die erste Ebene eignet sich eher für einen Unternehmer, der über Hierarchie führt und gerne kontrolliert. Die Mitarbeiter sind ihrerseits dankbar für klare Vorgaben und geben ihr Bestes, sie zu erfüllen. Aber nach acht Stunden gehen sie nach Hause. Arbeit ist Arbeit, Freizeit ist Freizeit. Viele Expertenberatungen ticken nach diesem Muster. Externe Arbeitssicherheitsbeauftragte oder externe Qualitätsbeauftragte arbeiten zum Beispiel oft nach klar festgelegten Regelwerken und lassen sich daher von ihrem Typus eher über klare Vorgaben führen.

Ebene	Unternehmer	Unternehmer
Ebene 4: Gemeinsam entwickeln	setzt auf kollegiale Führung und Selbstorganisation möchte die Kraft der Gruppe nutzen führt ohne viel Machteinsatz, ist Sinnstifter und Inspirator	sehen die Entwicklung des Unternehmens als Gemeinschaftsaufgabe beteiligen sich gleichberechtigt auch an strategischen Entscheidungen
Ebene 3: Identifikation erreichen	möchte seine Mitarbeiter intrinsisch motivieren sorgt für Freiräume, Ressourcen und Leitplanken	sind intrinsisch motiviert, brauchen Sinnstiftung wollen gestalten und verändern, ein sinnvolles Ergebnis hinterlassen
Ebene 2: Verständnis schaffen	führt über Hierarchie möchte steuern, aber möglichst wenig kontrollieren	wollen überzeugt und mitgenommen werden erwarten Vorgaben, möchten aber auch mitgestalten
Ebene 1: Informieren und anweisen	führt über Hierarchie möchte steuern und kontrollieren	loyal, steuerbar über klare Vorgaben lassen sich extrinsisch motivieren Arbeit ist Arbeit, Freizeit ist Freizeit

Abbildung 9.4: Optionen für die Einbeziehung der Mitarbeiter

Auf der zweiten Ebene bewegt sich der Unternehmertyp, der ebenfalls über Hierarchie führt, aber möglichst wenig kontrollieren möchte. Er setzt auf kompetente Mitarbeiter, die nur wenig Hilfe benötigen und die ihnen übertragenen Aufgaben selbstständig ausführen. Im Gegenzug stellen auch die Mitarbeiter gewisse Ansprüche. Hierarchie erkennen sie an, erwarten aber von ihrem Chef ein intellektuell akzeptables Führungsniveau. So wollen sie von einer neuen Strategie überzeugt werden, bevor sie ihr folgen. Einfach nur »über ein Stöckchen springen«, ist ihnen zu wenig.

Die dritte Ebene passt zum transformational führenden Unternehmer, der auf eine intrinsische Motivation seiner Mitarbeiter setzt. Dazu schafft er Freiräume, legt Rahmenbedingung fest, sichert den Zugang zu den notwendigen Ressourcen. Er stellt die Leitplanken auf, innerhalb derer sich die Mitarbeiter frei bewegen können. Demzufolge hat er es mit anspruchsvollen Mitarbeitern zu tun, die etwas gestalten und vor allem Sinn in ihrer Arbeit finden wollen.

Auf der vierten Ebene setzt der Unternehmer auf Selbstorganisation und die Kraft der Gruppe. Seine Rolle sieht er vor allem als Sinnstifter und Inspirator. Wie alle Beteiligten betrachtet er die Entwicklung des Unternehmens als eine Gemeinschaftsaufgabe: »Wir zusammen sind die Firma.« Dementsprechend wollen die Mitarbeiter nicht nur mitgestalten, sondern sich auch an den strategischen Weichenstellungen beteiligt sein.

Kaskadierendes Vorgehen

In hierarchischen Unternehmen hat sich ein kaskadierendes Vorgehen bewährt, um die Mitarbeiter erfolgreich für die neue Strategie zu gewinnen. Die Kaskade beginnt beim Unternehmer, der sich zunächst selbst Klarheit über seine Ziele, Werte und Motive verschafft. In der zweiten Stufe bezieht er seine Mitinhaber ein und entwickelt zusammen mit ihnen das Geschäftsmodell. Nun holt er im dritten Schritt die Seniorberater mit an Bord — und erst an vierter Stelle informiert er die gesamte Gruppe.

Hat zum Beispiel ein Beratungsunternehmen acht Senior-Projektleiter mit jeweils fünf Junioren im Team, bietet es sich an, im Rahmen des Jour fixe zunächst die Projektleiter zu informieren und dann erst in einer weiteren Stufe die Junioren einzubeziehen.

Oft empfiehlt es sich auch, dem einen oder anderen Berater ein Einzelcoaching oder eine Einzelberatung anzubieten. Ein Beispiel: Zum Team zählt ein sehr erfolgreicher Seniorberater, der sich mit den Veränderungen jedoch unsicher fühlt. Ihm widerstrebt es sichtlich, zusammen mit den Juniorberatern die vorgesehenen Übungen und Trainingseinheiten zu machen. In diesem Fall ist es selbstverständlich absolut in Ordnung, diesem Berater die »älteren Rechte« einzuräumen: Holen Sie ihn also aus der Gruppe heraus, und gewähren Sie ihm mithilfe eines Coachs eine Art Schutzraum. So kann er seinen Weg in die neue Welt finden, ohne sich sorgen zu müssen, in der Gruppe beschämt zu werden.

Haltung zeigen — Klarheit schaffen

Einbindung der Mitarbeiter ja — aber achten Sie darauf, dass Sie auch in gruppendynamisch heißen Situationen das Steuer fest in der Hand behalten. Auf dem Spiel stehen Ihre persönlichen Ziele, die Sie mit dem Unternehmen realisieren wollen. Anstatt sich zugunsten von Harmonie zurückzunehmen, sollten Sie diese Ziele selbstbewusst vertreten.

Scheuen Sie deshalb nicht, sich und Ihre Ideen den Mitarbeitern zuzumuten. In aller Regel werden Sie damit auf Verständnis und Akzeptanz treffen. Bearbeiten Sie Widerstände aktiv. Nutzen Sie die darin liegende Energie und lassen Sie sich nicht von der Sorge leiten, Sie könnten dadurch Mitarbeiter vor den Kopf stoßen. Der Prozess wirkt wie ein Brennglas, und genau darin liegt eine große Stärke: Sie erkennen, wer und was passt und von wem und was Sie sich verabschieden sollten. Es entsteht Klarheit!

Kapitel 10

Umgang mit dem Entscheider — die Königsdisziplin des Sogs

Umgang mit dem Entscheider — die Königsdisziplin des Sogs

Die Grundlagen für den Sog sind gelegt. Für den Berater beginnt damit die Phase, in der er mit dem Interessenten in persönlichen Kontakt tritt. Meistens kommt es nach der Anfrage zu einem ersten Treffen, bei dem Berater und Entscheider einander näher kennenlernen. Nun geht es darum, in eine echte Beziehung zu treten und vielleicht auch schon die Grundlage für ein gemeinsames Projekt zu legen.

Die Beziehung zum Entscheider, das lässt sich nicht oft genug betonen, bildet das Fundament einer erfolgreichen Beratungsarbeit. Zugleich stellt sie den entscheidenden Unterschied dar, den ein Berater zu seinen Wettbewerbern machen kann.

Das erste persönliche Gespräch bietet jetzt die große Chance, den im Marketing oder Vertrieb aufgebauten Kontakt in eine echte Beziehung zu überführen. Zugleich ist dieses Erstgespräch eine Bewährungsprobe: Mit einer schlechten Performance lässt sich schnell verspielen, was vorher in Marketing und Vertrieb an Vertrauen aufgebaut wurde.

Die zurückliegenden Kapitel haben die Grundlagen für ein erfolgreiches Zusammentreffen mit dem Entscheider gelegt. Es besteht Klarheit über Ihre persönlichen und geschäftlichen Ziele, ebenso über die Unternehmensziele; es gibt eine klare Positionierung mit einem einprägsamen Nutzenversprechen, ebenso eine Markenemotion, die Gefühle und Werte ausdrückt.

Und doch kann auch jetzt noch Vieles schiefgehen. Anders als das Geschäftsmodell lässt sich der Ablauf eines Erstgesprächs nicht am Reißbrett entwerfen. Nun zählen Erfahrung, schnelles Reagieren, ein großes Repertoire an Fragen und Gesprächstechniken. Für den Berater kumulieren jetzt alle wichtigen Themen: Haltung, Glaubenssätze, Ziele, Positionierung — all das, durch das er Klarheit und Selbstbewusstsein gewonnen hat.

Es ist sicherlich nicht übertrieben, den Umgang mit dem Entscheider als Königsdisziplin des Sogs zu bezeichnen.

Das Ziel hinter dem Anlass

Normalerweise verläuft der Anfrageprozess nach einem Schema, das sich etwa wie folgt skizzieren lässt. Nehmen wir an, der Geschäftsführer eines mittelständischen Maschinenbauers fragt per E-Mail bei einem Beratungshaus an. Er habe gehört, das Beratungsunternehmen unterstütze die Entwicklung von Leitbildern, schreibt der Anfragende. »Wir benötigen ein solches Leitbild. Können wir uns hierzu einmal kennenlernen und das Thema besprechen?«

Der Berater vereinbart einen Gesprächstermin. Um für das Gespräch gewappnet zu sein, stellt er Unterlagen zum Thema Leitbild zusammen, rekapituliert zurückliegende Projekte und überlegt, welche Referenzen er dem Interessenten nennen kann.

Beim Termin selbst kommt der Geschäftsführer schnell zum Thema und fordert den Berater auf: »Erzählen Sie doch einmal, was Sie mit Leitbildern alles machen!« Auf diese Frage hat sich der Berater vorbereitet, also präsentiert er, wie er Leitbilder entwickelt. Er führt Beispiele an, nennt Referenzen und zeigt, wie einschlägig seine Erfahrungen in diesem Bereich sind.

Der zweite Teil des Gesprächs geht weiter in die Details. Der Berater fragt nach, wie sich der Geschäftsführer den Ablauf vorstellt und wer alles an der

Leitbildentwicklung beteiligt sein soll. Am Ende des Treffens weiß der Berater ziemlich genau, was der Kunde möchte. Auf dieser Grundlage formuliert er sein Angebot:

→ Workshop mit den Führungskräften (1 Tag),

→ Konzeptentwicklung (3 Tage),

→ Workshop mit den Mitarbeitern (1 Tag),

→ Einführung und Umsetzung (3 Tage).

Bei einem Tagessatz von 1.500 Euro ergibt sich folglich ein Honorar in Höhe von 12.000 Euro.

Das Angebot schickt er dem Kunden — und wartet nun ab, wie dieser reagiert. Vermutlich wird der Geschäftsführer mit weiteren Beratern Gespräche führen. Gut möglich, dass die Wettbewerber ähnlich kompetent wirken, einer von ihnen aber für die Leitbildentwicklung vielleicht nur 10.000 Euro verlangt. Damit hätte unser Berater schlechte Karten.

Klassische Anfrage, klassisches Vorgehen.

In der Tiefe forschen: Vom Anlass zum Ziel

Möglich ist auch eine ganz andere Vorgehensweise, hinter der folgender Grundgedanke steht: Wenn sich ein Interessent meldet, hat er zwar immer einen Anlass, nämlich ein konkretes Problem oder den Wunsch nach einer bestimmten Leistung wie etwa der Entwicklung eines Leitbilds. Doch dieser Anlass entspricht häufig nicht seinem tatsächlichen Bedarf. Meistens steht dahinter ein tiefer gehendes Ziel, das er erreichen möchte, ihm selbst aber oft nicht klar ist. Aufgabe des Beraters ist es dann, gemeinsam mit dem Interessenten das eigentliche Ziel herauszufinden — um später hierauf auch den Beratungsprozess auszurichten.

Der Anlass ist vergleichbar mit der Spitze eines Eisbergs. Die eigentlichen Ziele des Entscheiders verbergen sich unter der Oberfläche — und für den Berater liegt die Herausforderung darin, zumindest einen Teil dieses Eisbergs zu erkennen. Bei manchen Kunden gelingt das gut und der Berater kann weit in die Tiefe gehen, bei anderen bleibt er eher an der Oberfläche. Das hängt davon ab, inwieweit der Kunde Vertrauen fasst, sich öffnet und bereit ist, über seine eigentlichen Ziele zu sprechen.

Die Unterscheidung zwischen Anlass und Ziel ist sehr grundlegend. Nach meiner Erfahrung kann sie das Geschäft und den Markterfolg eines Beraters nachhaltig verändern. Wer zu den Zielen hinter dem Anlass vorstößt, agiert im Sinne des Sogprinzips: Wirklich attraktiv ist auf Dauer nur ein Berater, der es versteht, die tatsächlichen Probleme des Kunden zu lösen und so einen echten Nutzen zu bieten.

Wie funktioniert dieses Aufspüren der Ziele hinter dem Anlass? Das Vorgehen lässt sich wieder am Beispiel des mittelständischen Maschinenbauers illustrieren, der wegen eines Leitbilds anfragt — nunmehr in der Variante, wie sie sich tatsächlich zutrug. Nach Smalltalk und kurzer Vorstellung kam der Geschäftsführer auf sein Anliegen zu sprechen. Er benötige ein Leitbild, denn »wenn wir gemeinsam mit den Mitarbeitern ein Leitbild entwickeln, finden wir besser zueinander und alle werden wieder mehr an einem Strang ziehen.«

»Ach, das klingt spannend«, meinte daraufhin der Berater, »erzählen Sie doch einmal, was würde sich denn genau ändern, wenn Sie das Leitbild einführen?«

Mit dieser Frage lenkte der Berater das Gespräch auf die Probleme oder Motive, die hinter dem Wunsch nach einem Leitbild stehen könnten. Denkbar sind an dieser Stelle auch andere Fragen: »Woran würden Sie denn merken, dass das Leitbild Veränderungen im Unternehmen bewirkt?« Oder ganz direkt: »Was sind denn die Ziele, die Sie mit dem Leitbild verbinden?«

Der Geschäftsführer antwortete: »Ja, die Reibung würde weniger.«

Berater: »Welche Reibung?«

Geschäftsführer: »Zwischen den Mitarbeitern.«

Berater: »Wer arbeitet denn nicht zusammen? Gibt es da bestimmte Abteilungen oder bestimmte Teams? Wo beobachten Sie diese Reibung?«

Geschäftsführer: »Ja, wir haben in letzter Zeit häufig Konflikte zwischen Vertrieb und Produktion.«

Der Berater ließ sich von seiner Neugierde leiten und forschte weiter. Er wollte verstehen, wo das eigentliche Problem lag. Sein Gegenüber spürte dieses ehrliche Interesse und öffnete sich zusehends. Nach einer Weile war beiden klar: Das eigentliche Problem waren ständige Konflikte zwischen Produktion und Vertrieb. Der Vertrieb machte den Kunden gegenüber Zusagen, die von der Produktion nicht eingehalten wurden.

»Was bedeutet das für Sie«, fragte der Berater weiter, »welche geschäftlichen Konsequenzen hat das für Sie?« Da sprudelte es aus dem Geschäftsführer heraus: »Die Reklamationsquote bei den Kunden ist exorbitant gestiegen, sie liegt bei über zehn Prozent. Das ist auch kein Wunder, denn auch unsere Lieferzeitüberschreitungen sind um 30 Prozent gestiegen. Das alles wird jetzt richtig teuer. Im letzten Jahr mussten wir 400.000 Euro Vertragsstrafen an Kunden bezahlen ...«

»Ich kann mir vorstellen, dass das auch für Sie selbst belastend ist«, fuhr der Berater fort und fragte nach den persönlichen Konsequenzen, die sich für ihn, den Geschäftsführer, aus den ständigen Streitereien zwischen Produktion und Vertrieb ergäben. »Ja, tatsächlich ist es so, dass ich laufend Feuerwehreinsätze beim Kunden habe«, antwortete der Geschäftsführer. »Ich muss ja versuchen, die Kunden zu beschwichtigen, wenn wir Termine nicht einhalten können. Außerdem bin ich ständig damit beschäftigt, zwischen Produktion und Vertrieb zu schlichten.«

Das Gespräch lief gut; es berührte offensichtlich Themen, bei denen der Geschäftsführer einen Leidensdruck verspürte. Der Berater fasste nach: »Wie oft passiert es denn, dass Sie mit Kunden sprechen müssen? Wie oft müssen Sie zwischen Ihren Leuten schlichten? Welchen Aufwand kostet Sie das?« Mit den Kunden verbringe er deswegen »gut und gerne« acht bis zehn Stunden pro Woche, erklärte der Geschäftsführer, und mit der Streitschlichtung sei er »sicherlich noch einmal einen halben Tag pro Woche« beschäftigt.

»Im Grunde geht es also darum, dass Produktion und Vertrieb besser zusammenarbeiten«, zog der Berater ein Zwischenfazit, »weil Sie am Ende des Tages Ihre Reklamationsquote senken, Lieferzeiten besser einhalten und Vertragsstrafen vermeiden möchten. Und weil Sie persönlich weniger involviert sein wollen.«

Der Geschäftsführer nickte. Daraufhin lenkte der Berater das Gespräch auf die Ziele. »Wie müsste sich die Sache denn entwickeln?«, fragte er. »Wie hoch dürfte die Reklamationsquote noch sein, damit Sie zufrieden wären? Wohin müssten sich die Lieferzeiten, wohin die Vertragsstrafen entwickeln? Wie viel Zeit wären Sie bereit, künftig noch persönlich zu investieren?«

Der Geschäftsführer nannte seine Vorstellungen — und formulierte damit zugleich seine eigentlichen Anliegen. Der Berater notierte sich die wesentlichen Punkte und stellte dann fest: »Das Leitbild hilft Ihnen da nicht weiter. Da brauchen wir einen Prozess, der sieht so aus ...« Nun skizzierte er kurz, wie er das Problem angehen würde.

Am Ende des Gesprächs versprach der Berater, innerhalb der folgenden drei Tage ein Angebot zu schicken. Auf seinen Wunsch vereinbarten beide zudem einen Telefontermin, um nach Eingang des Angebots mögliche Fragen noch besprechen zu können.

Im Rückblick gesehen hatte das Gespräch eine bemerkenswerte Wende genommen. Vom ursprünglichen Anlass, der Notwendigkeit eines Leitbilds, war am Ende nicht mehr die Rede gewesen. Dementsprechend erwähnte der Berater auch in seinem Angebot das Thema Leitbild mit keinem Wort. Stattdessen fasste er in wenigen Zeilen die vom Geschäftsführer geschilderte Ausgangslage zusammen und nannte präzise die gemeinsam besprochenen Ziele:

→ Reduktion der Reklamationsquote auf 3 Prozent,

→ Reduktion der Lieferzeitüberschreitungen auf 15 Prozent,

→ Verringerung der Vertragsstrafen auf maximal 200.000 Euro pro Jahr,

→ im Monat maximal zwei Feuerwehreinsätze beim Kunden und maximal eine Streitschlichtung im Verhältnis zwischen Produktion und Vertrieb.

Das Honorar kalkuliert er mit 60.000 Euro — deutlich mehr, als er für die Entwicklung eines Leitbilds hätte fordern können.

Wirkung schafft Wirksamkeit

Die beiden Beispiele illustrieren deutlich die Extrempole. Im ersten Fall kreiste das Gespräch ausschließlich um den Anlass, im zweiten Fall arbeiteten Berater und Entscheider auf mustergültige Weise die Ziele hinter dem Anlass heraus.

Die meisten Erstgespräche bewegen sich zwischen diesen Polen. Nur eine Minderheit der Berater, nach meiner Erfahrung weniger als zehn Prozent, erforscht konsequent die Ziele hinter dem Anlass.

Das Herausfinden der Ziele läuft ja auch meistens nicht so glatt, wie das zuletzt geschilderte Beispiel suggeriert. Manchmal braucht der Kunde Nachdenkzeit. In anderen Fällen irritiert ihn das beharrliche Nachfragen des Beraters; deshalb antwortet er nur knapp oder ausweichend. Um ein Erstgespräch erfolgreich zu führen, braucht es neben einem großen Repertoire an Fragen auch viel Erfahrung und Feingefühl.

In der einen Situation ist es besser, weich zu formulieren, in einer anderen hilft eher eine klare Ansage. Oder es braucht eine Brücke, die das Gegenüber zu seiner Antwort hinleitet. Anstatt zum Beispiel direkt nach den Konsequenzen eines Problems zu fragen, kann es besser sein, etwa so zu formulieren: »Wir erleben immer wieder, dass durch solche Probleme zwischen Produktion und Vertrieb die Reklamationsquoten steigen und die Kunden unzufriedener werden. Wie ist es denn bei Ihnen?«

So leicht es gesagt ist, die Ziele hinter dem Anlass herauszufinden, so anspruchsvoll erweist sich die Umsetzung. Sich das erforderliche Gesprächsrepertoire anzueignen und in der Praxis richtig einzusetzen, ist ein längerer Prozess von sicherlich zwei bis drei Jahren. Doch es kann sehr lohnend sein, diesen Weg zu gehen.

Was ist der Unterschied, der die zweite Variante so attraktiv macht?

In der ersten Variante geht der Berater mit der Haltung ins Gespräch, dem Kunden die gewünschte Leistung zu verkaufen. Der klassische Fall. Das Gespräch dreht sich um den Anlass, den der Kunde genannt hat. Das Vorgehen ist weit verbreitet, hat es doch den Vorteil, dass beide Seiten sich auf vertrautem Terrain bewegen. Der Kunde hat einen klaren Anlass formuliert, und der Berater spricht über seine Leistungen.

Gleichzeitig hat das Vorgehen aber Nachteile. Zum einen ist die Wahrscheinlichkeit hoch, dass das eigentliche Problem des Kunden ungelöst bleibt — denn das wirkliche Ziel des Kunden wird nicht ermittelt. Ein weiterer Nachteil, zumindest aus Sicht des Beraters: Das klassische Verfahren führt in die Vergleichbarkeitsfalle. Das Angebot bezieht sich auf eine vom Kunden klar definierte und damit vergleichbare Leistung. Der Kunde kann mehrere Angebote einholen, wählt dann die preiswerteste Alternative oder tritt zumindest in Preisverhandlungen ein.

Anders bei der zweiten Variante, bei der Berater und Entscheider das Augenmerk auf die Ziele hinter dem Anlass richten. Der gemeinsame Prozess involviert den Entscheider viel stärker, als es eine Leistungspräsentation je könnte. Je mehr sich der Prozess den tatsächlichen Problemen nähert, desto mehr berührt er den Entscheider auch emotional. Der Unterschied lässt sich an folgenden Aspekten festmachen:

→ Der Entscheider hat erstmals in großer Klarheit selbst formuliert, was sein tatsächliches Problem ist.

→ Der Berater tritt nicht als Verkäufer auf, der seine Leistungen anbietet. Vielmehr setzt er schon jetzt seine beraterische Kompetenz ein, um dem Gegenüber zu mehr Klarheit zu verhelfen.

→ Der Berater hat sich nicht mit der einfachsten Antwort zufriedengegeben, sondern das eigentliche Problem aufgedeckt.

→ Der Entscheider hat jetzt ein echtes Problem auf dem Tisch, das gelöst werden sollte.

Für den Entscheider hat die Vorgehensweise den großen Vorteil, dass sich der Beratungsprozess an seinem tatsächlichen Bedarf ausrichtet; er kann damit rechnen, eine Lösung für sein wirkliches Problem zu erhalten. Auch für den Berater ist es befriedigender und langfristig Erfolg versprechender, wenn er seinem Kunden einen echten Nutzen bietet.

Hinzu kommt für den Berater ein weiterer Vorteil. Sein Angebot bezieht sich auf die gemeinsam erarbeiteten Ziele und entgeht damit der Vergleichbarkeit. Weil der Entscheider das Honorar nicht mehr mit den Angeboten anderer Berater vergleichen kann, wird er es stattdessen zum erwarteten Nutzen in Bezug setzen. Entnimmt er zum Beispiel den Beratungszielen, künftig 300.000 Euro an Vertragsstrafen einzusparen, dürfte ihm ein Honorar von 50.000 Euro als sehr angemessen erscheinen. Hätte der Berater mit einem wertbasierten Modell kalkuliert, wäre er vermutlich auf ein noch weit höheres Honorar gekommen, ohne den Kunden vor den Kopf zu stoßen (siehe Kapitel 5, Abschnitt »Wert-Honorar«).

Eines jedoch gilt es festzuhalten: Der Kunde kann und wird anhand der klar definierten Ziele am Ende den Erfolg und die Qualität des Beratungsprozesses beurteilen. Für Beratungsangebote, die darauf aufbauen, einen nicht näher definierten Nutzen zu erbringen, ist die Vorgehensweise daher ungeeignet. Das Konzept zwingt den Berater dazu, sich intensiv und laufend mit dem Nutzen zu beschäftigen, den er für seine Kunden erbringt.

Dreh- und Angelpunkt ist der Nutzen — schon beim Anfrageprozess. Nehmen Sie deshalb von Anfang an die Rolle eines Beraters ein, nicht eines Verkäufers, und erarbeiten Sie im Schulterschluss mit dem Entscheider dessen Ziele. Auf diese Weise erbringen Sie für ihn einen echten Nutzen. Er sieht jetzt klarer, weiß, wo das eigentliche Problem liegt. Mit anderen Worten: Sie haben schon jetzt in Ihrer Funktion als Berater eine Wirkung erzielt. Aus dieser unmittelbaren Wirkung schließt der Berater auf eine hohe Wirksamkeit Ihrer Beratungstätigkeit generell. Das macht Sie zusätzlich attraktiv, das erzeugt Sog!

Haltung und Status

Bevor Sie in ein Erstgespräch gehen, lohnt es sich sehr, den Umgang mit dem Entscheider noch einmal zu reflektieren. In welcher Haltung betreten Sie die Bühne?

Wie ausgeführt liegt die Herausforderung darin, den Schulterschluss mit dem Entscheider zu finden und mit ihm gemeinsam die Ziele hinter dem Anlass aufzudecken. Das gelingt am ehesten in der souveränen Haltung eines Trusted Advisors (siehe Kapitel 4, Abschnitt »Die persönliche Rolle«) — also eines gleichberechtigten Partners, der den Prozess führt, immer verbunden mit der Absicht, Vertrauen aufzubauen und eine langfristige Beziehung einzugehen.

Gegenseitiger Nutzencheck auf Augenhöhe

»Wir beide schauen gemeinsam auf den Nutzen.« So lässt sich die Grundhaltung beschreiben, die einen Trusted Advisor beim Erstgespräch mit einem Entscheider charakterisiert. Man begegnet sich auf Augenhöhe und prüft gemeinsam: »Wollen und können wir miteinander arbeiten? Können wir uns gegenseitig einen Nutzen bieten?«

Es findet ein gegenseitiger Nutzencheck auf Augenhöhe statt. Der Kunde möchte herausfinden, ob der Berater seine Ziele erreichen kann, und lernt seine Ziele auf diesem Weg sogar noch besser kennen. Der Berater kann im Gegenzug prüfen, ob er mit diesem Kunden arbeiten möchte — denn nicht jedes Projekt ist sinnvoll und bringt ihn seinen Zielen näher.

Zur geschilderten Grundhaltung kommen zwei weitere Verhaltensweisen hinzu, die für die Haltung eines Trusted Advisors prägend sind. Die eine Verhaltensweise: Er tritt nicht als Verkäufer, sondern von Anfang an als Berater auf. Schon im Erstgespräch hinterfragt er Sachverhalte, macht Vorschläge und vermittelt so seinem Gegenüber, einen kompetenten Ratgeber an seiner Seite zu haben.

Die zweite Verhaltensweise: Ihm liegt daran, aufzubauen. Er sucht bewusst die Beziehung zu seinem Gegenüber — aus ehrlichem Interesse an dem, was daraus entstehen kann. »Sehen wir mal, was wir da zusammen schaffen können!« — so drückt sich diese Haltung aus. Deutlich wird hier der Schulterschluss mit dem Entscheider, verbunden mit einem neugierigen, wachen Interesse am Gegenüber.

Das alles steht im Kontrast zu der Haltung, die bei Erstgesprächen weit verbreitet ist. Da nimmt der Berater eher die Haltung eines Verkäufers an, der sich auf Einwände vorbereitet und damit zwangsläufig in eine Art Gegnerschaft mit seinem Gegenüber gerät. Oder der Berater überlegt sich, wie er dem Entscheider auf besondere Weise gefallen könnte. Beides verhindert einen Schulterschluss und lenkt von dem ab, worum es geht: »Wir beide schauen gemeinsam auf den Nutzen.«

Hoher Innenstatus, niedriger Außenstatus

Status und Statussymbole spielen im Business-to-Business-Bezug eine wichtige Rolle. Gerade auch für Berater stellt sich immer wieder die Frage, auf welche Weise sie Status zeigen, wie offen oder zurückhaltend sie damit umgehen sollen. Hilfreich ist es hier, zwischen zwei möglichen Statusebenen zu unterscheiden — dem Innenstatus und dem Außenstatus (siehe Abbildung 10.1).

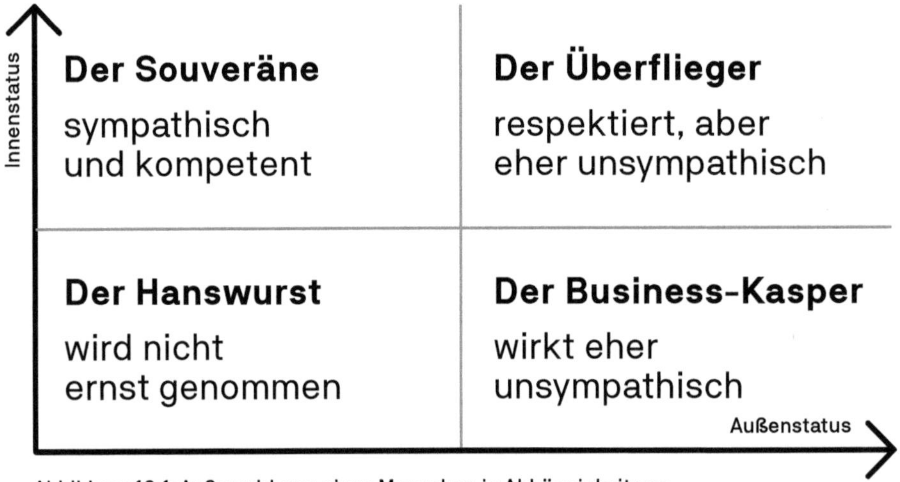

Der Souveräne sympathisch und kompetent	**Der Überflieger** respektiert, aber eher unsympathisch
Der Hanswurst wird nicht ernst genommen	**Der Business-Kasper** wirkt eher unsympathisch

(Innenstatus auf der vertikalen Achse, Außenstatus auf der horizontalen Achse)

Abbildung 10.1: Außenwirkung eines Menschen in Abhängigkeit von Außenstatus und Innenstatus

Menschen mit hohem Außenstatus legen großen Wert auf Statussymbole; mit ihren Insignien, ihrer Körperhaltung und ihrem Auftreten demonstrieren sie ihre Wichtigkeit und Bedeutung. Ein hoher Innenstatus definiert sich dagegen über ein starkes inneres Selbstbewusstsein; es resultiert aus einer großen Klarheit über die eigenen Ziele, aus Sinnerfüllung und dem Wissen um die eigenen Fähigkeiten und Kompetenzen.

Der Abbildung 10.1 folgend lassen sich je nach Statusausprägung unterschiedliche Außenwirkungen ableiten. Sicherlich gibt es Menschen, die einen *niedrigen inneren Status und einen niedrigen äußeren Status* haben — also wenig inneres Selbstbewusstsein und wenig Statuswirkung nach außen. Man könnte sagen, das ist der Hanswurst. Fiele ein Berater in diese Kategorie, würde er vom Entscheider nicht ernst genommen.

Relativ häufig trifft man Menschen mit *hohem Außenstatus und niedrigem Innenstatus* an. »Hier bin ich« oder »Ich bin der Chef« — drücken ihr Verhalten und ihre Körperhaltung aus. Dem Gegenüber leuchten die Statussymbole entgegen — die Rolex oder Hublot, die jeder sofort erkennt, der champagnerfarbene Montblanc-Kugelschreiber, ein auffälliger Designeranzug, dazu das Maßhemd mit den eigenen Initialen. Alles an ihm ruft seinem Umfeld zu: »Ich bin wer!« Dem machtvollen Außenauftritt steht ein niedriger Innenstatus gegenüber — ein geringes Selbstwertgefühl, meistens verbunden mit unklaren persönlichen Zielen und einer unbefriedigenden Sinnerfüllung.

Es handelt sich hier um den »Businesskasper«, wie der eingeführte Begriff für diesen Menschentyp lautet; ich nenne ihn auch gerne »Business-Checker«. Mit seinem ganzen Auftreten versucht er, seine Überlegenheit zu demonstrieren. Ein Berater dieses Schlags prahlt mit seinen Erfolgen, stellt seine gute Ausbildung heraus oder redet über seine große Erfahrung — immer verbunden mit der Botschaft: »Ich bin besser als du.« Auf den Entscheider wirkt er deshalb eher unsympathisch.

Es gibt auch Menschen, die beides haben — einen *hohen Innenstatus und einen hohen Außenstatus*. Das sind die Überflieger. Sie haben ein großes Selbstbewusstsein, sind innerlich gefestigt und verfügen über viel Wissen und Kompetenz. Zugleich demonstrieren sie ihr Können nach außen. Man könnte sagen: große Klappe, viel dahinter. Einem Berater mit diesen Eigenschaften wird Respekt gezollt, denn man erkennt an, dass er viel kann. Mit seinem Auftreten jedoch vermittelt auch er das Gefühl, der Bessere und Überlegene zu sein. Damit geht er in Konkurrenz zu seinem Gegenüber; ein partnerschaftliches Verhältnis auf Augenhöhe kann so schlechter entstehen. Der Entscheider begegnet ihm in der Regel mit Respekt, aber mit weniger Sympathie.

Spannend ist die vierte Variante: *hoher Innenstatus, niedriger Außenstatus* — innen selbstbewusst, außen zurückgenommen. Sie beschreibt einen Berater mit hohem Selbstbewusstsein, der sehr genau weiß, was er kann; der in seiner Beraterrolle sehr klar ist und diese innere Stärke auch nach außen ausstrahlt. Zugleich hält er sich im Außenstatus, im Zeigen von Statussymbolen, bewusst zurück. Dieser Typ ist der Souveräne.

Auch ein Berater mit einem hohen inneren Status kann durchaus Sensibilität für Statussymbole und das Verhalten unter Gleichrangigen zeigen. Auch er trägt dann eine gute Armbanduhr, einen feinen Anzug und ein edles Hemd; auch er hat eine stilvolle Schreibmappe und schreibt mit einem erlesenen Füller. Doch wählt er Kleidung und Utensilien weniger nach dem Wunsch aus, seinen Status nach außen zu demonstrieren, als nach der Maßgabe der Qualität. Zugleich zeigt er damit, dass er auf gleicher Ebene mitspielen kann. Er nimmt sich bewusst zurück, weiß aber gleichzeitig, dass sein Gegenüber die Symbole durchaus wahrnimmt.

Unter Beratern ist die Überzeugung weit verbreitet, sie müssten einen hohen Außenstatus zeigen, um vom Entscheider als Partner auf Augenhöhe akzeptiert zu werden. Das birgt jedoch die Gefahr, in ein Konkurrenzverhältnis zu geraten und sich so die Möglichkeit zu verbauen, einen Schulterschluss zu finden.

Die bessere Alternative liegt darin, in den Bereich oben links (Abbildung 10.1) zu kommen — einen hohen Innenstatus zu erreichen und sich im Außenstatus zurückzunehmen. »Zurücknehmen« heißt nicht, auf Statussymbole zu verzichten — wohl aber sie sensibel einzusetzen, um kein Konkurrenzverhältnis zum Entscheider entstehen zu lassen. Es geht nicht darum, sich kleiner als das Gegenüber zu machen, sondern auch hier wieder auf Augenhöhe zum Entscheiderverhalten zu kommen.

Überlegen Sie, an welcher Stelle Sie sich in Abbildung 10.1 positionieren. Welches Entwicklungspotenzial ergibt sich daraus?

Die Bühne bereiten: Von der Anfrage zum Termin

Wenn ein Berater den Anfrageprozess steuert, sollte das ein bisschen so sein wie bei einer Wildwasserbahn auf Jahrmärkten — so beschreibt es David Maister. Die Wildwasserbahn fährt in einem vorgegebenen Kanal, kann daher vom Weg nicht abkommen. Trotzdem gibt es ein Lenkrad, das die Leute in der Hand halten und ihnen die Illusion vermittelt, den Kurs zumindest mitzubestimmen. So ähnlich macht es auch ein Trusted Advisor: Er überlässt dem Kunden ein Lenkrad, das dieser mal nach links, mal nach rechts drehen kann und das ihm dabei stets das Gefühl gibt, die Richtung zu beeinflussen. Tatsächlich verläuft der Anfrageprozess jedoch in einer festen, vom Berater vorgegebenen Bahn.

Die erste Gelegenheit, den Prozess im eigenen Sinne zu beeinflussen, bietet sich für den Berater gleich nach der Anfrage. Ein Interessent hat sich per E-Mail oder Telefon gemeldet; ein Termin wurde vereinbart. Nun kann der Berater bereits die Phase zwischen Anfrage und Treffen nutzen, um den Interessenten von vornherein in die richtige Richtung zu lotsen.

Den Entscheider vorbereiten

Was kann ein Berater konkret tun, um den Anfrageprozess von Beginn an zu steuern? Bewährt hat sich eine E-Mail mit einigen Fragen, die er dem Interessenten gleich nach der Anfrage zusendet. Darin drückt er seine Freude über die Anfrage aus, bestätigt den Gesprächstermin, betont, wie wichtig ihm das Gespräch ist — und fährt etwa so fort: »Dabei ist es mir nicht nur wichtig, Sie kennenzulernen, sondern auch mehr über Ihre Ziele zu erfahren. Deshalb möchte ich Sie bitten, dass Sie sich bis zu unserem Treffen zu den folgenden drei Fragen einige Gedanken machen ...«

Die Fragen sind auf die jeweilige Situation zugeschnitten und können daher sehr unterschiedlich sein. Die folgenden Beispiele verdeutlichen die Richtung:

→ Was sind Ihre Ziele mit dem Projekt?

→ Was hat sich in Ihrer Abteilung geändert, wenn die Organisationsmaßnahme umgesetzt wurde?

→ Welche drei Dinge haben sich verändert, wenn das Projekt erfolgreich war?

→ Welche Parameter haben sich in den letzten Monaten verschlechtert, an denen Sie arbeiten möchten?

→ Was sind Ihre persönlichen Ziele mit dem Projekt?

→ Was sind Ihre Wünsche für unseren ersten Gesprächstermin?

→ Welche konkreten Ergebnisse möchten Sie aus dem ersten Gespräch mitnehmen?

Hinter der E-Mail mit den Fragen steht die Idee, den Entscheider auf das Gespräch vorzubereiten und ihm zugleich zu vermitteln, dass er keine der üblichen Powerpoint-Präsentationen erwarten darf. Nach Erhalt dieser E-Mail ahnt er nämlich bereits: Das Gespräch dürfte anders verlaufen, als er es von Beratern gewohnt ist; und auch er wird in diesem Gespräch in gewisser Weise gefordert sein.

Als Alternative gibt es die Möglichkeit, dem Entscheider vorab eine kleine Broschüre mit FAQs, also häufig gestellten Fragen und Antworten, zuzusenden. Das kann als PDF mit einer begleitenden E-Mail geschehen oder in Form einer gedruckten Broschüre mit einer handschriftlichen Notiz, etwa in dem Tenor: »Ich freue mich auf das Gespräch. Damit Sie auf unsere Arbeitsweise gut vorbereitet sind, hier schon einmal die häufigsten Fragen und Antworten. Ich würde mich freuen, wenn Sie vorher Zeit haben, das kurz anzuschauen.«

Wie die E-Mail mit den Fragen signalisiert auch die FAQ-Broschüre von Anfang an Augenhöhe und vermittelt dem Entscheider eine klare Botschaft: »Das ist kein Berater, der jetzt antanzt und einfach nur präsentiert, sondern auch ich werde hier meinen Beitrag leisten müssen.«

Alle Entscheider an den Tisch bekommen

Nicht immer fragt der Entscheider selbst an, wenn er einen Beratungsbedarf hat. Die Anfrage kann auch sein Assistent, der Personalleiter oder ein anderer Mittler übernehmen. Manchmal meldet sich auch ein Geschäftsführer oder ein Bereichsleiter, der zwar entscheidungsbefugt ist, jedoch nicht alleine über den Beratungsauftrag befinden kann. Zum Beispiel kann die Geschäftsleitung aus mehreren Mitgliedern bestehen, die strategisch relevante Entscheidungen und damit auch die Entscheidung über einen Beraterauftrag grundsätzlich gemeinsam treffen.

Solche Konstellationen können für den Berater problematisch werden und den Erfolg des Anfrageprozesses gefährden. Einer der häufigsten Gründe für die Ablehnung eines Angebots liegt nach meiner Erfahrung darin, dass nicht alle Entscheider involviert waren. Da gibt es irgendwo im Unternehmen noch jemanden, der mitentscheidet, aber nicht in den Prozess eingebunden war — und prompt wird man sich intern über den Beraterauftrag nicht einig.

Hauptgrund für die Uneinigkeit sind individuell unterschiedliche Ziele, die hinter dem Anlass stehen können. Vor allem die persönlichen Ziele der Entscheider variieren oft recht deutlich. Um die unterschiedlichen Ziele herauszufinden und zu berücksichtigen, braucht der Berater beim Erstgespräch alle

Entscheider mit am Tisch. Das ist nicht immer leicht, gelingt aber öfter, als die meisten Berater denken.

Es hat sich bewährt, gleich bei der Anfrage oder bei der Vereinbarung des Gesprächstermins auch schon die Frage nach den Kaufentscheidern zu stellen. Folgende Formulierungen können dabei helfen:

→ Wer ist denn für den Projekterfolg am Ende verantwortlich? Wenn der Gesprächspartner eine Person nennt, gleich nachfragen: Gibt es noch jemanden?

→ Wer entscheidet über das Budget und über die Beauftragung? Gibt es noch jemanden?

→ Wer entscheidet denn üblicherweise bei Ihnen über die Beauftragung von Beratern? Ist es in diesem Fall auch so? Gibt es noch jemanden?

→ Wer hat denn das letzte Vetorecht, die letzte Stimme, wenn es um die Beraterbeauftragung geht? Gibt es noch jemanden?

→ Wer setzt denn die Prioritäten in dem Projekt? Wer entscheidet hinterher, welche Prioritäten gesetzt werden? Gibt es noch jemanden?

Bleiben Sie hartnäckig. Wenn Ihr Gegenüber nicht mitspielt und erwidert, seine Mitentscheider seien üblicherweise bei einem solchen Gespräch nicht dabei, können Sie entgegnen: »Ja, das kann ich verstehen. Da wir aber über geschäftliche Ziele reden und Ihre Partner am Ende des Tages für diese Ziele mit verantwortlich sind, ist es mir sehr wichtig, uns von vornherein in der Gruppe zu besprechen.«

Manchmal ist der Auswahlprozess so geregelt, dass zunächst der Personalleiter, ein Fachbereichsleiter oder ein Assistent eine Vorauswahl trifft. In diesen Fällen gehen Sie diesen Schritt mit und führen zunächst das Gespräch mit dem Mitauswähler. Ziel ist es aber, für das Folgegespräch auf jeden Fall die Entscheider an Bord zu holen.

Ein Spezialfall sind die standardisierten »Sichtungswettkämpfe«, die manche Unternehmen gerne veranstalten und bei denen sechs oder sieben Berater präsentieren und ihre Qualitäten beweisen sollen. Hier stellt sich die Frage, ob es überhaupt sinnvoll ist, mitzumachen und sich so in die Ecke des vergleichbaren Experten oder braven Dienstleisters stellen zu lassen — oder aber einen solchen Gesprächstermin durchaus anzunehmen, sich dann aber grundlegend anders zu verhalten als Mitbewerber. Zum Beispiel präsentieren Sie keine Powerpoints, sondern suchen ein Gespräch. Versuchen Sie hierzu, von vornherein einen anderen Ton in den Prozess zu bringen. So können Sie bereits im Vorfeld Fragen formulieren, um zu prüfen, ob der Kunde sich auch auf eine andere Vorgehensweise einlässt.

Insgesamt gilt jedoch: Wenn Sie Ihre Hausaufgaben gemacht haben, wenn Sie Nutzen und Marke erarbeitet und Ihren Markauftritt gut inszeniert haben, signalisieren Sie von vornherein Augenhöhe mit dem Entscheider. Da sollte es eigentlich auch gelingen, im Falle einer Anfrage alle Entscheider an den Tisch zu bekommen. Zumindest in den meisten Fällen.

Gesprächsziel und persönliche Anknüpfungspunkte

Was noch bleibt, sind einige letzte Vorbereitungen, die helfen können, den Ablauf des Gesprächs erfolgreich zu steuern. Hierzu gehört vor allem, sich über die Gesprächsziele klar zu werden. Welche Ziele sollen mindestens, welche im Idealfall erreicht werden? Das Minimum wird in der Regel darin liegen, den Entscheider kennenzulernen und ihn als langfristigen A-Kontakt zu gewinnen; das Maximumziel könnte lauten: »Ich habe die geschäftlichen und persönlichen Ziele des Entscheiders herausgefunden und kann ein Angebot machen.«

Zur Vorbereitung auf das Gespräch kann es nützlich sein, eine kleine Recherche zum Unternehmen und den Teilnehmern durchzuführen. Lassen Sie sich dabei aber weniger von der Frage leiten, was Sie dem Kunden alles verkaufen könnten. Ziel der Recherche sollte es vielmehr sein, Themen oder Probleme aufzuspüren, die beide Seiten interessieren. Es geht darum, persönliche Anknüpfungspunkte zu finden, die Sie im Smalltalk und im weiteren Gesprächsverlauf einbringen und für den Beziehungsaufbau nutzen können.

Auf der Bühne: Das Gespräch mit dem Entscheider

Die Vorbereitungen sind getroffen. Grundsätzlich haben Sie entschieden, den Schulterschluss mit dem Kunden zu suchen und mit ihm die Ziele hinter dem Anlass zu ergründen. Sie haben sich vorgenommen, eine souveräne Haltung einzunehmen, bleiben dabei zurückhaltend mit äußerem Status. Sie möchten Ihrem Gegenüber auf Augenhöhe begegnen und gleichzeitig den Prozess steuern.

Ihre Haltung ist die eines Beraters, nicht die eines Verkäufers. Ihnen liegt daran, mit beraterischer Neugier das wirkliche Problem des Kunden zu ergründen. Sie sind an Ihrem Gegenüber ehrlich interessiert, streben deshalb eine intensive und auf lange Sicht angelegte Beziehung an.

Alles ist nun vorbereitet, das Gespräch mit dem Entscheider kann endlich beginnen.

Auftritt und Smalltalk

Gar nicht so selten fällt der erste Auftritt beim Kunden ziemlich hektisch aus. Der Verkehr, gerade heute Morgen … Vom Auto aus ruft er an. Teilt mit, dass es ein paar Minuten später wird. Endlich erreicht er das Unternehmen, findet einen Parkplatz und meldet sich an der Pforte. Noch einmal vergehen einige Minuten, bis er endlich, verschwitzt und mit schwerem Beraterkoffer bepackt, bei seinem Gesprächspartner eintrifft — 20 Minuten nach der vereinbarten Zeit.

So sollte es nicht laufen. Es klingt banal, doch der erste Hinweis lautet: Planen Sie einen ausreichend großen Puffer ein und geben Sie Ihr Gepäck am Empfang ab. Erscheinen Sie zum Gespräch mit dem Entscheider nicht verspätet, verschwitzt und bepackt wie ein Esel. Weder Broschüren oder Unterlagen noch ein Laptop oder gar irgendwelche Powerpoints sind notwendig. Es soll ja ein Gespräch werden, keine Präsentation.

Bringen Sie eine Schreibmappe mit, dazu einen Stift. Fertig. Minimalismus pur! Alles was von Ihrer Person ablenkt, wirkt nicht souverän und reduziert Ihre Wirkung.

In der Regel beginnt das Gespräch mit etwas Smalltalk. Jeder Mensch ist da anders. Die einen wollen übers Wetter, ihre Frau oder übers Golfen reden; andere wollen von all dem nichts hören und steigen gleich ins Thema ein. Die meisten liegen irgendwo dazwischen.

Sehr oft haben wir Berater allerlei Regeln im Kopf, wie dieser Smalltalk nun am besten verlaufen sollte. Dahinter steht der Gedanke, es brauche einen guten Smalltalk, um die Beziehung zum Gegenüber aufzubauen. Nach meiner Überzeugung wird das Thema überbetont, der Smalltalk spielt nur eine sehr untergeordnete Rolle. Beziehung und Vertrauen entstehen vor allem durch Relevanz, Substanz und Ergebnisse. Viel wichtiger ist deshalb der weitere Verlauf des Gesprächs, in dem es um den Nutzen und die Ziele des Kunden geht.

Für den einleitenden Smalltalk genügt es daher, eine einfache Regel zu befolgen: Warten Sie, wie der Gesprächspartner anfängt. Vielleicht fragt er danach, wie die Anreise war. Dann erzähle Sie ihm ein paar Worte über die Verkehrslage oder die Bahn: »Ja, war schwierig, der ICE blieb auf freier Strecke stehen. Aber ich habe es ja geschafft.«

Ganz gleich welches Smalltalk-Thema Ihr Gegenüber anschneidet, gehen Sie darauf ein, aber fassen Sie sich kurz. Der Gesprächspartner erhält so die Möglichkeit, einzuhaken und selbst etwas zu erzählen: »Ja die Bahn, da habe ich neulich doch erlebt ...« — oder gleich zum Thema überzugehen: »Da bin ich froh, dass Sie da sind. Wollen wir gleich einsteigen?«

Wenn sich der Smalltalk hinzieht, lassen Sie es einfach eine Weile laufen. Fast immer leitet Ihr Gesprächspartner selbst irgendwann zum eigentlichen Thema über. Nur wenn er nach zehn Minuten immer noch über Wein, Bahn oder Golf redet, übernehmen Sie das Ruder: »Ja, spannendes Thema. Lassen Sie uns doch jetzt einmal überlegen, was wir heute machen. Ich schlage vor ...«

Die Gesprächsführung übernehmen

Viele Erstgespräche plätschern dahin, weil der Berater darauf verzichtet, die Gesprächsführung zu übernehmen. Häufig ist dieses Versäumnis dem Glaubenssatz geschuldet, der Kunde sei der König, also müsse man ihn auch bestimmen lassen, wann er worüber spricht (siehe Kapitel 2). Meistens vergeht dann das Gespräch, ohne dass die Probleme des Kunden ausreichend zur Sprache kommen — und dem Berater fehlen am Ende wichtige Informationen, um ein differenziertes Angebot zu kalkulieren.

Eine gute Möglichkeit, das Heft gleich zu Beginn in die Hand zu nehmen und im weiteren Gesprächsverlauf in der Hand zu behalten, liegt in der gegenseitigen Klärung der Gesprächsziele. Hat man sich darauf geeinigt, wissen beide Seiten, wohin die Reise geht. Der Berater kann das Gespräch mit einem klaren Ziel vor Augen führen und immer wieder darauf zurückkommen. So sorgt er dafür, dass das Fahrzeug die Wasserbahn nicht verlässt.

Sprechen Sie also gleich nach der Smalltalk-Phase das Gesprächsziel an, etwa indem Sie vorschlagen: »Ich freue mich, dass wir heute zusammensitzen. Wir haben jetzt anderthalb Stunden Zeit. Ich schlage vor, dass wir unsere Ziele kurz transparent machen für das Gespräch, um so für beide das Beste daraus mitzunehmen. Was ist Ihnen für das Gespräch heute wichtig? Was sollte am Ende als Ergebnis dastehen?«

Im Gegenzug teilen auch Sie Ihre Ziele mit, etwa indem Sie sagen: »Mir geht es heute darum, dass wir uns kennenlernen und miteinander prüfen, ob ich in Ihrer konkreten Situation einen hohen Nutzen für Sie erreichen kann.« Oder: »Ich würde gerne sehen, was das Ergebnis sein kann, das wir miteinander erreichen können. Und wir beide können prüfen, ob wir miteinander arbeiten wollen. Wenn wir das erreichen, wäre mein Ziel erfüllt.«

Ist der Anlass weniger konkret, zum Beispiel weil der Kontakt über die Akquise entstanden ist, lässt sich das Ziel auch allgemeiner formulieren: »Mir geht es heute noch gar nicht so sehr darum, ob wir schon zu einem Projekt zusammenkommen. Im ersten Schritt würde ich Sie gerne kennenlernen und erfahren, was Sie bewegt und so die Probleme sind, die immer wieder auftauchen. Gerne erzähle ich auch noch etwas über unsere Arbeit und unsere Sichtweise zu Ihren Themen. Einfach, um dann auch bei Ihnen präsent zu sein, wenn Sie jemanden brauchen.«

Mit der Transparenz über die Ziele bekommt das weitere Gespräch eine klare Richtung. Aufgabe des Beraters ist es, im weiteren Verlauf auf den Kurs zu achten und gegebenenfalls auf die Ziele zu verweisen.

Offen einsteigen — gezielt nachfragen

Nun folgt der Einstieg ins eigentliche Thema. Hier hat es sich bewährt, dem Entscheider Raum zu geben und ihn zunächst frei erzählen zu lassen. Dazu eignet sich eine offene Frage, etwa in der Art: »Ich bin gespannt, was Sie beschäftigt. Erzählen Sie doch einmal.«

Achten Sie darauf, das Gespräch von nun an in der vorgesehenen Bahn zu halten. Unterbrechen Sie Ihren Gesprächspartner höflich aber bestimmt, wenn er zu sehr ausschweift. Das fällt manchmal recht schwer, auch hier sind immer wieder hinderliche Glaubenssätze »am Werk« — zum Beispiel die weitverbreitete Überzeugung, im Verkaufsgespräch habe der Kunde den Ton anzugeben.

Dennoch: Zu einer professionellen Gesprächsführung gehört es, das Gegenüber wenn nötig höflich, aber bestimmt zu unterbrechen. Sie können an seine letzte Aussage anknüpfen: »Entschuldigen Sie, wenn ich an der Stelle unterbreche. Sie haben im letzten Satz etwas gesagt, was ich spannend finde. Darf ich da einmal einhaken?« Kaum ein Gesprächspartner dürfte sich dieser Bitte verweigern.

Oder Sie sagen: »Entschuldigen Sie, wenn ich unterbreche. Sie haben gerade von einem Konflikt zwischen Produktion und Vertrieb gesprochen. Habe ich Sie da richtig verstanden?« Auch: »Entschuldigen Sie, wenn ich Sie an der Stelle unterbreche, aber Sie haben eben etwas gesagt, was mir sehr wichtig erscheint. Bevor ich es vergesse ...« Ebenso: »Ich bin nicht sicher, ob ich es richtig verstanden habe, können Sie noch einmal ...«

Einen Gesprächspartner höflich zu unterbrechen gelingt fast immer — und ist eine Voraussetzung dafür, das Gespräch führen und immer wieder in die richtige Richtung lenken zu können.

Der beraterischen Neugier folgen

Der Entscheider hat sein Anliegen dargestellt, er hat seinen Wunsch beschrieben, ein Leitbild zu entwickeln. Nun ist es an der Zeit, das Gespräch auf die Ziele hinter dem Anlass zu lenken: Was möchte der Entscheider mit der Maßnahme erreichen? Was verspricht er sich von einem gemeinsam entwickelten Leitbild? Was wäre dann anders?

Die Gesprächsphase lässt sich etwa mit folgender Frage einleiten: »Oh, das ist spannend, was Sie da gesagt haben. Was wäre denn, wenn das erreicht wäre? Was hätte sich für Sie geändert?« Oder etwas zurückhaltender: »Ja, das kenne ich von anderen Kunden. Da hatte das ziemlich weitreichende Folgen ...« Der Berater schildert nun kurz, wie es dort war, und fragt dann: »Ist das bei Ihnen auch so?«

Frage für Frage tastet sich der Berater an die Ziele hinter dem Anlass heran. Dabei hilft es sehr, über ein größeres Repertoire an Fragen und Gesprächstechniken zu verfügen. Je nach Gesprächspartner und Situation kann es besser sein, eher weich und charmant oder eher hart und direkt zu formulieren. Insgesamt sollte der Ton beratermäßig sachlich sein. Folgen Sie einfach Ihren natürlichen Impulsen als Berater.

Eine generelle Gefahr bei einem Erstgespräch liegt darin, in die Rolle eines Verkäufers zu geraten. Der Berater glaubt, sich und seine Leistung verkaufen zu müssen, schließlich möchte er den Auftrag ja erhalten. Das Gespräch gerät dadurch jedoch in eine falsche Richtung. Anstatt gemeinsam mit dem Entscheider in die Tiefe zu gehen und dessen eigentlichen Probleme aufzuspüren, bleibt der Blick fixiert auf den Abschluss — und das Gespräch verläuft thematisch eher an der Oberfläche.

Da kommt der Entscheider zum Beispiel an einen Punkt, der ihn wirklich bewegt: »Wir haben zum fünften Mal dieses Vertriebsziel ausgerufen, es wird einfach nie erreicht. Ich glaube, das liegt daran, dass Herr Müller Führungskraft im Vertrieb ist. Ich glaube, er sabotiert das.« Einem Berater im Verkäufermodus gehen diese Ausführungen zu sehr ins Detail; er möchte jetzt kein großes Fass aufmachen und wechselt deshalb das Thema. Ein Berater hingegen, der seinem beraterischen Impuls folgt, wird neugierig nachfragen: »Oh, das finde ich ja spannend. Warum lassen Sie sich das eigentlich gefallen? Wie kommt es, dass Herr Müller trotzdem noch in seiner Position ist?«

Meiden Sie den Verkäufermodus, folgen Sie einfach Ihrer beraterischen Neugier. Das hat große Vorteile. Sie bleiben in Ihrem Metier; das gibt Sicherheit. Sie finden den eigentlichen Bedarf Ihres Gegenübers heraus; so können Sie ihm einen echten Nutzen bieten. Und Sie machen einen Unterschied: Anders als die allermeisten Beraterkollegen treten Sie im Erstgespräch als Berater auf, nicht als Verkäufer.

In den Worten des Kunden

Wer als Berater die Probleme seines Kunden formuliert, neigt dazu, dies in eigener Sprache zu tun. Das mag sicherlich inhaltlich korrekt sein, wirkt aber auf den Kunden oft befremdlich. Für ihn klingen die Formulierungen nach »typischem Beraterdeutsch« und schaffen eine unnötige Distanz.

Achten Sie deshalb darauf, während des Gesprächs die Ziele des Entscheiders in dessen Sprache zu notieren. Seine Ausdrucksweise sollte sich später auch genauso im Angebot wiederfinden. Es zählt nicht nur, *was* der Kunde sagt, sondern auch *wie* er es sagt!

In meiner Beratungspraxis hat es sich bewährt, für das Notieren der Entscheiderziele ein einfaches Diagramm zu verwenden, das zwischen geschäftlichen und persönlichen Zielen unterscheidet (siehe Abbildung 10.2). Es erweist sich als gute Hilfe, während des Gesprächs tatsächlich an beide

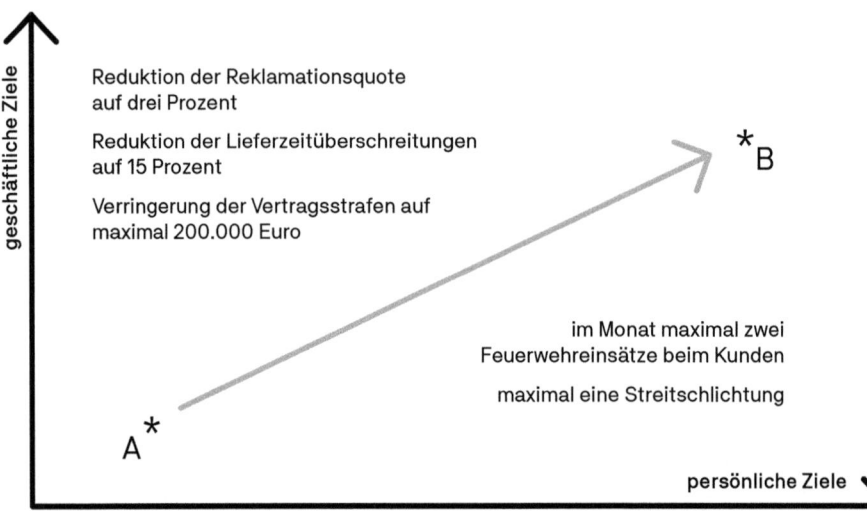

Abbildung 10.2: Im Überblick festgehalten: Die geschäftlichen und persönlichen Ziele des Entscheiders

Zielkategorien zu denken. Ich zeichne das Achsenkreuz auf ein leeres Blatt, trage darauf grob die Ist- und Soll-Position ein und notiere in den Worten des Entscheiders die Ziele, während wir sie gemeinsam erarbeiten. Die Formulierungen lassen sich nach dem Gespräch direkt ins Angebot übernehmen.

Die eigene Vorstellung knapp halten

»Bevor ich jetzt auf Ihre Frage antworte«, meint der Entscheider, »stellen Sie sich doch erst einmal vor, wer Sie sind und was Sie machen.« Eine Situation, wie sie häufig vorkommt. Das Gespräch kann relativ früh an einen Punkt gelangen, bei dem der Entscheider den Berater auffordert, sich selbst vorzustellen.

Der Wunsch des Entscheiders, etwas über den Berater zu erfahren, wird allzu gerne als Einladung gesehen, sich nun groß und umfassend zu präsentieren. Widerstehen Sie dieser Versuchung! Wer als Berater an dieser Stelle seinem Status-Bedürfnis nachgibt und über sich selbst erzählt, kommt schnell vom vorgesehenen Gesprächspfad ab. Anstatt sich auf die Probleme des Kunden zu konzentrieren, dreht sich das Gespräch nur noch um ihn und seine Leistungen.

Die Kunst besteht darin, die Eigendarstellung nun auf ein oder zwei Minuten zu konzentrieren. Stellen Sie sich kurz und präzise vor, indem Sie Ihre Positionierung und Ihr Nutzenversprechen nennen, und spielen Sie den Ball schnell wieder zurück, indem Sie zum Beispiel an ein gemeinsames Thema anknüpfen: »Im Vorfeld hatten Sie angedeutet, wie wichtig Ihnen klare Strukturen sind. Das ist ein typisches Thema, mit dem wir uns tatsächlich sehr beschäftigen ...«

Wenn Sie sich vorgestellt haben, machen Sie eine Pause und warten ab, ob der Entscheider eine Rückfrage hat. Wenn nicht, übernehmen Sie wieder die Führung und lenken das Gespräch zurück auf die Ziele des Gegenübers.

Keine Angaben zum Honorar machen

Wir kennen diese Frage aus fast allen Erstgesprächen — die typische Kundenfrage: »Was kostet das denn ungefähr?« Wenn der Berater nun wahrheitsgemäß erklärt, er könne das noch nicht sagen, insistiert der Kunde oft und drängt darauf, doch wenigstens einen »ungefähren Erfahrungswert« genannt zu bekommen. Meist fällt es dann schwer, hart zu bleiben. Man möchte ja kompetent erscheinen und zeigen, dass man Erfahrung hat und deshalb auch einen Erfahrungswert anführen kann.

Hinzu kommt häufig der Wunsch, ein Signal des Entscheiders zu erhalten, wie die eigenen Honorarvorstellungen bei ihm ankommen und ob eine Zusammenarbeit überhaupt möglich erscheint. Auch deshalb ist die Neigung groß, eine Honorarspanne zu nennen und die Reaktion des Gegenübers zu beobachten. Man möchte eine gewisse Klarheit, anstatt bis nach Abgabe des Angebots in völliger Unsicherheit zu verbleiben.

Beides, das Drängen des Kunden und das eigene Bedürfnis nach Klarheit, verleitet dazu, im Erstgespräch bereits Angaben zum Honorar zu machen. Ich halte das für einen Fehler, weil es einem die Möglichkeit nimmt, über den Preis nachzudenken und das Honorar sorgfältig zu kalkulieren. Auch taktisch erscheint es unklug, im Vorfeld des Angebots einen Preis zu nennen: Man lenkt die Aufmerksamkeit auf die Honorarfrage und gerät in die Vergleichbarkeit.

Der Entscheider spricht mit einem weiteren Berater, der ein niedrigeres Honorar angibt — und schon setzt sich im Kopf des Entscheiders fest, dass er die Leistung auch günstiger erhalten kann.

Standhaft bleiben

Zu früh ein Honorar oder eine Honorarspanne nennen — das ist ein häufiger Fehler im Anfrageprozess. Taktisch klüger ist es, das Honorar erst im Angebot zu nennen und vorher keinerlei Angaben dazu zu machen. Die Herausforderung liegt darin, hier standhaft zu bleiben und auch dann keine Honorarangaben zu machen, wenn der Kunde darauf besteht. Der Dialog könnte etwa wie folgt ablaufen.

Entscheider: »Wir haben die Ziele festgestellt, und Sie haben den Beratungsprozess auch schon kurz skizziert. Mich würde jetzt noch interessieren, was das alles denn etwa kostet.«

Berater: »Gerne mache ich Ihnen ein konkretes Angebot. Es fällt mir allerdings schwer, das jetzt schon zu beziffern, da ich gerne über Ihre Aufgabenstellung und Ihre Ziele nachdenken würde. Ich habe da noch eine Frage ...«
Nun übernimmt der Berater mit einer Frage wieder die Führung und leitet das Gespräch in ein anderes Thema über. Meistens gelingt das.

Manchmal besteht der Entscheider jedoch auf seiner Frage und hakt nach: »Ja, aber einen ungefähren Richtwert können Sie doch nennen?«

Berater: »Ja, das mache ich gerne im Angebot. Sie erhalten dann nicht nur einen ungefähren Richtwert, sondern ich werde Ihnen das Honorar ganz genau nennen. Jetzt wäre das ein Schnellschuss, das würde ich für unseriös halten. Im Moment kann ich das wirklich noch nicht sagen. Jedes unserer Projekte ist sehr individuell.«

Möglicherweise lässt sich der Entscheider nicht abbringen und fragt trotzdem weiter: »Ich verstehe, aber Ihren Tagessatz können Sie mir ja nennen.«

Berater: »Wir kalkulieren in der Grundlage erst einmal nicht mit Tagessätzen, sondern gehen zunächst vom Ergebnis aus. Dann überlegen wir, was dafür nötig ist, um Ihr Ziel zu erreichen. Ich will Ihnen das gerne im Angebot ausführlich darstellen. Ich bitte um Verständnis, dass ich jetzt keinen Schnellschuss machen möchte.«

Direkt nach dem Budget fragen

Das Honorar erst im Angebot nennen — die damit verbundene Ambivalenz ist manchmal schwer auszuhalten. Man möchte wenigstens mit einer gewissen Wahrscheinlichkeit einschätzen können, ob man überhaupt zusammenfinden kann und es sich lohnt, das Angebot zu kalkulieren. In einem solchen Fall kann es helfen, den Entscheider einfach nach seinem Budget zu fragen.

Das Entscheidende dabei ist, sehr direkt zu sein, ein wenig mit der Tür ins Haus zu fallen: »Welches Budget haben Sie denn für das Projekt vorgesehen?« Also direkt nach dem Budget fragen — und nicht herumeiern mit Floskeln wie: »Erfahrungsgemäß wäre es hilfreich, wenn ich ungefähr das Projektvolumen ...« Oder: »Wie hätten Sie sich den ungefähr das Projektvolumen vorgestellt?«

Wenn der Entscheider ausweichend reagiert und das Budget nicht nennen will, kann ein ehrlicher Austausch weiterhelfen. Zum Beispiel könnte der Berater antworten: »Ja, wissen Sie, es geht mir nicht darum, das Budget auszureizen, sondern darum, überhaupt einmal zu wissen, in welchen Größenordnungen Sie denken und ob wir da zusammenpassen.« Oder etwas direkter und fordernder könnte er sagen: »Na ja, es ist schon wichtig, die Spanne zu kennen. Ich brauche mich ja nicht hinsetzen und einen halben Tag zu kalkulieren, wenn wir völlig auseinanderliegen. Deshalb würde mir eine grobe Budgetangabe schon sehr helfen.«

Folgevereinbarung treffen

Das Gespräch ist gut gelaufen, und der Berater verspricht: »Ich schicke Ihnen ein Angebot«, worauf der Kunde entgegnet: »Prima, dann melde ich mich.« So läuft es meistens, doch eine wirkliche Folgevereinbarung ist das nicht.

Es empfiehlt sich, hier deutlich verbindlicher zu sein — und insbesondere gleich einen Folgetermin zu vereinbaren, um nach Zusendung des Angebots mit dem Entscheider noch offene Fragen besprechen zu können. Das kann am Telefon geschehen, sollte bei größeren Projekten aber eher wieder ein persönliches Treffen sein.

Der Folgetermin kann die Chancen auf einen Abschluss beträchtlich erhöhen. Das fest vereinbarte Gespräch zwingt den Entscheider, sich intensiv mit dem Angebot auseinanderzusetzen. Dadurch entsteht eine hohe Verbindlichkeit. Zugleich erhält der Berater die Gelegenheit, kurz vor der Entscheidung noch einmal mögliche Zweifel und Unklarheiten zum Angebot auszuräumen.

Es lohnt sich also, auf einem festen Termin zu bestehen — notfalls auch mit sanftem Druck. Etwa wie folgt:

Berater: »Vielen Dank für das Gespräch. Ich glaube, ich habe Ihre Ziele verstanden. Ich werde Ihnen bis nächste Woche Mittwoch ein Angebot schicken. Und dann würde ich mich gerne zu Ihren Fragen noch einmal mit Ihnen unterhalten. Ich schlage vor, wenn Sie sich drei, vier, fünf Tage Zeit nehmen, könnten wir uns eine Woche später noch einmal treffen und darüber sprechen. Wie sieht es denn bei Ihnen am 27. aus?« Oder im Falle eines Telefontermins: »Ich werde Ihnen das Angebot bis Freitag schicken. Ich habe nächsten Dienstag ohnehin Bürotag — sehen Sie da eine Chance, dass wir kurz zu Ihren Fragen telefonieren?«

Entscheider: »Nein, nein, schicken Sie mir doch erst einmal das Angebot, ich melde mich dann.«

Berater: »Damit sich das nicht verläuft, wäre es mir schon wichtig, für Ihre Fragen gleich einen festen Termin zu vereinbaren. Wie lange denken Sie denn, dass Sie brauchen? Eine Woche, zwei Wochen — okay, zwei Wochen. Lassen Sie uns doch in der KW 29 einen Termin machen. Wie sieht es denn bei Ihnen aus?«

Kunde: »Nein, ich möchte keinen Termin machen, ich melde mich dann.«

Berater: »Ja, das verstehe ich. Es ist nur so, dass ich jetzt einen halben Tag investiere, um ein gutes Angebot für Sie zu machen. Daher ist es mir persönlich einfach sehr wichtig, dass Sie sich die Zeit nehmen und wir jetzt doch einen festen Termin ausmachen, um so wirklich einen Planungshorizont zu haben.«

Indem der Berater eine Formulierung wie »Es ist mir persönlich wichtig« verwendet, eskaliert er das Thema. Meistens kommt der Termin am Ende auch zustande. Sollte sich der Entscheider weiterhin weigern, wird der Berater natürlich nachgeben, kann daraus aber seine Schlüsse ziehen. Offensichtlich möchte der Entscheider sich nicht festlegen und hat deshalb wohl auch nur ein begrenztes Interesse am Fortgang des Prozesses. Der Berater kann nun überlegen, wie viel Energie er in die Kalkulation des Angebots stecken möchte. Vielleicht entscheidet er sich einfach nur für ein Standardangebot und wartet ab, was passiert.

Natürlich kommt es vor, dass sich nach dem Gespräch kein konkretes Projekt abzeichnet und deshalb auch kein Angebot ansteht. Auch in diesem Fall sollte es eine feste Folgevereinbarung geben: Man vereinbart, miteinander in Kontakt zu bleiben. Um Verbindlichkeit herzustellen, bespricht der Berater mit seinem Gegenüber die Frequenz der Kontakte: »Ich schicke Ihnen immer mal wieder eine Information, die Sie interessiert, möchte Sie damit aber auch nicht zuschütten. Was ist denn für Sie ein guter Abstand? Bei anderen Kunden sind es drei Monate. Wie ist es bei Ihnen?«

Zu einem Angebot und einem Auftrag hat es dieses Mal zwar nicht gereicht. Doch der Entscheider wird von nun an als A-Kontakt geführt. Ziel ist es, auf seiner mentalen Shortlist zu bleiben und im Falle eines Beratungsbedarfs wieder angefragt zu werden.

Angebot und Folgetermin

In der Regel besteht die Folgevereinbarung aus zwei Teilen. Der Berater sendet dem Entscheider innerhalb der nächsten Tage das Angebot zu und etwa eine Woche später findet zu diesem Angebot ein Gespräch statt. Selbstverständlich hält der Berater diese Vereinbarung peinlich genau ein.

Das Angebot sollte keine längeren Ausführungen enthalten, sondern auf das Notwendige beschränkt bleiben. Für die meisten Projekte genügen drei Seiten, mehr als zehn Seiten sind auch bei großen und komplexen Projekten in aller Regel nicht erforderlich.

Erstellen Sie das Angebot nicht mit Powerpoint, wie das Berater gerne handhaben, sondern auf ganz normalen, leicht zu handhabenden DIN A4-Seiten. Verzichten Sie auch darauf, Profile oder eine Broschüre beizulegen. Das wirkt nicht sehr souverän — so als wollten Sie sich für das Angebot rechtfertigen. Wenn die Bühne im Vorfeld gut bereitet wurde und auch das Erstgespräch gut verlaufen ist, braucht es jetzt keine weiteren Informationen über Sie und Ihr Unternehmen. Halten Sie das Angebot so minimalistisch wie möglich.

Die Inhalte des Angebots

Knapp und doch präzise — diese Devise gilt für das gesamte Angebot, besonders aber für den ersten Teil, die **Beschreibung der Ausgangslage und des Problems.** Viele Berater neigen hier zu längeren Ausführungen, vielleicht weil sie zeigen möchten, wie gründlich sie sich mit dem Kundenunternehmen auseinandergesetzt und wie gut sie die Situation erfasst haben. Das liest sich dann so: »Sie sind ein Maschinenbauunternehmen, beschäftigen weltweit 1.200 Mitarbeiter. Das Unternehmen ist spezialisiert auf ...« Verzichten Sie auf diese Fleißarbeit, die letztlich doch nur belegen soll, wie gut Sie zugehört haben.

Kommen Sie stattdessen direkt auf den Punkt. Beschreiben Sie sehr klar, worum es geht. Fünf Zeilen sollten für die Beschreibung von Ausgangslage und Problem genügen. Greifen Sie hierzu auf die Ergebnisse im Erstgespräch zurück. Auch im Beispiel des mittelständischen Maschinenbauers genügten für Ausgangslage und Problembeschreibung wenige Zeilen:

»Im Maschinenbau arbeiten Sie mit Businesskunden zusammen, die auf eine hohe Liefertreue angewiesen sind. Seit einem Jahr sind die Lieferzeitüberschreitungen und die Reklamationsquote stark gestiegen. Den Anstieg führen Sie auf Spannungen zwischen Vertrieb und Produktion zurück und wollen diese Spannungen beseitigen.«

Im zweiten Abschnitt des Angebots folgt die **Beschreibung der Ziele,** die mit dem Beratungsprojekt erreicht werden sollen. Übernehmen Sie hier die Ziele, die Sie im Erstgespräch gemeinsam mit dem Entscheider entwickelt haben. Die Ziele sollten anhand von Messgrößen konkretisiert sein:

→ Reduktion der Reklamationsquote auf drei Prozent

→ Reduktion der Lieferzeitüberschreitungen auf 15 Prozent

→ Verringerung der Vertragsstrafen auf maximal 200.000 Euro pro Jahr

→ im Monat maximal zwei Feuerwehreinsätze beim Kunden und maximal eine Streitschlichtung im Verhältnis zwischen Produktion und Vertrieb

Manche Berater wenden ein, bei ihren Projekten gebe es keine harten Ziele, es genüge, das Projekt erfolgreich abzuschließen. Dem lässt sich entgegenhalten: Auch weiche Ziele lassen sich konkretisieren, etwa indem der Entscheider anhand einer Skala von 0 bis 10 den Erfüllungsgrad eines Ziels einschätzt. Mit etwas gutem Willen lassen sich für jedes Projekt messbare Ziele definieren.

In der Regel werden neben den geschäftlichen auch die persönlichen Ziele des Entscheiders im Angebot angeführt. Bei sehr persönlichen Zielen sollte mit ihm besprochen werden, ob sie im Angebot stehen dürfen oder ihm gesondert an eine vertrauliche E-Mail-Adresse zugehen sollen. Manchmal möchte ein Entscheider vermeiden, dass sein Assistent oder andere Personen im Unternehmen diese Ziele mitlesen.

Der dritte Teil des Angebots beschreibt die **Vorgehensweise oder Methode,** mit der die Ziele erreicht werden sollen. Halten Sie sich auch hier kurz; der Entscheider kann Sie ja um nähere Erläuterungen bitten oder im Folgegespräch darauf zurückkommen. Wenn Sie Zeit gegen Geld abrechnen, nennen Sie hier auch den veranschlagten Aufwand. Im Falle eines Pauschal- oder Wert-Honorars verzichten Sie auf die Angabe von Tagen oder anderen Quantitäten (siehe Kapitel 5).

Abschließend folgt das **Honorar.** Es hat sich bewährt, mindestens zwei, besser drei Optionen zu nennen. Option A umfasst das Basispaket; Option B enthält darüber hinaus einen klar definierten Zusatznutzen, Option C einen weitere Zusatznutzen. Dementsprechend ist B teurer als A, C wiederum teurer als B. Zum Beispiel bieten Sie als Grundpaket die Optimierung eines Geschäftsprozesses an. Option B könnte zusätzlich eine Dokumentation umfassen, Option C zudem noch die Einbeziehung einer weiteren Führungsebene.

Im Idealfall sind mit der A-Variante alle Kundenziele erfüllt, während die B- und C-Variante Zusatznutzen bieten. Aus taktischen Gründen kann es auch sinnvoll sein, in der A-Variante bei den Zielen Abstriche zu machen und so mit einem niedrigeren Preis einzusteigen. Wenn Sie wissen, der Kunde verfügt nur über ein Budget von 80.000 Euro, die Erfüllung aller Ziele würde jedoch 85.000 Euro kosten, nehmen Sie ein Ziel heraus, das weniger wichtig ist. Variante A läge bei 80.000 Euro oder ein wenig darunter, Variante B wäre die volle Zielerfüllung für 85.000 Euro, Variante C läge darüber.

Die Empfehlung, in einem Angebot mehrere Honoraroptionen anzubieten, klingt ziemlich banal, hat aber eine große Wirkung. Die Aufmerksamkeit des Entscheiders wird auf die Frage gelenkt, welche Option er wählen soll — und nicht auf die Frage, ob er das Angebot annimmt oder nicht. Im Idealfall dreht sich die Diskussion nicht mehr um das »Ob«, sondern nur noch um die Frage, welche Variante gewählt werden soll.

Kernelemente eines Angebots

Das Angebot eines Beratungsunternehmens umfasst je nach Projekt meist drei bis fünf Seiten. Es besteht aus diesen Kernelementen:

→ *Beschreibung der Ausgangslage und des Problems.* Direkt auf den Punkt, keine längeren Ausführungen. Fünf Zeilen sollten genügen.

→ *Beschreibung der Ziele.* Auflistung der geschäftlichen und persönlichen Ziele, die mit dem Entscheider besprochen wurden und in dem Projekt erreicht werden sollen. Präzise, mit Messgrößen (»Reduktion der Reklamationsquote auf 4 Prozent«). Weiche Ziele sind anhand einer Skala von 0 bis 10 konkretisiert.

→ *Beschreibung der Vorgehensweise oder Methode.* Knappe Darstellung, wie die genannten Ziele erreicht werden sollen.

→ *Honorar.* Nennung von zwei, besser noch drei Optionen. Unterschiede sind klar nachvollziehbar (zum Beispiel Option A ist das Basispaket, das alle Ziele erfüllt, Option B enthält einen klar definierten Zusatznutzen, Option C einen weitere Zusatznutzen).

Im Folgegespräch letzte Fragen beantworten

Der Berater schickt das Angebot pünktlich zu, lässt es einige Tage wirken — und geht in das Folgegespräch genau so offen und souverän wie in das Erstgespräch. Nach kurzem Smalltalk ermuntert er den Entscheider, Fragen zu stellen.

Er erhält damit die Gelegenheit, seine Einwände vorzutragen; die Erfahrung zeigt, dass es meist bei Informationsfragen bleibt, um eine klare Entscheidung treffen zu können. Wenn es gut läuft, kann der Berater nach Beantwortung der Fragen das Gespräch auf einen Abschluss hinlenken. Nun bewährt es sich, wenn das Angebot nicht nur einen Preis enthält, sondern eine Wahl ermöglicht: »Ich habe in meinem Angebot verschiedene Optionen vorgeschlagen. Welche dieser Varianten greift denn aus Ihrer Sicht?«

Prozess mit offenem Ausgang

Im Vertrieb spricht man von »Einwänden«. Sie sind gefürchtet, und man wappnet sich gegen sie, weil sie den Abschluss gefährden und das Geschäft verderben können. Was erst einmal so bedrohlich klingt, entpuppt sich zumindest im Falle von Berateranfragen fast immer als sachliche, gelegentlich kritische Nachfrage. Der Kunde verfolgt damit in aller Regel keine bösen Absichten und möchte sein Gegenüber auch nicht in irgendeiner Weise vorführen, sondern er wünscht einfach nur Klarheit in einem Punkt, den er nicht ganz verstanden hat.

Dennoch: Mit kritischen Einwänden ist zu rechnen, und jeder Berater sollte sich überlegen, wie er damit umgeht. Nicht immer verläuft das Erstgespräch zufriedenstellend — und natürlich gibt es die Fälle, bei denen der Entscheider das Angebot am Ende ablehnt. Der Anfrageprozesse ist ein Bühnenstück mit offenem Ausgang.

Umgang mit Einwänden

Wenn ein Entscheider kritisch nachfragt oder einen Einwand vorbringt, stellt sich zunächst die Frage nach dem Motiv: Ist es ein reiner Informationsbedarf? Steht dahinter mangelndes Vertrauen? Oder möchte sich der Entscheider im Statusspiel messen?

In 80 bis 90 Prozent aller Fälle hat der Entscheider einfach nur einen Informationsbedarf. Damit verbunden ist häufig auch der Wunsch, durch zusätzliche Informationen Vertrauen zu seinem Gegenüber zu gewinnen. Nur sehr selten möchte der Entscheider mit seinen Fragen ein Statusspiel inszenieren und aufzeigen, wer hier der Mächtigere ist.

Die Empfehlung lautet daher: Reagieren Sie auf einen Einwand erst einmal so, als habe der Entscheider einen Informationsbedarf. In den allermeisten Fällen liegen Sie damit richtig — zumal eine offene Information auch wesentlich dazu beiträgt, Vertrauen aufzubauen. Hier drei Beispiele, dargestellt an drei häufigen Einwänden:

Einwand des Entscheiders: »Das ist aber teuer. Ich war erschrocken über Ihr Angebot, mit dieser Summe hatte ich nicht gerechnet.«

Berater: »Oh, zu teuer im Vergleich zu was? An was denken Sie denn, das Ihnen das Angebot so teuer erscheinen lässt?«

Entscheider: »Im Vergleich zu dem, wie das Problem früher schon einmal gelöst wurde.«

Berater: »Beim letzten Mal war das günstiger? Interessant zu wissen. Wie lief das denn damals, was waren da genau Ihre Ziele dahinter?« Der Entscheider führt dazu einige Sätze aus, dann hakt der Berater ein: »Ja, sehen Sie, das ist diesmal ein bisschen anders. Wir haben nämlich als Ziel definiert ...« Und nun geht der Berater noch einmal auf die Ziele und den damit verbundenen Nutzen ein.

Die Reaktion des Beraters kann auch darin liegen, Verständnis zu zeigen und dann auf den Nutzen abzuheben: »Ja, das kann ich wirklich gut verstehen. Viele unserer langjährigen Stammkunden hatten am Anfang ebenfalls keine Erfahrung mit Beratern und haben das ganz genau so gesehen wie Sie. Ich habe erst letzte Woche mit einem Kunden gesprochen. Der sagte: ›Am Anfang habe ich gedacht, das ist wahnsinnig teuer. Heute weiß ich allerdings genau, was es bringt ...‹«

Einwand des Entscheiders: »Was unterscheidet Sie bei diesem Thema von der Konkurrenz? Was können Sie denn besser?«

Meistens steht hinter dieser Frage tatsächlich nur ein aufrichtiges Interesse des Entscheiders. Deshalb empfiehlt es sich auch hier, auf eine sympathische und ehrliche Weise zu antworten: »Ich kann Ihnen nicht sagen, was wir besser machen als der Wettbewerb, möchte auch gar nicht über die Konkurrenz sprechen. Ich kann Ihnen sagen, was wir mit Ihnen erreichen wollen. Nämlich ... Und das liegt in Bereichen, in denen wir viel Erfahrung haben. Deshalb glaube ich, dass wir beide das gut hinbekommen würden.«

Einwand des Entscheiders: »Würden Sie denn das Projekt auch selber leiten?«

Diese Frage ist weit gefürchtet. Viele Geschäftsführer von Beratungsunternehmen möchten sich aus Projekten möglichst heraushalten, um sich Zeit für ihre unternehmerischen Aufgaben freizuhalten. Trotzdem ist es ein legitimer Wunsch der Kunden, vom Geschäftsführer zu erwarten, dass er das Projekt selbst übernimmt.

Wieder empfiehlt es sich, von einem einfachen Informationsbedürfnis des Gegenübers auszugehen und sachlich zu reagieren. Etwa so: »Ich verstehe, was Sie meinen. Jetzt wo wir uns auch kennen, würde ich das Projekt zu gerne selbst übernehmen. Das ist aber bei uns nicht meine Aufgabe. Für die Ziele, die wir definiert haben, ist bei uns der Herr Meier der erfahrenste. Das ist unser Projektleiter für solche Fälle. Deshalb ist es wirklich sinnvoll, dass er es macht.«

Wenn der Entscheider ablehnt

Bereits während des Erstgesprächs kann sich abzeichnen, dass der Anfrageprozess unbefriedigend verläuft und das Projekt nicht zustande kommt. Vor allem wenn es dem Berater nicht gelingt, die Ziele hinter dem Anlass herauszuarbeiten, wird ein erfolgreicher Abschluss kaum möglich sein.

Angelehnt an Alan Weiss gibt es vier Gründe, warum Beratungsprojekte abgewiesen werden.

Grund 1: **Kein Vertrauen**

Das wohl größte Problem ist mangelndes Vertrauen. Vor allem wenn der Kontakt noch recht frisch ist, fehlt manchmal einfach die Zeit, um ausreichend Vertrauen aufzubauen. Der Entscheider zeigt sich zurückhaltend und eher verschlossen, sodass es nicht gelingt, Bedarf und Ziele offenzulegen. Damit jedoch fehlt die Grundlage, um einen wirklichen Nutzen zu bieten und ein entsprechend differenziertes Angebot zu erstellen.

Mangelndes Vertrauen kann auch auf inhaltliche Vorbehalte zurückgehen, etwa wenn der Entscheider daran zweifelt, dass der Berater das Projekt stemmen kann. Oder es bestehen persönliche Vorbehalte, das heißt, Berater und Entscheider passen menschlich nicht zusammen.

Zum Ausdruck kommt fehlendes Vertrauen in ganz unterschiedlichen Äußerungen, etwa wenn der Entscheider erklärt: »Das haben wir schon oft mit einem Berater versucht, hat nie geklappt.« — »Wir brauchen für dieses Projekt jemanden, der immer vor Ort sein kann.« — »Wir setzen das jetzt doch intern um.« Oder auch deutlicher und direkter: »Das machen wir lieber mit einer namhaften Beratungsfirma.« — »So ganz sind wir da nicht überzeugt von Ihren Referenzen.«

Zunächst gilt es hier zu prüfen, ob der Entscheider einen inhaltlichen Einwand vorbringt oder seine Äußerung tatsächlich fehlendes Vertrauen ausdrückt. Es kann ja durchaus sein, dass der Einwand ernst gemeint ist und zum Beispiel die räumliche Nähe zum Berater ein wichtiges Kriterium darstellt. Feststellen lässt sich das durch konkretes Nachfragen: »Warum ist es denn wichtig für Sie, dass jemand vor Ort ist? In welchen Situationen ist es denn nötig? Wie oft wird die räumliche Nähe in der Praxis tatsächlich gebraucht?«

Wie immer die Begründung lautet, lohnt es sich doch, im Falle einer Ablehnung noch einmal näher nachzufragen: »Vielen Dank für das Feedback. Das heißt, wir kommen an der Stelle nicht zusammen. Was hätte ich anders machen können, damit Ihre Entscheidung anders hätte aussehen können?« Aus den Antworten ergeben sich oft wertvolle Hinweise, um die nächsten Gespräche erfolgreicher zu führen. Es kann ja durchaus am eigenen Verhalten gelegen haben, wenn der Entscheider kein Vertrauen aufgebaut hat.

Prüfen Sie selbstkritisch, welche Fehler zu dem »Misstrauensvotum« geführt haben — oder ob einfach nur die Chemie nicht gestimmt hat. Lag es an der Chemie, bringt ein weiterer Kontakt wenig und der Fall wird am besten ad acta gelegt. In allen anderen Fällen ist es strategisch sinnvoll, den Entscheider als A-Kontakt in die CRM-Datenbank aufzunehmen. Wie die Ablehnung gezeigt hat, war der Vertrauensaufbau während der Anfragephase offenbar noch nicht am Ziel angekommen. Das gilt es jetzt nachzuholen, indem der Dialog fortgeführt wird. Ziel ist es einmal mehr, auf die mentale Shortlist des Entscheiders zu kommen.

Grund 2: **Kein Leidensdruck**

Manchmal kommt ein Projekt nicht zustande, weil der Kunde keine wirkliche Dringlichkeit verspürt. Es fehlen der Leidensdruck und damit die notwendige Energie, um das Vorhaben in Angriff zu nehmen. Oft wird das bereits beim Klären der Ziele deutlich: Das Thema bewegt den Entscheider nicht genug, um jetzt unbedingt etwas tun zu müssen. Es entpuppt sich dann als Nice-to-have-Ziel.

Erkennbar ist das, wenn der Entscheider im Gespräch immer wieder Sinn und Nutzen des Projekts hinterfragt: »Was bringt uns das eigentlich, was ist da der Return on Investment? Warum sollen wir das machen? Warum auf diese Weise?« Solche Fragen sind bezeichnend für einen mangelnden Drive hinter dem Anliegen.

Am erforderlichen Leidensdruck fehlt es zum Beispiel, wenn ein Entscheider für ein aktuelles Problem zwar Rat sucht, dieses Problem aber sofort wieder in den Hintergrund tritt, sobald der nächste große Auftrag kommt. Oder ein Entscheider fragt an, weil er mit seinem Unternehmen stärker wachsen möchte; im Gespräch stellt sich jedoch heraus, dass er dafür nicht genug investieren und auch kein größeres Risiko eingehen will. Auch dann fehlt es an der notwendigen Energie, um das Projekt anzugehen.

Ein Entscheider steht manchmal auch deshalb nur halbherzig hinter dem Anliegen, weil es ihm aufgedrängt wurde. Vielleicht haben ihm seine Mitarbeiter angetragen, man müsse unbedingt die Führungskultur im Unternehmen ändern. Daraufhin hat er mehr oder weniger lustlos bei einem Berater angefragt. Wenn nun etwas Wichtiges dazwischenkommt, verschiebt er das Thema nur allzu gerne — nach dem Motto: »Um die neue Führungskultur können wir uns auch noch nächstes Jahr kümmern.«

Nicht immer zeigt sich der fehlende Leidensdruck schon im Erstgespräch. Aus meiner eigenen Beratungspraxis kenne ich Gespräche, bei denen ich über ein Marketingkonzept spreche und der Interessent schmerzlich spürt, was ihm fehlt. Sobald er aber in seinen Alltag zurückkehrt, sind andere Dinge wieder wichtiger. Nach drei Tagen, wenn er mein Angebot erhält, ist der Schmerz weitgehend verdrängt.

In solchen Fälle fehlt schlicht die notwendige Energie, um ein Beratungsprojekt auf die Beine zu stellen. Der Interessent verspürt ein Bedürfnis, etwas zu verändern, hat aber keinen wirklichen Bedarf und schon gar keinen akuten Leidensdruck.

Allerdings kann es sehr lohnend sein, den Kontakt trotzdem weiter zu pflegen. Es besteht ja eine gewisse Wahrscheinlichkeit, dass aus dem Bedürfnis irgendwann ein echter Bedarf entsteht. Mit dem Erstgespräch ist es gelungen, eine Beziehung und erstes Vertrauen aufzubauen. Nun gilt es, durch ein systematisches Kontaktmanagement den Platz auf der mentalen Shortlist des Interessenten zu bewahren.

Grund 3: **Keine Eile**

Im Erstgespräch klang alles noch vielversprechend. Man war sich über die Ziele einig, hat einen Folgetermin vereinbart und der Berater machte sein Angebot. Doch das Folgegespräch verläuft anders als erhofft: Der Kunde tritt auf die Bremse, Tenor: »Wir möchten das Projekt realisieren, aber noch nicht jetzt.« Man wolle noch etwas abwarten, den Auftrag deshalb noch nicht erteilen. Da gebe es noch internen Diskussionsbedarf, man werde erst noch eine Arbeitsgruppe bilden, um ein Teilziel klarer herauszuarbeiten ...

In diesem Fall bleibt noch die Möglichkeit, einige gute Argumente anzuführen. Zu erklären, warum das Projekt gerade jetzt sinnvoll wäre und besser nicht auf die lange Bank geschoben werden sollte. Also fachlich informieren, konkrete Vorschläge machen, noch einmal den Nutzen hervorheben. Doch die Wahrscheinlichkeit, den Entscheider doch noch umzustimmen, ist meistens gering.

Bleibt es bei der vorläufigen Ablehnung des Projekts, empfiehlt es sich, noch einmal genauer hinzusehen: Stimmen die angeführten Gründe? Manchmal stellt sich heraus, dass das Projekt tatsächlich nicht eilig ist. In vielen

Fällen handelt es sich aber um eine Taktik, Nein zu sagen. Man möchte das Projekt ablehnen, ohne es direkt zu sagen. Dann ist es interessant, den wahren Grund herauszubekommen.

Grund 4: **Zu geringes Budget**

Die Befürchtung, der Kunde könnte das Angebot wegen der Höhe des Honorars ablehnen, ist weit verbreitet — und erweist sich meistens als unbegründet. Jedenfalls dann, wenn das Angebot sauber und nachvollziehbar kalkuliert ist. Sind Nutzen und Wert eines Projekts klar definiert, verfügt der Kunde in der Regel auch über das dafür erforderliche Budget.

Dennoch kommt es immer wieder vor, dass der Entscheider fehlendes Geld als Ablehnungsgrund nennt. Nicht zielführend ist in diesem Fall die oft reflexhafte Reaktion: »Der Kunde findet mich zu teuer.« Mit dieser Einstellung driftet das Gespräch schnell in ein unproduktives Statusspiel ab, das man unbedingt vermeiden sollte. Anstatt sich für das geforderte Honorar zu rechtfertigen, sollte der Berater dem Kunden sachliche Gründe unterstellen: Möglicherweise empfindet er das vorliegende Angebot als zu teuer, weil er den Nutzen noch nicht wirklich erkannt hat. Vielleicht ist der Wert der Ziele, die mit dem Projekt erreicht werden sollen, noch nicht wirklich transparent geworden sind.

Ziele und Nutzen stehen zwar bereits im Angebot, doch möglicherweise ist deren Wert noch nicht wirklich im Kopf und Bauch des Entscheiders angekommen. In vielen Fällen lohnt es sich daher, wenn der Berater jetzt noch einmal ausführlich darauf zurückkommt: »Lassen Sie uns noch einmal zusammen durchgehen, was der RoI und der Nutzen des Projektes sind.« Der Berater schreibt die geschäftlichen und persönlichen Projektziele auf ein Flipchart, oder er sitzt zusammen mit dem Entscheider am Tisch und notiert sie auf einem Blatt Papier. Auf diese Weise hat der Entscheider den Nutzen noch einmal klar vor Augen und kann die Honorarhöhe nachvollziehen. Es besteht dann durchaus eine Chance, dass er einlenkt und das Honorar doch noch akzeptiert.

Beharrt der Entscheider weiter darauf, der Preis sei zu hoch, bleibt noch eine Möglichkeit: Der Berater kann anbieten, ein weniger wichtiges Teilziel aus dem Angebot zu streichen. Auf diese Weise reduzieren sich Nutzen und

Wert — und auch die Honorarsumme kann entsprechend niedriger angesetzt werden.

Geht der Entscheider auch hierauf nicht ein, hat er entweder wirklich kein Budget in der benötigten Größenordnung, oder der Grund für die Ablehnung liegt womöglich an anderer Stelle. Vielleicht ist es fehlendes Vertrauen. Oder das Projekt ist zu teuer in Relation zum Leidensdruck: Die Ziele sind dem Entscheider derzeit nicht wichtig genug, das heißt, sie sind ihm weniger wert als das im Angebot kalkulierte Honorar.

Warnzeichen

Nicht immer verläuft das Gespräch mit dem Entscheider erfolgreich. Alan Weiss nennt in seinem Buch »How to acquire clients« Indikatoren, anhand derer sich erkennen lässt, dass sich das Gespräch für den Berater kritisch entwickelt.

→ Das Gespräch dreht sich um das Honorar, bevor die Ziele geklärt sind.

→ Der Redeanteil des Beraters liegt bei mehr als 25 Prozent; ein Zeichen dafür, dass er zu viel präsentiert und zu wenig zuhört.

→ Der Entscheider stellt wiederholt Fragen, um die Vertrauenswürdigkeit des Gegenübers zu überprüfen (»Haben Sie das denn schon einmal gemacht?« — »Sind Sie sicher, dass das in Ihren Kompetenzbereich fällt?« — »Sind die Referenzbeispiele damit überhaupt vergleichbar?«).

→ Der Entscheider lässt Unterbrechungen zu, etwa durch seinen Assistenten oder über sein Telefon. Oder er unterbricht das Gespräch, um etwas anderes zu tun.

→ Der Entscheider lässt seine Überlegenheit spüren. Sein Verhalten und seine Körpersprache vermitteln dem Berater, hier der Untergebene zu sein.

→ Der Entscheider teilt mit, er habe für das Gespräch weniger Zeit als geplant. Oder er delegiert das Gespräch an einen seiner Mitarbeiter, der das Thema mit dem Berater besprechen soll.

→ Der Berater verfällt in den Rechtfertigungsmodus (»Nein, wir sind nicht so klein« – »Wir haben da schon Erfahrung« – »Das können wir schon lösen«).

→ Der Entscheider teilt dem Berater mit, es sei noch zu früh, über die Ziele zu sprechen. Man wolle sich erst einmal allgemein kennenlernen.

→ Der Entscheider beantwortet die Fragen des Beraters sehr knapp und kurz angebunden. Er zeigt keine Bereitschaft, ein Thema weiter auszuführen.

→ Es entsteht kein gemeinsames Verständnis der Ziele – und es gibt auch keine Vereinbarung über die nächsten Schritte.

Das Ziel in greifbarer Nähe

Fragen und Einwände wird es immer geben, ebenso wie die gelegentliche Ablehnung eines Angebots. Wenn aber die Bühne sorgfältig bereitet ist und es gelingt, dem Entscheider als ebenbürtiger Partner zu begegnen, bekommt der Anfrageprozess in jedem Fall eine besondere Qualität. Meistens verläuft die erste Begegnung dann für beide Seiten sehr anregend und spannend. Im Unterschied zu den üblichen Verkaufsgesprächen weist das Erstgespräch bereits eine beraterische Qualität auf, mit der wir Berater uns wohlfühlen und unsere Stärken ausspielen können.

Was macht ein solches Gespräch aus? Beide Partner begegnen einander offen und vermitteln gegenseitig das Gefühl, ein Gespräch unter Gleichrangigen zu führen. Konkret lässt sich das an folgenden Verhaltensweisen festmachen:

→ Der Entscheider öffnet sich und ist bereit, Informationen zu geben und über seine Ziele zu sprechen.

→ Wenn das Gespräch tiefer geht und zu den tatsächlichen Problemen gelangt, fragt der Entscheider um Rat: »Wie würden Sie das machen? Wie sehen Sie das?«

→ Dem Entscheider ist die Begegnung so wichtig, dass er Störungen fernhält, das Gespräch vielleicht sogar noch um eine Viertelstunde verlängert.

→ Anstatt die Ich-Form zu verwenden, spricht der Entscheider immer wieder von »Wir«, wenn er den Berater und sich meint. (»Dann könnten wir das Projekt doch folgendermaßen angehen ...«)

→ Dem Entscheider ist die Begegnung so wichtig, dass er Störungen fernhält, das Gespräch vielleicht sogar noch um eine Viertelstunde verlängert.

→ Der Entscheider konzentriert sich im Gespräch auf das gemeinsame Herausfinden der Ziele, anstatt den Berater eingehend nach seinen Kompetenzen und Erfahrungen zu fragen.

→ Es gibt Humor im Gespräch. Da wird gelegentlich ein Witz gemacht und gelacht, die eine oder andere Gegebenheit auch selbstironisch betrachtet.

→ Der Entscheider öffnet sich persönlich, indem er über seine persönlichen Ziele spricht, vielleicht auch von sich oder seiner Familie erzählt: »Meine Tochter geht auch aufs Internat ...«

→ Der Entscheider ist bereit, verbindliche Folgevereinbarungen zu treffen. Er vereinbart zum Beispiel ohne Zögern mit dem Berater ein Folgegespräch, um über das Angebot zu sprechen.

Ein solches Gespräch bringt beiden Seiten Freude und Nutzen. Für Sie als Berater stehen die Chancen gut, den Auftrag zu erhalten. Die wirklich große Nachricht an dieser Stelle lautet aber: Sie verstehen es, das Gespräch mit dem Entscheider auf eine ebenso souveräne wie einfühlsame und attraktive Weise zu führen. Damit beherrschen Sie die Königsdisziplin des Sogs — und das Ziel eines echten Trusted Advisor rückt in greifbare Nähe.

Kapitel 11

Lebenslange Kundenbeziehungen

Von Theresa Gondorf, Spezialistin für Bestandskundenausbau in der Beratung, Hamburg

Lebenslange Kunden-beziehungen

Von Theresa Gondorf, Spezialistin für Bestandskunden-ausbau in der Beratung, Hamburg

Wenn Ihre Kundinnen und Kunden eine starke Schulter suchen und Sie Ihnen als Trusted Advisor diese Schulter bieten wollen, liegt es nahe, eine langfristige Partnerschaft anzustreben. Wie schaffen Sie das? Hier kommt das ›vierte Kapital‹ ins Spiel, das neben dem intellektuellen, emotionalen und sozialen Kapital eine entscheidende Rolle spielt: das Wissen über Kunden. Dieses spezifische Wissen, das man sich über die Jahre hinweg über einen Kunden angeeignet hat, das tiefe Verständnis seiner internen Dynamiken, Kulturen und Prozesse – es bietet einen unschätzbaren Mehrwert. Es ermöglicht nicht nur zusätzliches Wachstum und erhebliche Ressourceneinsparungen, sondern bildet auch die Basis für lebenslange Kundenbeziehungen.

Um dieses vierte Kapital erfolgreich zu nutzen und lebenslange Kundenbeziehungen aufzubauen, kommt es auf drei strategische Elemente an (siehe Abbildung 11.1).

Abbildung 11.1: Die Kernelemente für den Aufbau langfristiger Kundenbeziehungen

→ Die *Messung der Kundenzufriedenheit* bildet den Ausgangspunkt. Sie hilft Ihnen zu erkennen, welche Kunden langfristig gebunden werden können.

→ *Customer Excellence* sorgt dafür, dass diese Kunden nicht nur gehalten, sondern begeistert und nachhaltig betreut werden.

→ *(Key)-Account-Management* stellt sicher, dass alle Ressourcen und Strategien optimal auf die wertvollsten Kunden ausgerichtet sind, um so die Beziehung auf lange Sicht zu stärken und Wachstumspotenziale auszuschöpfen.

Diese drei Elemente greifen ineinander und führen zu einem systematischen Ansatz, der es Beratungsunternehmen ermöglicht, nicht nur ihre bestehenden Kunden besser zu verstehen und zu betreuen, sondern auch langfristige, erfüllende Partnerschaften aufzubauen.

Bevor wir uns diesen drei Kernelementen zuwenden, stellt sich die Frage: Warum lohnt es sich, so viel Zeit und Ressourcen in dieses vierte Kapital zu investieren? Was genau bringt es Ihrem Unternehmen, was bringt es Ihren Kunden?

What's in it for you?

Eine bekannte Faustregel besagt, dass die Kosten für die Gewinnung eines neuen Kunden oft fünf- bis siebenmal höher sind als die Kosten für die Pflege und Bindung eines bereits bestehenden Kunden. Studien bestätigen das immer wieder. Amy Gallo, Autorin der Harvard Business Review, stellte bereits im Oktober 2014 fest: Je nach Studie und Branche kostet es fünf- bis 25-mal mehr, einen neuen Kunden zu gewinnen, als einen bestehenden zu halten. Das klingt einleuchtend: Man muss keine Zeit und Ressourcen aufwenden, um einen neuen Kunden zu finden – man muss nur den zufriedenstellen, den man schon hat.

Untersuchungen von Frederick Reichheld, Autor des Buchs *The Loyalty Effect* und ehemaliger Partner bei Bain & Company, weisen in die gleiche Richtung: Eine Erhöhung der Kundenbindungsrate um nur fünf Prozent kann den Gewinn um 25 bis 95 Prozent steigern. Der Grund? Loyale Kunden kaufen häufiger, geben mehr aus und verursachen gleichzeitig weniger Kosten, etwa für Marketing und Kundenbetreuung. Außerdem sind sie offen für Cross- und Upselling – also für zusätzliche Dienstleistungen, die ihre Bedürfnisse weiter erfüllen.

Auch eine NPS-Benchmark-Studie 2023 für den B2B-Dienstleistungssektor zeigt, dass ein hoher Net Promoter Score (NPS), das heißt eine hohe Weiterempfehlungsbereitschaft, eng mit einer höheren Kundenbindung und mehr Umsatzwachstum verknüpft ist. Unternehmen, die hohe NPS-Werte erzielen, profitieren demnach nicht nur von loyalen Kunden, sondern auch von der Bereitschaft dieser Kunden, das Unternehmen weiterzuempfehlen – was zu neuen Kunden und zusätzlichen Umsätzen führt.

Das alles gilt auch für die Beratungsbranche. Zufriedene Kunden erteilen Folgeaufträge, verlängern oder erweitern Verträge und empfehlen weiter. Investitionen in Kundenbeziehungen sichern nicht nur ein solides Bestandsgeschäft, sondern bieten auch Wachstumspotenzial durch zusätzliche Aufträge von bestehenden und neuen Kunden.

Der Wert einer langfristigen Partnerschaft ist aber nicht nur ökonomischer Natur. Es geht auch um Werte wie Freude und Stolz. Arbeitszeit ist Lebenszeit. Beide Seiten, Sie und Ihr Kunde, sollten gerne miteinander arbeiten wollen. Bewusst oder unbewusst werden wir im Laufe des Tages mit einer ganzen Palette von Emotionen konfrontiert. Es liegt auf der Hand, dass positive Emotionen wie Freude, Leidenschaft, Erfolgserlebnisse auf beiden Seiten Resonanz finden.

Mit der Freude kommt auch der Stolz: Stolz auf die eigene Arbeit, auf die eigene Beratungsboutique, Stolz auf zufriedene Kunden. Eine Haltung, die ausstrahlt: Ein Unternehmen, auf das man stolz ist, zieht nicht nur neue Kunden an, sondern auch exzellente Bewerberinnen und Bewerber. Das stärkt Ihr Employer Branding und sorgt dafür, dass Sie die besten Talente langfristig an sich binden.

What's in it for your customers?

Ein Kunde, der über viele Jahre hinweg mit Ihnen zusammenarbeitet, hat einen unschätzbaren Vorteil: Er profitiert von Ihrem Insiderwissen. Sie kennen nicht nur die formellen Prozesse und Strukturen der Kundenorganisation, sondern auch die subtilen ungeschriebenen Regeln, die oft den Unterschied zwischen einer durchschnittlichen und einer herausragenden Beratung ausmachen. Sie verstehen, wie Ihr Kunde ›tickt‹: Wer sind die Key-Player von heute, wer könnten die Entscheidungsträger von morgen sein? Wohin entwickelt sich das Unternehmen, und wie können Ihre Dienstleistungen diesen Weg unterstützen?

Dieses tiefe Verständnis ermöglicht es Ihnen, Beratungsleistungen effizienter und zielgerichteter zu erbringen, was Zeit und Kosten spart. Drei Beispiele:

→ *Prozesse verstehen und verbessern:* Sie kennen die internen Prozesse und wissen, welche Lösungen realistisch und umsetzbar sind. Anstatt Standardlösungen zu empfehlen, die möglicherweise an der Kultur des Kunden vorbeigehen, bieten Sie maßgeschneiderte Vorschläge an, die auf Ihrem tiefen Einblick in die Organisation basieren.

→ *Effiziente Kommunikation:* Sie wissen, welche Kommunikationswege am effektivsten sind und wie Sie Ihre Botschaften so platzieren, dass sie Gehör finden. Dadurch vermeiden Sie Missverständnisse und unnötige Rückfragen, die bei weniger gut eingearbeiteten Partnern häufig auftreten.

→ *Strategische Beratung auf Augenhöhe:* Ihre Kenntnis der Unternehmenskultur und der internen Machtstrukturen ermöglicht es Ihnen, Ihre Beratung strategisch auszurichten. Sie sind in der Lage, Ihre Ratschläge nicht nur an der aktuellen Situation, sondern auch an den langfristigen Zielen und Herausforderungen des Unternehmens auszurichten. Das macht Sie zu einem unverzichtbaren strategischen Partner.

Trotz Ihrer tiefen Einblicke bleiben Sie ein externer Partner, und genau das ist ein entscheidender Vorteil. Als ›Insider, ohne Interner zu sein‹ behalten Sie die objektive Perspektive einer Beratung und genießen gleichzeitig das Vertrauen und die Nähe, die üblicherweise nur internen Akteuren vorbehalten sind. Diese Balance zwischen Nähe und Neutralität ist ein wesentlicher Aspekt der Haltung eines Trusted Advisors. Sie sind persönlich, aber nicht privat; vertraut, aber immer noch professionell distanziert.

Quick Win: Vorteile bei Angeboten und Pitches

Bei Ausschreibungen oder Pitches nutzen Sie Ihr Insiderwissen geschickt, um sich von der Konkurrenz abzuheben. Während Sie selbstverständlich alle geforderten Inhalte abdecken, fügen Sie eine zusätzliche Folie hinzu, die auf spezifische Punkte Ihres Insiderwissens eingeht. Diese könnten beispielsweise sein:

→ *Besondere Herausforderungen des Kunden:* Ein Einblick in ein besonders dringendes Problem, das anderen Beratungen möglicherweise unbekannt ist.

→ *Maßgeschneiderte Lösungen:* Vorschläge, die genau auf die internen Prozesse und die Unternehmenskultur abgestimmt sind.

→ *Strategische Empfehlungen:* Langfristige Ideen, die über die unmittelbaren Anforderungen hinausgehen und das Unternehmen auf seinem geplanten Weg unterstützen.

Diese zusätzliche Dimension Ihrer Angebote zeigt, dass Sie nicht nur den Auftrag erfüllen wollen, sondern ein echter Partner sind, der das Wohl des Kunden im Blick hat. Es ist diese Art von Nähe und tiefem Verständnis, die Ihre Kunden zu schätzen wissen und die Ihnen einen entscheidenden Wettbewerbsvorteil verschafft.

Das Kundenwissen, dieses tiefe Insiderwissen, bietet einen erheblichen Mehrwert. Ihr Kunde arbeitet mit einem Partner zusammen, der nicht nur seine Sprache spricht, sondern auch seine spezifischen Bedürfnisse und Herausforderungen versteht. Diese Intimität – gepaart mit der Haltung eines Trusted Advisors und dem Streben nach Customer Excellence – macht Sie unersetzlich und bietet Ihnen einen einzigartigen Vorteil, den die Konkurrenz schwer kopieren kann.

Wie können Sie nun diesen Schatz heben?

Kundenzufriedenheit messen

Ausgangspunkt auf dem Weg zu lebenslangen Kundenbeziehungen ist die Messung der Kundenzufriedenheit. Sie bildet die Basis für alle weiteren Maßnahmen, etwa indem sie Erkenntnisse für strategische Entscheidungen liefert. Kundenzufriedenheitsbefragungen vermitteln nicht nur eine Momentaufnahme der aktuellen Stimmungslage, sondern geben auch Aufschluss darüber, wo Verbesserungspotenziale bestehen.

Das Feedback Ihrer Kunden ist eine wertvolle Grundlage, um die eigenen Leistungen kritisch zu hinterfragen und zu optimieren. Instrumente wie der Net Promoter Score (NPS) und der Customer Satisfaction Score (CSAT) sind weit verbreitet und helfen, Zufriedenheit messbar zu machen. Der NPS misst die Wahrscheinlichkeit, dass ein Kunde das Unternehmen weiterempfiehlt, während der CSAT die Zufriedenheit mit bestimmten Interaktionen oder Projekten bewertet.

Regelmäßig Feedback einholen

Holen Sie systematisch Feedback ein – einmal pro Jahr und zusätzlich nach Abschluss größerer Projekte. Bei Kunden, bei denen es gerade etwas hakt, lieber in kürzeren Abständen nachfragen. Implementieren Sie regelmäßige Feedbackschleifen, z. B. durch Online-Befragungen oder persönliche Interviews.

Eine Online-Befragung kann anonym, mit standardisiertem Fragebogen, kostengünstig und zeitsparend für beide Seiten durchgeführt werden und lässt sich einfach und schnell auswerten. Ein persönliches Interview fördert zusätzlich die Kundenbindung, da dem Gegenüber gezeigt wird: »Du bist mir wichtig, ich möchte mich mit dir hinsetzen und hören, wo wir bei dir stehen.«

Die Durchführung von Kundenbefragungen ist ein wichtiges Instrument, um wertvolle Informationen über die Zufriedenheit, Bedürfnisse und Erwartungen der Kunden zu erhalten. Diese Befragungen können entweder intern, d. h. von Mitarbeitern des Beratungsunternehmens selbst, oder extern, d. h. von spezialisierten Dienstleistern, durchgeführt werden. Beide Ansätze haben ihre spezifischen Vor- und Nachteile, und die Wahl der Methode sollte je nach den Zielen des Unternehmens und der jeweiligen Situation sorgfältig abgewogen werden.

Interviews intern selbst durchführen

Bei der internen Durchführung von Kundeninterviews stellt sich für Beratungsunternehmen häufig die Frage, wer diese Aufgabe am besten übernehmen sollte. Es gibt keine allgemeingültige Antwort, sondern es kommt auf eine sorgfältige Abwägung der Umstände an. Eine Möglichkeit besteht darin, die Person mit der engsten Beziehung zum Kunden damit zu beauftragen. Diese Nähe ermöglicht oft einen offenen und ehrlichen Austausch, bei dem der Kunde eher bereit ist, wertvolle Einblicke in seine Bedürfnisse und Herausforderungen zu geben.

In einigen Fällen kann es strategisch sinnvoll sein, eine höherrangige Person, beispielsweise die Geschäftsführerin oder den Geschäftsführer, für das Interview zu benennen. Dies sendet ein starkes Signal an den Kunden und unterstreicht die Bedeutung, die das Beratungsunternehmen der Beziehung beimisst. Insbesondere in Situationen, in denen es Spannungen oder Probleme gibt, kann das Eingreifen einer höheren Führungsebene das Vertrauen des Kunden stärken und die Zusammenarbeit auf eine neue Ebene heben.

Unabhängig davon, wer die Interviews durchführt, sollte immer das Ziel im Vordergrund stehen, möglichst wertvolle und ehrliche Informationen vom Kunden zu erhalten, um daraus strategische Schlüsse für die weitere Zusammenarbeit zu ziehen. Die Wahl der Interviewerin oder des Interviewers hängt somit sowohl von der bestehenden Beziehung als auch von der strategischen Bedeutung des Kunden ab.

Was spricht nun dafür, Kundeninterviews selbst durchzuführen? Hier sind vor allem drei Vorteile zu nennen:

→ *Tiefes Kundenverständnis:* Interne Mitarbeiter haben oft ein tieferes Verständnis der Kunden und ihrer spezifischen Herausforderungen, da sie regelmäßig mit ihnen interagieren. Dieses Wissen ermöglicht es ihnen, gezielte Fragen zu stellen, um spezifische Probleme oder Chancen zu beleuchten.

→ *Direkte Rückkopplung:* Durch eigene Interviews kann Feedback schnell und direkt in die Organisation zurückfließen. Dieser unmittelbare Zugang zu den Ergebnissen erleichtert eine schnelle Reaktion und die Umsetzung von Verbesserungsmaßnahmen.

→ *Stärkung der Kundenbeziehung:* Wenn Mitarbeitende, die den Kunden bereits kennen, die Interviews führen, kann dies die Beziehung weiter stärken, da das Gegenüber das Gefühl hat, dass sein Feedback persönlich und wichtig genommen wird.

Dem stehen mögliche Nachteile gegenüber:

→ *Verzerrte Antworten:* Kunden könnten in ihren Antworten zurückhaltender sein oder weniger ehrliches Feedback geben, wenn sie mit den Interviewern regelmäßig zusammenarbeiten. Es besteht die Gefahr, dass die Ergebnisse geschönt sind, weil die Kunden die Beziehung nicht belasten möchten.

→ *Mangelnde Objektivität:* Interne Interviewer:innen haben möglicherweise vorgefasste Meinungen oder eine voreingenommene Sichtweise, was die Qualität und Neutralität der Befragung beeinflussen kann. Diese Betriebsblindheit kann dazu führen, dass wichtige Themen übersehen oder falsch interpretiert werden.

→ *Ressourcenaufwand:* Die Durchführung von Interviews erfordert Zeit und Engagement von Mitarbeitenden, die oft ohnehin stark belastet sind. Dies kann die Effizienz beeinträchtigen und führt oft dazu, dass das Projekt nicht die nötige Aufmerksamkeit erhält.

Interviews extern durchführen lassen

Manchmal kann es auch sinnvoll sein, die Erhebung der Kundenzufriedenheit an externe Dienstleister auszulagern. Dies ermöglicht eine unvoreingenommenere Sichtweise, bietet sich aber auch an, wenn die internen Kapazitäten begrenzt sind. Die folgenden Hinweise helfen, die Vor- und Nachteile abzuwägen.

Was spricht für extern durchgeführte Kundenbefragungen?

→ *Objektivität und Unvoreingenommenheit:* Externe Dienstleister bieten eine unvoreingenommene Perspektive. Sie können kritischere Fragen stellen und ehrlicheres Feedback erhalten, da Kunden oft offener sind, wenn sie wissen, dass ihre Antworten anonym bleiben und nicht direkt auf bestehende Ansprechpartner:innen zurückverfolgt werden können.

→ *Professionalität und Methodik:* Dienstleister, die auf Kundeninterviews spezialisiert sind, verfügen in der Regel über bewährte Methoden, standardisierte Prozesse und die nötige Erfahrung, um aussagekräftige und qualitativ hochwertige Ergebnisse zu liefern. Sie sind in der Lage, die richtigen Fragen zu stellen und komplexe Themen professionell zu moderieren.

→ *Entlastung interner Ressourcen:* Das Outsourcing der Interviewführung entlastet interne Teams und ermöglicht ihnen, sich auf ihre Kernaufgaben zu konzentrieren. So wird sichergestellt, dass das Feedback-Projekt nicht durch andere Prioritäten beeinträchtigt wird.

Was sind die Nachteile?

→ *Kosten:* Die Beauftragung externer Dienstleister kann mit erheblichen Kosten verbunden sein, was gerade für kleinere Unternehmen eine Hürde darstellen kann. Es ist wichtig, dass das Unternehmen den Nutzen der Ergebnisse gegen die Kosten abwägt.

→ *Geringeres Kundenverständnis:* Externe Interviewer:innen haben nicht das gleiche tiefe Verständnis für den Kunden und seine spezifischen Probleme wie interne Mitarbeitende. Es besteht die Gefahr, dass relevante Nuancen übersehen werden.

Quick Win: Kundeninterviews – selbst durchführen oder extern vergeben?

Selbst fragen:

→ wenn die Beziehung zum Kunden bereits sehr stark ist und Interviews auch dem Ausbau der Beziehung dienen sollen.

→ wenn intern Expertise in Fragetechniken und der Auswertung qualitativer Studien vorhanden ist.

→ wenn das Beratungsunternehmen die Kosten für externe Dienstleistungen scheut und über ausreichend Ressourcen verfügt, um die Interviews selbst professionell durchzuführen.

Extern fragen lassen:

→ wenn eine unvoreingenommene und objektive Sichtweise gewünscht ist, die frei von internen Vorurteilen ist.

→ wenn Kunden ein offeneres und ehrlicheres Feedback geben sollen, das nicht durch bestehende Beziehungen verzerrt ist.

→ wenn die internen Ressourcen begrenzt und der Aufwand für die Durchführung und Auswertung von Interviews zu hoch sind.

Customer Excellence – eine Haltungsfrage

Customer Excellence ist mehr als ein strategisches Ziel – es ist eine Haltung, die es tief in der DNA Ihres Unternehmens zu verankern gilt. Es geht darum, hervorragende Dienstleistungen zu erbringen, die die Kunden nicht nur zufriedenstellen, sondern ihre Erwartungen übertreffen und so eine feste Bindung an das Beratungsunternehmen und seine Marke schaffen. Customer Excellence zielt darauf ab, einen echten Mehrwert zu schaffen und langfristige Beziehungen aufzubauen.

Schritt 1: **Hausaufgaben machen**

Eine umfassende Analyse der Kundenbeziehungen bildet die Grundlage für jede weitere Maßnahme. Dazu gehört die Erfassung aller relevanten Daten – allen voran die Ergebnisse aus den Befragungen zur Kundenzufriedenheit. Beschaffen Sie sich über ihn alles an Zahlen- und Datenmaterial, was Sie bekommen können. Erst diese Basis, zusammen mit der regelmäßigen Einholung von Kundenfeedback, ermöglicht es, fundierte Entscheidungen zu treffen und gezielt Verbesserungen einzuleiten.

Schritt 2: **Zukünftiges Exzellenz-Potenzial antizipieren**

Sie möchten an den Punkt kommen, an dem es keine Feuerwehreinsätze mehr gibt und keine Löcher gestopft werden müssen? Wenn Sie Ihre Hausaufgaben gemacht und ein System für kontinuierliche Verbesserungen aufgesetzt haben, können Sie sich nun der Zukunft widmen: Gehen Sie proaktiv auf Ihre Kunden zu und versuchen Sie, zukünftige Bedürfnisse und Erwartungen zu antizipieren. Dies stärkt Ihre Position als Trusted Advisor und zeigt, dass Sie nicht nur reagieren, sondern auch aktiv zur Weiterentwicklung des Kunden beitragen.

Es geht hier nicht um Up- oder Cross-Selling, also die Frage, was Sie ihrem Kunden in Zukunft noch zusätzlich verkaufen können, sondern um Qualität, um das zukünftige ›Exzellenz-Potenzial‹, das Sie zusammen mit Ihrem Kunden realisieren können. Bleiben Sie dabei anspruchsvoll! Sie können nur erfolgreich sein, wenn Ihre Kunden erfolgreich sind. Wählen Sie daher mit Bedacht genau die Kunden, die es wertschätzen, wenn Sie überall noch etwas Glitzer draufstreuen – Kunden, die Sie wertschätzen für Ihre Exzellenz und bereit sind, diese zu vergüten.

Schritt 3: **Den Kunden in die Pflicht nehmen**

Lebenslange Kundenbeziehungen sind eine Partnerschaft auf Augenhöhe. Dazu ist es wichtig, aus der Ecke der fleißigen und genügsamen Arbeiterbiene herauszukommen, sich von hinderlichen Glaubenssätzen zu befreien (siehe Kapitel 2) und die Haltung eines Trusted Advisors einzunehmen. Konkret bedeutet das dann auch: klare Erwartungen setzen und den Kunden aktiv in den Prozess einbinden. Dies kann durch regelmäßige Feedbackgespräche, gemeinsame Zielvereinbarungen und eine transparente Kommunikation erreicht werden. Nehmen Sie Ihr Gegenüber in die Pflicht, damit Sie beide langfristig Freude aneinander haben und gemeinsame Erfolge feiern werden.

Schritt 4: **Echte Intimität nutzen und erhalten**

Wenn Sie die ersten drei Schritte durchlaufen haben, kennen Sie Ihren Kunden wirklich und verfügen über ein hohes Maß an Insiderwissen. Sie kennen die Kultur Ihres Kunden und sind sogar ein Teil davon geworden.

Das macht Ihre Beratungsboutique für Ihren Kunden einzigartig: Er spart sich lange Briefings, und so manch ein formelles, langwieriges Vorgehen kann einfach übersprungen werden. Die Ergebnisse treffen immer schneller und immer genauer die Bedürfnisse des Kunden. Sie arbeiten auf Zuruf miteinander, und beide Seiten fühlen sich gut dabei. Vielleicht kennen Sie sogar schon den übernächsten strategischen Schritt Ihres Kunden aus erster Hand — und sind bereits vor einer Ausschreibung oder offiziellen Anfrage mit dem Thema vertraut. Ihre Konkurrenz nicht.

Damit diese Vorteile langfristig erhalten bleiben, muss diese Intimität geschützt werden. Vertrautheit und tiefes Kundenwissen sind ein wertvolles Gut, das gepflegt werden muss. Gerade in Zeiten hoher Fluktuation und schnellen Wachstums ist es wichtig, feste Strukturen zu schaffen, die dieses Wissen bewahren und weiterentwickeln. Ab einer gewissen Größe und Auslastungsgarantie kann es zum Beispiel sinnvoll sein, dauerhaft ein dediziertes Team für Schlüsselkunden aufzustellen. Auf diese Weise steht für den Kunden stets ein eingearbeitetes Team bereit.

(Key)-Account-Management: Ressourcen auf strategische Kunden ausrichten

Das (Key)-Account-Management bildet den Rahmen, der die beiden anderen Elemente — Kundenzufriedenheit und Customer Excellence — miteinander verknüpft und koordiniert. Es stellt sicher, dass die strategisch wichtigsten Kunden identifiziert und mit der nötigen Aufmerksamkeit betreut werden. Durch die gezielte Segmentierung der Kunden (z. B. in Accounts, Key-Accounts und strategische Account-Gruppen) können Ressourcen effizient eingesetzt und der langfristige Erfolg durch eine konsistente, auf die wichtigsten Kunden zugeschnittene Strategie gesichert werden.

Key-Account-Management wird oft fälschlicherweise als eine Strategie betrachtet, die ausschließlich großen, milliardenschweren Konzernen vorbehalten ist. Dabei ist es eine wesentliche und für Unternehmen jeder Größe zugängliche Methode, die darauf abzielt, den Kundenstamm strategisch zu verwalten und sich gezielt auf die wertvollsten Kunden zu konzentrieren. Im Kern geht es nicht nur darum, viele Kunden zu haben, sondern diese Beziehungen bewusst und reflektiert zu managen, um langfristig erfolgreiche Partnerschaften aufzubauen.

Das Key-Account-Management greift auf die Erkenntnisse der Kundenzufriedenheitserhebungen zurück. Durch die Messung der Zufriedenheit lässt sich herausfinden, welche Kunden das Potenzial für eine langfristige Partnerschaft bieten und als Key-Accounts eingestuft werden sollten. Das Key-Account-Management setzt dieses Prinzip in die Tat um, indem es sich auf langfristige Kundenbeziehungen konzentriert und sicherstellt, dass die Kunden nicht nur zufrieden sind, sondern die Beziehungen auch kontinuierlich weiterentwickelt werden.

Fokussierung und Reflexion

(Key)-Account-Management ermutigt Unternehmen, ihren Kundenstamm regelmäßig zu reflektieren und zu analysieren. Diese Reflexion ermöglicht es, die Kundenbeziehungen in verschiedene Kategorien einzuteilen und die Kunden mit dem größten strategischen Wert zu identifizieren. Es geht darum, ›Ballast abzuwerfen‹ – also Kunden, die nicht zum langfristigen Erfolg beitragen, weniger zu priorisieren, um Ressourcen wie Zeit und Personal effizienter einzusetzen. Dies bedeutet nicht, kleinere Kunden zu vernachlässigen, sondern die richtigen Prioritäten zu setzen.

Dieser Ansatz hilft, die Kundenbeziehungen auf diejenigen zu konzentrieren, die nicht nur profitabel, sondern auch strategisch wertvoll sind. Das bedeutet, dass nicht alle Kunden gleich behandelt werden, sondern dass man sich auf die Pflege und den Ausbau der Beziehungen konzentriert, die den größten Nutzen bringen.

Eine entscheidende Frage lautet nun: Mit welchen Kunden wollen Sie zusammenarbeiten, vielleicht ein Leben lang? Sollten Sie Ihre drei wertvollsten

Kunden bereits identifiziert haben, können Sie auch fragen: Gibt es weitere, ähnliche Kunden, auf die Sie sich konzentrieren sollten?

Bewusster Einsatz von Ressourcen

In Zeiten von Engpässen und begrenzten Ressourcen ist es besonders wichtig, bewusst zu entscheiden, wie Zeit, Personal und andere Ressourcen eingesetzt werden. Durch den Einsatz von (Key)-Account-Management können Unternehmen strukturiert und methodisch vorgehen, um sicherzustellen, dass Ressourcen dort eingesetzt werden, wo sie den größten Wert schaffen. Dazu gehört auch die Entwicklung vorgefertigter Entscheidungswege, die bei Engpässen helfen, schnell und effektiv Prioritäten zu setzen. Diese klaren Entscheidungswege ermöglichen es, in Stresssituationen fundierte Entscheidungen zu treffen, ohne den Überblick zu verlieren.

Während viele Beratungsunternehmen dazu neigen, ihre Energie auf möglichst viele Kunden zu verteilen, ist es wesentlich effizienter, gezielt mit den Kunden zusammenzuarbeiten, die das Unternehmen in die Zukunft führen. Hierfür reicht es nicht aus, einmal den Zielmarkt festzulegen und hier potenzielle Kunden zu identifizieren. Denn erst im Laufe der Zusammenarbeit stellt sich heraus, dass nicht alle Kunden den gleichen Mehrwert bieten. Manche Kunden können einen erheblichen Aufwand verursachen, ohne dass dies zu einer nachhaltigen Geschäftsentwicklung führt. Hier muss das Beratungsunternehmen sorgfältig abwägen, welche Kundenbeziehungen es weiter ausbauen möchte und welche nicht.

Das (Key)-Account-Management bietet die Möglichkeit, diese Beziehungen strategisch zu reflektieren und zu steuern. Dabei gilt es, sich regelmäßig die Frage zu stellen: »Will ich mit diesen Kunden auch in den nächsten zehn Jahren weiterarbeiten?« Diese strategische Herangehensweise ermöglicht es, nicht nur kurzfristige Projekte zu optimieren, sondern eine solide, langfristige Kundenbasis aufzubauen, die sowohl für das Unternehmen als auch für den Kunden einen Mehrwert schafft.

Vor diesem Hintergrund umfasst ein strukturierter Entscheidungsprozess im (Key)-Account-Management im Wesentlichen drei Aspekte:

→ *Kundensegmentierung:* nach Umsatz, strategischer Relevanz und Zukunftspotenzial.

→ *Priorisierungsraster:* Welche Kunden erhalten besondere Aufmerksamkeit und welche Standardleistungen?

→ *Ressourcenallokation:* Zuweisung von Teams und Budgets nach Kundenwert und Potenzial oder strategischer Relevanz.

Indem Sie sich auf die *relevantesten* Kunden konzentrieren, vermeiden Sie unnötige Ausgaben und können Ihre besten Mitarbeitenden strategisch einsetzen. Dies führt zu einer besseren Auslastung und höherer Produktivität. Das bedeutet auch, dass Sie ab und zu Nein sagen müssen.

Der Einstieg erfordert keinen großen Ressourcenaufwand, sondern vor allem eine bewusste Entscheidung und klare Strategien. Der Aufbau eines (Key)-Account-Managements kann in fünf Schritten erfolgen.

Schritt 1: **ACCOUNTability – Verantwortung übernehmen**

Accountability bedeutet, Verantwortung zu übernehmen. Im Kontext des (Key)-Account-Managements heißt das, Verantwortlichkeiten und Rollen klar zu definieren, um die Steuerung der Kundenbeziehungen effizient zu gestalten. Account-Management soll kein schwerfälliges Konstrukt werden, sondern ein einfaches und schlankes System sein, das Ihnen hilft, Ihre Ziele zu erreichen. Es geht nicht darum, ein aufwändiges Account-Management-System zu entwickeln, nur um es zu haben. Vielmehr muss das System dem Unternehmen dienen und pragmatisch bleiben. Nehmen Sie sich auch die Zeit, das Bestehende genau zu betrachten und zu integrieren. *Was gut ist, bleibt, was fehlt, wird eingebettet.*

Gerade für kleinere Beratungsunternehmen bietet ein solches System die Möglichkeit, gezielt mit denjenigen Kunden zu arbeiten, die für die zukünftige Entwicklung des Unternehmens strategisch wertvoll sind.

Klare Verantwortlichkeiten und Zuständigkeiten

Gerade in kleinen Beratungsteams, in denen die Ressourcen begrenzt sind, müssen diese effizient verteilt werden. Daher ist es wichtig, festzulegen, wer für welchen Kunden zuständig ist, um mögliche Ressourcenkonflikte zu vermeiden. Dazu gibt es verschiedene Herangehensweisen: Entweder übernimmt ein Beratender alle Aufgaben bei einem Kunden oder die Aufgaben werden auf verschiedene Teammitglieder aufgeteilt. Diese klare Zuordnung von Verantwortlichkeiten trägt zu einer reibungslosen Zusammenarbeit bei und vermeidet mögliche Ressourcenkonflikte.

Einbindung relevanter Abteilungen und Stakeholder

Ein erfolgreiches Key-Account-Management erfordert die frühzeitige Einbindung relevanter Abteilungen und Stakeholder wie Personal, Finanzen und Marketing. Dies stellt sicher, dass Kundenbeziehungen nicht nur auf operativer, sondern auch auf strategischer Ebene gepflegt und genutzt werden.

Beispielsweise kann bei der Zusammenarbeit mit einem Großkunden ein dediziertes Beraterteam eingesetzt werden. Dabei sollte der HR-Bereich eingebunden werden, um die berufliche Entwicklung der Beratenden zu begleiten. Andernfalls besteht die Gefahr, dass die Beratenden nach mehreren Jahren in ein und demselben Projekt betriebsblind werden oder die Motivation verlieren. Gleichzeitig stellt das durch die Zusammenarbeit gewonnene Wissen eine wertvolle Ressource dar, die auch für andere Kunden von großem Nutzen sein kann. Dies erfordert eine durchdachte Job-Rotation, damit die Beratenden ihre Fähigkeiten auch in neuen Projekten einsetzen können.

Darüber hinaus sollte auch das Finanzteam beteiligt sein, da die Planung der Ressourcen und Budgets für den Erfolg entscheidend ist. Das Marketing wiederum kann sicherstellen, dass die Erfolge aus der Zusammenarbeit mit dem Großkunden auch für die Akquisition neuer Kunden genutzt werden.

Lernen und Anpassen

Erfolgreiches Key-Account-Management erfordert Flexibilität und die Fähigkeit, sich kontinuierlich anzupassen. Regelmäßige Überprüfungen und Optimierungen, zum Beispiel in Form eines jährlichen Reviews, bieten die Möglichkeit, bestehende Prozesse und Kriterien zu hinterfragen und sicherzustellen, dass diese weiterhin den aktuellen Anforderungen des Unternehmens und der Kunden entsprechen.

Schritt 2: ›**Key**‹ **definieren**

Im zweiten Schritt geht es darum, den Kern des Key-Account-Managements zu definieren. Oftmals werden viele Kunden als ›KAM‹-Kunden behandelt, ohne dass eine systematische Einteilung vorgenommen wird. Es ist jedoch wichtig, klar festzulegen, wie sich gewöhnliche Accounts von Key-Accounts unterscheiden. Mehrere kleinere Accounts können auch zu einer *strategischen Account-Gruppe* zusammengefasst werden, die dann gemeinsam als ein Key-Account behandelt wird.

Am Ende dieses Schrittes haben Sie also eine Eingruppierung aller Kunden in:

→ Account

→ Key-Account

→ strategische Account-Gruppe

Diese Einteilung dient als Grundlage für zukünftige Entscheidungen, beispielsweise bei der Akquisition neuer Kunden, und sollte regelmäßig überprüft werden – in der Regel alle zwei Jahre.

Es ist wichtig zu betonen: *Accounts und Key-Accounts sind keine zwei Klassen,* sondern stellen eine *objektive Einordnung* dar. Auch die Mitarbeiterinnen und Mitarbeiter, die auf Nicht-Key-Accounts arbeiten, sind für den wirtschaftlichen Erfolg wichtig und leisten gleichermaßen wertvolle Arbeit.

Die Einteilung in Accounts und Key-Accounts kann nach verschiedenen Kriterien wie Umsatz, Volumen und Marge, vor allem aber nach strategischen Überlegungen erfolgen.

Ein zentraler Aspekt des Key-Account-Managements ist die strategische Einordnung der Kunden nicht nur nach ihrem aktuellen Wert, sondern auch nach ihrem zukünftigen Potenzial. Einige Kunden können heute wichtige Umsätze generieren, bieten aber keine langfristige Wachstumsperspektive. Möglicherweise fragen sie nur nach Standardleistungen nach, die in naher Zukunft durch technologische Entwicklungen wie künstliche Intelligenz ersetzt werden könnten. Solche Kunden bleiben im Tagesgeschäft wichtig, bieten aber wenig Potenzial für die Zukunft.

Auf der anderen Seite gibt es Kunden, die derzeit weniger im Fokus stehen, aber ein großes Potenzial für die zukünftige Entwicklung Ihrer Beratungsboutique bieten. Mit diesen Kunden kann eine vertiefte Zusammenarbeit langfristige Vorteile bringen.

Es gilt also zu entscheiden, welche Kunden für die zukünftige Ausrichtung des Unternehmens strategisch wertvoll sind. Hat der Kunde langfristiges Potenzial oder bleibt er zum Beispiel nur im Standardgeschäft verhaftet? Die Bewertung sollte auf sachlichen Überlegungen basieren und nicht emotional getroffen werden. So stellen Sie sicher, dass Ihre Ressourcen zielgerichtet in die richtigen Kundenbeziehungen investiert werden und das Unternehmen langfristig zukunftssicher aufgestellt ist.

Eine wesentliche Rolle bei der strategischen Einordnung von Kunden spielt die Kundenzufriedenheit: Ein hoher Zufriedenheitsgrad deutet darauf hin, dass die Beziehung stabil ist und möglicherweise weiter ausgebaut werden kann. Solche Kunden bieten dem Unternehmen langfristige Sicherheit und Wachstumspotenzial – was dafür spricht, sie als Key-Accounts zu betrachten. Umgekehrt kann eine niedrige Kundenzufriedenheit signalisieren, dass diesem Kunden mehr Aufmerksamkeit geschenkt werden sollte, um mögliche Probleme zu lösen, bevor sie die Beziehung gefährden. In einigen Fällen kann es auch sinnvoll sein, einen großen, aber schwer durchschaubaren Kunden für eine gewisse Zeit intensiver zu betreuen, um ein besseres Verständnis für seine Bedürfnisse und Potenziale zu entwickeln.

Nicht zuletzt ist es wichtig, zu überlegen, wie viele Key-Accounts Ihre Organisation stemmen kann. Denn die Betreuung von Key-Accounts erfordert oft spezielle Ressourcen, schnellere Reaktionszeiten und eine gezielte Priorisierung.

Schritt 3: **Grundlagen schaffen**

Nun werden die Grundlagen für ein erfolgreiches (Key)-Account-Management geschaffen. Im Mittelpunkt stehen dabei die Themen Governance und Kommunikation.

Zunächst gilt es, die Verteilung der Ressourcen auf die verschiedenen Accounts zu klären: Wie können die vorhandenen Ressourcen optimal auf die verschiedenen Kunden aufgeteilt werden, und welche Vor- und Nachteile hat es, wenn bestimmte Ressourcen dediziert für einzelne Kunden eingesetzt werden? Dazu gehört auch die Definition von Verantwortlichkeiten und Rollen. Ein geeignetes Instrument hierfür ist beispielsweise die RACI-Matrix (Responsible, Accountable, Consulted, Informed), mit der Sie klar festlegen können, wer in welchen Bereichen Verantwortung trägt – sowohl für Accounts als auch für Key-Accounts. Auch hier gilt: Es soll kein ›Monstrum‹ entstehen, sondern ein schlankes und hilfreiches System.

Ein weiterer wichtiger Aspekt ist die Kommunikation. Wie ist die Kommunikation innerhalb des Accounts strukturiert? Wer kommuniziert was und wie oft mit dem Kunden? Ebenso stellt sich die Frage, wie das Marketing den Account unterstützen kann, um den Kundenstamm strategisch zu entwickeln.

Eine gut durchdachte Governance-Struktur bildet die Grundlage für den regelmäßigen Austausch innerhalb des Unternehmens. Ein internes Governance-Format bietet Raum für strategische Entscheidungen und schafft eine objektive Basis für Diskussionen über die Weiterentwicklung der Kundenbeziehungen. Es stellt sicher, dass alle relevanten Stakeholder im Unternehmen – vom Vertrieb über das Marketing bis hin zur Personal- und Finanzabteilung – regelmäßig über den Status der Kundenbeziehungen informiert und in wichtige Entscheidungen eingebunden sind.

Schritt 4: **Account-Planung**

In diesem Schritt entwickeln Sie für jeden Account einen Account-Plan, der wie ein Businessplan für ein Start-up funktioniert. Er enthält ein strategisches Zielbild, eine Vision und konkrete Zahlen wie den geplanten Umsatz und andere Kennzahlen. Ziel ist es, eine langfristige Partnerschaft auf ein neues Level zu heben, indem klare Ziele für den Kunden definiert und ein gemeinsamer Kurs entwickelt werden.

Ein zentraler Aspekt dieser Planung ist, dass der Prozess iterativ gestaltet wird, d. h. ein Abgleich zwischen Top-down-Vorgaben aus der Unternehmensstrategie und den Bottom-up-Erkenntnissen aus der täglichen Zusammenarbeit mit dem Kunden erfolgt. Dabei spielt die Einbindung der Entscheider:innen auf Kundenseite eine wichtige Rolle. Nur durch einen kontinuierlichen Austausch lässt sich ein gemeinsamer Kurs für den Account finden.

Ein gut durchdachter Account-Plan enthält:

→ *Stakeholder-Analyse auf Kundenseite:* Wer sind A-Kontakte des Accounts? Wer hat welche Rolle und wer wird von wem betreut? Hier ist es wichtig, sowohl die aktuellen Rollen zu identifizieren als auch zu überlegen, wie sich die Verantwortlichen in der Organisation weiterentwickeln könnten.

→ *Gemeinsame Forecasts:* Im Dialog mit dem Kunden werden Planungen und Prognosen besprochen. Sie spiegeln die Einschätzungen beider Seiten wider und dienen als Orientierung für die weitere Zusammenarbeit.

→ *Key Performance Indicators (KPIs):* Nur mit klaren Kennzahlen lässt sich die Zusammenarbeit auf definierte Ziele ausrichten. Der Account-Plan enthält daher auch KPIs, anhand derer sich feststellen lässt: Was wollen wir mit diesem Account erreichen? Wann sind wir erfolgreich?

Dieser vierte Schritt bietet eine wichtige Rückkopplung zu den zuvor durchgeführten Maßnahmen. Die Erkenntnisse aus den Kundenzufriedenheitsbefragungen und den bisherigen Analysen liefern wertvolle Informationen, die das Potenzial haben, die Kundenstrategie weiter zu verbessern und zu veredeln.

Auch wenn der Dialog mit dem Kunden hier im Prozess relativ spät stattfindet, ist er für den Erfolg des Account-Managements von zentraler Bedeutung. Der Grund für diese zeitliche Abfolge liegt darin, dass zunächst die grundlegenden Strukturen sorgfältig vorbereitet werden müssen. Sind diese erst einmal etabliert, kann der direkte Austausch mit dem Kunden umso effektiver gestaltet werden.

Zukünftig wird die qualitative Befragung Ihrer Kunden, wenn sie richtig umgesetzt wird, das strategische Kern-Tool im (Key)-Account-Management sein. Sie ermöglicht nicht nur kontinuierliches Feedback, sondern dient auch als strategisches Instrument, um langfristig erfolgreiche Kundenbeziehungen zu fördern – denn: ›Customer is Key‹.

Schritt 5: **Ausbau**

Im letzten Schritt laufen alle Fäden zusammen. Mit einer iterativen Vorgehensweise ›top down‹, ›bottom up‹ und ›from the side‹ legen Sie fest, wie Sie vorgehen, um Wachstum zu erzielen. Dabei gehen Sie realistisch und ganzheitlich vor, unter Einbeziehung von Cross-Selling-Potenzialen.

Alle Pläne werden nebeneinander gestellt, die Vorgehensweise wird definiert. Die bestehende Strategie wird hinterfragt, um sicherzustellen, dass sie den aktuellen und zukünftigen Anforderungen gerecht wird. Für jeden (Key)-Account ensteht ein strategisches Zielbild: »Wo wollen wir mit dem Kunden hin?« Dieses Zielbild wird realistisch und in Abstimmung mit dem Kunden validiert.

Quer über alle Accounts hinweg können nun transparent und frühzeitig übergeordnete Pfade überprüft werden:

→ Wie steuern Sie Ihr Kundenportfolio insgesamt?

→ Wie lösen Sie Ressourcenkonflikte zwischen Kunden auf?

→ Welche Strategie geben Sie zentral vor?

Quick Win: Strategische Ausrichtung durch Kunden-Matrix

Um Ihre Ressourcen optimal einzusetzen, können Sie Ihre Hauptkunden in einer Matrix positionieren, bei der die X-Achse den aktuellen Umsatz und die Y-Achse den Grad der ›Liebe‹ darstellt (siehe Abbildung 11.2). Mit Liebe ist die Relevanz gemeint, die der Kunde für Sie hat:

→ Ist er z. B. ein Referenzkunde für einen bestimmten Zielmarkt?

→ Ist es der erste Kunde, der seitdem immer wieder ›treu‹ beauftragt?

→ Macht die Zusammenarbeit mit dem Kunden überdurchschnittlich viel Spaß, etwa weil die Werte übereinstimmen oder die Projekte besonders interessant sind?

→ Verfügt der Kunde über ein gutes Netzwerk, das auch für Sie relevant ist und das er mit Ihnen teilt?

→ Spricht er auch öffentlich (z. B. auf LinkedIn) positiv über die Zusammenarbeit?

→ Beauftragt er mutig neue Themen, die Sie anbieten? Geht er gemeinsam mit Ihnen auch mal Risiken ein?

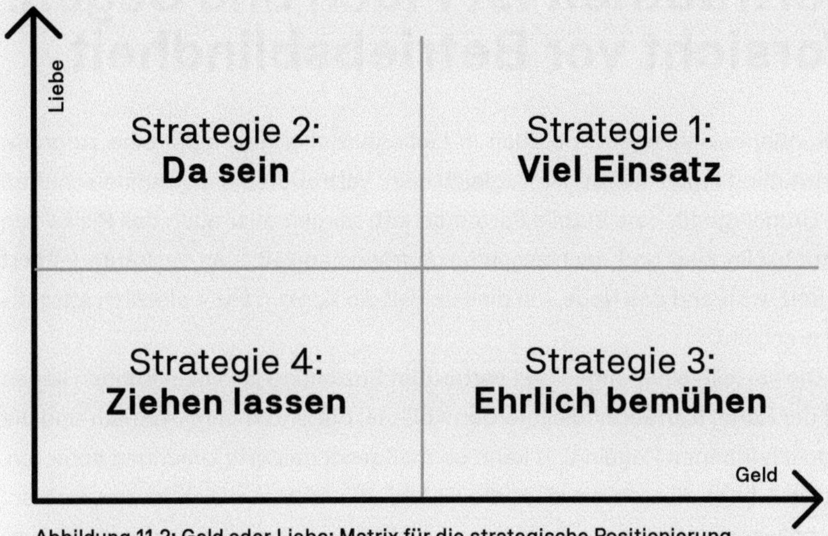

Abbildung 11.2: Geld oder Liebe: Matrix für die strategische Positionierung der wichtigsten Kunden

Strategie 1: Viel Einsatz

Setzen Sie auf intensive Kommunikation und sehen Sie die Beziehung langfristig und mit ihrem Potential. Das bedeutet auch, dass es Zeiten geben kann, in denen Sie sich bewusst zurückziehen.

Strategie 2: Da sein

Seien Sie präsent, bleiben Sie am Ball und verfolgen Sie regelmäßig, was bei diesen Kunden passiert. Fahren Sie Kommunikation und Einsatz hoch, wenn die Zeit reif ist.

Strategie 3: Ehrlich bemühen

Bemühen Sie sich um eine ehrliche und neutrale Haltung, auch wenn die Beziehung mittelfristig enden könnte. Machen Sie einen Plan, wie Sie Ihren Fokus und Ihre Ressourcen auf andere Kunden verlagern können.

Strategie 4: Ziehen lassen

Reduzieren Sie den Ressourceneinsatz und konzentrieren Sie sich auf Kunden mit höherem Potenzial.

Vertrautheit ist Fluch und Segen: Vorsicht vor Betriebsblindheit

In Kundenbeziehungen, wie auch in Liebesbeziehungen, kann eine zu große Vertrautheit Fluch und Segen zugleich sein. Vertrautheit und Routine schaffen die Grundlage für eine stabile Partnerschaft, bergen aber auch das Risiko von Betriebsblindheit und nachlassender Aufmerksamkeit. Das Vertraute verliert an Reiz, während das Neue – in diesem Fall die Konkurrenz – plötzlich attraktiver erscheint.

Die Vorteile einer engen und vertrauten Beziehung zu einem Kunden liegen auf der Hand: Man kennt die internen Abläufe, die Unternehmenskultur und die ungeschriebenen Regeln und kann so maßgeschneiderte Lösungen anbieten. Zugleich birgt diese Nähe aber die Gefahr, die kritische Distanz zu verlieren, die notwendig ist, um die Beziehung objektiv zu betrachten und produktiv zu hinterfragen. Routine kann dazu führen, dass neue, innovative Ansätze übersehen werden, während Wettbewerber möglicherweise frische Impulse bieten, die Ihrem Kunden plötzlich reizvoll erscheinen.

Um die Risiken der Vertrautheit zu managen und die Vorteile zu maximieren, ist es wichtig, bewusst gegen Betriebsblindheit vorzugehen. Hier sind einige Ansätze, die dabei helfen können.

Ansatz 1: **Die Partnerschaft reflektieren**

Ein regelmäßiger Blick auf die Gesamtbeziehung hilft, Betriebsblindheit zu verhindern. Setzen Sie sich in regelmäßigen Abständen mit Ihrem Kunden zusammen, um die Zusammenarbeit aus der Vogelperspektive zu betrachten. Nutzen Sie diese Reflexionsphasen bewusst, um die Partnerschaft kritisch zu hinterfragen: Was läuft gut? Wo gibt es Verbesserungspotenzial? Was könnte man anders angehen? Solche regelmäßigen Check-ins bieten die Gelegenheit, frischen Wind in die Partnerschaft zu bringen und sicherzustellen, dass man nicht in überkommenen Mustern verharrt.

Ansatz 2: **Job-Rotation**

Auch wenn es auf den ersten Blick schmerzhaft erscheinen mag, Schlüsselpersonen im Account-Management gelegentlich auszutauschen oder eine interne Job-Rotation durchzuführen, ist dies ein wichtiger Schritt, um Betriebsblindheit zu vermeiden. Mitarbeitende, die eng mit einem Kunden zusammenarbeiten, eigenen sich mit der Zeit tiefes Wissen an und werden vom Kunden geschätzt, manchmal sogar geliebt. Doch ein Wechsel bringt neue Perspektiven in die Beziehung. Das Team kann so die Situation aus einem anderen Blickwinkel betrachten und innovative Ansätze entwickeln.

Der Austausch von Key-People und die Einführung von Job-Rotation mögen zunächst Bedenken aufwerfen, es könnten wertvolles Wissen und persönliche Bindungen verloren gehen. Tatsächlich überwiegen jedoch für alle Beteiligten die Vorteile:

→ *Für die Kunden:* Neue Key-Account-Manager:innen bringen frische Ideen, Perspektiven und Impulse, die der Kundenbeziehung gut tun. Auch der Kunde profitiert von einem regelmäßigen ›Frühjahrsputz‹ der Partnerschaft, der die Zusammenarbeit wieder aufregender und dynamischer macht.

→ *Für die Mitarbeitenden:* Die Rotation ermöglicht es den Mitarbeitenden, sich weiterzuentwickeln, neue Herausforderungen zu übernehmen und in ihrer Rolle zu wachsen. Dadurch steigt auch die Motivation, was sich wiederum positiv auf die Arbeit mit den Kunden auswirkt.

→ *Für das Unternehmen:* Ihr Beratungsunternehmen profitiert davon, dass Wissen nicht an einzelne Personen gebunden bleibt, sondern durch den Wechsel weitergegeben wird. Dies macht die Organisation widerstandsfähiger gegenüber personellen Veränderungen und stellt sicher, dass die Qualität der Kundenbetreuung konstant hoch bleibt.

Ansatz 3: **Ein Tag als Praktikant**

Um Betriebsblindheit zu vermeiden, hilft es, sich immer wieder die Perspektive des Kunden zu vergegenwärtigen – und zwar nicht nur theoretisch oder in Gedanken, sondern ganz konkret vor Ort: Machen Sie einen Praktikumstag beim Kunden! Verbringen Sie einen Tag nicht als Beobachter:in, sondern als Teilnehmer:in im Alltag des Kunden. So gewinnen Sie nicht nur tiefere Einblicke in dessen Herausforderungen und Arbeitsabläufe. Sie sehen zudem die Situation vor Ort mit geschultem Berater:innen-Blick und entdecken Nuancen, die in herkömmlichen Briefings oft verloren gehen.

Dieser radikale Perspektivwechsel bringt eine Reihe von Vorteilen mit sich:

→ *Echte Einblicke und frische Perspektiven.* Durch das Eintauchen in den Alltag des Kunden nehmen Sie Aspekte wahr, die im normalen Beratungsprozess untergehen. Sie erkennen, wo die eigentlichen Probleme liegen und welche Lösungen wirklich gebraucht werden. Diese Einblicke können Ihnen helfen, innovativere und passgenauere Lösungen zu entwickeln, die den Kunden nachhaltig beeindrucken.

→ *Erneute Wertschätzung der Partnerschaft.* Ein solches Engagement zeigt dem Kunden, dass Sie wirklich an ihm und seinem Erfolg interessiert sind. Es sendet die Botschaft: »Ich möchte verstehen, wie es dir geht und was dich bewegt, um dir besser helfen zu können.« Diese Geste kann die Beziehung auf eine tiefere, persönlichere Ebene bringen und das Vertrauen stärken.

→ *Differenzierung von der Konkurrenz.* Viele Beratungen setzen auf Standardprozesse und bleiben in ihrer Komfortzone. Ein Tag als ›Praktikant‹ zeigt nicht nur Ihr Engagement, sondern hebt Sie auch von anderen ab. Es wird deutlich, dass Sie bereit sind, die Extrameile zu gehen, um die bestmögliche Unterstützung zu bieten.

Bieten Sie bereits im Angebotsprozess die Möglichkeit eines Praktikumstages an, um von Beginn an zu zeigen, dass Sie nicht nur ›business as usual‹ betreiben wollen, sondern wirklich in die Herausforderungen und Abläufe des Kunden eintauchen wollen. Dabei ist es wichtig, klarzustellen, dass Ihre Rolle nicht nur die eines bloßen Beobachters ist. Sie wollen aktiv teilnehmen, die täglichen Herausforderungen aus erster Hand miterleben und so ein tieferes Verständnis entwickeln.

Bringen Sie Emotionen und Magie ins Spiel. Beschränken Sie sich nicht auf die harten Fakten wie Zahlen und Daten, sondern geben Sie auch der menschlichen Seite der Zusammenarbeit Raum. Wecken Sie Emotionen und schaffen Sie eine Verbindung, die über die nüchterne Beratung hinausgeht. Begeistern

Sie Ihre Kunden mit kreativen Ideen und einer Art ›magischer Realität‹, die die rationale Welt mit inspirierenden Elementen verschmelzen lässt.

Überlegen Sie genau, bei welchen Kunden Sie diesen Ansatz verfolgen möchten. Setzen Sie auf Partner, die Ihre Exzellenz schätzen und bereit sind, den Mehrwert, den Sie ihnen bieten, zu vergüten. Kunden, die Ihr Engagement und Ihre kreativen Ansätze nicht nur akzeptieren, sondern aktiv fördern, sind die, für die es sich lohnt, ›noch etwas Glitzer draufzulegen‹.

Fazit: Der Weg zu lebenslangen Kundenbeziehungen

Lebenslange Kundenbeziehungen sind keine Selbstverständlichkeit, sondern das Ergebnis eines strukturierten und kontinuierlichen Prozesses der Exzellenz. Sie erfordern eine Haltung der Offenheit, des Lernens und des ständigen Strebens nach Verbesserung. Durch die konsequente Umsetzung der Prinzipien von Customer Excellence können Beratungsunternehmen nicht nur ihre Kunden begeistern, sondern auch selbst wachsen und erfüllende, langfristige Partnerschaften aufbauen.

Giso Weyand berät seit 1997 Beratende und Beratungsunternehmen beim nächsten großen Sprung: schafft mehr Sinnerfüllung für Sie als Beratungsunternehmer*in, bahnt den Weg für das gewünschte Wachstum, entwickelt neue Geschäftsfelder, etabliert Ihre Marke im Kunden- und Mitarbeitermarkt, bringt Sie als Meinungsführer Ihres Themenfelds ins Spiel, führt neue Honorarmodelle ein, pitcht mit Ihnen auf völlig neue Art und Weise, entwickelt Themen für den regelmäßigen Dialog mit Interessent*innen und bringt Ihr Vertriebssystem auf Hochtouren. Darüber hinaus ist er für seine Weiterentwicklung des Trusted-Advisor-Modells bekannt, das Beratungshäusern eine andere Rolle, mehr Sinnerfüllung und höhere Erträge bei Kunden verspricht.

Zum Zeitpunkt der Buchveröffentlichung hat Giso Weyand knapp 14.000 Teilnehmende in intensiven Workshops geschult, 1.300 Beratungsunternehmen meist über viele Jahre begleitet, wovon es alleine über 50 in die Top 3 ihrer Spezialgebiete schafften und andere deutlich in ihren Zielen vorankamen. Die FAZ schreibt: »Beratung ist sein Leben.«

Der gebürtige Hesse hat zwei Kinder und lebt mit seiner Partnerin in Hamburg.

Weitere Informationen unter: **www.dieberaterberater.de**